中国社会科学院马克思主义理论学科建设与理论研究工程重大项目"加快构建新发展格局研究"最终成果

中国社会科学院马克思主义理论
学科建设与理论研究工程系列丛书

加快构建
新发展格局研究

曾宪奎 著

中国社会科学出版社

图书在版编目（CIP）数据

加快构建新发展格局研究 / 曾宪奎著. —北京：中国社会科学出版社，2023.10

（中国社会科学院马克思主义理论学科建设与理论研究工程系列丛书）

ISBN 978-7-5227-2609-0

Ⅰ.①加⋯ Ⅱ.①曾⋯ Ⅲ.①中国经济—经济发展—研究 Ⅳ.①F124

中国国家版本馆 CIP 数据核字（2023）第 178357 号

出 版 人	赵剑英
责任编辑	田　文
特约编辑	刘　坤
责任校对	张爱华
责任印制	王　超

出　　版	中国社会科学出版社
社　　址	北京鼓楼西大街甲 158 号
邮　　编	100720
网　　址	http://www.csspw.cn
发 行 部	010-84083685
门 市 部	010-84029450
经　　销	新华书店及其他书店
印　　刷	北京君升印刷有限公司
装　　订	廊坊市广阳区广增装订厂
版　　次	2023 年 10 月第 1 版
印　　次	2023 年 10 月第 1 次印刷
开　　本	710×1000　1/16
印　　张	21
插　　页	2
字　　数	323 千字
定　　价	109.00 元

凡购买中国社会科学出版社图书，如有质量问题请与本社营销中心联系调换
电话：010-84083683
版权所有　侵权必究

目　录

第一章　新发展格局概述 ·· (1)
　　第一节　新时代中国特色社会主义理论中有关新发展
　　　　　　格局的相关论述 ·· (1)
　　第二节　新发展格局相关理论综述 ································· (16)
　　第三节　构建新发展格局的理论分析框架 ······················ (45)

第二章　新发展阶段以前我国的经济发展格局分析 ············ (55)
　　第一节　传统发展格局下我国国内国际双循环分析：供给端 ······ (55)
　　第二节　传统发展格局下我国国内国际双循环分析：需求端 ······ (80)
　　第三节　传统发展格局下我国国内国际双循环的关系研究 ······ (97)

第三章　强化国内大循环主体地位的关键：科技自立自强 ······· (107)
　　第一节　当前阶段我国关键核心技术状况分析 ············· (107)
　　第二节　企业主导创新模式下技术创新能力提升 ·········· (114)
　　第三节　关键核心技术突破的研发组织体制：新型举国
　　　　　　体制分析 ·· (120)
　　第四节　以基础研究能力提升促进科技创新链整体效率的
　　　　　　提升 ·· (133)
　　第五节　以企业家精神推动民营企业技术创新 ············· (149)
　　第六节　国有企业与技术创新 ···································· (156)

第四章　深化供给侧结构性改革促进供给效率提升 ……………（164）
  第一节　继续巩固"三去一降一补"改革的成果 ……………（164）
  第二节　完善供给结构 ………………………………………（171）
  第三节　提升供给质量与效率 ………………………………（184）
  第四节　推进农业农村现代化 ………………………………（190）
  第五节　强化产业安全 ………………………………………（200）

第五章　以扩大内需为目标推进需求侧改革 ……………………（211）
  第一节　新发展格局下需求侧改革分析 ……………………（211）
  第二节　不断提升最终消费率 ………………………………（219）
  第三节　逐步提高投资的有效性 ……………………………（248）

第六章　新发展格局下的政府与市场关系研究 …………………（258）
  第一节　新发展格局下的政府与市场关系 …………………（258）
  第二节　构建与新发展格局相适应的产业政策体系 ………（263）
  第三节　强化竞争政策基础性地位 …………………………（268）

第七章　优化提升国际大循环 ……………………………………（275）
  第一节　积极扩大对外开放的范围和层次 …………………（275）
  第二节　"一带一路"倡议：扩大对外开放的重要依托 ……（290）
  第三节　强化对外开放前沿高地建设：自由贸易试验区和
      自由贸易港 ……………………………………………（302）

第八章　构建新发展格局的相关政策建议 ………………………（313）
  第一节　制定新发展格局发展战略 …………………………（313）
  第二节　采取广泛措施促进自主技术创新能力提升 ………（315）
  第三节　多方面着手提升供给质量与效率 …………………（316）
  第四节　采取立体化措施促进需求侧改革 …………………（318）
  第五节　采取措施不断优化提升国际大循环 ………………（320）

参考文献 …………………………………………………… （321）

后　　记 …………………………………………………… （328）

第一章　新发展格局概述

以国内大循环为主体、国内国际双循环相互促进的新发展格局是在我国社会主义建设进入新发展阶段，国内外经济形势发生重大变化的背景下提出的长期经济发展战略构想。正如习近平总书记指出的，构建新发展格局是我国"把握发展主动权的先手棋"①，新发展格局对促进我国经济高质量发展，推动经济转型升级，进而对实现社会主义现代化强国的目标都具有十分重要的意义。同时，新发展格局不仅具备深刻的实践针对性和前瞻性，还具有深刻的理论内涵，推动了新时代中国特色社会主义经济理论进一步发展。本章着重就新发展格局的发展脉络、提出背景、理论框架等问题进行深入分析。

第一节　新时代中国特色社会主义理论中有关新发展格局的相关论述

新发展格局理论是习近平新时代中国特色社会主义经济思想的重要内容，也是指导未来我国经济建设的重要思想。要理解新发展格局的理论内涵，把握构建新发展格局的背景、意义以及重点内容，就必须系统地对习近平总书记有关新发展格局的相关论述进行深入分析，在此基础上，才能形成对新发展格局理论及实践全面、正确的认识。本节将对习近平总书记有关新发展格局的相关论述进行分析。

---

① 习近平：《论把握新发展阶段、贯彻新发展理念、构建新发展格局》，中央文献出版社2021年版，第12页。

一 新发展格局的内涵

在 2020 年 4 月 10 日举行的中央财经委第七次会议上,习近平总书记强调"国内循环越顺畅,越能形成对全球资源要素的引力场,越有利于构建以国内大循环为主体、国内国际双循环相互促进的新发展格局"①,第一次明确提出了新发展格局的概念。2020 年 5 月 14 日的中共中央政治局常务委员会再次提出要"构建国内国际双循环相互促进的新发展格局",而 2020 年 7 月 30 日的中央政治局会议继续提出要"加快形成以国内大循环为主体、国内国际双循环相互促进的新发展格局"。至此,新发展格局的概念及其核心内容(国内大循环为主体,国内国际双循环相互促进)逐步成形。

新发展格局的内涵,核心是国内与国际双循环的关系。根据习近平总书记的相关论述,双循环之间的关系主要体现在如下几个方面。

第一,国内大循环居于主体地位。习近平总书记指出,我国"是全球最大最有潜力的消费市场。居民消费优化升级,同现代科技和生产方式相结合,蕴含着巨大增长空间",因此我们实现"生产、分配、流通、消费各环节更多依托国内市场实现良性循环"。② 我国作为超大规模国家,可以依托巨大的市场与超大规模的生产体系,形成以内部为主体的供给—需求循环系统,即实现国内大循环为主体。

国内大循环的主体地位体现为需求(国内需求在拉动经济增长中处于绝对主导地位)和供给(国内供给体系效率不断提升,占据国内供给的主导地位)两个方面。在需求方面,习近平总书记提出,2008 年国际金融危机特别是党的十八大以来,"经济发展向内需主导转变,……国内循环在我国经济中的作用开始显著上升"③,而在未来一个时期,"国内市场主导经济循环的特征会更加明显,经济增长的内需潜力会不断释

---

① 习近平:《国家中长期经济社会发展战略若干重大问题》,《求是》2020 年第 21 期,原文是 2020 年 4 月 10 日在中央财经委员会第七次会议上的讲话。
② 习近平:《国家中长期经济社会发展战略若干重大问题》,《求是》2020 年第 21 期。
③ 《习近平谈治国理政》第 4 卷,外文出版社 2022 年版,第 155 页。

放"①。2021年5月习近平总书记指出:"我们要把满足国内需求作为发展的出发点和落脚点,加快构建完整的内需体系……逐步形成以国内大循环为主体、国内国际双循环相互促进的新发展格局。"② 我国内需优势,主要体现为基于人口和经济发展水平形成的超大规模市场优势。"我们必须充分发挥国内超大规模市场优势,通过繁荣国内经济、畅通国内大循环为我国经济发展增添动力。"③ 在供给方面,习近平总书记提出,国内大循环的主体地位将体现为"我国基于国内大循环形成强大的生产能力,能够促进全球要素资源整合创新,使规模效应和集聚效应最大化发挥"④。其中,对国内大循环主体地位影响最大的便是关键核心技术突破问题,"这是关系我国发展全局的重大问题,也是形成以国内大循环为主体的关键"⑤。

第二,国内大循环为主体,并不意味着国际大循环就不重要。习近平总书记强调,"以国内大循环为主体,绝不是关起门来封闭运行,而是通过发挥内需潜力,使内市场和国际市场更好联通,更好利用国际国内两个市场、两种资源,实现更加强劲可持续的发展。"⑥ 在2021年1月的讲话中,习近平总书记特别强调要注意以"主张在对外开放上进行大幅度收缩"⑦为内容的片面强调国内大循环的错误思想。习近平总书记对全球经济合作走势作出了精准判断,认为"从长远看,经济全球化仍是历史潮流,各国分工合作、互利共赢是长期趋势"⑧。在此基

---

① 习近平:《在经济社会领域专家座谈会上的讲话》(2020年8月24日),《人民日报》2020年8月25日第2版。
② 《习近平在看望参加政协会议的经济界委员时强调 坚持用全面辩证长远眼光分析经济形势努力在危机中育新机于变局中开新局》,《人民日报》2020年5月24日第1版。
③ 习近平:《在企业家座谈会上的讲话》(2020年7月21日),《人民日报》2020年7月22日第2版。
④ 《习近平谈治国理政》第4卷,外文出版社2022年版,第155页。
⑤ 习近平:《在经济社会领域专家座谈会上的讲话》(2020年8月24日),《人民日报》2020年8月25日第2版。
⑥ 习近平:《在企业家座谈会上的讲话》(2020年7月21日),《人民日报》2020年7月22日第2版。
⑦ 习近平:《把握新发展阶段,贯彻新发展理念,构建新发展格局》,《求是》2020年第9期。
⑧ 习近平:《在企业家座谈会上的讲话》(2020年7月21日),《人民日报》2020年7月22日第2版。

础上,他认为国际大循环对我们经济发展具有重要作用,我们要更积极参与国际大循环,建设更高水平的国际大循环。"国际经济联通和交往仍是世界经济发展的客观要求。我国经济持续快速发展的一个重要动力就是对外开放。对外开放是基本国策,我们要全面提高对外开放水平,建设更高水平开放型经济新体制,形成国际合作和竞争新优势。要积极参与全球经济治理体系改革,推动完善更加公平合理的国际经济治理体系。"①

第三,国内国际双循环相互促进,不断优化提升。构建新发展格局的内涵绝不仅仅是处理好国内大循环和国际大循环的主次关系,二者的优化提升也是一个重要方面。这体现为两个层次。一是国内大循环和国内大循环各自水平的提升。在国内大循环方面,习近平总书记指出:"构建新发展格局的关键在于经济循环的畅通无阻。……如果经济循环顺畅,物质产品会增加,社会财富会积聚,人民福祉会增进,国家实力会增强,从而形成一个螺旋式上升的发展过程。"②通过上述论述可以看出,通过实现经济循环的畅通无阻,国内大循环将进入不断优化提升的良性循环,而这是新发展格局的重要特征。在国际大循环方面,不断提升对外开放水平,形成对外开放新格局一直是党的十八大以来我国国际大循环发展的目标。在国际大循环优化提升内容上,习近平总书记指出"既要持续深化商品、服务、资金、人才等要素流动型开放,又要稳步拓展规则、规制、管理、标准等制度型开放"③。二是国内大循环和国际大循环"相互促进"的关系。一方面,正如习近平总书记指出的"实行高水平对外开放,必须具备强大的国内经济循环体系和稳固的基本盘"④,国际大循环的优化提升要依赖于国内大循环的优化提升。

---

① 习近平:《在经济社会领域专家座谈会上的讲话》(2020年8月24日),《人民日报》2020年8月25日第2版。

② 习近平:《把握新发展阶段,贯彻新发展理念,构建新发展格局》,《求是》2021年第9期。

③ 习近平:《把握新发展阶段,贯彻新发展理念,构建新发展格局》,《求是》2021年第9期。

④ 习近平:《把握新发展阶段,贯彻新发展理念,构建新发展格局》,《求是》2021年第9期。

另一方面，国内大循环水平的提升，也要依托国际大循环，"要重视以国际循环提升国内大循环效率和水平，改善我国生产要素质量和配置水平"①。

二　新发展格局概念的提出背景

正如习近平总书记指出的，"推动形成以国内大循环为主体、国内国际双循环相互促进的新发展格局"是"根据我国发展阶段、环境、条件变化提出来的，是重塑我国国际合作和竞争新优势的战略抉择"②，新发展格局是在一系列复杂的国内国际环境的背景下提出的。从总的环境来说，新发展格局是我国社会主义建设进入新发展阶段后提出的。在全面建成小康社会、实现第一个百年奋斗目标后，我国进入"从站起来、富起来到强起来历史性跨越的新阶段"③。习近平总书记出指出，构建新发展格局是"把握未来发展主动权的战略性布局和先手棋，是新发展阶段要着力推动完成的重大历史任务，也是贯彻新发展理念的重大举措"④。可以看出，新发展阶段就是我国新发展格局提出的直接背景，新发展格局是新发展阶段的重要发展任务，二者紧密相连。在新发展阶段，我们面临一系列的机遇和挑战，这构成了新发展格局提出的背景因素。具体来说，可以总结为如下几个方面。

（一）国内经济基础发生了巨大变化

随着我国步入新发展阶段，我国国内经济基础发生了显著变化，这是新发展格局提出的重要基础。构建新发展格局要求国内经济必须提供足够的物质基础，以有力地保障国内大循环的主体地位。而"经过新

---

① 习近平：《把握新发展阶段，贯彻新发展理念，构建新发展格局》，《求是》2021年第9期。
② 习近平：《在经济社会领域专家座谈会上的讲话》（2020年8月24日），《人民日报》2020年8月25日第1版。
③ 习近平：《把握新发展阶段，贯彻新发展理念，构建新发展格局》，《求是》2021年第9期。
④ 习近平：《把握新发展阶段，贯彻新发展理念，构建新发展格局》，《求是》2021年第9期。

中国成立以来特别是改革开放40多年的不懈奋斗"①，我国已经积累了雄厚的物质基础，"到'十三五'规划收官之时，我国经济实力、科技实力、综合国力和人民生活水平跃上了新的大台阶，成为世界第二大经济体、第一大工业国、第一大货物贸易国、第一大外汇储备国，国内生产总值超过100万亿元，人均国内生产总值超过1万美元，城镇化率超过60%，中等收入群体超过4亿人"②。综合而言，国内经济基础已经发生了巨大变化，国内大循环主体地位已经逐步形成，为构建新发展格局提供了坚实的物质基础。

在需求方面，庞大的人口和潜在的需求规模使内需在我国经济发展中的贡献越来越大。作为一个人口大国和持续发展中的大国，随着人们收入的持续提高和企业资金、国家财政实力的增强，消费需求和投资需求规模呈现不断扩张趋势，而净出口对经济拉动作用则呈现下降趋势。正如习近平总书记指出的，"改革开放特别是加入世贸组织后，我国加入国际大循环，形成了市场和资源（如矿产资源）'两头在外'、形成'世界工厂'的发展模式，对我国抓住经济全球化机遇、快速提升经济实力、改善人民生活发挥了重要作用。"③ 这种在一定时期形成的、具有鲜明外向性特点的经济发展格局，随着我国经济的逐步发展而发生重大变化，内需逐渐替代国际需求成为拉动经济增长的主要动力。"自二〇〇八年国际金融危机以来，我国经济已经在向以国内大循环为主体转变，经常项目顺差同国内生产总值的比率由二〇〇七年的百分之十以上降至现在的不到百分之一，国内需求对经济增长的贡献率有七个年份超过百分之百。未来一个时期，国内市场主导国民经济循环特征会更加明显，经济增长的内需潜力会不断释放。"④

在供给方面，随着经济规模位居世界前列，产业体系日益完善，我

---

① 习近平：《把握新发展阶段，贯彻新发展理念，构建新发展格局》，《求是》2021年第9期。
② 习近平：《把握新发展阶段，贯彻新发展理念，构建新发展格局》，《求是》2021年第9期。
③ 习近平：《国家中长期经济社会发展战略若干重大问题》，《求是》2020年第21期。
④ 习近平：《论把握新发展阶段、贯彻新发展理念、构建新发展格局》，中央文献出版社2021年版，第373页。

国已经形成了较为完整的、主要依托自身的产业链。习近平总书记指出,"我国具有全球最完整、规模最大的工业体系、强大的生产能力、完善的配套能力,拥有1亿多市场主体和1.7亿多受过高等教育或拥有各类专业技能的人才"①,强大的生产体系是我国国内大循环主体地位的重要保证,是构建新发展格局的基础。同时,我国的社会主义制度优势,有利于激发市场主体生产积极性。对此,习近平总书记指出"公有制为主体、多种所有制经济共同发展,按劳分配为主体、多种分配方式并存,社会主义市场经济体制等社会主义基本经济制度"有利于"激发各类市场主体活力、解放和发展社会生产力"②,这样的制度优势能够保证我国供给体系效率不断提升。

(二) 国际经济环境的剧烈变化

正如习近平总书记指出的:"近几年,经济全球化遭遇逆风,这次疫情可能加剧逆全球化趋势,各国内顾倾向明显上升,我国发展面临的外部环境可能出现重大变化。"③自国际金融危机以来,贸易保护主义开始在全球抬头,特别是特朗普就任美国总统之后,频繁对包括我国在内的国家发起贸易摩擦,并有针对性地对我国高新技术企业实施技术禁运措施。拜登继任美国总统后,相应的贸易政策并没有发生根本性变化,反而在某些领域实施了更严厉的措施。整体来看,我国经济发展面临的国际环境发生了重要变化。在这种情况下,习近平总书记指出,我们必须"深刻认识错综复杂的国际环境带来的新矛盾新挑战"④。

错综复杂的国际环境,对我国新发展格局产生的最直接影响便是高度注重经济发展的安全性。作为一个经济大国,我国的经济发展必须强调自力更生,才能保证经济体系充分应对国际环境的变化,保证经济健

---

① 《习近平在看望参加政协会议的经济界委员时强调:坚持用全面辩证长远眼光分析经济形势努力在危机中育新机于变局中开新局》,《人民日报》2020年5月24日第1版。
② 《习近平在看望参加政协会议的经济界委员时强调 坚持用全面辩证长远眼光分析经济形势努力在危机中育新机于变局中开新局》,《人民日报》2020年5月24日第1版。
③ 习近平:《国家中长期经济社会发展战略若干重大问题》,《求是》2020年第21期。
④ 习近平:《在经济社会领域专家座谈会上的讲话》(2020年8月24日),《人民日报》2020年8月25日第1版。

康可持续发展。正如习近平总书记指出的,"我们只有立足自身,把国内大循环畅通起来,努力炼就百毒不侵、金刚不坏之身,才能任由国际风云变幻,始终充满朝气生存和发展下去"①。具体来说,就是要高度关注"卡脖子"的关键环节,对"关系国家安全的领域和节点构建自主可控、安全可靠的国内生产供应体系,在关键时刻可以做到自我循环,确保在极端情况下经济正常运转"②。当然,这个要求不仅针对新冠疫情暴发这一特殊时期,即便没有疫情的影响,我国的经济发展也面临同样的任务。

(三) 新冠疫情的影响

新冠疫情在短期内严重影响了我国和全球经济的发展,它也成为新发展格局提出的背景因素之一。在 2020 年 12 月的中央经济工作会议中,习近平总书记指出 2020 年我们"面对严峻复杂的国际形势、艰巨繁重的国内改革发展稳定任务特别是新冠肺炎疫情的严重冲击"③。在 2020 年 4 月的讲话中,习近平总书记就疫情对国内经济发展造成的影响,指出"这次疫情也是百年不遇,既是一次危机,也是一次大考"④。

在应对疫情的战略部署中,习近平总书记提到了许多反映新发展格局的内容。在 2020 年 4 月的讲话中,他指出,"疫情冲击也暴露出我国产业链、供应链存在的风险隐患。为保障我国产业安全和国家安全,要着力打造自主可控、安全可靠的产业链、供应链,力争重要产品和供应渠道都至少有一个替代来源,形成必要的产业备份系统"⑤。这在一定程度上反映了国内大循环为主体的思想。同时,他也明确指出,扩大内需战略的提出,部分原因在于应对疫情。"构建完整的内需体系,关系我国长远发展和长治久安。……实施扩大内需战略,是当前应对疫情冲击的需要,是保持我国经济长期持续健康发展的需要,也是满足人民日

---

① 习近平:《把握新发展阶段,贯彻新发展理念,构建新发展格局》,《求是》2020 年第 9 期。
② 习近平:《国家中长期经济社会发展战略若干重大问题》,《求是》2020 年第 21 期。
③ 《中央经济工作会议在北京举行》,《人民日报》2020 年 12 月 19 日第 1 版。
④ 习近平:《国家中长期经济社会发展战略若干重大问题》,《求是》2020 年第 21 期。
⑤ 习近平:《国家中长期经济社会发展战略若干重大问题》,《求是》2020 年第 21 期。

益增长的美好生活的需要。"① 相对于国内经济发展阶段变化与国际经济环境的变动,新冠疫情属于短期性、事前不可预期的因素,因而它对新发展格局的提出具有促进作用而非决定性作用。但是,不可否认,这次疫情确实在一定程度上加剧了新发展格局构建的紧迫性。

整体而言,正如习近平总书记指出的,"加快构建新发展格局,就是要在各种可以预见和难以预见的狂风暴雨、惊涛骇浪中,增强我们的生存力、竞争力、发展力、持续力,确保中华民族伟大复兴进程不被迟滞甚至中断。"② 构建新发展格局的背景是主动的,而非被动的,这一点必须要高度注重。

三 新发展格局的着力点

习近平总书记相关论述中,陆续提到了实现新发展格局的几个着力点。其中,最核心的内容包括如下几个。

(一) 科技自立自强

一直以来,习近平总书记高度重视创新在我国经济发展中的作用,认为创新是实现高质量发展的重要依托。他总结了我国高速增长阶段经济发展的问题,认为创新驱动是我国高质量发展阶段的关键。他在2013年提出"改革开放这三十多年,我们更多依靠资源、资本、劳动力等要素投入支撑了经济快速增长和规模扩张。……我们必须加快从要素驱动发展为主向创新驱动发展转变,发挥科技创新的支撑引领作用"③。尽管创新包括的内容比较丰富,包括"科技创新、企业创新、产品创新、市场创新、品牌创新"④以及"理论创新、体制创新、制度创新、人才创新"⑤等许多方面,但是他强调实施创新驱动发展战略"必须紧紧抓住科技创新这个'牛鼻子'"⑥,将科技创新视作创新的核

---

① 习近平:《国家中长期经济社会发展战略若干重大问题》,《求是》2020年第21期。
② 习近平:《把握新发展阶段,贯彻新发展理念,构建新发展格局》,《求是》2020年第9期。
③ 《习近平关于科技创新论述摘编》,中央文献出版社2016年版,第13页。
④ 《习近平关于科技创新论述摘编》,中央文献出版社2016年版,第13页。
⑤ 《习近平关于科技创新论述摘编》,中央文献出版社2016年版,第4页。
⑥ 《习近平关于科技创新论述摘编》,中央文献出版社2016年版,第17页。

心部分。在科技创新的定位方面，他多次强调"创新是引领发展的第一动力"①，认为"科技是国家强盛之基"②。随着我国经济发展和国内外经济形势的变化，习近平总书记认为加快科技创新对我国经济建设的意义重大，是构建新发展格局中不可缺少的重要一环。在2020年9月的讲话中，他提出：加快科技创新是推动高质量发展的需要，是实现人民高品质生活的需要，是实现人民高品质生活的需要，是构建新发展格局的需要，是顺利开启全面建设社会主义现代化国家新征程的需要。③

科技创新的关键问题在于自主创新，只有自主创新水平提高了，一个国家的科技水平才能真正提高，才能摆脱对科技发达国家的依赖从而实现科技自立自强，保证经济发展的安全性。习近平总书记高度强调自主创新的重要性，指出"过去三十多年，我国发展主要靠引进上次工业革命的成果，基本是利用国外技术，早期是二手技术，后期是同步技术。如果现在仍采用这种思路，不仅差距会越拉越大，还将被长期锁定在产业分工格局的低端。在日趋激烈的全球综合国力竞争中，我们没有更多选择，非走自主创新道路不可"④。随着我国经济进入新常态，自主创新越来越重要，特别是在关键核心技术领域能否实现自给，直接关系到国家安全："关键核心技术是要不来，买不来，讨不来的。只有把关键核心技术掌握在自己手中，才能从根本上保障国家经济安全、国防安全和其他安全。"⑤ 2020年党的十九届五中全会要求"把科技自立自强作为国家发展的战略支撑"，提出了科技自立自强的概念，相比于自主创新等概念，更加突出科技创新自力更生的重要性和急迫性。习近平总书记认为"科技自立自强是促进发展大局的根本支撑"⑥，"构建新发展格局最本质的特征是实现高水平的自立自强……我们必须更强调自主

---

① 《习近平关于科技创新论述摘编》，中央文献出版社2016年版，第7页。
② 《习近平关于科技创新论述摘编》，中央文献出版社2016年版，第27页。
③ 习近平：《在科学家座谈会上的讲话》（2020年9月11日），《人民日报》2020年9月12日第2版。
④ 《习近平关于科技创新论述摘编》，中央文献出版社2016年版，第35页。
⑤ 《习近平谈治国理政》第3卷，外文出版社2020年版，第248页。
⑥ 《中央经济工作会议在北京举行》，《人民日报》2020年12月19日第1版。

创新"①，将科技自立自强摆在突出位置。

对于我国当前的科技水平，习近平总书记进行了全面客观的定位。在 2013 年他指出，"在一些科技领域，我国正在由'跟跑者'变为'同行者'，甚至是'领跑者'。同时，我们也要清醒地看到，中国在发展，世界也在发展。与发达国家相比，我国科技创新的基础还不牢固，创新水平还存在明显差距，在一些领域差距非但没有缩小，反而有扩大趋势。"②而在 2020 年，他指出"我国科技事业取得历史性成就、发生历史性变革。重大创新成果竞相涌现，一些前沿领域开始进入并跑、领跑阶段，科技实力正在从量的积累迈向质的飞跃，从点的突破迈向系统能力提升"③。在肯定我国科技创新取得的成果的同时，他也提出了"要加强原创性、引领性科技攻关，坚决打赢关键核心技术攻坚战"和"着力解决影响制约国家发展全局和长远利益的重大科技问题"④的战略任务。这实际上是委婉指出我国在这些领域自主创新能力依然相对薄弱。

习近平总书记对科技创新能力提升提出了一系列要求。一方面，他强调提高科技创新能力，不能仅仅将着眼点放在技术创新和企业的主体地位上，它需要一系列创新主体的协作和复杂的创新生态的支撑。"成为世界科技强国，成为世界主要科学中心和创新高地，必须拥有一批世界一流科研机构、研究型大学、创新型企业，能够持续涌现一批重大原创性科学成果。"⑤另一方面，习近平总书记高度强调通过全面深化科技体制改革激发创新主体的创新活力。在 2018 年他指出科技体制改革还存在包括"国家创新体系整体效能不强，科技创新资源分散、重复、低效的问题还没有从根本上得到解决"⑥等一系列问题。对此，他指

---

① 习近平：《把握新发展阶段，贯彻新发展理念，构建新发展格局》，《求是》2021 年第 9 期。
② 《习近平关于科技创新论述摘编》，中央文献出版社 2016 年版，第 24 页。
③ 习近平：《在科学家座谈会上的讲话》（2020 年 9 月 11 日），《人民日报》2020 年 9 月 12 日第 2 版。
④ 《两院院士大会中国科协第十次全国代表大会在京召开》，《人民日报》2021 年 5 月 29 日第 1 版。
⑤ 《习近平谈治国理政》第 2 卷，外文出版社 2017 年版，第 270 页。
⑥ 《习近平谈治国理政》第 3 卷，外文出版社 2020 年版，第 250 页。

出，应深化相关改革以促进自主创新能力的提升，如"改革和创新科研经费使用和管理方式""改革科技评价制度"① 等，以创造良好的创新生态，促进科技创新能力的提升。

（二）需求侧改革与供给侧结构性改革的联通

从2015年11月供给侧结构性改革概念提出之后的很长时间里，它都是我国经济建设工作的主线。而在构建发展格局过程中，需求侧改革（管理）和供给侧结构性改革同时成为构建新发展格局的基点。2020年12月举行的中央经济工作会议提出"要紧紧扭住供给侧结构性改革这条主线，注重需求侧管理"。同时，供给侧结构性改革和需求侧改革之间的关系不仅仅停在同时发力这一定位，而是要注重二者的联通，使二者形成相互促进的动态平衡关系。"我们要坚持供给侧结构性改革这个战略方向，扭住扩大内需这个战略基点，使生产、分配、流通、消费更多依托国内市场，提升供给体系对国内需求的适配性，形成需求牵引供给、供给创造需求的更高水平动态平衡。"② 供给侧结构性改革和需求侧改革的主要内容如下：

一是"坚持深化供给侧结构性改革这条主线"③。构建新发展格局，依然要坚持供给侧结构性改革的主线地位，这是由于"当前和今后一个时期，我国经济发展面临的问题，供给和需求两侧都有，但矛盾的主要方面在供给侧"④。应该说，习近平总书记的这个论断到现在依然成立。在2021年1月的讲话中，他强调"畅通经济循环最主要的任务是供给侧有效畅通，有效供给能力强可以穿透循环堵点、消除瓶颈制约，可以创造就业和提供收入，从而形成需求能力"⑤。可以看出，他依然高度强调供给侧结构性改革的作用。"因此，我们必须坚

---

① 《习近平谈治国理政》第3卷，外文出版社2020年版，第251页。
② 习近平：《在经济社会领域专家座谈会上的讲话（2020年8月24日）》，《人民日报》2020年8月25日第2版。
③ 习近平：《把握新发展阶段，贯彻新发展理念，构建新发展格局》，《求是》2021年第9期。
④ 《习近平谈治国理政》第2卷，外文出版社2017年版，第253页。
⑤ 习近平：《把握新发展阶段，贯彻新发展理念，构建新发展格局》，《求是》2021年第9期。

持深化供给侧结构性改革这条主线，继续完成'三去一降一补'的重要任务，全面优化升级产业结构，提升创新能力、竞争力和综合实力，增强供给体系的韧性，形成更高效率和更高质量的投入产出关系，实现经济在高水平上的动态平衡。"① 具体来说，首先要以强化科技创新能力为依托，推动产业结构升级，实现创新驱动，摆脱我国在一些关键领域被"卡脖子"的问题。其次，是要继续"三去一降一补"的相应改革，在去产能、去库存、去杠杆、降成本、补短板方面，在以往改革取得成效的基础上，着手解决一些深层次问题，促进改革深化推进。

二是实行以"扩大内需"为主要内容的需求侧改革。扩大内需在构建新发展格局中的定位是"战略基点"，"形成强大国内市场是构建新发展格局的重要支撑"②。扩大内需之所以重要，是因为"当今世界，最稀缺的资源是市场"③，要构建新发展格局，必须要充分发挥我国市场规模大的优势。要实现这个目标，我们必须"建立起扩大内需的有效制度，释放内需潜力，加快培育完整内需体系，加强需求侧管理，扩大居民消费，提升消费层次，使建设超大规模的国内市场成为一个可持续的历史过程"④。当前阶段，扩大内需就是要在消费、储蓄、投资等方面作出合理安排。扩大消费特别是最终消费是扩大内需最重要的部分，而"扩大消费最根本的是促进就业，完善社保，优化收入分配结构，扩大中等收入群体，扎实推进共同富裕"⑤。同时，要继续重视投资的作用，特别是新型基础设施的作用。

（三）以全面深化改革激发经济活力

习近平总书记在2021年1月中央全面深化改革委员会第十八次

---

① 习近平：《把握新发展阶段，贯彻新发展理念，构建新发展格局》，《求是》2021年第9期。
② 《中央经济工作会议在北京举行》，《人民日报》2020年12月19日第1版。
③ 习近平：《把握新发展阶段，贯彻新发展理念，构建新发展格局》，《求是》2021年第9期。
④ 习近平：《把握新发展阶段，贯彻新发展理念，构建新发展格局》，《求是》2021年第9期。
⑤ 《中央经济工作会议在北京举行》，《人民日报》2020年12月19日第1版。

会议上强调要"发挥改革在构建新发展格局中关键作用"①。在构建新发展格局中，全面深化改革牵涉经济发展的方方面面，核心内容便是要围绕构建新发展格局的需要，在扩大内需、提高科技创新能力、完善社会主义市场经济体制等方面推进改革。首先，科技体制及知识产权保护改革。要促进科技自立自强，需要科技体制的全面改革，主要内容包括"完善党对科技工作领导的体制机制，推动科技创新力量布局、要素配置、人才队伍体系化、协同化，发挥新型举国体制优势，坚决破除影响和制约科技核心竞争力提升的体制机制障碍，加快攻克重要领域'卡脖子'技术，有效突破产业瓶颈，牢牢把握创新发展主动权"②。同时，还要对相关的领域进行改革，如加强知识产权保护。其次，完善社会主义市场经济体制的改革。以发挥市场在资源配置中的决定性作用和更好发挥政府作用为目标而继续推进相关改革，如强化公平竞争制度、建立全国统一市场等。再次，扩大内需的相应改革。主要内容包括完善内需体系、促进区域协调发展、推进新型城镇化、完善分配机制等。最后，实施高水平对外开放等相关内容的改革。主要包括生产要素流动性开放、完善对外开放的相关制度体系、营造良好的营商环境等。③

（四）以高水平对外开放促进新发展格局建设

新发展格局强调国内大循环为主体，但是正如习近平总书记所强调的"新发展格局决不是封闭的国内循环，而是开放的国内国际双循环"，构建新发展格局是要在与之前相比更为开放的环境下实现的，即"我国在世界经济中的地位将持续上升，同世界经济的联系会更加紧密，为其他国家提供的市场机会将更加广阔，成为吸引国际商品和要素

---

① 《习近平主持召开中央全面深化改革委员会第十八次会议强调 完整准确全面贯彻新发展理念发挥改革在构建新发展格局中关键作用》，《人民日报》2021年2月20日第1版。
② 《习近平主持召开中央全面深化改革委员会第十八次会议强调 完整准确全面贯彻新发展理念发挥改革在构建新发展格局中关键作用》，《人民日报》2021年2月20日第1版。
③ 《习近平主持召开中央全面深化改革委员会第十八次会议强调 完整准确全面贯彻新发展理念发挥改革在构建新发展格局中关键作用》，《人民日报》2021年2月20日第1版。

资源的巨大引力场"①。习近平总书记高度注重以辩证的观点对待对外开放，一方面他强调"凡是愿意同我们合作的国家、地区和企业，包括美国的州、地方和企业，我们都要积极开展合作，形成全方位、多层次、多元化的开放合作格局"②；另一方面，他又高度强调要统筹好发展和安全的关系，"着力增强自身竞争能力、开放监管能力、风险防控能力，炼就金刚不坏之身"③。在具体措施上，我们要通过自由贸易区、自由贸易港建设，建设对外开放的新高地，从而"推动建设更高水平开放性经济新体制"④。同时，又要通过优化营商环境，深化双边、多边、区域经济合作等方式扩大对外开放。⑤

（五）注重经济发展的安全性与可控性

"牢牢守住安全发展这条底线"⑥，强化经济发展的安全性，实现发展与安全的统一，是构建新发展格局的重要特征。改革开放以来的较长时期里，发展一直是我国社会主义建设特别是经济建设的主题，而随着国际经济形势的变化，安全在经济建设中的地位正不断提升。只有兼顾发展与安全，我国经济建设才能真正顺利进行。在构建新发展格局进程中，发展与安全的关系重点体现为开放与安全的关系，"织密织牢开放安全网，增强在对外开放环境中动态维护国家安全的本领"⑦。其中，增强产业链供应链的自主可控性是我国构建新发展格局过程中需要优先处理好的任务，特别是"逐步在关系国家安全的领

---

① 习近平：《在经济社会领域专家座谈会上的讲话》（2020年8月24日），《人民日报》2020年8月25日第1版。
② 习近平：《在经济社会领域专家座谈会上的讲话》（2020年8月24日），《人民日报》2020年8月25日第1版。
③ 习近平：《在经济社会领域专家座谈会上的讲话》（2020年8月24日），《人民日报》2020年8月25日第1版。
④ 习近平：《在第三届中国国际进口博览会开幕式上的主旨演讲》，《人民日报》2020年11月5日第2版。
⑤ 习近平：《在第三届中国国际进口博览会开幕式上的主旨演讲》，《人民日报》2020年11月5日第2版。
⑥ 习近平：《论把握新发展阶段、贯彻新发展理念、构建新发展格局》，中央文献出版社2021年版，第16页。
⑦ 习近平：《论把握新发展阶段、贯彻新发展理念、构建新发展格局》，中央文献出版社2021年版，第16页。

域和节点实现自主可控"①。

第二节　新发展格局相关理论综述

新发展格局主要涉及国内大循环的地位以及国内国际双循环之间的关系。综合而言，尽管新发展格局是习近平新时代中国特色社会主义经济理论的创新内容，但是马克思主义经典理论、中国特色社会主义理论以及西方经济学理论都对相关内容有所论述。本节将对相关理论进行总结。

一　马克思主义经典作家对新发展格局的相关论述

马克思、恩格斯、列宁、毛泽东等马克思主义经典作家都在不同程度上对新发展格局中国内大循环和国际大循环的关系进行了论述，其中，马克思、恩格斯主要以资本主义国家为研究对象探讨国内大循环和国际大循环的问题，而列宁、毛泽东则以社会主义国家为对象，对此问题进行研究。

（一）早期马克思主义理论家的相关论述

1. 马克思、恩格斯的相关论述

马克思、恩格斯对国内国际双循环发展格局的相关论述，主要集中于国际贸易对一个国家经济发展的作用。马克思参与了当时关于各国应该采用自由贸易还是贸易保护政策的争论，"关于自由贸易和保护关税的辩论，是促使我去研究经济问题的最初动因"②。马克思、恩格斯关于自由贸易的主要观点如下。

一是认为贸易自由对发达资本主义国家有利。一方面，马克思认为，自由贸易确实在一定程度上促进全球要素流动和商品交流，"自由贸易扩大了生产力"③。另一方面，在自由贸易利益的分配上，他认为

---

① 习近平：《论把握新发展阶段、贯彻新发展理念、构建新发展格局》，中央文献出版社2021年版，第15页。
② 《马克思恩格斯文集》第2卷，人民出版社2009年版，第588页。
③ 《马克思恩格斯文集》第1卷，人民出版社2009年版，第752页。

当时发达的工业国获益最大，通过自由贸易，这些国家在全球产业分工格局中的优势地位不断增强。"自由贸易在英国获胜以后的那些年代，看来是证实了对于建立在这个胜利基础上的繁荣所抱的最大希望……英国在世界市场上的工业垄断地位显得比过去任何时候都更加巩固。"①

二是认为自由贸易对经济落后国家经济发展不利。马克思认为，对于经济落后的国家，被迫参与自由贸易只会破坏原有的经济体制，使这些国家变得更加贫穷。在1848年《关于自由贸易问题的演说》一文中，马克思列举了印度织工的例子说明技术落后的国家或产业在与技术先进国家或产业的直接竞争中，将不可避免遭受重大损失②，而造成"利用蒸汽进行生产的英国工业，依靠损害以手工劳动为基础的外国家庭工业而扩大自己的统治地位"③；他又举了西印度的砂糖和咖啡的例子，论证自由贸易下殖民地经济在全球产业分工体系中产生的经济结构固化问题。④

三是认为保护性关税制度可以保护经济落后国家的工业发展。马克思认为法国、德国、瑞士、美国等当时相对于英国经济比较落后的国家，因为采取了保护性关税制度而得以发展本国经济，如"法国在将近200年中在自己的工业的周围筑起了一道保护性和禁止性关税的真正的万里长城，并且在一切奢侈品和工艺品的生产方面获得英国也完全难以与之争胜的优势地位"⑤。保护性关税制度是经济落后国家在特定时期实现本国经济发展的手段，它"促进了国内自由竞争的发展"，并最终成为"它聚集自己的力量和实现国内自由贸易的手段"⑥。同时，他也认为，贸易保护主义未必意味着与世界市场的隔绝，而是在某一阶段促进国内工业发展。"保护关税制度不过是在某个国家建立大工业的手段，也就是使这个国家依赖于世界市场，然而，一旦它对世界市场有了

---

① 《马克思恩格斯文集》第4卷，人民出版社2009年版，第336页。
② 《马克思恩格斯文集》第1卷，人民出版社2009年版，第754页。
③ 《马克思恩格斯文集》第4卷，人民出版社2009年版，第337页。
④ 《马克思恩格斯文集》第1卷，人民出版社2009年版，第758页。
⑤ 《马克思恩格斯文集》第4卷，人民出版社2009年版，第337页。
⑥ 《马克思恩格斯文集》第1卷，人民出版社2009年版，第758—759页。

依赖性，对自由贸易也就有了或多或少的依赖性。"①

总体而言，马克思、恩格斯根据他们所处时代全球经济和自由贸易发展的状况，对自由贸易作出全面客观的论断。自由贸易并不能让所有国家同时受益，经济技术落后的国家可以通过贸易保护来优先发展本国国内工业，然后在此基础上参与自由贸易。站在国内国际双循环的角度看，他们的主张便是应该以国内大循环为基准，根据本国所处的情况，对自由贸易采取不同策略。

2. 列宁的相关论述

列宁作为第一个社会主义国家的缔造者，对国内国际双循环相关问题有不少论述。整体来看，列宁主张通过加强对外经济合作，充分利用国外的资源，借鉴国外的经验，为国内经济发展（国内大循环）服务，最终建立一个发达社会主义国家。

一方面，他认为社会主义国家应该加强对外经济合作。列宁首先看到了"人类的整个经济、政治和精神生活在资本主义制度下就已经愈来愈国际化了"②，并认为全球经济交往是一个不可阻挡的客观规律，"有一种力量超过任何一个跟我们敌对的政府或阶级的愿望、意志和决定，这种力量就是世界共同的经济关系"③。同时，他认为，社会主义国家加强对外经济联系，充分利用资本主义的发展成果为社会主义经济建设服务，将成为社会主义建设的重要途径，"社会主义能否实现，就取决于我们把苏维埃政权和苏维埃管理组织同资本主义最新的进步的东西结合得好坏"④。同时，他还提出了一个公式，即"苏维埃政权＋普鲁士的铁路秩序＋美国的技术和托拉斯组织＋美国的国民教育等等等等＋＋＝总和＝社会主义。"⑤ 特别是考虑到经济发展比较落后的状况，利用国外的资源就成为发展社会主义经济的一个手段，列宁指出"当我们国家在经济上还极其薄弱的时候，怎样才能加速经济的发展呢？那

---

① 《马克思恩格斯文集》第1卷，人民出版社2009年版，第758页。
② 《列宁全集》第23卷，人民出版社2017年版，第332页。
③ 《列宁全集》第42卷，人民出版社2017年版，第343页。
④ 《列宁全集》第34卷，人民出版社2017年版，第170—171页。
⑤ 《列宁全集》第34卷，人民出版社2017年版，第520页。

就是要利用资产阶级的资本"①。同时，他还指出，加强对外经济联系，充分利用资本主义国家的机器设备，目的是为了实现社会主义经济发展，最终在经济方面反超资本主义国家，"我们所得到的将是能使我们巩固起来，最终站立起来，并在经济上战胜资本主义"②。

另一方面，列宁高度强调国内大循环的主体地位。列宁始终将建立一个高度发达的社会主义国家作为目标，在"十月革命"后他对如何促进国内经济发展进行了一番探索。其中，包括"战时共产主义"时期对国家垄断产品交换制的探索、1921年应对当时帝国主义干涉而采取的新经济政策等。但是，由于列宁在1924年去世，他并没有看到苏联建立强大的经济体系。

（二）马克思主义中国化开创者的相关论述

作为中华人民共和国的主要缔造者和马克思主义中国化的开创者，毛泽东根据新中国成立后的国内国际形势，提出了自己的一系列观点。综合而言，他的观点便是"自力更生为主，争取外援为辅，破除迷信，独立自主地干工业、干农业"③。同时，也要"认真学习外国的好经验，也一定研究外国的坏经验——引以为戒"④。具体来说，包括如下内容。

一是高度强调自力更生。"我们的方针要放在什么基点上？放在自己力量的基点上。"⑤ 独立自主、自力更生是毛泽东提出的我国社会主义建设的大政方针⑥，它也成为毛泽东经济建设理论的重要原则。在全球分为资本主义和社会主义两个对立阵营、中国和苏联交恶的国际形势下，独立自主、自力更生便显得尤为可贵。正是在这一思想指引下，我国在一穷二白的基础上，独立发展出了较为完整的工业体系。

二是要在条件允许范围内，利用外援。虽然高度强调独立自主，毛泽东也并不排除对外经济交流。在和当时主要发达国家缺少交流的

---

① 《列宁全集》第40卷，人民出版社2017年版，第42页。
② 《列宁全集》第40卷，人民出版社2017年版，第115页。
③ 《毛泽东文集》第7卷，人民出版社1996年版，第380页。
④ 《毛泽东文集》第7卷，人民出版社1996年版，第380页。
⑤ 《毛泽东选集》第4卷，人民出版社1991年版，第1132页。
⑥ 寿思华：《建设社会主义强国要坚持独立自主——论毛泽东新中国经济发展战略思想之五》，《改革与战略》2017年第4期。

情况下，毛泽东高度重视和发展中国家的交流，他指出"和别的国家互相帮助，发展经济关系，尤其是我们亚洲、非洲、拉丁美洲国家之间互相了解、交流经验，很有必要。搞经济关门是不行的，需要交换"①。

应该说，毛泽东在国内国际双循环关系方面，高度重视国内大循环的主体地位，但是并不排斥国际大循环的作用。只是在当时的国内国际客观条件的限制下，我国经济发展表现出封闭的特征。

（三）中国特色社会主义理论的相关论述

包括邓小平理论、"三个代表"重要思想以及科学发展观在内的中国特色社会主义理论，继承和发展了马克思列宁主义、毛泽东思想，在国际大循环和国内大循环的关系方面，也提出了一系列新的观点。

1. 中国特色社会主义理论开创者的相关论述

改革开放之后，邓小平同志作为中国特色社会主义理论的奠定人，对建立和完善社会主义市场经济体制过程中国内国际双循环发展的理论和实践问题进行了探索。主要内容如下。

一是提出了对外开放的观点。邓小平对改革开放之后我国经济发展面临的国际形势进行了总结，提出了"和平和发展是当今世界的两大主题"②的思想。邓小平在1985年分析到，当时的世界局势是和平力量在不断发展，而且随着中国的强大，"制约战争的和平力量将会大大增强"③。另一个问题是经济发展问题，其中的核心便是南北问题。在这样的背景下，邓小平高度强调了对外开放的重要性。他认识到"现在的世界是开放的世界"④，中国应该参与到国际经济合作中，因为"任何国家要发达起来，闭关自守都不可能"⑤。邓小平指出中国的对外开放将是全方位的⑥，首先，这体现为开放领域广泛，"我们实行对外

---

① 《毛泽东文集》第8卷，人民出版社1999年版，第71页。
② 《邓小平文选》第3卷，人民出版社1993年版，第104页。
③ 《邓小平文选》第3卷，人民出版社1993年版，第105页。
④ 《邓小平文选》第3卷，人民出版社1993年版，第64页。
⑤ 《邓小平文选》第3卷，人民出版社1993年版，第90页。
⑥ 李久林：《邓小平对外开放的战略思想》，《马克思主义学刊》2020年第1期。

开放政策，并不只是对美国、日本、西欧等发达国家开放"①，还包括南南合作以及对苏联、东欧开放；其次，这体现在我国对外开放的途径比较多，包括引进外资、扩大对外贸易、引进技术等；最后，在开放区域布局方面，我国在 20 世纪 80 年代建立经济特区基础上，又设立了 14 个沿海开放城市，之后又设立了几个沿海经济技术开发区并将海南设立为经济特区。

二是高度重视自力更生，强调国内大循环主体地位。尽管邓小平非常重视开放，但是只是将对外开放看作促进国内经济发展的手段。他指出，社会主义制度"将一天天完善起来，它将吸收我们可以从世界各国吸收的进步因素，成为世界上最好的制度。这是资本主义所绝对不可能做到的"②。可以看出，他将对外开放看作是自身强大的基础。同时，他还认为，我们发展自身的经济，自力更生是基础，"像中国这样大的国家搞建设，不靠自己不行，主要靠自己，这叫做自力更生"③，"中国解决所有问题的关键是要靠自己的发展"④。

在发展国内经济方面，邓小平高度重视通过改革来解放和发展生产力。"我们把改革当作一种革命"⑤，正是因为坚持了从农村到城市的一系列改革措施，中国经济才得以逐步发展起来。在经济发展过程中，邓小平高度重视经济发展速度问题。在"我们国内条件具备，国际环境有利，再加上发挥社会主义制度能够集中力量办大事的优势"条件下，应该出现"出现若干个发展速度比较快、效益比较好的阶段"⑥。另外，邓小平还高度重视科学技术对经济发展的作用，提出"科学技术是第一生产力"⑦。

整体来看，邓小平对国内大循环和国际大循环地位的观点是强调国

---

① 《邓小平关于建设有中国特色社会主义的论述专题摘编》，中央文献出版社 1992 年版，第 175 页。
② 《邓小平文选》第 2 卷，人民出版社 1994 年版，第 337 页。
③ 《邓小平文选》第 3 卷，人民出版社 1993 年版，第 78 页。
④ 《邓小平文选》第 3 卷，人民出版社 1993 年版，第 265 页。
⑤ 《邓小平文选》第 3 卷，人民出版社 1993 年版，第 81 页。
⑥ 《邓小平文选》第 3 卷，人民出版社 1993 年版，第 377 页。
⑦ 《邓小平文选》第 3 卷，人民出版社 1993 年版，第 274 页。

内大循环主体地位，同时高度重视国际大循环。这与我国改革开放初期经济发展基础薄弱，缺乏经济发展的资金、技术和管理经验等状况有关。

2. "三个代表"重要思想创始人的相关论述

作为"三个代表"重要思想的创始人，江泽民进一步发展了中国特色社会主义理论体系下国内国际双循环的相关理论。具体来说，内容如下。

一方面，他继续强调对外开放的作用，不断拓宽开放的范围、途径。江泽民认为，实行对外开放"是实现我国现代化和民族振兴的必由之路"[①]，因此继续扩大开放是促进我国经济发展的重要手段。随着加入世界贸易组织谈判的结束以及我国于 2001 年底加入世界贸易组织，我国对外开放的范围得到明显扩大。在对外开放形式方面，江泽民提出了"引进来"与"走出去"相结合的开放战略。他在总结了我国对外开放经验基础上，指出我们不仅要"引进来"，还要"到国外去投资办厂，利用当地的市场和资源"[②]，并强调"走出去"战略是"逐步形成我们自己的大型公司和跨国公司的重要途径"[③]。在"走出去"范围上，他指出不仅要把目光放在欧美，也要放到发展中国家。[④]

另一方面，江泽民也高度重视国内大循环发展。一是重视推进改革。以改革开放促进我国国内大循环发展，依然是 20 世纪 90 年代到 21 世纪初的主导方向。例如，在经济体制方面，江泽民在 1992 年便提出"加快经济体制改革的根本任务，就是要尽快建立社会主义的新经济体制"[⑤]，即社会主义市场经济体制。二是重视技术创新的作用，并强调要在充分利用国外资源的同时，逐步增进自主创新能力。江泽民高度重视技术创新，认为创新是"一个国家兴旺发达的不竭动力"，科技创新"越来越成为当今社会生产力解放和发展的重要基础和标志"[⑥]。

---

① 《江泽民文选》第 2 卷，人民出版社 2006 年版，第 94 页。
② 《江泽民文选》第 2 卷，人民出版社 2006 年版，第 92 页。
③ 《江泽民文选》第 3 卷，人民出版社 2006 年版，第 457 页。
④ 《江泽民文选》第 2 卷，人民出版社 2006 年版，第 92 页。
⑤ 《江泽民文选》第 1 卷，人民出版社 2006 年版，第 198 页。
⑥ 《江泽民文选》第 2 卷，人民出版社 2006 年版，第 392 页。

在促进我国科技创新能力提升方面,他高度重视发挥"社会主义国家能够集中力量办大事"的优势。① 同时,江泽民高度重视自主创新能力提升,指出"我们在学习国外先进技术时,当然不能跟着别人亦步亦趋,或者一味依赖国外的现成技术,而必须进行我们自己的探索和创造"②。另外,江泽民还提出要鼓励原创创新,指出要根据当时(2001年)我国的具体状况和长远需要,按照"有所为有所不为的方针","选择一些重大科学项目,加强研究,协同攻关,力求有所突破"③。

在国内国际双循环的关系上,江泽民指出要在国际经贸合作中争取主动,就必须以自身力量强大为基础。在我国加入世界贸易组织后,他强调"在激烈的国际竞争中掌握主动,必须坚定不移地把我们自己的事情办好,不断增强我们的综合国力和国际竞争力"④。

3. 科学发展观创始人的相关论述

作为科学发展观的创始人,胡锦涛沿袭了邓小平、江泽民在国内国际大循环方面的整体观点,同时又根据当时国内外经济形势的变化提出了自己的新观点。整体来说,他的观点可以总结如下。

一是根据国内外经济形势发展,继续推进对外开放步伐。他指出"加入世贸组织后,我国对外开放进入了新阶段,我国将在将在更大范围、更广领域、更高层次上参与国际经济技术合作和竞争"⑤。同时,胡锦涛高度强调"进一步发展外向型经济,通过扩大对外开放不断增创新优势"⑥。他十分重视通过扩大对外开放来解决我国当时比较严重的就业问题,提出"通过扩大国际交换发挥我国劳动力资源优势",在参与国际经济合作中"争取把更多就业岗位配置到我国来"⑦。在对外开放的具体方式上,他继续强调要将"引进来"和"走出去"相结合,提出"引进来"的重点是"要把着眼点放在提高经济增长质量和效益上,

---

① 《江泽民文选》第2卷,人民出版社2006年版,第393页。
② 《江泽民文选》第2卷,人民出版社2006年版,第396页。
③ 《江泽民文选》第3卷,人民出版社2006年版,第262页。
④ 《江泽民文选》第3卷,人民出版社2006年版,第443页。
⑤ 《胡锦涛文选》第2卷,人民出版社2016年版,第42页。
⑥ 《胡锦涛文选》第2卷,人民出版社2016年版,第42页。
⑦ 《胡锦涛文选》第2卷,人民出版社2016年版,第82页。

放在增强产业和产品国际竞争力上"①,"走出去"的目的是"更加积极地参与国际经济技术合作和竞争,进一步拓展发展空间,增强发展后劲"②。

二是在国内大循环发展方面,强调采取各种方式促进国内经济发展。首先,他强调要将继续深化改革作为推动我国经济发展的动力。他在2004年指出"我国社会主义市场经济体制已经初步建立,全方位、宽领域、多层次的对外开放格局已经基本形成,但是改革开放任务还远远没有完成",因此应该"打好深化改革攻坚战,进一步消除经济发展和社会进步的体制性障碍"③。其次,胡锦涛高度重视科教兴国战略和人才战略,指出"从根本上说,增强发展后劲,增强我国经济国际竞争力,取决于科技进步和创新,取决于人才效应充分发挥"④。在技术创新方面,他强调"建设创新型国家,加快转变经济发展方式,赢得发展先机和主动权,最根本的是要靠科技的力量,最关键的是要大幅提高自主创新能力"⑤。胡锦涛还指出,要建设国家创新体系,根据当时我国的经济发展形势,他认为应该从强化创新驱动经济发展、进一步提高自主创新能力、进一步深化科技体制改革、进一步完善人才发展机制、进一步优化创新环境、进一步扩大科技开放合作等几方面入手。⑥最后,重视经济转型。随着我国经济持续发展,经济发展方式转变和经济结构调整引发了胡锦涛的高度重视,在2009年他指出"加快经济发展方式转变和经济结构调整是事关我国发展全局的一项重大战略任务"⑦。为了实现这一目标,他提出了要走新型工业化道路、强调经济发展各方面的协调性以及要更加注重创新和劳动力素质提高对经济的作用。⑧

---

① 《胡锦涛文选》第2卷,人民出版社2016年版,第180页。
② 《胡锦涛文选》第2卷,人民出版社2016年版,第181页。
③ 《胡锦涛文选》第2卷,人民出版社2016年版,第179页。
④ 《胡锦涛文选》第2卷,人民出版社2016年版,第43页。
⑤ 《胡锦涛文选》第3卷,人民出版社2016年版,第401页。
⑥ 《胡锦涛文选》第3卷,人民出版社2016年版,第599—604页。
⑦ 《胡锦涛文选》第3卷,人民出版社2016年版,第275页。
⑧ 《胡锦涛文选》第3卷,人民出版社2016年版,第276页。

二 国外理论界对新发展格局的相关研究

尽管新发展格局属于刚刚提出的新理论,国外理论界对此进行直接研究探讨的文献较少,但是就国内大循环与国际大循环的相关内容而言,相关研究却较为丰富。这些相关的论述大致沿着两大线索展开,即强调国际大循环特别是自由贸易而相对弱化国内大循环主体地位的观点和强调国内大循环主体地位并认为国际大循环服务于国内大循环的观点。只是随着经济学理论的发展,研究对象微观化的趋势日益显著,多数学者将其研究集中于局部问题,而对全局性问题的研究逐步减少。本书将倚重于早期的经济学理论,对国外理论界关于此问题的相关论述进行回顾。

(一)早期经济学理论相关研究概述

在亚当·斯密的经济学理论创立之前,西方经济学界主要包括两个派别,即重商主义和重农主义。这两个学派对国内大循环和国际大循环之间关系的认识有着重大差别,当然在发展过程中,这些学派内部在一些问题的认识上也出现了重大变化。具体而言,内容如下。

1. 重商主义

重商主义学派是最早重视国际贸易的学派,它盛行于15世纪末到17世纪下半叶的欧洲。这一学派认为相对于国内贸易,国际贸易才是财富的主要来源,确切地说,就是通过贸易顺差增加一个国家的货币。[①] 当然,早期重商主义(15世纪末到16世纪末)和晚期重商主义(16世纪下半叶到17世纪中叶)在主张上还有差别。例如,早期重商主义在当时对外贸易规模小、大规模出口难度极高的情况下,主张要少出口,以防止货币外流。晚期重商主义则主张要扩大对外贸易,关键是要保证出口大于进口,而不再反对"多卖"。如晚期重商主义代表人物之一托马斯·孟认为,禁止金银出口的法令实质上会摧毁贸易,而重要的应该是采取一系列促进出口的政策措施保证财富的增加,同时在实际贸易政策中,他主张要在贸易中排挤其他国家(特别是当时经济贸易

---

① 张国昀:《论重商主义》,《西北师大学报》(社会科学版)2004年第5期。

比较发达的荷兰）。① 一般来说，我们所说的重商主义的主张都是指晚期重商主义。在这样的理论支持下，各国必然努力增加出口而减少进口。显然，站在全球经济的角度看，不可能所有国家都能实现贸易顺差，各国之间贸易净出口总和必然是零。

当然，关于什么是重商主义以及哪些观点可以归入重商主义存在着突出的理论争议，主要争议体现在重商主义对国内经济发展的观点上。这一点通常被忽略，很多学者认为这是由于对重商主义误解造成的。② 有的学者认为，重商主义可以分为斯密重商主义和熊彼特重商主义，前者就是我们通常认为的重商主义，而熊彼特重商主义则重视本国经济竞争力提升，强化出口。③ 而有的学者将重商主义政策的影响时期扩展到18世纪50年代，从而将英国的历史时期划分为三个阶段：第一阶段是多铎王朝时期；第二阶段是斯图亚特王朝到光荣革命时期；第三阶段是光荣革命时期到18世纪50年代。④ 在这种阶段划分之下，重商主义的主张和政策导向更加多元化，部分主张与早期相比发生根本性变化。同时，有一部分学者将李斯特归为重商主义学派，这样，强调幼稚产业保护、推动进口替代等便是重商主义的另一个重要主张。但是，有的学者认为，这可能是对李斯特的错误理解。⑤

如果我们采用通常对重商主义的理解（即亚当·斯密对重商主义的定义），则早期重商主义由于严禁货币流出，尽量不购买进口商品，它的主张其实是更多偏向于国内大循环为主体，只是这个主体地位是以严格的贸易保护主义为条件的。晚期重商主义高度强调国际大循环中的一个方面，即强调贸易顺差。由于将贸易顺差或者货币的积累混同于国民财富的增加⑥，因此从该学派学者理论主张的潜在含义看，实际上是主

---

① 王丽庆：《试析近代英国重商主义的兴衰及其影响》，硕士学位论文，山西大学，2006年，第3—5页。
② 参见缐文《误读与歧见之间：欧洲重商主义的历史重建》，《社会科学战线》2010年第10期；张国昀：《论重商主义》，《西北师大学报》（社会科学版）2004年第5期。
③ 黄阳华：《重商主义及其当代意义》，《学习与探索》2020年第4期。
④ 李新宽：《试析英国重商主义国家干预经济的主要内容》，《世界历史》2008年第5期。
⑤ 朱日强：《李斯特是不是复活重商主义》，《河南师范大学学报》（哲学社会科学版）1989年第3期。
⑥ 黄阳华：《重商主义及其当代意义》，《学习与探索》2020年第4期。

张国际大循环为主体,国内大循环服务于国际大循环,获取贸易顺差成为经济运行的主要目的。

2. 重农主义

重农学派(重农主义)是重商主义之后又一个影响力较大的经济学派,其主要的代表包括法国经济学家布阿吉尔贝尔、魁奈、杜尔哥等。重农学派是在对重商主义批判基础上发展而来的,这一学派的早期代表人物布阿吉尔贝尔认为财富是包括必需品、非必需品在内的一切物品,这些物品只有在被消费过程中才有意义,物品不被消费则没有任何意义,同时他还强调,只有大量的消费才能促进收入增加。① 由于重商主义的主要诞生地法国在当时属于农业国,农业生产构成财富的主体,因而他们倾向于将农产品作为财富的唯一源泉,如魁奈便持有这样的观点。要达到农业发展的目的,便需要在法国国内实行一系列政策,如魁奈主张实行提高农产品价格、加强农业赋税以及实行自由贸易等政策。② 需要特别强调的是,尽管重农学派的主要代表人物观点各有差异,但是在自由贸易方面的观点却较为一致,都高度重视自由贸易,肯定自由贸易的正面作用,如魁奈认为自由贸易能够抑制国内价格的过度波动并能够克服粮食短缺的问题。③

总体来看,从国内国际双循环的角度去理解重农学派,可以将其主张理解为以国内大循环为主体,国际大循环服务于国内大循环。这是因为,重农学派的理论和政策的最终目的是要提高国内农业生产,而自由贸易是为了国内农产品市场更好地运行,不至于出现价格剧烈波动并减缓粮食短缺问题。应该说,重农学派在这一点还是比较先进的。

(二)亚当·斯密和大卫·李嘉图的自由贸易传统

亚当·斯密在一定程度上延续了重农学派关于自由贸易的观点,并建立起更完善的自由贸易理论。大卫·李嘉图进一步发展了亚当·斯密

---

① 许志强、马春霞:《法国重农学派的经济自由主义及实践论析》,《绥化学院学报》2015年第11期。
② 晏智杰:《魁奈和法国重农主义三题》,《经济思想史评论》2006年第1期。
③ 许志强、马春霞:《法国重农学派的经济自由主义及实践论析》,《绥化学院学报》2015年第11期。

的理论，提出了比较优势理论。自此，支撑自由贸易的古典理论成形。在他们的理论基础上，自由贸易理论持续发展。

1. 亚当·斯密和大卫·李嘉图的观点

亚当·斯密的自由贸易观建立在对重商主义批判基础之上，而后来学术界对重商主义观点的认识很大程度上是基于他的论述。他认为，重商主义仅仅将货币看作财富的观点是可笑的，"一国财富，不只是由它的金银组成的，而且也是由它的土地、房屋和各种各样的可消费货物组成的"①。基于这种认识，他极力反对重商主义学派主张的国家贸易干预政策而支持自由贸易。亚当·斯密认为，自由贸易给贸易国带来了巨大的好处，"不管在任何两国之间进行贸易，两国全都得到两种不同的好处。它将本国没有需求的那部分剩余产品送往国外，带回本国有需求的某种东西……通过对外贸易，可以使国内市场的狭小不至妨碍某一工艺或制造部门的劳动分工达到最高的完善境地。通过为可能超过国内消费的一部分劳动产品开辟更为广阔的市场，对外贸易鼓励各国改进自己的生产力，将自己的年产物增至最大限度，从而增加社会的实际收入和财富。"② 在各国贸易分工依据上，他提出了绝对优势理论，认为由于自然资源基础和生产效率各异，各国应该分工生产自身具有绝对成本优势的产品，出口优势产品而进口绝对成本劣势产品，通过这种方式保证国民财富增加。③ 对于自由贸易的适用范围，他提出了两个例外，一是国防居于比国民财富更重要的位置，因而不被纳入自由贸易的范围；二是对于在本国需要课税的产业，进口产品也需要课税，而不能采取完全自由贸易政策。除此之外，他认为其他产业都需要进行自由贸易。④

亚当·斯密的绝对优势理论存在着缺陷，即如果一个国家在各个产品都不具备绝对成本优势的情况下，便无法进入国际贸易体系。对此，大卫·李嘉图进一步发展了亚当·斯密的理论，提出了相对优势理论。

---

① ［英］亚当·斯密：《国富论》，杨敬年译，陕西人民出版社2001年版，第487页。
② ［英］亚当·斯密：《国富论》，杨敬年译，陕西人民出版社2001年版，第493—494页。
③ 梁军：《论亚当·斯密对国际贸易理论发展的贡献与影响》，《齐鲁学刊》2009年第6期。
④ 李笑川：《亚当·斯密的自由贸易理论及其对当今的启示》，《北方经贸》2021年第6期。

依照该理论，两个国家中即便有一个国家在生产两种（及以上）产品中均居于绝对成本劣势，但是依然可以按照"两劣相权取其轻"的原则从事贸易分工，在两种（及以上）产品中处于绝对成本优势的国家生产最具优势的产品，在产品中处于绝对成本劣势的国家则生产相对而言具有成本优势的产品。支撑这一理论的前提是，一个国家的生产要素数量是有限的，只有通过这种形式的分工，在多个产品中居于绝对优势地位的国家才能将有限的生产要素集中在最具优势的产品上。①

可以看出，亚当·斯密和大卫·李嘉图都高度重视国际大循环的作用，都认为国际大循环能够有效地促进国内大循环效率的提升。但是，仔细分析二人的理论，不难发现，他们虽然也强调国内大循环的主体地位，强调国际大循环服务于增加国民财富这一目标。但是，他们要求国内生产要按照国际分工来全面展开，这样的主张显然将国际大循环摆在过于重要的位置，在现实中如果实现了这样的安排，国内大循环的主体地位显然将受到挑战。相对而言，李嘉图的理论更加极端，按照他的理论，为了国际大循环，在生产优势上占有全面优势的国家要放弃部分产业的生产将其转让给其他国家，这样的主张显然对国内大循环构成过度剥夺，现实性较弱。

2. 自由贸易传统的进一步发展

赫克歇尔和俄林进一步发展了自由贸易理论。1919 年，赫克歇尔在其论文《对外贸易对收入分配的影响》中，依据生产要素的差异提出了贸易理论，而 1933 年俄林在其著作《地区间贸易与国际贸易》中进一步发展了赫克歇尔的理论，最终提出了生产要素禀赋理论。这个理论可以表述为，在国际贸易体系中，每个国家都倾向于密集利用本国数量丰富的生产要素进行生产，而进口那些需要密集使用本国禀赋匮乏的生产要素的产品，在这种情况下，各国通过贸易都可以提高本国福利水平。② 其实，尽管二人将国际贸易理论向前继续推进一步，但是站在国内国际双循环角度看，他们的主张并没有超出斯密和李嘉图的范围。当

---

① 龚云鸽：《李嘉图的比较优势理论及其评析》，《改革与开放》2018 年第 14 期。
② 王则柯、高堂安：《论赫克歇尔—奥林理论的准确表述》，《数量经济技术经济研究》1990 年第 6 期。

然，其后的新自由主义将自由贸易极端化，极端强调自由和反对国家对经济包括贸易的干涉，这样的主张显然是我们要坚决反对的。

（三）落后国家赶超及贸易保护主义的思想及发展

以亚当·斯密和大卫·李嘉图为代表的经济学家，是站在当时经济最发达的国家英国的角度展开研究的，其政策主张也契合英国的利益。对英国之外的其他国家特别是经济落后的国家而言，自由贸易未必是最优选择。正是在这种情况下，德国的李斯特等经济学家主张通过贸易保护实现落后国家的经济赶超，这一思想对未来经济学发展特别是对国内大循环和国际大循环之间的关系处理产生了深远影响。

1. 李斯特的思想

以李斯特为代表的经济学家认为，国际大循环要严格服务于国内大循环，在一些情况下，可以采取损害国际大循环的措施（贸易保护主义）来保证国内大循环的发展。李斯特是德国人，他身处的时代正是德国经济比较落后的时期。与斯密的"世界主义经济学"主张相比，李斯特则主张"国家经济学"，认为英国经济学家主张的世界主义经济学掩盖了每个国家的特殊利益和长远利益，必须站在国家的角度重构经济学理论，特别是适用于经济落后国家的经济理论。[①] 他提出了经济发展阶段理论，对一个国家经济会经历的阶段进行总结，如他在《政治经济学的国民体系》中将其划分为"原始未开化时期，畜牧时期，农业时期，农工业时期，农工商业时期" 5个时期。[②] 依照这个阶段划分，他认为在不同阶段可以实行不同的贸易政策，其中在经济落后的时候，他主张应该实行贸易保护主义，保证本国工业体系能够在受保护的环境中成长起来，然后采取自由贸易措施参与到国际贸易中。[③] 显然，在李斯特看来，国内大循环的主体地位是毋庸置疑的，国际大循环不能对其构成侵害。这一理论比较适合于经济落后国家，因而在后来被美国、日

---

① 丁涛：《李斯特生产力理论的回顾与现实意义》，《学习与探索》2015年第1期。
② ［德］弗里德里希·李斯特：《政治经济学的国民体系》，陈万煦译，商务印书馆2017年版，第174页。
③ 文珍林：《李斯特的生产力理论研究》，硕士学位论文，上海财经大学，2020年5月，第27页。

本等很多国家所采用。

李斯特的思想非常丰富，其中以国家经济发展作为基本立脚点，并强调经济发展赶超。在确定国内大循环主体地位基础上，他主张应该以动态眼光看待国内国际双循环之间的关系，贸易保护主义、自由贸易政策均可以在适当条件下为国内经济发展服务。[①] 他的理论直到现在依然很有价值。

2. 进口替代战略理论和出口导向战略理论

李斯特落后国家赶超理论对后世影响很大，在其理论影响下，二战之后兴起了两个落后国经济赶超的理论，即进口替代战略理论和出口导向战略理论。这两个理论均是在阿根廷经济学家普雷维什提出的"中心—外围"理论基础上发展起来的。进口替代战略理论认为，经济落后国家为了发展经济，应该采取关税保护主义措施，促进本国幼稚工业尽快发展起来。[②] 一般来说，这一战略包括两个阶段，第一阶段发展消费品产品，第二阶段则由消费品向资本品和中间产品转型。进口替代战略理论直接继承了李斯特的思想，二者的内核高度相似。这是一种通过消极利用国际大循环促进国内大循环发展的模式。

出口导向战略理论则强调要充分利用自身比较优势，通过出口不断提高本国竞争力，最终促进本国经济发展，该战略一般也经历两个发展阶段，第一阶段以劳动力密集型产业为主导产业，第二阶段则以重化工业为主导产业。与进口替代战略相比，出口导向战略充分利用国际大循环，使其为国内大循环发展服务。但是，二者也不能截然分开，事实上，在一定程度上，出口导向战略以成熟的进口替代战略为基础，同时，在实践中许多国家在不同程度上混合使用这两个战略。[③]

3. 凯恩斯主义学派的贸易保护主义

李斯特的贸易保护主义思想也影响到了凯恩斯学派。凯恩斯认为，

[①] 梅俊杰：《从赶超发展角度重新认识弗里德里希·李斯特》，《政治经济学报》2020年第1期；贾根良、陈国涛：《对李斯特经济学的一些澄清与发展》，《人文杂志》2015年第5期。

[②] 夏友富：《进口替代战略与出口替代战略的系统理论研究》，《对外经济贸易大学学报》1990年第5期。

[③] 夏友富：《进口替代战略与出口替代战略的系统理论研究》，《对外经济贸易大学学报》1990年第5期。

重商主义的主张里有其合理成分，贸易顺差是有利的。一个国家的投资包括国内投资和国际投资，其中国外投资量取决于贸易顺差，贸易顺差越大，则有效需求越大，同时黄金等货币的输入还有利于降低利率，从而进一步刺激经济发展。因此，凯恩斯主张应该执行"奖出限入"的贸易政策，以贸易保护制度促进本国经济发展。① 而凯恩斯的主要追随者汉森、萨缪尔森、哈罗德等都在不同程度上继承了凯恩斯的观点。② 其中，萨缪尔森的贸易理论影响力较大。与主张自由贸易的学者认为贸易促进世界各国利益的增加观点相比，他认为世界贸易未必使所有国家得利。在他与另一位经济学斯托尔珀1941年合著的《保护主义与实际工资》一文中提出了斯托尔珀—萨缪尔森定理，认为贸易会使丰裕要素实际收入上升，短缺要素实际收入下降，实行贸易保护主义则会使一个国家相对稀缺要素的报酬增加。③ 同时，他在2004年发表的论文《主流经济学家眼中的全球化：李嘉图—穆勒模型给出的证明》中认为，在存在技术进步的情况下，自由贸易将会使发展中国家收益显著大于发达国家，在存在技术溢出的情况下，发展中国家技术的持续进步将最终使发展中国家减少乃至永久停止进口发达国家的商品，从而对发达国家经济造成伤害。事实上，这也成为后来美国发起针对其他国家特别是中国的贸易摩擦的重要理论基础。④

（四）当前国外学术界对国内国际双循环的研究

当前，国外学术界特别是经济学界在相关的研究方面已经比较细微化，不再像早期经济学家那样关注较为宏大的主题，而是更加关注一些局部问题。在这些相关的研究中，以保罗·克鲁格曼为代表的一批经济学提出的新贸易理论具有较为广泛的影响。新贸易理论认为，贸易的产

---

① 邓力平：《凯恩斯：国际贸易理论评析》，《厦门大学学报》（哲学社会科学版）1985年第3期。

② 很多教科书将萨缪尔森归为新古典综合派。实际上，新古典综合派便是新古典微观经济与凯恩斯主义的综合，在宏观经济层面，新古典综合派和凯恩斯主义实质上是一回事。从这个意义上，萨缪尔森既是新古典综合派，也是凯恩斯主义学派在美国的代表性人物。

③ 梁东黎：《斯托尔帕—萨缪尔森定理再研究》，《东南大学学报》（哲学社会科学版）2014年第5期。

④ 苏庆义：《萨缪尔森与贸易保护主义》，《证券时报》2009年12月21日第3版。

生是基于相对优势而非绝对优势,产业具备自我产生优势的能力,而贸易成为扩大市场及增进规模报酬的途径。① 同时,该理论还认为,规模报酬递增是贸易产生的主要原因,一个国家内部生产的模式决定了贸易模式,一个国家倾向于出口国内生产规模较大的产品。② 新贸易理论主张自由贸易,认为贸易保护主义所提出的理由都是站不住脚的,许多看似是自由贸易引起的问题(如制造业萎缩)其实是这个国家国内因素导致的。③ 另外,即便是绝大多数西方经济学家都反对的倾销,克鲁格曼也认为具备内部合理性。他认为,倾销的原因在于各国开放步伐不一致,它的存在加剧了竞争,使贸易双方得益。④

同时,一部分学者从贸易保护主义对经济发展负面作用的角度,印证自由贸易的积极作用。例如,巴拉蒂耶里(Barattieri)等学者就认为,贸易保护主义不利于一个国家经济增长,因而不是好的经济措施。他们利用相关数据对贸易壁垒对宏观经济发展的动态效应进行了研究,发现贸易保护主义在短期内对供给体系造成了冲击,导致产出下降和通货膨胀率上升,而对贸易平衡产生的积极作用十分微小。⑤ 福塞瑞(Furceri)等学者则通过对 1963 年到 2014 年间 151 个国家的宏观经济数据研究后得出结论,关税增加与这些国家产出的持续减少具有明显的相关性,这也为反对国际贸易摩擦提供了有力证据。⑥

当然,虽然在西方学术界中,支持自由贸易的学者占据主流,但是贸易保护主义依然存在着较大的生存空间。事实上,贸易保护主义理论部分源于自由贸易理论,例如新贸易理论的规模经济和战略性贸易政策本身也为贸易保护主义提供了理论基础,自由贸易主义和贸易保护主义

---

① 李静:《克鲁格曼新贸易理论述评》,《企业改革与管理》2019 年第 10 期。
② Krugman, P. R., "Scale Economies, Product Differentiation, and the Pattern of Trade", *The American Economic Review*, 1980, 70 (5), pp. 950–959.
③ 李静:《克鲁格曼新贸易理论述评》,《企业改革与管理》2019 年第 10 期。
④ 乌兰、吴高娃:《国际贸易新理论的"新"在何处——对保罗·克鲁格曼"新贸易理论"的评析》,《内蒙古师范大学学报》(哲学社会科学版) 2012 年第 2 期。
⑤ Barattieri A., Cacciatore M., "Protectionism and the Business Cycle", *Journal of International Economics*, 2021, 129 (3).
⑥ Furceri, D., et al., "Are Tariffs Bad for Growth? Yes, Say Five Decades of Data from 150 Countries", *Journal of Policy Modeling*, 2020, 42 (7–8).

之间存在着复杂的共生共荣关系。①

三 国内理论界对新发展格局的相关研究

自从2020年习近平总书记提出新发展格局的概念以来，国内的相关学术研究呈现快速增加趋势。相关研究主要可以概括为如下几个方面。

（一）对新发展格局内涵的研究

如何把握新发展格局的内涵，是把握新发展格局理论的第一步。不同的学者站在不同的研究角度，对新发展格局的内涵进行了解读。整体来看，这些研究主要是围绕国内国际双循环的定位与关系展开分析，所涉及的内容极为丰富。

一部分学者以马克思主义为理论基础，从政治经济学的角度对新发展格局的内涵进行了研究。例如，任保平以马克思主义政治经济学的分工理论为依据，认为构建新发展格局的内在蕴意是改善和调节劳动分工，促进中国以国际分工、国际市场和国际循环为主体的旧的分工体系向以国内分工、国内市场和国内循环为主体的新分工体系转化。②程恩富、张峰从政治经济学角度对"双循环"新发展格局的内涵进行研究，认为国内大循环"不仅包括社会最终产品主要靠国内的消费与投资，也包括生产、流通过程主要在国内进行"，而国际生产、交换、分配、消费通过世界市场，形成了国际大循环。③王维平等运用马克思主义基本原理对新发展格局内涵进行了解读，认为其理论本质既是马克思全面把握资本主义社会生产关系、确立政治经济学研究范式的关键所在，也为我们分析、考察和研究当下政治经济现实提供了重要的理论视域。④范欣等则认为，国内经济循环是指生产、分配、交换和消费四大环节等

---

① 崔庆波：《新一轮贸易保护主义与中国区域贸易自由化策略》，《上海对外经贸大学学报》2021年第4期。
② 任保平：《"十四五"时期构建基于双循环新发展格局的政治经济学逻辑》，《长安大学学报》2021年第1期。
③ 程恩富：《"双循环"新发展格局的政治经济学分析》，《求索》2021年第1期。
④ 王维平、陈雅：《"双循环"新发展格局释读——基于马克思主义政治经济学总体性视域》，《中国特色社会主义研究》2021年第1期。

均在国内进行，而国际经济循环则是指这些生产环节中部分在国内而部分在国外进行。在此基础上，新发展格局的内涵体现在国内大循环和国际大循环的辩证统一上，即国内大循环是国际大循环的基础，国内大循环的发展有利于提升国际大循环，而国际大循环发展的根本目的是服务于国内大循环。同时，他们还认为，新发展格局反映了生产关系适应生产力的过程，是事关全局的变革，因而具有长期性特征。①

一部分学者立足我国经济发展的实际状况，根据我国经济发展的趋势，对新发展格局的内涵进行了解读。许光建等认为新发展格局的科学内涵可以总结为三点：一是对外开放转变为依托国内超大规模经济的新模式，国内大循环的高效保证我国在国际竞争中始终保持优势地位；二是作为主体地位的国内大循环实现高效的关键是要依托创新水平的不断提高和全要素生产率的不断提升；三是新发展格局协调了我国经济体系的发展与安全两大问题，兼顾解决长期性结构问题和短期的偶然问题。② 陈伟光等从中国与全球经济的关系角度对新发展格局的内涵进行了研究，认为新发展格局重新塑造了中国与世界经济关系的新模式，这体现在三个方面：改善国际贸易收支状况，促进世界贸易的均衡发展；通过增加产业链和供应链自主可控能力，增进全球产业链的安全；通过发挥大国经济规模优势和内需的巨大潜力，成为世界经济发展"稳定之锚"和主要动力。③ 裴长洪等认为新发展格局理论是对马克思主义政治经济学的运用和发展，并对新发展格局丰富的科学内涵进行了分析。一是认为新发展格局揭示了中国经济发展的客观规律，如以国内大循环为主体表现为改革开放后经济增长始终以内需为主要动力、国内贸易始终大于国际贸易、国际大循环服务于国内大循环、新发展格局要求构建更高水平的"双循环"等；二是新发展格局提出了新的"世界经济动态平衡观"，"两头并重"的贸易发展模式、"引进来"与"走出去"

---

① 范欣、蔡孟玉：《"双循环"新发展格局的内在逻辑与实现路径》，《福建师范大学学报》（哲学社会科学版）2021年第3期。

② 许光建、乔羽堃、黎珍羽：《构建国内国际双循环新发展格局若干思考》，《价格理论与实践》2020年第11期。

③ 陈伟光、明元鹏、钟列炀：《构建"双循环"新发展格局——基于中国与世界经济关系的分析》，《改革》2021年第7期。

并重、以外汇储备为支撑参与国际金融机制变革等将是主要发展特征；三是新发展格局蕴含着深化改革的内涵。① 刘伟等依据新发展格局提出的背景，认为内外形势的变化决定了它是追求供需动态平衡的整体发展格局，经济增长方式的转变与发展风险的加剧决定了它是深化改革格局和风险防范格局。在此基础上，他们为新发展格局进行了详细定位，认为它的"战略支撑是创新引领，战略基点是扩大内需，战略方向是深入推进供给侧结构性改革，战略重点是'一带一路'，战略突破口是区域改革开放新高地，战略目标是现代化经济体系"②。高惺惟认为，新发展格局的本质是独立自主和高水平开放。独立自主的国内大循环体现出了以我为主和自立自强的特征，是新发展格局的基础；而通过补足国内大循环的短板，有助于在更高层次上推动国际大循环。新发展格局的内涵便是要由国内的"自转"推动国际"公转"，以国内经济的"体内循环"推动"体外循环"，这样的模式将提高我国经济安全性。③

（二）对新发展格局的提出背景与必然性的研究

不同学者依据自己的理解，对新发展格局提出背景进行了总结。整体来看，大家的看法较为一致，即将外部环境的变化归结为最近一段时间以来世界政治经济所发生的深刻变化，内部环境变化则与我国经济发展阶段相关。

1. 相关学者对国际环境变化的观点

从国际环境的变化来看，相关研究普遍认为，国际金融危机爆发之后，全球经济环境的变化表现为一定程度的逆全球化趋势、新一轮科技革命以及产业新的发展趋势以及新冠疫情所引发的全球经济衰退等。这些因素的变化使得我国国际大循环的环境发生了根本性变化。当然，有的学者在总结相关背景时，将这些因素纳入一个大框架内。例如，王一鸣就把这些外部环境因素总结为"世界经历百年未有之大变局"，具体的因素包括新一轮科技革命的推进、经济全球化退潮和全球产业链供应链调整；内部环境变化则体现为我国已进入强调质量追赶、结构升级、

---

① 裴长洪、刘洪愧：《构建新发展格局科学内涵研究》，《中国工业经济》2021年第6期。
② 刘伟、刘瑞明：《新发展格局的本质特征与内在逻辑》，《宏观经济管理》2021年第4期。
③ 高惺惟：《新发展格局的内涵理论基础和现实意义》，《理论视野》2021年第3期。

创新驱动、共同富裕、绿色发展的高质量发展阶段。①

同时，不同学者在这些背景因素的具体分析上存在一定差异，有的学者在三大因素基础上又增添了若干因素，或者将其中的某一因素进行拆解；也有的学者忽略这三个要素中的一些因素，又加入其他因素。例如，高培勇站在统筹发展和安全的角度对新发展格局的提出背景进行了论述，认为其提出的国际背景主要是由新一轮科技革命与产业发展深入发展、经济全球化逆流、国际力量发生深刻变化以及新冠疫情所导致的"百年未有之大变局"。② 朱华雄等认为2020年我国提出"双循环"发展理论背景因素中的国际局势的新变化主要包括中美贸易摩擦和新冠疫情对全球经济的影响。③ 事实上，许多学者没有考虑新冠疫情对全球经济的影响，这可能与这些学者认为新冠疫情属于短期性偶发因素而不具备长期影响有关。例如，李鸿阶等认为我国新发展格局提出的背景在国际因素方面可以归结为全球经济发展不确定性增强、区域经济合作制度安排作用日益突出、数字经济成为全球经济复苏引擎、国际分工格局出现由全球化向半全球化转变、科技发展对劳动市场的冲击等几个方面，而忽略了新冠疫情对全球经济的影响。④ 也有的学者从独特角度总结了国际环境的变化，但是其内核也大致与这三大要素类似。例如，方兴起将其归结为两大要素，即霸权盛衰周期和国际分工"内外化"。前者主要是指霸权国家会经历由兴盛到衰败的周期，在兴盛时期霸权国家会主导全球的经济体系，其"双循环"会支配其他国家的"双循环"；在衰败期，霸权国家会逐步丧失其优势地位，其贸易政策则倾向于贸易保护主义。他认为，美国在2007年到2009年的大衰退是全球经济发展的大转折点。国际分工"内外化"，是指企业分工社会化（跨国企业）和社会分工企业化。在这种形式下，各国基于比较优势形成了产品供应链，从而使各国形成了互利共赢的国际经济合作。但是，随着美国霸权衰

---

① 王一鸣：《百年大变局、高质量发展与构建新发展格局》，《管理世界》2020年第12期。
② 高培勇：《构建新发展格局：在统筹发展和安全中前行》，《经济研究》2021年第3期。
③ 朱华雄、周文蕾、阳甜：《"双循环"新发展格局：历史演化与展望》，《新疆师范大学学报》（哲学社会科学版）2021年第5期。
④ 李鸿阶、张元钊：《全球经济形势新变化与中国新发展格局构建》，《当代世界》2021年第6期。

落，美国开始利用国际分工"内外化"形成的产品供给链优势，采取非市场手段对威胁它经济利益的对手予以打压。①

2. 相关学者对国内经济发展阶段变化的观点

部分经济学家以国内经济发展为出发点对构建新发展格局的必然性进行了研究。在这方面，各个学者结合经济现实状况以及每个人对构建新发展格局背景的理解，提出了自己的观点。综合而言，大家对其认识都大同小异，在主要的因素上认识较为一致，但是在具体问题的认识上存在着差异。在这里，选取其中几个最有代表性的研究进行论述。

金碚系统地对新发展格局提出的背景进行了分析，他将背景因素总结为三点。第一，新发展格局的提出是经济发展的必然趋势。从经济发展的规律看，"国内大循环为主体，国内国际双循环相互促进"其实是一个"不以人的意志为转移"的"经验性事实"。他认为，实行市场经济的结果，必然导致国家在国内和国际两个市场进行生产，以追求经济无限增长。对小国来说，国际大循环的比重会更大，而大国由于经济规模和市场规模大因而国内大循环的比重更大。第二，金碚认为新发展格局在体现经济学关注的两大因素即效率和公平之外，又增加了安全这一战略关切点。经济全球化带来的一系列问题，影响到了我国经济发展的安全性，特别是新冠疫情的暴发使这一问题更加突出，而新发展格局提出的部分原因便是为了应对这一挑战。第三，新发展格局提出是为了满足规则博弈纵深化的需要。他认为，在中美之间经济分歧加大、国际经济环境风险不可控的情况下，国内规则空间的有效性和安全性要高于国际规则，我们必须要把国民经济发展的命脉掌握在自己手中，而这正是强调国内大循环主体地位的原因。②

朱华雄等从历史演化的角度对新发展格局进行了研究。他们认为，1987年我国便提出了国际大循环的概念和理论，从而确立了我国的外向型发展战略；2020年我国提出"双循环"发展理论，则是在国际局

---

① 方兴起：《构建以国内循环为主体、国内国际双循环相互促进的新发展格局》，《马克思主义与现实》2021年第2期。

② 金碚：《构建双循环新发展格局开启中国经济新征程》，《区域经济评论》2021年第1期。

势的新变化（主要包括中美贸易摩擦和新冠疫情对全球经济的影响）和国内发展的新形势下提出的。对于后者，他们分两个角度进行了研究，一方面"市场和资源两头在外"的"世界工厂"发展模式需要转变；另一方面国内大循环依然存在着若干堵点：研发结构不合理以及科研人员密度低，国内居民有效需求不足，地区和城乡之间发展不平衡问题突出。同时，他们将支撑我国新发展格局的基础总结为：实行了20多年的扩大内需政策使我国对消费重视度空前提高；5年的供给侧结构性改革为国内大循环奠定了良好基础。[①]

高培勇从经济学角度对新发展格局的内涵进行了研究，提出新发展格局的"核心要义是统筹发展和安全"。随着外部环境由量变向质变演化，安全问题的重要性不断增加，实现发展和安全的动态均衡，是构建新发展格局的根本出发点。他还认为，对这一概念，我们可以从忧患意识、历史逻辑和理论逻辑的结合等角度去把握。[②] 他站在统筹发展和安全的角度对新发展格局的提出背景进行了论述，认为新发展格局就是为了应对内外环境的复杂局面，统筹发展与安全，保证我国能够化解风险、发挥优势而提出。

（三）构建新发展格局的关键任务

构建新发展格局需要解决一系列关键任务，不同学者对这些相关的任务进行了研究。总体来说，包括需求侧改革（扩大内需）与供给侧结构性改革联通、实现关键核心技术突破、实施体制机制改革等几个方面。

通过需求侧改革（管理）扩大内需、实现与供给侧结构性改革适配，是构建新发展格局中的重点任务，部分学者对此问题进行了深入研究。罗良文等认为，中央政策由之前的注重供给侧结构性改革到注重供给侧结构性改革和需求侧管理协同并进，是新发展格局下我国重要的战略布局。他们认为，当前我国需求侧管理的重点任务是由投资驱动转向消费驱动、推动经济增长方式由外需主导向内外需"双循环"协调的

[①] 朱华雄、周文蕾、阳甜：《"双循环"新发展格局：历史演化与展望》，《新疆师范大学学报》（哲学社会科学版）2021年第5期。

[②] 高培勇：《构建新发展格局：在统筹发展和安全中前行》，《经济研究》2021年第3期。

高质量发展模式转变，在具体措施上应该注重加快完整内需体系的培育、健全需求传导机制、优化投资需求结构、推行相关体制机制改革等。① 孔祥利等认为构建新发展格局的关键在于将供给侧结构性改革和需求侧管理实现有效整合，以供给侧结构性改革为主线，提升供给体系对需求的适配性，实现供给和需求的动态均衡。②

相对于供给侧结构性改革，强化需求侧改革（管理）特别是扩大内需是构建新发展格局中的新变化，相关研究数量也较多。例如，赖雄麟等认为，需求侧管理是畅通国内大循环的内在要求，是全面深化改革的必然趋势。当前我国需求侧管理存在着缺乏顶层设计、消费需求启动难度大、投资需求增长乏力、外贸需求风险大等问题。对此，他们在实现需求侧管理与供给侧结构性改革协同的基础上提出了加强需求侧管理顶层设计、以分配制度改革和反垄断启动消费需求、以新基建投资和数字经济发展为重点促进投资需求发展、以 RECP 和"一带一路"稳定外贸需求等政策建议。③ 马伟伟等的研究表明，当前我国在生产、流通、消费和分配等 4 个环节均存在制约消费需求的因素，生产环节受制于技术水平和供给结构，流通环节受制于流通基础配套能力、区域发展水平、流通业现代化程度，消费环节则受制于居民和政府平均消费倾向下降、城乡消费不均衡，分配环节受制于预期收入不群定性提高、居民收入差距大、社会保障不健全。构建新发展格局应该从畅通国民经济循环、深化供给侧结构性改革、加强需求侧管理等角度入手，解决需求中存在的问题，实现内需扩大。④ 周绍东等从空间政治经济学角度对新发展格局下需求侧管理问题进行了研究，认为新发展格局就是"要在充分考虑自然条件、历史因素、资源禀赋和差异化优势的基

---

① 罗良文、梁圣蓉：《新发展格局下需求侧管理的内涵、特点、难点及途径》，《新疆师范大学学报》（哲学社会科学版）2021 年第 5 期。

② 孔祥利、谌玲：《供给侧改革与需求侧管理在新发展格局中的统合逻辑与施策重点》，《陕西师范大学学报》（哲学社会科学版）2021 年第 3 期。

③ 赖雄麟、于彦宾：《新发展格局下需求侧管理的困境与出路》，《理论探讨》2021 年第 3 期。

④ 马伟伟、依绍华：《新发展格局下加强需求侧管理研究——基于消费需求的视角》，《价格理论与实践》2021 年第 1 期。

础上，打造合理的区域产业分工，把不同地区的供给和需求紧密对接起来，形成完整的产业链条和价值闭环"。他们提出了4条供需对接、实现国内国际双循环相互促进的通道："丝绸之路经济带"主干线、"21世纪海上丝绸之路"主干线、东北亚大循环和亚非"海陆联动"大循环。①

也有部分学者继续从供给侧角度对构建新发展格局的问题进行了研究。其中，实现科技自立自强是构建新发展格局的关键任务，部分学者对此问题进行了探讨。例如，盛朝迅等认为基础研究是实现科技自立自强和构建新发展格局的最基本依托，对于发挥创新驱动、促进产业结构调整具有重要作用。针对我国基础研究整体水平较低的现状，他们提出了深化科技体制机制改革、强化基础研究人才培养、优化基础研究的条件与环境、加强基础研究国际合作、创造良好的社会氛围等建议。②张其仔则从产业融合的角度，提出应该以新经济发展引领新发展格局构建。首先，他将新经济定义为"聚合了数字化、网络化、智能化和绿色化等四大趋势的颠覆式的技术创新"，是第四次工业革命的概念，而非之前由第三次工业革命支撑的"新经济"概念。他认为，"新经济+"能够推动传统产业升级和促进新经济发展，因此它可以推动国内产业链重塑，从而打破发达国家在关键领域的主导格局。同时，"新经济"是一种重组式创新，它能够推动全球经济由串联式、线性式创新模式向并行式和非线性模式转变，从而推动全球经济做大"蛋糕"，并拓展中国国际经济合作的广度和深度。③刘志彪等认为构建新发展格局在供给侧的重要任务便是重塑新的产业链，其内涵则是产业链现代化，具体体现为实现关键核心技术突破、基于超大经济规模动态优势培育主导产业、在国际竞争中形成垄断竞争优势、推动产业绿色发展、强化全产业链安全发展等几个方面。为了实现这一目标，应该采取实施产业链

---

① 周绍东、陈艺丹：《新发展格局与需求侧改革：空间政治经济学的解读》，《新疆师范大学学报》（哲学社会科学版）2021年第6期。
② 盛朝迅、易宇、韩爱华：《新发展格局下如何提升基础研究能力》，《开放导报》2021年第6期。
③ 张其仔：《在新发展格局形成中新经济要发挥引领作用》，《湘潭大学学报》（哲学社会科学版）2021年第2期。

"链长"机制(即发挥行政机制协调作用)、打造世界级产业集群、加强防灾备灾体系建设、维护全球产业链的国际公共品属性等几个方面的措施。①李雯轩和李晓华就新发展格局下我国区域产业转移问题进行了研究,认为在产业转移方面影响很广的"雁阵模式"并不适合我国区域转移的状况,新发展格局要求我们由依赖全球价值链转向夯实国内价值链,区域产业转移应该与新技术、服务业升级、城市群新趋势、扩大内需等结合,进而建立差异化的区域分工体系。②

一部分学者从体制机制改革的角度对构建新发展格局的具体任务进行了探讨。例如,马建堂将建设高标准的市场体系作为构建新发展格局的战略性任务,认为前者对后者的作用表现为有利于需求潜力释放、资源配置和要素流动、经济流通的顺畅和供需对接以及国内国际双循环的相互促进。他认为,高标准的市场体系主要包括高标准的市场基础制度、高效率的市场配置机制、高质量的市场发展环境、高水平的市场开放制度和高效能的市场监管制度。在具体措施上,他提出了夯实市场基础制度、促进要素资源高效配置、强化公平竞争和反垄断等措施。③

政策体系是体现有为政府的重要方面,它能够在扩大内需、提升供给效率等发挥重要作用。有的学者则认为促进政策体系转型是构建新发展格局的重要任务。例如张霞就新发展格局下宏观调控体系的构建问题进行了研究,认为宏观调控体系应该向着以扩大内需为核心构建完整的内需体系、以创新为核心强化高质量发展引领、以供给侧结构性改革为主线推动供需动态均衡的政策取向发展。在具体的战略思路上,她认为,应该从更好地发挥财政政策作用、健全货币政策与宏观审慎政策为支柱的调控体系、实施就业优先政策、优化产业技术政策提升其在技术创新方面的成效、强化内外安全政策等方面出发着手构建宏观调控政策体系。④

---

① 刘志彪、凌永辉:《论新发展格局下重塑新的产业链》,《经济纵横》2021年第5期。
② 李雯轩、李晓华:《新发展格局下区域间产业转移与升级的路径研究——对"雁阵模式"的再探讨》,《经济学家》2021年第6期。
③ 马建堂:《建设高标准市场体系与构建新发展格局》,《管理世界》2021年第5期。
④ 张霞:《新发展格局下宏观调控政策体系的构建》,《改革与战略》2021年第4期。

（四）构建新发展格局的路径研究

部分学者对构建新发展格局的路径及主要举措进行了研究。应该说，在很大程度上，构建新发展格局的路径及举措与其主要任务在内容上存在一定程度的重合。但是整体而言，在研究构建新发展格局的主要任务时，相关研究更加强调任务的重要性，同时更加注重对某一任务进行深入研究；对构建新发展格局的路径及主要举措的研究，尽管也会有所侧重，但是与相关任务的研究相比，更加强调路径和举措的可行性，同时更加注重相关路径和举措的系统性、协调性。

应该说，在构建新发展格局的路径和相关举措的研究方面，不同学者侧重于不同角度对此进行了总结和研究。部分学者紧贴我国实践状况，较为全面地对构建新发展格局需要采取的路径和具体措施进行了探讨。例如，林于良认为，当前制约我国新发展格局构建的因素较多，主要包括整体产业结构不合理、关键核心技术受制于人、居民收入不平衡问题突出、消费转型升级能力释放不充分等。对此，他认为，应该从如下路径构建新发展格局：以党的全面领导把稳新发展方向，实现党的领导和市场机制在资源配置的决定性作用有机结合，创新党领导经济发展的理念、体制和方式，保证我国经济实现高质量发展；以内需夯实新发展基石，通过促进产业结构升级、统筹区域发展激发农村消费能力等方式，不断扩大内需；以科技创新激发新发展动能，通过发挥集中力量办大事的制度优势取得关键核心技术突破、深化科技体制改革、厚植创新文化等促进技术创新能力提升；以增进民生福利凝聚新发展合力，主要通过加快绿色发展、就业优化、健全生产要素市场化配置机制等措施实现；以高水平开放打造竞争新优势，主要包括加快中国特色社会主义先行区建设、强化区域经济多边合作等措施。[①] 洪银兴等基于马克思的社会再生产和分工理论，提出了转向新发展格局的三大路径，即需求侧推动，培育完整的内需体系；供给侧推动，建立自主可控的现代化经济体系；外循环转向，实施创新导向的开放发展战略。[②] 王海杰等从马克思

---

① 林于良：《论构建新发展格局的实践路径》，《广西社会科学》2021年第5期。
② 洪银兴、杨玉珍：《构建新发展格局的路径研究》，《经济学家》2021年第3期。

主义政治经济学的角度对构建新发展格局的路径进行了研究，认为相关的路径应该包括：有效市场与有为政府的有机结合、劳动导向的制度系统设计（在制度设计上强调劳动者收入以增加有效需求）、以求同存异原则促进异质经济体之间规则的制定、发挥有为政府跨周期调控和充分动员的能力、将国有企业作为新发展格局的引领者。[①] 朱华雄等提出畅通国内大循环应从5个方面着手：持久拉动内需、推动科技创新、完善数字经济发展制度、推动市场主导的投资内生机制的形成、统筹国内经济布局；在国际大循环方面也提出了5个方面：加快建设中国特色社会主义先行区、通过"一带一路"引领国际经济合作、通过参与国际规则制定优化国际环境、根据发展需要优化提升"引进来"和"走出去"项目、确定合理的贸易保护水平。[②]

有的学者则将视角放在局部领域，将其作为重点对构建新发展格局的举措进行研究。例如，黄群慧认为加快形成新发展格局应通过供给侧结构性改革，进一步畅通国内经济大循环，使得国外产业更加依赖中国供应链和产业链，更加依赖中国的巨大消费市场，从而促进更高水平的对外开放，实现国内国际双循环水平提升。[③] 董志勇等则认为，构建新发展格局需要从两个方面着手：一是以供给侧结构性改革为重点推动国内经济充分平衡发展，畅通国内大循环；二是以规则制度型开放为重点推动构建更高层次开放型经济，稳步推进国际大循环。[④] 陈伟光等则从强化对外开放的角度对新发展格局的实现路径进行了探讨，认为应该从三个方面着手重新塑造中国与世界经济关系以实现新发展格局：推动"一带一路"向着高质量发展；实现自由贸易区的扩容升级以及高标准建设国际自由港；充分发挥全面经济伙伴关系协定（RECP）和中欧双

[①] 王海杰、齐秀琳：《"双循环"新发展格局的政治经济学逻辑与实现路径》，《当代经济研究》2021年第5期。
[②] 朱华雄、周文蕾、阳甜：《"双循环"新发展格局：历史演化与展望》，《新疆师范大学学报》（哲学社会科学版）2021年第5期。
[③] 黄群慧：《"双循环"新发展格局：深刻内涵、时代背景与形成建议》，《北京工业大学学报》（社会科学版）2021年第1期。
[④] 董志勇、李成明：《国内国际双循环新发展格局：历史溯源、逻辑阐释与政策导向》，《中共中央党校（国家行政学院）学报》2020年第10期。

边投资协定（BIT）两大合作平台的作用，密切与全球其他国家经济交往；加快人民币国际化进程。①

第三节　构建新发展格局的理论分析框架

如何在历史空间中定位构建新发展格局以及将构建新发展格局涉及的具体任务及内部的关系界定清晰，是把握新发展格局理论和在实践中明确构建新发展格局的任务、路径的基本要求。本节在前文归纳的新发展格局相关研究的基础上，对构建新发展格局的理论分析框架进行探讨。

一　新发展格局起始阶段分析——新发展阶段、高质量发展阶段概念辨析

新发展格局是与新发展阶段紧密相关的概念，新发展格局便是在新发展阶段要完成的任务。"全面建成小康社会、实现第一个百年奋斗目标之后，我们要乘势而上开启全面建设社会主义现代化国家新征程、向第二个百年奋斗目标进军，这标志着我国进入了一个新发展阶段。"②按照这一论述，新发展阶段的起始时间应该是2021年，而新发展格局的起始时间也是这一年。

从历史传承上来说，新发展阶段"是我们党带领人民迎来从站起来、富起来到强起来历史性跨越的新阶段"③。新发展阶段是社会主义初级阶段的一个阶段，它以"十四五"规划为起点，以建设社会主义现代化强国为目标。它之前的阶段则包括两个时期：一是从新中国成立到改革开放为止的"前30年"时期，这一时期我国初步建成了较为完整的国民经济体系；后一个时期是改革开放开始到2020年，总计42

---

① 陈伟光、明元鹏、钟列炀：《构建"双循环"新发展格局——基于中国与世界经济关系的分析》，《改革》2021年第7期。
② 习近平：《把握新发展阶段，贯彻新发展理念，构建新发展格局》，《求是》2021年第9期。
③ 习近平：《把握新发展阶段，贯彻新发展理念，构建新发展格局》，《求是》2021年第9期。

年，这一时期是我国经济快速发展、综合国力不断上升、国际影响力不断提高的时期。在后一时期，我国从一个比较落后的农业国家发展成为全球经济规模全球第二、工业规模全球第一、进出口总额全球第一的工业化国家。或者说，新发展阶段是2020年实现了全面建成小康社会目标之后的新的发展阶段，这一阶段经济发展将前两个阶段积攒的丰厚物质基础作为基础。构建国内大循环为主体、国内国际双循环相互促进的新发展格局，从根本上说就是为了保证我国经济体系适应新发展阶段的阶段特征和环境，实现经济持续健康发展，推动建设社会主义现代化强国目标的实现。如果站在中华民族伟大复兴这一更加恢宏的历史视角看，新发展阶段是中华民族复兴的关键阶段，而新发展格局则是中华民族伟大复兴的科学路径。①

另一个与新发展格局起始阶段相关的概念便是高质量发展阶段。党的十九大提出我国由高速增长阶段转向高质量发展阶段，而按照2020年7月30日中央政治局会议的说法，我国已经步入高质量发展阶段。在现实中，有许多人对我国已经步入高质量发展阶段的说法迷惑不解，认为我国现在应该处于高速增长阶段向高质量发展阶段的转变时期，这一时期持续时间应该会很长而不会很快进入高质量发展阶段。其实，持有这种看法的人混淆了"高质量发展"和"高质量发展阶段"两个概念。在经济学界，许多学者倾向于将高质量发展与产业结构升级和产业发展转型联系起来，认为产业结构升级和产业发展转型完成是高质量发展实现的最重要特征。②但是，高质量发展阶段并不是高质量发展高级目标完成（产业结构高级化、经济发展转型完成）后才开始的阶段，而是强调"沿着高质量发展的轨道发展的时期"。按照这一解读，高质量发展阶段的起始时间应该是2017年。可以看出，高质量发展阶段和新发展阶段存在着一定的时间差异，二者在时间覆盖范围上并不完全等同。

---

① 何星亮：《新发展阶段、新发展理念、新发展格局与伟大复兴》，《人民论坛》2021年3月上。

② 例如，参见曾宪奎：《我国高质量发展的内在属性与发展战略》，《马克思主义研究》2019年第8期。

尽管高质量发展阶段和新发展阶段二者在时间范围上不尽相同，但是二者关系十分密切，即新发展阶段是高质量发展的新发展阶段。其实，高质量发展阶段和新发展阶段是站在不同角度定义的概念，新发展阶段是相对于之前的社会主义建设阶段而定义的，高质量发展阶段则是基于经济发展方式的改变而定义的。如果深入分析这两个阶段经济发展的本质，则可以发现二者是高度吻合的。新发展阶段的经济发展需要遵循高质量发展模式，新发展格局的构建也是要符合高质量发展的要求。因此，在分析新发展格局所处的阶段时，我们不仅要强调新发展阶段，也要注意到高质量发展阶段。

需要强调一点，新发展阶段与高质量发展阶段与之前阶段的关系方面也存在明显差异。新发展阶段与之前的发展阶段相对，它强调的是社会主义发展征程在实现了之前阶段的目标（全面建成小康社会、实现第一个百年目标）后自然而然地进入了一个新的发展阶段，或者新发展阶段与之前的阶段虽然有很大的不同，但是二者更主要的是承继与发展关系，而不是对立关系。高质量发展阶段与高速增长阶段相对，它强调的是经济发展形态、特点和内在规律的变化。高质量发展阶段和高速增长阶段之间具有本质性的不同，它们之间虽然存在承继关系，但是更强调其对立关系。例如，从经济发展的侧重点角度看，高速增长阶段特别强调高速经济增长，高质量发展则侧重于经济发展的质量，兼顾经济增长（以中高速增长为目标）；从经济发展的主导模式看，高速增长阶段对应以高投入、高消耗、高污染和低附加值等"三高一低"为特征的粗放型经济模式，经济发展的可持续性较低，高质量发展阶段则对应着集约型经济发展模式，经济发展的可持续性较高；从经济发展的主要驱动力看，高速增长阶段主要依靠劳动力、土地及各项资源要素的大幅投入作为经济增长的保证，而高质量发展阶段则主要依靠技术创新等生产要素作为经济发展的驱动力。可以看出，在高速增长阶段向高质量发展阶段转变过程中，经济体系逐步出现了许多截然不同或者对立的变化。

二 新发展格局的指导思想——新发展理念

以创新、协调、绿色、开放、共享为内容的新发展理念是"一个系统的理论体系，回答了关于发展的目的、动力、方式、路径等一系列理论和实践问题，阐明了我们党关于发展的政治立场、价值导向、发展模式、发展道路等重大政治问题"[①]。新发展理念中，创新发展注重解决发展动力问题，强调创新驱动；协调发展注重解决发展不平衡问题，强调不同领域协调发展；绿色发展解决的是人与自然和谐问题，强调绿色循环低碳发展；开放发展注重解决内外联动问题，强调扩大开放问题；共享发展注重解决社会公平正义问题，强调人民群众共享发展成果。[②]

新发展理念作为指导较长时间范围内我国经济社会发展的理念，也将是指导新发展格局构建的理念。一方面，新发展理念是根据我国当前和未来较长一个时期经济发展的总趋势提出来的理念，它能够有效引导高质量发展阶段及新发展阶段的经济发展按照预期的方式高效推进。新发展理念是在综合考虑了我国经济社会发展转型、经济发展中积累下来的深层次矛盾和问题、经济社会发展的客观规律与走向等因素的基础上提出来的，它不仅在较短时期内具有指导作用，在较长历史时期中也适用。而构建新发展格局是新发展阶段和高质量发展阶段的重要内容，它也应该遵循新发展理念的指导。另一方面，构建新发展格局的主要内容涉及经济发展的内外循环、经济运行效率的提升（经济运行各个环节更好联通）、产业技术水平提升等各个方面，如果抽丝剥茧，会发现新发展格局将与我国经济及社会建设的各个层次、各个组成部分发生千丝万缕的联系，或者说，构建新发展格局是一个系统性工程。在这样复杂的工作中，必须有一个统一的指导思想作为指导，以保证相关的工作能够不偏颇、不遗漏、不失调地推进，达到整体效果最优。而新发展理念作为一个高度综合、覆盖全面、相互联系的科学理念体系，能够有效地指导新发展格局构建，保证各阶段的工作能够系统、全面地推进。

[①] 习近平：《把握新发展阶段，贯彻新发展理念，构建新发展格局》，《求是》2021年第9期。

[②] 《习近平谈治国理政》第2卷，外文出版社1997年版，第198—200页。

在构建新发展格局中，必须完整、准确、全面地贯彻新发展理念的要求。这主要体现在如下几个方面。

一是新发展理念本身是一个有机整体，必须完整看待而不能失之偏颇。构建新发展格局涉及因素众多，且彼此关系极为复杂。例如，在构建发展格局过程中，我们高度强调创新发展，以自主技术能力提升促进产业结构逐步升级和经济发展转型。但是，创新发展的结果，可能在经济社会领域产生一些负面作用，如可能会加剧收入不平等局面。第一，科学技术的进步会提高高技术人才的收入水平，同时会在一定程度上产生"机器替代人"的问题，在一定时期内造成一定程度的失业加剧或者造成技术水平较低的人员收入降低，收入差距因此扩大。第二，从产业之间的关系角度看，新型业态、新兴产业等新的生产组织方式的迅速发展，会对相关的传统产业产生强烈冲击作用，降低相关从业人员的收入，加剧其失业问题，这也会产生收入差距加大的问题。第三，创新发展需要更多企业积极地从事技术创新活动，但是技术创新本身具有高投入、高风险特征，创新的失败者和成功者之间的境遇差别巨大，这也会在一定程度上导致收入差距扩大。从动态角度看，尽管部分失业人员或者收入降低人员可以找到新的工作岗位，从而在一定程度上降低因为创新而产生的收入差距过大问题。但是，这一问题不会完全消除，一方面并非所有失业的人都能找到工作或者找到收入不低于原来收入水平的工作，高技术人才与这部分人员整体收入差距依然在扩大；另一方面，即便这部分人最终能找到合适工作，失业这段时间内的收入损失也不能完全忽略。显然，这一状况不符合新发展理念中的共享发展理念。共享发展理念强调人们共享发展成果，在新发展阶段，发展的过程应该是人人受益、收入差距缩小、逐步向共同富裕目标靠近的过程。如果单方面强调创新发展，则会忽略这一方面的要求。因此，我们必须将新发展理念看作一个整体，即便是其中特别强调的创新理念，也不能过度强调，而必须在整体性前提下理解和贯彻这一理念。

二是对各个理念的理解必须准确。对创新、协调、绿色、开放、共享等各个理念，我们必须在综合理解习近平新时代中国特色社会主义经济思想基础上，结合构建新发展格局的实际状况，准确、全面地把握各个理念的内涵，而不能只看字面意思作出随意性解释。例如，在构建新发展格局中，准确理解开放理念便十分重要。一方面，我们构建国内大循环为主体，国内国际双循环相互促进的新发展格局，强调国内大循环为主体，开放发展必须与之协调。在过去很长时间内，我们在对外开放过程中对国内大循环的主体地位强调得不够，导致很多人基于思维惯性对开放理念产生错误的理解，即强调开放就是要更大程度地融入国际循环，而国内大循环是否保持主体地位可以不用去管。但是，国内大循环的主体地位决定了我们开放发展是国内大循环居于主体地位的开放发展，开放发展的过程并不是无条件地、无限地融入国际大循环，而是要在掌握产业链的自主性、维护自身经济安全基础上融入国际大循环。另一方面，构建新发展格局过程中强调国内大循环为主体，是在开放环境下的主动发展行为，而非通过不断缩小对外开放范围的途径去达到目的。可以看出，只有从这两个方面出发去综合理解开放理念，才能准确理解这一概念。而准确理解这些概念，是指导我们做好工作的基础。

三是必须全面贯彻新发展理念。本书认为，对于全面贯彻新发展理念中的"全面"，可以从两个角度去理解。第一，不论是作为一个整体，还是单个理念，新发展理念都是内涵极其丰富的体系，我们在贯彻新发展理念时，必须注意全面性。例如，协调发展所涉及的领域就包括城乡、区域、经济与社会、精神文明与物质文明等诸多方面，在强调协调发展时，我们不能仅仅强调其中的一个方面，而不顾其他方面。当然，在具体工作中，我们要处理好工作的重点性和全面性的关系。工作的重点性是指在每一阶段或者每一项具体工作中，我们必须抓住重点问题，将当时最突出、最急迫的问题作为主要着眼点，以重点问题的解决带动全局性问题的解决。而工作的全面性则是指就整体经济建设而言，我们必须在每个阶段上有重点的同时，逐步解决制约经济发展的各个方面的问题，不能遗漏某些问题而使其逐渐累积成难以解决的痼疾。

第二，全面性还体现在新发展理念的指导作用要覆盖我们所有工作范围，不能在部分工作领域强调新发展理念的指导作用，而在另一些领域弱化其作用。新发展理念作为新发展格局的指导理念，必须覆盖我们所有工作范围，要防止在某些特殊领域或者特殊时期弱化或者忽视新发展理念指导作用的现象。例如，在新冠疫情的作用下，我国经济发展受到较大影响，在这种情况下，降低某些要求可能在短期内有利于经济更快发展，如降低对环保的要求。但是绿色发展作为新发展理念的重要组成部分，是有利于我国经济长期发展的重要理念，我们不能因为特殊时期经济发展的需要而降低对其要求，否则就会对长期经济发展形成不利作用。

三　构建新发展格局的理论框架

在前文论述基础上，结合习近平总书记的相关讲话以及新发展格局涉及的相关内容，我们在这里构架出新发展格局的分析框架图，如图1-1所示。应该说，新发展格局不是一个纯粹的经济问题，但是主体内容依然是经济建设。在这里，我们主要围绕着经济建设对构建新发展格局进行分析。

首先，新发展格局直接建立在新发展阶段的背景之上，同时也建立在高质量发展阶段的背景上。构建新发展格局既是新发展阶段经济建设领域的主要任务，也是高质量发展阶段的重要内容。由于部分内容在前文已经论述过，这里重点说明一下构建新发展格局与高质量发展的关系。二者之间存在紧密的联系，主要体现在三点。第一，构建新发展格局的目的在于更好地实现高质量发展，二者是手段和目的的关系。构建新发展格局，实际上就是适应新的发展阶段和发展形势，调整经济发展结构和范式，在经济上的目标便是要更好地实现高质量发展。当前阶段，一系列因素制约着我国高质量发展进程。例如，当前我国自主技术创新能力不足，部分领域核心技术受制于人的问题突出，这一现象严重阻碍了产业结构升级和经济转型的步伐。强化国内大循环主体地位，实现科技自立自强是构建新发展格局的主体任务，这一点显然将有利于我国经济的高质量发展。第二，新发展格局是高质量发展的基础和依托，只有加快构建好新发展格局，才能真正实现高质量发展。事实上，随着经济的持续发展，国内大循环主体地位加强、国际大循环不断优化提升，是经济发展的客观规律，或者说新发展格局在很大程度上是我国经济发展的需要，也是高质量发展的必然要求。第三，高质量发展的推进

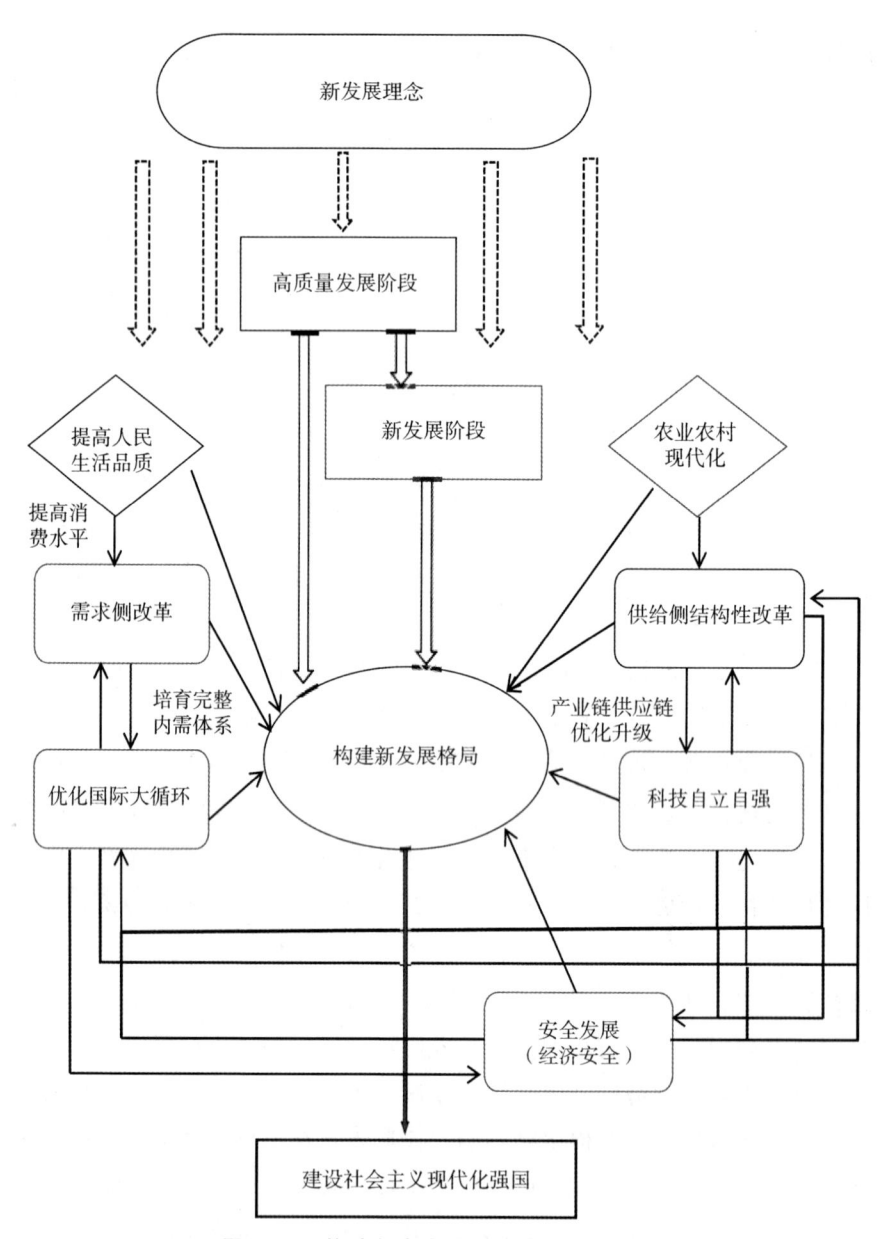

图 1-1 构建新发展格局的体系框架分析

和新发展格局的构建和完善之间存在相互促进的良性循环效应，即构建新发展格局的过程，便是自主技术创新能力不断提高、供给效率不断提升、内需体系不断完善的过程，这本身便是高质量发展追求的目标；反之也成立。

其次，从构建新发展格局的几个战略举措内容关系看，几个着力点存在着彼此相关的关系。① 其中，正如习近平总书记指出的，提升自主技术创新能力实现关键核心技术突破是"关系我国发展全局的重大问题，也是形成以国内大循环为主体的关键"②。因此，实现科技自立自强是构建新发展格局最重要的任务，继续深化供给侧结构性改革、推进需求侧改革、优化国际大循环等内容也是构建新发展格局的主要任务之一。提高人民生活品质、实现农村农业现代化和安全发展作为构建新发展的重要着力点，既有作为独立任务的内容，也有和其他任务交叉的内容。例如，提高人民生活品质中的最主要依托是提高人民的收入和消费水平，而这一点与需求侧改革息息相关；农村农业现代化的核心任务即实现农业现代化本身是供给侧结构性改革的内容，而提高农民收入则是需求侧管理（改革）的组成部分；安全发展则是与各个任务都相关的内容，如实现生产链供应链不受制于人是经济安全的重要内容，这部分内容与供给侧结构性改革有关。本书主要侧重于经济内容，提高人民生活品质、实现农村农业现代化和安全生产的相关内容将分别在后文相关研究中进行深入分析。

另外，实现科技自立自强、继续深化供给侧结构性改革、推进需求侧改革、优化国际大循环、安全发展等几个任务彼此也紧密相关。例如，实现科技自立自强本身便是深化供给侧改革的核心内容，只是由于其地位的特殊性，才独立出来。它与需求侧改革改革也存在着强烈的双向关系，即科技自立自强将通过提高供给效率与质量，对需求侧改革产生积极影响，促进需求升级并拉动内需总量的扩张；需求侧改革也对供给侧结构性改革产生积极影响，主要体现为带动对科技研发的需求，从而对科技自立自强产生作用。科技自立自强与优化国际大循环也存在着复杂的双向关系，一方面，科技自立自强将使我国关键核心技术及关键

---

① 关于构建新发展格局6个着力点的内容，参见习近平《论把握新发展阶段、贯彻新发展理念、构建新发展格局》，中央文献出版社2021年版，第13—17页。

② 习近平：《论把握新发展阶段、贯彻新发展理念、构建新发展格局》，中央文献出版社2021年版，第373页。

零部件摆脱或者降低对国际大循环的依赖，同时也提高了对国外相关研发资源的合作需求，从而对国际大循环的内在结构产生影响；另一方面，科技自立自强将为我国供给体系实现质变创造基础，这将对我国出口的优化产生巨大影响，有力推进国际大循环的优化。安全发展与科技自立自强、供给侧结构性改革、优化国际大循环也存在着密切关系。例如，实现安全发展的首要目标便是要实现科技自立自强，摆脱对国外技术来源的过度依赖；在供给端则体现为要保证产业链供应链的安全，补足薄弱环节等。

最后，构建新发展格局的最终服务于建设社会主义现代化强国的目标。习近平总书记在党的十九大报告中提出了要建设社会主义现代化强国的目标，构建新发展格局将服务于这一目标，进而为中华民族伟大复兴的中国梦的实现打好基础。

第二章　新发展阶段以前我国的经济发展格局分析

改革开放之后，随着我国参与全球经济一体化的程度不断加深，经济体系形成了高度依赖国际大循环的发展格局。这主要体现在，一方面，我国在较长时期内保持了对国际市场（出口）较高程度的依赖；另一方面，我国经济发展所需要的一些资源要素、技术创新要素等高度依赖国外。但是，随着我国经济发展由高速增长阶段向高质量发展阶段转变以及国际政治经济环境的变化，传统经济发展格局已经不适应发展的需要。本章将主要对我国传统的经济发展格局进行分析。[①]

第一节　传统发展格局下我国国内国际双循环分析：供给端

在高速发展阶段，我国逐步形成了高度依赖国际大循环的状况，这一点在供给端表现得尤为显著。这是因为，改革开放初期，我国经济发展面临着一系列生产要素供应不足的状况，如资金、机器设备、技术等；而随着经济持续快速发展，部分矿产和能源资源短缺的问题日益突出。在这种情况下，从国外进口相应的生产要素和资源成为应对短缺的重要方式，随着时间的推移，这些相应的生产要素和资源对国外的依赖程度不断加深。尽管随着我国经济实力的不断增强，部分生产要素的供

---

① 严格来说，新发展阶段起始于2021年。为了读者对数据走势有更新的认识，本章的部分内容将2021年、2022年数据包括进来，这并不影响基本分析结论。

给状况发生了改变,对国外依赖程度逐渐减轻,但是仍然有一部分生产要素的供给状况未发生根本性改变。在这里,主要对利用外资及对外直接投资、生产技术(包括生产设备、关键零部件等物化技术)和部分资源能源(石油、铁矿石)的状况进行分析。

一 我国利用外资及对外直接投资状况

利用外资和对外直接投资状况反映了一个国家在资本层面参与国际大循环的状况,同时作为融通国内国际双循环的重要方式,二者也对国内大循环产生了重要影响。在这里,我们将探讨改革开放以来我国外资利用和对外直接投资的情况。

(一)利用外资情况

在改革开放之后的较长时期里,建设资金短缺是制约我国经济发展的重要因素,利用外资成为应对这一短板问题的重要途径。同时,外资的引进会产生技术创新、管理经验等方面的溢出效应,有利于我国供给效率提升。因此,外资的引进对我国经济发展特别是改革开放早期的经济发展具有非常显著的作用。

1. 我国利用外资的实践状况

在1992年之前,受到社会主义市场经济尚未建立、关于引入外资存在争议等因素的影响,我国利用外资的金额一直不高。如表2-1所示,1978年到1982年我国累计实际利用的外资为130.6亿美元,之后较长时间内维持在每年实际利用外资额120亿美元之内。这一时期我国利用外资的主要形式是对外借款,根据国家统计局的数据,1978到1991年我国对外借款累计525.6亿美元,占实际利用外资的65%,而外商直接投资则为250.6亿美元,仅占实际利用外资的31%。[①] 从实际利用外资占全社会固定资产投资比重指标看,从1983年以来,这一比重持续提高,从3.12%提高到1991年13.11%,这表明外资对我国经济发展的作用不断提高。

[①] 刘建丽:《新中国利用外资70年:历程、效应与主要经验》,《管理世界》2019年第11期。

随着1992年邓小平南方谈话打消了社会各方对外资的疑虑以及之后政策对外资采取了鼓励态度，外资进入了快速发展阶段，一直持续到国际金融危机爆发。1992年我国实际利用外资额为192.03亿美元，到2007年则提高至783.39亿美元，15年中名义上增长了3.08倍。从实际利用外资占全社会固定资产比重指标看，1992年这一指标为13.11%，在1994年、1995年和1997年超过20%，其中1994年达到指标最大值21.85%。从1997年开始，这一指标呈现快速下降趋势，到2007年时降至5.03%。这就表明，尽管实际利用外资的绝对值处于不断提升的进程，但是外资在弥补国内资金不足的职能在经历了几年的强化后迅速转入弱化进程。这与我国经济不断发展，以企业为主体的经济组织及个人投资者资金实力不断增强有关。从外商直接投资的情况看，无论是绝对投资额还是外商直接投资额占实际利用外资额的比重都一直处于上升的过程。1992年外商直接投资额为110.08亿美元，到2007年提高至747.68亿美元，15年里名义上增长了5.79倍；外商直接投资额占实际利用外资投资额比重，则从1992年的57.32%提高至95.44%。尽管外商直接投资指标的快速提升，在一定程度上与统计指标的变动有关①，但是这一变化确实是一个客观趋势，它与我国社会主义市场经济的完善和对外开放程度的提升使得外商直接投资的综合环境不断改善，直接投资逐渐成为国外投资者投资方式的主要选项有关。

随着我国经济持续发展，外资的增长速度逐步趋于缓和，进入了常态化增长阶段②。2008年国际金融危机爆发，我国对外经济受到明显冲击，实际利用外资额在出现短暂下降之后，进入缓慢增长阶段。2008年我国实际利用外资额为952.53亿美元，到2010年超过1000亿美元，之后维持稳步增长态势，到2022年达到1891亿美元，比2008年名义

---

① 例如，从2001年起，实际利用外资总额不再统计对外借款，2007年则不再公布这一数据。

② 实际上，关于外资发展的阶段划分，存在不同观点，例如刘建丽就认为应该以2012年我国经济步入新常态作为第三个阶段起始阶段（参见刘建丽：《新中国利用外资70年：历程、效应与主要经验》，《管理世界》2019年第11期）。其实，从实际利用外资额的数据看，没有明显的划分依据。本书以实际利用外资占社会固定资产投资比重低于5%作为主要的判断标准，以国际金融危机作为阶段划分的标准。

上提高了98.5%。从实际利用外资占全社会固定资产投资比重看，这一比重从2008年开始降至5%以下，达到4.58%，之后一路走低，到2022年降至2.13%（最低值出现于2018年，为1.83%）。当然，外资在投资总额的相对稳定和在全社会固定资产投资的比重降低到很低的水平，并不表明外资在我国经济发展中的作用已经可有可无。

2. 外资对我国经济发展的作用

外资除了可以弥补国内建设资金不足外，还可以借由外资将国外先进的技术、管理经验等引进来，通过溢出效应，促进国内企业技术水平提高和管理能力提升。因此，外资对于我国经济发展具有较为重要的作用。有研究表明，截至1997年，外商直接投资（FDI）每增加1亿美元，将带来72.19亿元人民币的GDP增长；同时FDI还能够提升综合要素生产率，即FDI占国内生产总值的比重每增加1个单位，综合要素生产率便能提升0.3个单位。这一研究还表明，截至1997年，FDI投资的重要功能依然表现为弥补资金不足。[1] 在FDI的溢出效应方面，尽管对FDI是否促进了国内技术创新依然存在争议，且很多研究表明这一研发外溢的影响会比较复杂，但是依然有很多研究都支持FDI对技术创新的积极作用。例如，王然、燕波等的研究表明，FDI对于我国企业技术创新能力整体上有积极作用，主要表现为基于产业前向关联而产生的技术溢出效应，会提高下游内资企业的创新效率，其中基于研发活动的前后关联效应比基于技术升级的前向关联效应更加有利于自主技术创新。[2]

然而，随着我国经济实力的提高、自主技术创新能力的提升、企业管理能力的增强，外资对经济发展的作用呈现减弱趋势。这一点在技术创新方面表现得特别明显。尽管在经济发展初期，外资的进入产生了技术溢出效应，在一定程度上促进了我国技术创新水平的提升。但是，在我国自主技术创新能力不断提升的情况下，外资对我国企业的技术创新产生的积极作用越来越弱化。从技术创新溢出角度看，有的学者便发现，内资和外资之间存在一个临界点，在这个临界点上内资企业对外资

---

[1] 沈坤荣：《中国的国际资本流入与经济稳定增长》，《中国工业经济》1998年第10期。
[2] 王然、燕波、邓伟根：《FDI对我国工业自主创新能力的影响及机制——基于产业关联的视角》，《中国工业经济》2010年第1期。

企业的技术溢出吸收能力最大，超过这一临界点，则内资企业对溢出的吸收能力变弱，外资的溢出效应也就相应变小。[①] 又如，有的研究发现，在外资进入不超过某一临界点时，它能够促进东道国技术创新效率提高，而随着外资企业在东道国市场占有率的扩大而形成垄断地位，则它不利于东道国创新效率提高。[②] 从外资企业进入对国内企业创新影响角度看，有研究表明，尽管FDI确实提升了内资企业的创新数量，但是这一影响体现为对创新数量和效率的积极作用以及对创新质量的负面作用，使内资企业技术创新呈现出"重数量、轻质量和高效率"。[③] 这就意味着，外资促进了国内自主技术创新的粗放化问题[④]，而随着我国技术创新由外围向核心突破推进，外资企业技术溢出效应将逐步降低，而它与国内企业在国内研发资源利用的竞争以及在市场争夺中对国内企业造成的压力（从而降低国内企业盈利能力及对企业专心从事核心技术突破形成干扰），将对国内企业的自主技术创新产生不利影响。当然，这绝对不意味着外资就完全不重要，事实上它的存在对于促进国内经济活力提升依然具有重要作用，这在我国发展水平较低、技术密集程度较高的产业方面表现得尤为显著。

表2-1　　　　　　　　改革开放以来我国利用外资情况

年份	实际利用外资额（亿美元）	实际利用外商直接投资金额（亿美元）	实际利用外商其他投资额（亿美元）	外商直接投资比重（%）	全社会固定资产投资总额（亿元人民币）	实际利用外资占全社会固定资产投资比重（%）
1978—1982	130.60	17.69		13.55		
1983	22.61	9.16	2.80	40.51	1430	3.12

---

① 田毕飞、陈紫若：《FDI对中国创业的空间外溢效应》，《中国工业经济》2016年第8期。

② 何枫、袁晓安：《我国SFDI产业内溢出效应机制及其实证效果研究——基于跨省面板数据的随机前沿分析》，《数量经济技术经济研究》2010年第6期。

③ 诸竹君、黄先海、王毅：《外资进入与中国式创新双低困境破解》，《经济研究》2020年第5期。

④ 曾宪奎：《我国技术创新的粗放化问题研究》，《福建论坛》（人文社会科学版）2017年第2期。

续表

年份	实际利用外资额（亿美元）	实际利用外商直接投资金额（亿美元）	实际利用外商其他投资额（亿美元）	外商直接投资比重（%）	全社会固定资产投资总额（亿元人民币）	实际利用外资占全社会固定资产投资比重（%）
1984	28.66	14.19	1.61	49.51	1833	3.64
1985	47.60	19.56	2.98	41.09	2543	5.50
1986	76.28	22.44	3.70	29.42	3121	8.44
1987	84.52	23.14	3.33	27.38	3792	8.30
1988	102.26	31.94	5.45	31.23	4754	8.01
1989	100.60	33.92	3.81	33.72	4410	8.59
1990	102.89	34.87	2.68	33.89	4517	10.90
1991	115.54	43.66	3.00	37.79	5595	10.99
1992	192.03	110.08	2.84	57.32	8080	13.11
1993	389.60	275.15	2.56	70.62	13072	17.17
1994	432.13	337.67	1.79	78.14	17042	21.85
1995	481.33	375.21	2.85	77.95	20019	20.08
1996	548.05	417.26	4.10	76.14	22914	19.89
1997	644.08	452.57	71.30	70.27	24941	21.41
1998	585.57	454.63	20.94	77.64	28406	17.07
1999	526.59	403.19	21.28	76.57	29855	14.60
2000	593.56	407.15	86.41	68.59	32918	14.93
2001	496.72	468.78	27.94	94.38	37213	11.05
2002	550.11	527.43	22.68	95.88	43500	10.47
2003	561.40	535.05	26.35	95.31	53841	8.63
2004	640.72	606.30	34.43	94.63	66235	8.01
2005	638.05	603.25	34.80	94.55	80994	6.45
2006	698.76	658.21	40.55	94.20	97583	5.71
2007	783.39	747.68	35.72	95.44	118323	5.03
2008	952.53	923.95	28.58	97.00	144587	4.58
2009	918.04	900.33	17.71	98.07	181760	3.45
2010	1088.21	1057.35	30.86	97.16	198819	3.71
2011	1176.98	1160.11	16.87	98.57	238782	3.18
2012	1132.94	1117.16	15.78	98.61	281684	2.54

续表

年份	实际利用外资额（亿美元）	实际利用外商直接投资金额（亿美元）	实际利用外商其他投资额（亿美元）	外商直接投资比重（%）	全社会固定资产投资总额（亿元人民币）	实际利用外资占全社会固定资产投资比重（%）
2013	1187.21	1175.86	11.34	99.04	329318	2.23
2014	1197.05	1195.62	1.44	99.88	373637	1.97
2015	1262.67	1262.67	0.00	100.00	405928	1.94
2016	1260.01	1260.01	0.00	100.00	434364	1.93
2017	1310.35	1310.35	0.00	100.00	461284	1.92
2018	1349.66	1349.66	0.00	100.00	488499	1.83
2019	1381.35	1381.35	0.00	100.00	513608	1.86
2020	1443.69	1443.69	0.00	100.00	527270	1.89
2021	1734.83	1734.83	0.00	100.00	522884	2.14
2022	1891.00	1891.00	0.00	100.00	579556	2.13

资料来源：国家统计局网站、《中国统计年鉴》（2022年）和《中华人民共和国2022年国民经济和社会发展统计公报》。其中，实际利用外资总额按照每年的平均汇率水平折算成人民币，再计算其与全社会固定资产的比重。

（二）对外直接投资

对外直接投资即"走出去"，是指我国资金投向国外从而参与国际大循环的经济活动，其运行方向与利用外资正好相反。我国对外直接投资启动的时间较晚，但是发展很快，它已经成为我国经济体系中不可缺少的一环，也是融通国内国际大循环的重要途径。

我国对外直接投资是从21世纪初开始正式起步的。如图2－1所示，2002年我国对外直接投资仅为27.0亿美元，到2021年增加到1788.2亿美元，19年提高了65.23倍，年均增长率高达24.7%。其中，对外非金融类投资则从2002年的27.0亿美元增加到2022年的1169亿美元，累积提高了42.30倍，年均增长率达到20.7%。[①] 从存量数据看，年末对外直接投资存量从2002年的299.0亿美元增加到

---

① 此处数据来源于《中华人民共和国2022年国民经济和社会发展统计公报》。

2021年的27851.5亿美元，19年提高了92.15倍，年均增长率高达27.0%。① 整体而言，从21世纪开始，我国对外直接投资高速增长。其中，2002年到2016年是我国对外直接投资快速增长阶段，这一时期对外直接投资呈现单调增长态势，且增速较快；2016年之后进入震荡调整期，从2016年的峰值1961.5亿美元开始下降，到2019年的1369.1亿美元之后，于2021年再度上升到1788.2亿美元。这一震荡与国际政治经济环境的变化对我国对外直接投资形成负面作用有关。从我国资本的净流出情况看，从2014年开始我国对外直接投资数据超过了利用外资数据，成为对外净投资国。当然，部分年份出现例外，如2019年我国利用外资数额（1381.35亿美元）略微超过对外直接投资总额（1369.1亿美元）。

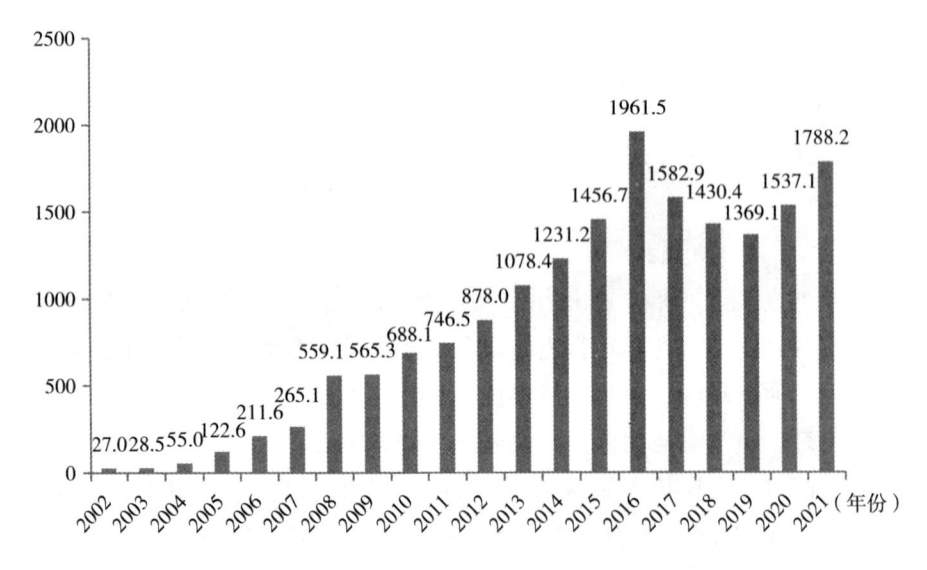

图 2-1　2002—2021年我国对外直接投资情况（亿美元）

资料来源：《中国统计年鉴》（2022年）。其中，2002—2005年数据为非金融类投资，2006年之后则是全行业投资数据。

作为联结国内大循环和国际大循环的重要途径，对外直接投资扩张

---

① 本处数据来源于《中国统计年鉴》（2022年）。

有效促进了国内经济发展。这主要体现在三个方面。第一，对外直接投资可以绕开各种形式的贸易壁垒，直接在销售市场所在地或者第三国展开生产，避免不必要的贸易争端。在这一意义上，对外直接投资实际上是变相的出口措施，它能够增加我国企业的盈利，并能通过派遣本国工人到投资对象国工作增加就业。第二，对外直接投资可以充分利用国外的各种自然矿产资源和劳动力资源，从而降低生产成本，提高企业竞争力。从这一意义上，对外直接投资变相地替代了部分重要资源进口，并使我国部分不具备成本优势、可能会被市场淘汰的产能得到继续生存的机会，这变相地扩大了我国产业规模。第三，对外直接投资可以通过利用国外高端研发资源或者并购技术先进的企业，提升我国自主技术创新能力。

二 技术创新要素状况

技术资源供给不足一直是制约我国经济增长的重要因素。改革开放以来，我国在技术资源领域表现出极强的对外依赖性，国外的技术引进及物化技术（生产设备和关键零部件）的进口，对我国技术进步和生产效率提升起着十分重要的作用。随着经济持续快速发展以及对技术创新的重视程度不断提高，我国技术创新投入与产出持续增加，自主技术创新能力呈现快速提升趋势。然而，尽管技术创新各方面指标快速提升，但是我国自主技术创新能力尚未发生质变，许多产业关键核心技术受制于人的状况依然没有改变。

（一）我国技术创新发展状况分析

我国技术创新发展状况可以总结为如下几个方面。

1. 研发各项投入和产出不断增加，但是创新成果质量并未同步提高

改革开放以来，我国一直高度重视科技创新在经济发展中的作用，对技术创新的投入不断增加。其中，在进入21世纪后，我国技术创新投入明显加快，各项指标与发达国家的差距不断缩小，逐步摆脱了以前创新投入与产出严重偏低的状况。

在这里，我们重点考察进入21世纪以后我国技术创新投入与产出的各项变化。从研发投入的相关指标看，如表2-2所示，最近20年我国研发投入处于高速增长状态。R&D 人员全时当量指标从 2001 年的 95.7 万人年增加至 2021 年的 571.6 万人年，提高了 497.3%，年均增长率达到 9.3%。R&D 经费支出指标从 2001 年的 1042.5 亿元增加到 2022 年的 30870 亿元，名义上提高了 28.61 倍，年均名义增长率达到 17.5%，即使扣除物价因素，这一增长率也非常高。R&D 经费支出与国内生产总值比例的比例从 2001 年的 0.95% 提高到 2022 年的 2.55%，总计提高了 1.6 个百分点，年均增加大约 0.076 个百分点。随着我国研发强度的持续提升，与发达国家或地区的差距逐步缩小，开始超过了部分发达国家或地区，如 2012 年我国 R&D 经费支出与国内生产总值比例为 1.98%，超过了欧盟的水平（1.97%）[①]。

随着我国研发投入的不断增加，研发产出数量也迅速提高。2001 年我国专利授权数为 114251 项，到 2022 年这一指标数量提升至 432.3 万项，21 年提高了 36.84 倍，年均增长率高达 18.9%，高于研发人员全时当量和研发经费支出投入的增长率。其中，发明专利从 2001 年的 16296 项增加至 79.8 万项，21 年提高了 47.97 倍，年均增长率达到 20.4%，高于专利申请授权的增长率。从发明专利申请授权量占专利申请授权量的比重看，2001 年这一指标仅为 14.3%，而到 2005 年则提升至 21 世纪以来最高点 25.9%，之后呈现出震荡调整、整体向下的态势，到 2022 年为 18.5%。由于发明专利的比重能够在较大程度上反映专利的质量，这一指标的走向在一定程度上表明尽管我国研发投入和研发产出在数量上呈现快速增长趋势，但是其质量并没有显著提高。

表 2-2　　进入 21 世纪以来我国研发投入与产出的相关情况

年份	研发投入			研发支出		
	R&D 人员全时当量（万人年）	R&D 经费支出（亿元）	R&D 经费支出与国内生产总值比例（%）	专利授权数（项）	发明专利授权数（项）	发明专利授权数量所占比重（%）
2001	95.7	1042.5	0.95	114251	16296	14.3

---

① 《中国研发投入强度首次超过欧盟》，《工具技术》2014 年第 1 期。

续表

年份	研发投入			研发支出		
	R&D人员全时当量（万人年）	R&D经费支出（亿元）	R&D经费支出与国内生产总值比例（%）	专利授权数（项）	发明专利授权数（项）	发明专利授权数量所占比重（%）
2002	103.5	1287.6	1.07	132399	21473	16.2
2003	109.5	1539.6	1.13	182226	37154	20.4
2004	115.3	1966.3	1.23	190238	49360	25.9
2005	136.5	2450.0	1.33	214003	53305	24.9
2006	150.2	3003.1	1.42	268002	57786	21.6
2007	173.6	3710.2	1.44	351782	67948	19.3
2008	196.5	4616.0	1.54	411982	93706	22.7
2009	229.1	5802.1	1.70	581992	128489	22.1
2010	255.4	7062.6	1.76	814825	135110	16.6
2011	288.3	8687.0	1.84	960513	172113	17.9
2012	324.7	10298.4	1.98	1255138	217105	17.3
2013	353.3	11846.6	2.08	1313000	207688	15.8
2014	371.1	13015.6	2.03	1302687	233228	17.9
2015	375.9	14169.9	2.06	1718192	359316	20.9
2016	387.8	15676.8	2.10	1753763	404208	23.0
2017	403.4	17606.1	2.12	1836434	420144	22.9
2018	438.1	19677.9	2.14	2447460	432147	17.7
2019	480.1	22144.0	2.23	2591607	452804	17.5
2020	523.5	24393.1	2.40	3639268	530127	14.6
2021	571.6	27956.3	2.44	4601457	695946	15.1
2022	——	30870	2.55	4323000	798000	18.5

资料来源：国家统计局网站、《中国统计年鉴》（各年）和《中华人民共和国2022年国民经济和社会发展统计公报》。部分数据在不同年份的统计年鉴中有所差异，本表根据相关数据的关系进行了调整，并尽量以最新一年的年鉴数据为准。

2. 从实践情况看，我国整体技术水平稳步上升，部分领域取得了重大突破，但是大量产业依然未取得核心技术突破

改革开放初期，我国在民用工业技术领域整体比较落后，经过40

多年的发展，这一状况已经发生了重要变化。依照由外围技术向核心技术进军，由工业设计向发明专利转变的次序，我国在外围技术领域和外观设计等专利领域已经取得全方位进步。正是这样的技术基础变化，支撑我国工业规模的持续扩张和工业体系的不断完善。同时，在一些领域，我国已经在核心技术取得了突破，实现了由跟跑向并跑乃至领跑的转变。例如，我国高铁产业已经在整体技术方面与发达国家处于同等水平，并在部分领域实现了对全球技术发展的引领。在综合衡量高铁技术水平的速度指标中，4个相关纪录指标我国占了3个；同时，我国试车体系和创新体系比德国、日本和法国等高铁成熟国家更加完备，新车型开发周期也处于全球领先水平。①

但是，应该看到，我国大量产业领域尚未实现关键核心技术突破，与发达国家依然保持显著的技术差距。在高新技术领域，关键核心技术缺乏对产业发展制约问题较为突出，即便关键核心技术取得一定程度的突破，其技术水平与发达国家差距较大，商业化应用价值较低。例如，在芯片产业，尽管陆续取得一些技术突破，但是在关键核心技术（装备）如光刻机技术领域依然受制于人，导致我国芯片产业发展呈现出中低端环节发展较快而高端环节发展不足的局面，芯片技术和制造能力导致的产量不足问题比较突出。② 在传统产业领域，关键核心技术制约的问题也比较突出。例如，作为工业大国，我国在较长期内不具备生产圆珠笔芯的能力，直到2017年太钢集团生产出笔芯专用钢材才实现了这一核心技术突破。③

（二）技术创新要素的国际大循环分析

改革开放以后，我国在技术创新领域逐渐形成了外向性策略，即强调利用国外相关技术资源，为我国经济发展服务。这与当时我国经济、科技体系的实际状况有关。改革开放初期，我国科技整体水平滞后于西

---

① 吕铁、贺俊：《政府干预何以有效：对中国高铁技术赶超的调查研究》，《管理世界》2019年第9期。
② 张玺、陈琪、王会方：《关于我国芯片产业发展的思考》，《中国发展观察》2020年第Z7期。
③ 洪鸿：《圆珠笔芯技术解决折射中国制造困境与希望》，《先锋队》2017年第8期。

方发达国家，为了应对这一不利局面，我国采用了以低成本劳动力资源、庞大的潜在市场等吸引外资进入，换取西方国家中低端技术或者被淘汰技术的发展策略。① 在经济发展到一定程度之后，企业资金实力有所提升，这时候引进相对较为先进的技术或者机械设备又成为企业解决技术来源不足的重要方式。同时，部分企业开始以引进技术为基础，强化消化吸收再创新，技术创新要素的国内国际循环开始联系起来。总体来看，改革开放之后较长时期内，我国技术创新要素高度依赖于国外，深度参与到国际大循环。这一状况直到我国更加强调自主技术创新并加大创新投入之后才开始改变，技术创新国内大循环的地位才日益重要。

事实上，技术创新高度依赖国外的状况，深深影响到了自主技术创新。在实践中，对于引进技术和自主创新之间一度分化为两种不同观点，一种观点认为既然国外的技术资源先进且可以引进，那便以技术引进作为推动企业发展壮大的动力，在企业发展壮大后再逐步提升技术创新能力，这样比较符合"比较优势"原则；另一种观点则认为应该积极学习日本和韩国，以引进技术为起点，强化消化吸收再创新，在引进技术基础上提升自主技术创新能力。20世纪90年代到21世纪初我国汽车产业的发展模式集中体现了两种外向性技术创新发展思路的碰撞。汽车产业"以市场换技术"的模式引发了社会各界关于自主技术创新是否具有必要性的讨论。支持第一种观点的人认为，技术创新不应该区分"你我"，只要是在国内使用的技术（及品牌）便是国内的。这种"只求所在，不求所有"的思路在技术创新领域便体现为低估自主技术创新的重要性。如果对其观点加以引申，其主张便是既然技术引进（包括以技术入股的合资方式）已经解决了生产技术来源问题，且自主技术创新起点低、短期内难以超越国外先进企业，那么对自主技术创新过度重视会降低市场效率，甚至强调民族企业的发展只会导致低水平重复建设。支持自主技术创新的人则将技术的国别所有权问题当作一个需要认真对待的关键性问题，认为技术特别是核心技术依赖于国外是不可

---

① 联办财经研究院课题组：《改革开放四十年：我国科技开放创新的经验教训》，《中国对外贸易》2019年第12期。

持续的，必须尽快提升自主技术创新能力，直至在核心技术方面逐步赶上甚至超越发达国家，才能真正实现产业结构高端化，彻底改变我国在国际产业分工体系中居于低端环节的问题。毫无疑问，模糊技术创新国别、强调"比较优势"的观点是短视的，这一主张如果在实践中被大规模实施，则我国有可能永久性地处于技术追随者的地位，无法在产业链上实现向高端环节转移。因此，在产业和技术发展进程中，支持自主技术创新的观点逐步占据上风，并影响了我国产业技术创新政策的发展。其中，在如何实现自主技术创新提升方面，一度占据上风的便是引进技术消化吸收再创新模式。

强调引进技术基础上通过消化吸收实现再创新的观点，具有较强的可行性。作为后发国家，我国自主技术创新能力要实现快速提升，便需要立足我国实际状况，充分借鉴各国发展经验，寻找出适宜的技术创新途径，以使技术创新效率最大化。由于我国企业普遍存在技术积累少、自主技术创新基础弱、企业资金实力不足等弱势，要在最短时间内以最低的投入实现自主技术创新能力提升，就应该充分利用国外相关的技术资源。在这方面，日本和韩国等国家积累了丰富的经验，并创造出引进技术消化吸收再创新的自主创新模式。这一模式是在引进国外技术基础上，以几倍于引进技术的资金从事技术消化吸收及再创新研发，实现从"获得鱼"到"获得渔"的转变，进而实现对发达国家企业的技术反超。可以说，这种创新方式是时间和资金使用效率最高的方式，也是保证日本和韩国在较短时间内由技术落后状态向（商用）技术领先的关键性因素。因此，引进技术消化吸收再创新便成为我国自主技术创新的一个重要模式。

但是，在实践中，我国企业实际用于消化吸收的资金远远低于技术引进。如表2-3所示，从大中型工业（规模以上工业企业）引进国外技术经费、引进技术消化吸收经费的情况看，引进国外技术经费支出一直高于引进技术消化吸收经费支出。1995年我国引进国外技术经费支出为360.9亿元，引进技术消化吸收经费支出为13.1亿元，后者与前者之比为3.6%。之后这一比重稳步上升，到2011年达到高峰即45.0%，之后呈现逐步下降趋势，到2019年降为20.3%，2021年进一步下降至15.9%。这与日本和韩国企业在技术赶超期引进技术消化吸收的费用数倍于引进国外技术经费的状况形成鲜明对比。可以看出，尽管理论上引进技术消化吸收再创新可以成为一国提升技术创新能力的捷径，但是自始至终我国企业对于消化吸收再创新的动力都不足。因此，被理论界抱以厚望的引进技术消化吸收再创新模式一直并没取得如同日本那样的效果。这是多方面原因造成的，例如，在引进技术方面，我国企业较难引进当时比较先进的技术（技术重要性越高，这一点便越明显），而日本企业在当时却可以引进较为先进的技术，这一差异导致国内企业较难通过消化吸收再创新实现对发达国家企业的技术反超，从而使这一模式对企业的吸引力大大降低；又如，粗放型经济增长模式下过度激烈的成本竞争使得企业更加注重引进现成技术或者生产设备以实现竞争力的快速提升，而对长期竞争力的提高重视不足，这在客观上导致企业自主技术创新的意愿不足。

当然，在这一时期，有一个行业在引进技术消化吸收创新方面取得巨大成功，这便是高铁产业。我国高铁产业真正起步于20世纪90年代，最初产业技术的主要来源也是直接引进技术及相关设备。从2004年开始，我国高铁产业才开始探索引进技术消化吸收再创新的模式，在短短10年左右便取得重大突破，逐渐在这一领域实现技术反超。应该说，我国高铁产业的技术创新取得了一个耀眼的奇迹，而支撑这一奇迹的便是引进技术消化吸收再创新模式。然而，这一模式能够取得成功，与该产业的一系列特殊状况分不开。例如，在技术引进方面，由于高铁产业在国外极难盈利，行业内主要企业持有的先进技术面临"英雄无用武之地"的困局，技术持有的机会成本很低，因而相对于其他产业更容易引进核心技术，从而使引进技术的起点较高，一旦消化吸收再创新成功，便较容易赶超发达国家企业；在产学研合作方面，由于铁路部门属于特殊行业，当时的主管部门是铁道部，它能够有效调动相关的高校、科研机构及企业资源，在一定程度上形成"举国创新机制"，从而大大提高了引进技术消化吸收和再创新的能力，并有效提升了技术创新产业化效率。[①] 可以看出，这一系列特殊产业优势是一般产业所不具

[①] 曾宪奎：《我国高铁产业技术创新模式剖析》，《学术探索》2018年第10期。

备的。

应该说，外向型技术创新发展战略的形成和发展有其深刻的背景性因素。然而，随着我国经济的持续发展和外部环境的变化，这一策略的弱点和在现实中可行性弱的特点逐步凸显，而自立自强的科技发展战略则逐渐成为发展趋势。

（三）技术创新要素的国内大循环分析

技术创新的国内大循环，实质就是企业依托自身力量，通过自主研发，实现对进口技术的替代，满足自身发展的需要。尽管自主技术创新（自主创新）概念提出的时间较晚，但是依靠自身力量进行自主技术创新的实践却比较早，只是在改革开放初期，其规模与水平、对经济发展的作用都不突出，而技术引进无论在政策还是实践中，都逐渐占据了主流。[①] 这一点可以从大中型工业（规模以上工业）企业的相关情况一窥端倪，如表2-3所示，直到1998年大中型工业企业研发经费支出总额还未超过引进国外技术经费支出与引进技术消化吸收经费支出之和，1999年才第一次实现反超。自此之后，大中型工业（规模以上工业）企业研发经费支出高速增长，到2021年研发经费支出与引进国外技术经费支出和引进技术消化吸收经费支出之和的比例达到29.75∶1，这意味着自主技术创新占绝了主流。可以看出，在进入21世纪之后，依靠自身力量进行的自主技术创新才真正成为产业政策重点并在实践中展开。在这一时期，我国开始步入工业化中期，经济保持高速增长，但是以重化工为主导产业的经济增长模式不可持续问题十分突出，高技术密集产业比重过低的状况引发关注。[②] 在这种情况下，强化自主创新成为政策引导的重点内容，只是在21世纪初期"自主创新"一词尚未提出。随着2006年胡锦涛同志在全国科技大会上提出"努力走中国特色自主创新道路"，自主创新成为我国技术创新主导战略，之后一系列配

---

① 严格意义上，自主技术创新包括依靠自身力量进行的自主技术创新和引进技术消化吸收再创新型自主技术创新，前者反映的才是技术创新的国内大循环。在这里，我们主要强调前者。当然，在研发经费支出中，理论上也包括消化吸收基础上再创新支出，但是由于缺乏相应数据，在此处以研发经费支出代替依靠自身力量进行的自主技术创新活动支出。

② 刘戒骄、张小筠：《改革开放40年我国产业技术政策回顾与创新》，《经济问题》2018年第12期。

套的政策如《实施〈国家中长期科学和技术发展规划纲要（2006—2020年）〉的若干配套政策》等，拉开了我国自主技术创新阶段的序幕，依托自身力量进行自主技术创新的重要性也随之提高。①

表2-3　大中型工业（规模以上工业）企业技术引进与技术创新

年份	引进国外技术经费支出（亿元）	引进技术消化吸收经费支出（亿元）	消化吸收经费支出与引进技术经费支出比重（%）	研发经费支出（亿元）	研发经费支出与引进技术经费支出和引进技术消化吸收再创新经费支出之和的比（%）
1995	360.9	13.1	3.6	141.7	0.38
1996	322.1	13.6	4.2	160.5	0.48
1997	236.5	13.6	5.8	188.3	0.75
1998	214.8	14.6	6.8	197.1	0.86
1999	207.5	18.1	8.7	249.9	1.11
2000	245.4	18.2	7.4	353.4	1.34
2001	285.9	19.6	6.9	442.3	1.45
2002	372.5	25.7	6.9	560.2	1.41
2003	405.4	27.1	6.7	720.8	1.67
2004	367.9	54.0	14.7	954.4	2.26
2005	296.7	69.4	23.4	1250.3	3.41
2006	320.4	81.9	25.5	1630.2	4.05
2007	452.5	106.6	23.6	2112.5	3.78
2008	440.4	106.5	24.2	2681.3	4.90
2009	394.6	163.9	41.5	3210.2	5.75
2010	386.1	165.2	42.8	4015.0	7.28
2011	449.0	202.2	45.0	5993.8	9.20
2012	393.9	156.8	39.8	7200.6	13.07
2013	394.0	150.6	38.2	8318.4	15.28

---

① 余泳泽、郭欣、郭梦华：《改革开放40年：中国技术创新的发展及启示》，《东北财经大学学报》2019年第2期。

续表

年份	引进国外技术经费支出（亿元）	引进技术消化吸收经费支出（亿元）	消化吸收经费支出与引进技术经费支出比重（%）	研发经费支出（亿元）	研发经费支出与引进技术经费支出和引进技术消化吸收再创新经费支出之和的比（%）
2014	387.5	143.2	36.9	9254.3	17.44
2015	414.1	108.4	26.2	10013.9	19.17
2016	475.4	109.3	23.0	10944.7	18.72
2017	399.3	118.5	29.7	12013.0	23.20
2018	465.3	91.0	19.6	12954.8	23.29
2019	476.7	96.8	20.3	13971.1	24.36
2020	460.0	75.6	16.4	15271.3	28.51
2021	507.8	80.9	15.9	17514.2	29.75

资料来源：国家统计局网站及历年《中国统计年鉴》。其中，1995—2010年是大中型工业企业的数据，2011—2020年是规模以上工业企业数据。研发经费支出在2010年（含）之前的数据为大中型工业企业数据，2011年之后是规模以上工业数据。由于从2012年《中国统计年鉴》开始，大中型工业企业数据变更为规模以上工业数据，部分年份的统计年鉴追溯到以前年份的数据，并与当时年份的数据有偏差，本书为了统一，在2010年数据之前依然采用大中型工业企业数据，没有根据之后年份的年鉴（规模以上工业企业的）相应数据变更。

站在整个科技创新体系的角度看，依靠自身力量进行的自主创新活动表现得更为活跃，这主要体现为研发经费投入的不断加大和科技产出数量的提高（见前文相关论述）。在具体的技术创新成果方面，我国也取得了突出的成就。例如，在基础研究方面，我国在量子科学、铁基超导、暗物质粒子探测卫星、外尔费米子、CIPS干细胞等领域取得了重大突破。在高科技方面，我国取得了一系列突破性成果，如在航空航天领域，我国神舟载人飞船与天宫空间实验室成功实现对接、新一代静止轨道气象卫星、北斗导航卫星、合成孔径雷达卫星等成功运转；在深海探寻方面，蛟龙号载人潜水器、海斗号无人潜水器不断创造新的纪录，标志着我国相关技术已经达到全球领先水平；在超级计算领域，由我国自主研发的"神威·太湖之光"超算系统居世界之首。同时，国产大飞机、高速铁路、三代核电、新能源汽车等领域部分实现了关键核心技术突破，已经改变了落后局面，达到（"并跑"）或者领先于（"领跑"）世界先进水平。① 有的学者按照时间顺序，依照每年 1 项代表性科技成果的方式，按照时间顺序对改革开放 40 年来我国科技发展的主要成就进行了梳理，由此可以粗略了解我国科技发展的脉络（见表 2-4）。2018 年之后，我国科技创新取得了更加突出的成就。例如，2018 年重大科技创新成果包括北斗卫星提供全球服务、嫦娥四号成功探访月球背面、港珠澳大桥开通、我国自主研发的第一架大型水陆两栖飞机试飞成功。② 2019 年重大科技创新成果包括成功克隆出杂交水稻种子、最"聪明"盾构机挑战穿海工程、北京大兴国际机场首次校验飞行成功、时速达到 600 公里的国产高速磁浮试验样车下线等。③ 2020 年的重大科技成果则包括"中国天眼"投入使用、我国首个火星探测器发射成功、我国自主研发的具有第三代核电技术的"华龙一号"核电机组并网成功、具有 76 个光子的量子计算机研制成功等。④

表 2-4　　　　　　　改革开放以来我国代表性科技成就

年份	科技成果及说明	年份	科技成果及说明
1978	植物学家秦仁昌建立了中国蕨类植物分类的新系统	2001	人类基因组"中国卷"绘制完成
1979	成功研制出汉字信息处理与激光照排系统主体工程	2002	"龙芯"高性能通用微处理器研制成功
1980	东亚大气环流成为中国天气预报业务模式	2003	我国第一艘载人飞船"神舟五号"首次载人飞行圆满成功
1981	在世界上首次人工合成酵母丙氨酸转移核糖核酸	2004	我国首座国产化商用核电站秦山二期核电站全面建成投产
1982	人工合成天然青蒿素	2005	青藏铁路全线铺通

---

① 国家统计局科文司：《改革开放 40 年来，重大成果更多了，创新活力竞相迸发》，《中国战略新兴产业》2018 年第 45 期。
② 《2018"中国时间"年度经济盘点：十大科技创新成果》，中国经济网（http：//www.ce.cn/cysc/newmain/yc/jsxw/201901/04/t20190104_31175175.shtml），2019 年 1 月 4 日。
③ 《2019 年，中国成果惊艳世界》，《科技日报》2019 年 12 月 23 日第 8 版。
④ 《为祖国点赞！2020 年中国科技成就盘点》，光明网（https：//m.gmw.cn/2020-12/19/content_1301957854.htm），2020 年 12 月 19 日。

续表

年份	科技成果及说明	年份	科技成果及说明
1983	攻克组合设计理论中不相交斯坦纳三元系大集难题	2006	我国自主设计建造的世界首个全超导托卡马克核聚变实验装置建成
1984	我国学者冯康首次系统提出辛几何算法	2007	我国首次月球探测工程取得圆满成功
1985	我国在西南极乔治王岛建立第一个南极科学考察站——长城站	2008	我国建成世界规模最大的下一代互联网
1986	物理学家赵忠贤发现起始转变温度为48.6开的锶镧铜氧化物超导体	2009	首次证明iPS细胞的全能性
1987	"神光Ⅰ"高功率激光装置通过国家鉴定	2010	实现当时世界最远距离16千米自由空间量子态隐形传输
1988	北京正负电子对撞机（BEPC）建造成功	2011	"深部探测技术与实验研究专项"取得一系列重大发现
1989	丙纶级聚丙烯树脂研制成功	2012	北斗系统正式向我国和亚太地区提供区域服务
1990	"风云一号"气象卫星甚高分辨率扫描辐射计获得成功	2013	我国首次成功研发人感染H7N9禽流感疫苗种子株
1991	我国第一套拥有完全自主知识产权的大型数字程控交换机诞生	2014	三峡工程等一系列水电站驱动中国水电实现全球领先的水力发电技术
1992	我国新核素合成和研究取得重大突破	2015	C919大型客机首架机总装下线
1993	北京自由电子激光装置获红外自由激光受激振荡并实现饱和振荡	2016	"中国天眼"FAST落成启用
1994	潜深达1000米的自治水下机器人研制成功	2017	"复兴号"在京沪高铁实现双向首发
1995	"曙光1000"大规模并行计算机系统通过国家鉴定	2018	"嫦娥四号"探测器成功发射
1996	二色激光准周期介电体超晶格研制成功	2019	时速达到600公里的国产高速磁浮试验样车下线

续表

年份	科技成果及说明	年份	科技成果及说明
1997	在海拔 7000 米处成功钻取出冰芯	2020	"中国天眼"投入使用
1998	发现迄今为止世界最早被子植物化石——辽宁古果	2021	我国首次火星探测任务"天问一号"着陆火星
1999	我国首次北极科学考察圆满成功	2022	"墨子号"实现 1200 公里地表量子态传输
2000	袁隆平院士主持的超级杂交稻研究取得重大成果		

资料来源：2017 年资料来源于《改革开放 39 年科技成就撷英》编写组：《改革开放 40 年科技成就撷英》，中国科学技术出版社 2018 年。2018—2022 年资料由作者自行整理。

整体而言，随着我国自主技术创新能力的持续提升以及关键核心技术引进难度的不断增强，技术创新的国内大循环已经逐步取代国际大循环而开始居于主体地位，大量的中低端技术和部分中高端技术已经实现了自给。只是在一些高新技术产业以及传统产业的核心技术领域，受制于人的问题依然突出，而这些领域往往居于未来经济发展的关键环节，因此如何在这部分领域逐步实现以国内大循环替代国际大循环便是关系到我国未来新发展格局构建的重要任务。

三 自然资源要素

随着改革开放之后我国经济快速发展，能源、矿产等自然资源消耗量不断增加，部分自然资源对国外的依赖度不断增加。因此，自然资源是改革开放之后，我国国际大循环重要性不断提高的重要方面。

（一）自然资源对国际大循环依赖的整体状况

改革开放之后较长时期内，我国经济发展遵循了粗放型模式，经济增长高度依赖于各种原材料、能源资源产品投入数量的持续增加。随着我国工业规模的迅速扩张，对各种原材料的需求不断加大，部分矿产、能源资源产品依靠纯粹的国内供应已经无法满足需求。同时，处于紧缺状态的自然资源种类不断增加，部分资源种类紧缺状况比较突出。这些矿产、能源资源或者我国储藏量相对不足，或者虽然储藏量充足但是矿物品位较低，降低了其可利用价值。例如，相关数据表明，2019年我国除钨、钼、锑、锡、稀土、石墨等6种矿产外，其余的15种主要矿产资源包括油气、铁、铜、铝、镍等储量均低于世界20%，尤其是被誉为"工业血液"的石油资源仅占全球储量的1.5%，煤炭也仅占13.2%。① 在这种情况下，加大从国外进口成为短期内我国应对自然资源短缺的唯一选择。据统计，到目前为止，我国大约2/3的战略性矿产资源高度依赖进口，其中石油、铁矿石、铬铁矿、铜、铝、镍、钴、锆等12种资源对外依存度超过70%。②

在这里，以铁矿石为例对我国自然资源对国际大循环的依赖情况进行研究。如表2-5所示，自1980年以来，我国对铁矿石进口的依赖度一路攀升。1980年我国进口铁矿石量为725万吨，到2021年攀升至11.2亿吨，41年累计提高了153.48倍，年均增长率高达13.1%，明显高于我国同期GDP增长率。进口铁矿石产铁量从468万吨增加至68835万吨，41年增加了146.08倍，年均增长率达到12.9%。与之相比，同期我国生铁总产量从3802万吨提高到86857万吨，提高了21.85倍，年均增长率仅为7.9%。进口铁矿石产量超过生铁总产量增长率，表明我国生铁的生产对进口的依赖在不断加深。进口铁矿石产铁量占全国生铁总产量的比重指标的变动能够更好地展示这一趋势。1980年，进口铁矿石产铁量占比仅为12.3%，而到2021年则提高到79.3%，41年时间提高了67.0个百分点，我国钢铁产业对铁矿石进口的依赖已经达到了极高的程度。

其实，仅仅铁矿石进口的情况还不能全面展示我国钢铁产业对国际循环的依赖程度，因为还有一部分钢铁以成品的形式进口。根据《中国钢铁工业年鉴（2020年）》的相关数据，2019年我国钢材进口产量达到1230.4万吨，进口额达到141.1亿美元，而这还远不是最高数值。我国钢材进口量的最高值出现在2003年，当年进口的数量为3716.9万

---

① 陈甲斌、冯丹丹：《战略性矿产资源：不可忽视的安全保障》，《中国自然资源报》2020年9月2日第7版。
② 刘晓慧：《战略性矿产保障事关国家总体安全》，《中国矿业报》2021年1月11日第1版。

吨（当年的进口额为199.2亿美元），而钢材进口额最高值出现在2005年，当年进口额为246.1亿美元（当年进口量为2581.6万吨）。由于我国进口的钢铁以高端产品为主，尽管这些进口量占我国钢铁总产量比重并不大（2019年钢材进口量占全国钢材产量的比重为1%左右），但是依然对我国经济发展的影响较大。

表2-5　　　　　全国历年进口铁矿石及其产铁量　　　（单位：万吨）

年份	进口铁矿石量	进口铁矿石产铁量	全国生铁总产量	进口铁矿石产铁量比重（%）
1980	725	468	3802	12.3
1985	1011	653	4679	13.9
1990	1419	916	6237	14.7
1995	4115	2655	10529	25.2
2000	6997	4514	13101	34.5
2001	9231	5955	15554	38.3
2002	11150	7193	17079	42.1
2003	14813	9557	21367	44.7
2004	20809	13526	25674	52.7
2005	27526	17759	34473	51.5
2010	61864	39915	59560	67.0
2011	68608	42167	64543	65.3
2012	74355	45699	74808	61.1
2013	81941	50361	71375	70.6
2014	93269	57323*	69141	82.9
2015	95284	58562*	70227	83.4
2016	102412	62942*	74833	84.1
2017	107474	66054*	77105	85.7
2018	106412	65401*	77988	83.9
2019	106895	65698*	80849	81.3
2020	117000**	71098*	88752***	81.0
2021	112000**	68835*	86857***	79.3

资料来源：2020年以前的数据来源于《中国钢铁工业年鉴》（2019年和2020年）。
*2014年以后的进口铁矿石产铁量数据缺失，本书根据2011—2013年3年间，1吨铁矿石产铁0.6146的平均折算率进行了折算。** 数据来源于2021年1月14日海关总署公布的数据。*** 数据来源于国家统计局。

另一个比较突出的矿产资源种类便是石油。在改革开放早期阶段，由于我国石油产量持续上升，在一段时间内我国几乎不从国际市场进口石油，直到1985年我国石油产量达到历史最高水平并开始呈现下降趋势之后，才从1986年开始小规模进口石油，到1988年才开始大规模进口。自此以后我国石油进口量快速增长，石油对外依存度开始逐步攀升，到1996年之前石油依存度低于10%，到1999年超过20%，2000年超过30%。① 2009年我国石油对外依存度超过50%，并呈现一路提高的趋势。根据相关统计，2020年我国原油进口量达到5.42亿吨，对外依存度达到73.5%②。尽管我国石油勘探量不断增加，但是与庞大的需求相比，国内储存量和生产量都很难满足经济发展的需要。因此，我国石油对国际大循环高度依赖的状况在短期内不会出现根本性改变。

（二）自然资源对国际大循环依赖过度依赖的影响分析

自然资源对国际大循环的依赖度较高，对我国经济运行产生了较大的影响。一方面，这主要体现为使我国经济更容易受到国际经济政治环境变动的冲击。特别是在全球经济处于高速增长期时，自然资源价格将持续上涨，而我国作为全球最主要的进口国，将缺乏有效的回旋余地。例如，铁矿石价格的上涨将通过钢铁产业传导到整个经济体系，从而对宏观经济运行形成冲击，不利于经济稳定发展。

另一方面，我国部分自然资源不仅高度依赖国际市场，在进口国别分布上还高度集中于少数国家和地区，这更增加了其中的风险。以铁矿石为例，2020年最大的进口国是澳大利亚，从其进口的铁矿石总量为71313万吨，占我国全部进口量的60.9%；其次是巴西，进口量为23574万吨，占全部进口量的20.1%。可以看出，仅仅来源于这两个主要国家的铁矿石量就占我国铁矿石进口总量81.0%，占了绝对多数。而包括另外3个国家南非、印度和乌克兰的五大铁矿石进口来源国在内

---

① 赵洲：《石油对外依存度攀升对我国的影响及对策》，硕士学位论文，中南大学，2008年，第10—12页。

② 《2020年国内石油流通行业发展报告》，商务部网（http://www.mofcom.gov.cn/article/tongjiziliao/sjtj/jsc/202105/20210503063494.shtml），2021年5月21日。

的进口总量就达到106493万吨，占我国总进口量的比重达到91.0%。再加上加拿大、秘鲁、智利、俄罗斯和毛里塔尼亚等排名第6到第10的5个国家，我国从铁矿石前十大进口来源国的进口总量达到113039万吨，占全部进口总量的比重达到了96.6%（见图2-2）。铁矿石高度依赖进口及高度集中的进口来源国结构，特别是高度集中于一两个国家的状况，使得这些国家的企业很容易形成默契的利益联合体，利用其垄断地位，提高对我国进口企业的报价，从而使我国企业承受过高的原料成本。事实上，这样的事情在之前便已经发生过，如果进口来源国结构不发生变化，类似的事情还可能继续发生。同时，进口来源过度集中于少数国家，也使我国钢铁产业容易受到国际政治环境的影响。特别是如果我国与主要铁矿石进口来源国发生摩擦，或者这些国家因为某些原因而对这些关键资源进行控制，将对我国铁矿石稳定供应产生不利影响，进而影响到国内经济健康发展。

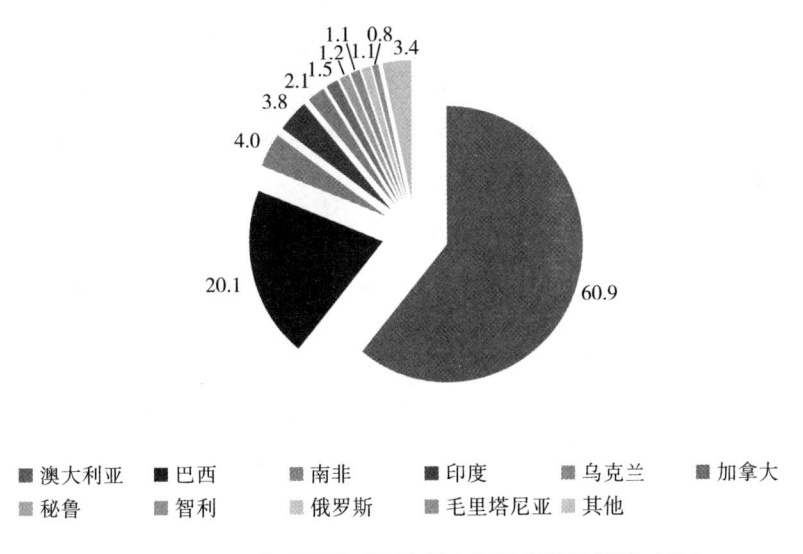

图2-2 2020年我国铁矿石主要来源国及比重情况（%）

资料来源：《中国钢铁工业统计年鉴》（2021年）。

第二节　传统发展格局下我国国内国际
　　　双循环分析：需求端

改革开放之后，我国需求规模不断扩张，拉动我国经济长期快速增长。当然，从国内大循环和国际大循环发展的角度看，尽管其规模均呈现快速扩张趋势，但是也存在着一系列问题。一方面，在改革开放之后的一段时间里，在需求端，我国形成了对国际大循环较高程度的依赖，这主要体现为对出口的依赖度较高。另一方面，在国内大循环方面，不仅在一定时间内存在国内大循环主体地位不够突出的问题，还存在着需求结构不合理的问题。本节就从需求端对高速增长阶段我国国内大循环和国际大循环发展状况进行分析。

一　内需状况

内需是决定国内大循环主体的地位的关键因素之一，只有内需在拉动经济增长中居于绝对主导地位，国内大循环的主体地位才能牢固。内需包括投资需求和消费需求，其中消费需求（最终消费）居于主导地位。如表2-6所示，从消费、投资和净出口等三大需求要素对经济拉动的情况看，内需都居于绝对主体地位。

但是，这一计算方式将货物和服务净出口作为指标对国际大循环对经济增长的拉动作用进行计算，其实大大低估了国际大循环对经济发展的作用。在这里，我们必须将国际大循环对经济增长直接的拉动作用与国际大循环对我国经济发展的作用这两个概念区别开来，前者要远远低于后者。这表现在两个方面：一是净出口反映的是出口和进口的差额，在贸易平衡的情况下，净出口对经济拉动作用为0，而这显然并不表示进出口对经济发展没有作用，只是后者并不体现为对经济增长的拉动作用；二是进口和出口存在着结构性差异。其实，直接反映国外市场需求因素对国内产业拉动作用的是出口，这一指标反映了我国产业对国外市场的依赖程度（这一点将在下文介绍）。进口则是对国内供给体系的一个补充，它弥补的是由于国内生产能力不足或者无力生产而造成的部分产品和服务（主要是高端产品和服务）供给不足。因此，进口和出口对经济的作用是体现在不同方面的，二者在数据上的对冲消减大大低估了国际大循环对经济发展的作用，也会造成对国内大循环主体地位的过高估计。在这里，我们主要就内需的结构性状况展开讨论。

表2-6　　1978—2020年我国内需和外需对经济拉动情况

年份	国内生产总值（亿元）	最终消费（亿元）	资本形成总额（亿元）	货物和服务净出口（亿元）	最终消费率（%）	资本形成率（%）
1978	3606	2234	1383	-11	61.9	38.4
1979	4047	2579	1488	-20	63.7	36.8
1980	4541	2968	1588	-15	65.4	35.0
1981	4922	3278	1626	17	66.6	33.0
1982	5386	3577	1718	91	66.4	31.9
1983	6034	4061	1922	51	67.3	31.9
1984	7290	4787	2502	1	65.7	34.3
1985	9108	5921	3554	-367	65.0	39.0
1986	10390	6731	3915	-255	64.8	37.7
1987	12198	7644	4544	11	62.7	37.2
1988	15211	9429	5932	-151	62.0	39.0
1989	17251	11044	6392	-186	64.0	37.1
1990	18969	12012	6447	510	63.3	34.0
1991	21997	13626	7754	618	61.9	35.2
1992	27140	16239	10625	276	59.8	39.1
1993	35576	20815	15441	-680	58.5	43.4
1994	48410	28297	19479	634	58.5	40.2
1995	61050	36229	23823	999	59.3	39.0
1996	71542	43122	26960	1459	60.3	37.7
1997	79416	47549	28317	3550	59.9	35.7
1998	84791	51502	29660	3629	60.7	35.0
1999	90095	56667	30891	2537	62.9	34.3
2000	99799	63749	33667	2383	63.9	33.7

续表

年份	国内生产总值（亿元）	最终消费（亿元）	资本形成总额（亿元）	货物和服务净出口（亿元）	最终消费率（%）	资本形成率（%）
2001	110388	68661	39403	2325	62.2	35.7
2002	121327	74228	44005	3094	61.2	36.3
2003	137147	79735	54447	2965	58.1	39.7
2004	161356	89394	67726	4236	55.4	42.0
2005	187658	101873	75576	10209	54.3	40.3
2006	219598	115364	87579	16655	52.5	39.9
2007	270499	137737	109339	23423	50.9	40.4
2008	318068	158899	134942	24227	50.0	42.4
2009	347650	174539	158075	15037	50.2	45.5
2010	408505	201581	191867	15057	49.3	47.0
2011	484109	244747	227674	11689	50.6	47.0
2012	539040	275444	248960	14636	51.1	46.2
2013	596345	306664	275129	14552	51.4	46.1
2014	646548	338031	294906	13611	52.3	45.6
2015	692094	371921	297827	22347	53.7	43.0
2016	745981	410806	318199	16976	55.1	42.7
2017	828983	456518	357886	14578	55.1	43.2
2018	915774	506135	402585	7054	55.3	44.0
2019	990708	552632	426679	11398	55.8	43.1
2020	1025628	560811	439550	25267	54.7	42.9
2021	1140340	620921	489897	29522	54.5	43.0

资料来源：国家统计局及《中国统计年鉴》（2022年）。在《中国统计年鉴》（2022年）中，以支出法计算的国内生产总值（原文表3-10，如2021年数值为1140340亿元）与表3-1统计的国内生产总值数值（如2021年为1143669.7亿元）不统一。

（一）消费需求状况分析

对我国国内大循环主体地位构成影响最大的是国内消费需求比重不足。相对于投资需求，消费需求才是最终需求，而投资需求只在短期内体现为对产品和服务的需求，而在未来投资需求（如企业投资）将转化为供给，需要比当期投资额更大的未来需求额来予以弥补（因为企业要赚取利润）。从可持续性上来说，源源不断且数额不断增长的消费需求才是拉动经济可持续增长的因素，而投资需求受限于种种约束因素，其增长往往较难长期快速持续。因此，对一个大国经济而言，最终消费率维持在较高水平，是经济长期可持续发展的关键性因素。从实践情况看，我国最终消费率明显偏低。

如表2-6所示，在改革放开初期的十几年内，我国最终消费率维持在60%到70%之间，1978年为61.9%，1991年也为61.9%。在这13年间，最高点在1983年，为67.3%，这也是改革开放之后42年间的最高点。1991年到2000年是震荡调整阶段，最终消费率的整体趋势是先下降后上升，1991年为61.9%，2000年为63.9%，这也是阶段最高点。这一阶段最低点出现在1993和1994年，数值均为58.5%。在进入21世纪之后的前9年，最终消费率尽管在局部年份经历了震荡调整，但是整体呈现出下降趋势。2001年最终消费率为62.2%，这也是阶段性最高点，之后各年（截至2021年）便再也没有超过该数值；最低值则出现在2010年，仅为49.3%，这也是改革开放以来最终消费率的最低值。自2011年开始，最终消费率进入整体缓慢上升的阶段，2011年最终消费率为50.6%，2021年最终消费率为54.5%，比2011年提高了3.9个百分点，尽管数值有所增加，但是增加幅度较小。

世界主要经济大国的最终消费率都保持较高数值，最终消费在这些经济体中居于主导地位。例如，美国最终消费率长期维持在80%左右，这要高出我国25个百分点左右（以2020年数据为准）。最终消费包括居民最终消费和政府消费，真正使我国和其他国家最终消费率拉开差距的主要因素便是居民最终消费。如表2-7所示，从2000以来，我国居民最终消费率整体呈现出下降趋势，2000年为46.7%，而到2020年则仅为38.2%，这一数据与世界主要经济大国相比，明显偏低。如表2-7所示，无论是美国、日本、德国、法国等传统发达资本国家，还是韩国等刚刚步入发达国家行列的国家以及俄罗斯、巴西、南非等金砖国家，其居民最终消费率都明显高于我国。例如，美国2020年居民最终消费率为67.2%，高于我国近30个百分点；日本为53.8%，高于我国

15.6个百分点;在这些国家中数据偏低的韩国,2020年居民最终消费率为46.4%,也比我国高出近10个百分点;金砖国家中,巴西2020年比我国高出24.7个百分点,数值偏低的俄罗斯也高出我国12.7个百分点。相对于政府消费,居民最终消费在拉动经济增长方面的可持续性更高、效果更好,而居民最终消费率明显偏低的情况直接导致我国最终消费率偏低,成为制约国内大循环主体地位的关键因素。

表2-7 部分年份我国与一些国家居民最终消费率状况(%)

	2000年	2005年	2010年	2015年	2018年	2019年	2020年	2021年
中国	46.7	34.3	37.8	38.5	38.5	39.2	38.2	
美国	66.0	67.9	67.4	68.3	67.8	67.5	67.2	
日本	54.4	57.8	56.6	55.4	54.8	54.5	53.8	
德国	56.3	55.1	52.9	52.3	52.0	51.9	50.7	49.4
法国	53.9	55.4	54.1	54.0	53.9	53.6	53.1	52.4
韩国	54.5	50.4	48.5	47.6	48.0	48.6	46.4	46.3
俄罗斯	46.2	51.5	52.7	52.9	50.4	51.6	50.9	49.9
巴西	64.6	60.2	64.0	64.5	64.0	65.1	62.9	61.0
南非	63.1	59.0	59.8	59.2	63.6	63.8	62.3	60.6

资料来源:《中国统计年鉴》(2020年、2021年和2022年),原数据来源于世界银行WDI数据库。其中,数据在不同统计年份不一致的,以最新数据为准。

造成我国最终消费比重偏低特别是居民最终消费比重偏低的直接原因是人均消费支出不足。如表2-8所示,1978年到城镇居民人均支出从311元增加到2012年的16674元,34年间名义上提高了52.6倍,年均名义增长率为12.4%;农村居民人均消费支出则从116元增加到5908元,34年间名义上提高了49.9倍,年均名义增长率12.3%,略低于城镇居民人均消费支出。与之相比,同期国内生产总值在名义上提高了145.4倍,年均名义增长率达到15.8%,明显高于城镇和农村居民人均消费支出。而进入2013年后,由于统计方法和口径发生了重大改变,数据之间不能直接对比,而从2013年之后新的统计数据情况看,人均收入的发展趋势发生了一定程度的变化。2013年到2022年,包括城镇和农村居民的居民人均消费支出从13220元提高到24538元,9年间名义上增长了85.6%，年均增长率为7.1%，而同期国内生产总值名义增长率为104.1%，年均增长率为8.2%。可以看出，在这9年间，居民人均消费支出的增速不及国内生产总值。考虑到之前34年间人居消费支出低于国内生产总值增长率，改革开放44年间居民消费对经济带动能力的整体不足。从国际比较角度看，尽管我国经济快速增长，且人口众多，但是居民最终消费总额依然与美国差距较大。2018年我国居民最终消费支出53525亿美元，而同期美国则达到139987亿美元，是我国的2.62倍；人均居民最终消费收入为3148美元，美国同期则为37922美元，是我国的12.0倍。①

人均消费能力不足最直接的原因是人均收入水平较低。收入是消费支出的"源头活水"，只有收入持续快速增长，最终消费特别是居民最终消费才可能持续快速增长。但是长久以来，我国经济发展模式属于粗放型模式，这一模式下竞争力最主要的来源之一便是较低的劳动力成本，而较低的附加值迫使企业进一步压低劳动力成本，这便形成恶性循环。直到进入2004年之后，伴随着"民工荒"现象不断加剧，这一现象才开始改变。这对人均收入的影响体现为它在较长时期内增速低于经济增长速度。如表2-8所示，1978年到2012年城镇居民人均可支配收入从343元提高24127元，34年时间名义上提高了69.3倍，年均名义增长率为13.3%，高于城镇人均消费支出0.9个百分点；农村居民人均可支配收入从134元增加到8389元，34年间名义上提高了61.6倍，年均名义增长率为12.9%，高出农村居民人均消费支出同期名义增长率0.6个百分点。可以看出，城镇和农村居民人均可支配收入增长率均高于人均消费支出增长率，这符合边际消费倾向递减规律。同时，无论城镇和居民人均可支配收入年均名义增长率均低于同期国内生产总值年均名义增长率，表明人们收入增长速度低于经济发展速度，这成为制约人们消费支出增加进而促进最终消费率提升的主要因素之一。而从2013之后的新数据情况看，这一状况有所改善。综合了城镇和农村居民的居民人均可支配收入指标从18311元增加到2022年的36883元，9

---

① 数据来源于《国际统计年鉴》（2020）。

年间名义增长率为101.4%,年均名义增长率为8.1%,大致持平于同期国内生产总值名义增长率(同期GDP名义上提高了104.1%),表明这一时期,居民可支配收入开始与经济增长速度"看齐"。这一情况的出现基于两个原因,一是统计方式和口径发生变化,使数据走势发生了变化;二是在这一段时间政策导向和经济发展趋势等因素使得居民收入增长速度加快。从整体情况看,后一种情况所起的作用更大。但是,最近几年发生的这种转变,并不能填平之前的"历史欠账",无论是城镇还是农村,人均收入的绝对水平依然偏低,2022年居民人均可支配收入仅略高于3000元/月。这种状况显然制约了消费支出的增长。

表2-8 改革开放以来我国人均收入和消费情况

年份	居民人均可支配收入(元)	居民人均可支配收入名义增长率(%)	城镇居民人均可支配收入(元)	农村居民人均可支配收入(元)	居民人均消费支出(元)	居民人均消费支出名义增长率(%)	城镇居民人均消费支出(元)	农村居民人均消费支出(元)
1978			343	134			311	116
1980			478	191			412	162
1985			739	398			673	317
1990			1510	686			1279	585
1995			4283	1578			3538	1310
2000			6256	2282			4998	1670
2010			18779	6272			13471	4382
2011			21427	7394			15161	5221
2012			24127	8389			16674	5908
2013	18311		26467	9430	13220		18488	7485
2014	20167	10.1	28844	10489	14491	9.6	19968	8383
2015	21966	8.9	31195	11422	15712	8.4	21392	9223
2016	23821	8.4	33616	12363	17111	8.9	23079	10130
2017	25974	9.0	36396	13432	18322	7.1	24445	10955

续表

年份	居民人均可支配收入（元）	居民人均可支配收入名义增长率（%）	城镇居民人均可支配收入（元）	农村居民人均可支配收入（元）	居民人均消费支出（元）	居民人均消费支出名义增长率（%）	城镇居民人均消费支出（元）	农村居民人均消费支出（元）
2018	28228	8.7	39251	14617	19853	8.4	26112	12124
2019	30733	8.9	42359	16021	21559	8.6	28063	13328
2020	32189	4.7	43834	17131	21210	-1.6	27007	13713
2021	35128	9.1	47412	18931	24100	13.6	30307	15916
2022	36883	5.0	49283	20133	24538	1.8	30391	16632

资料来源：国家统计局、《中国统计年鉴》（2022年）和《中华人民共和国2022年国民经济和社会发展统计公报》。其中，2013年以后统计方法、口径发生改变，不能和之前的数据进行直接对比。

（二）投资需求状况分析

投资需求是内需的重要组成部分。与消费需求相比，投资具备短期变动幅度大、政策效果显著的特点，因此在经济发展步入低速或者危机阶段时，加大投资力度成为拉动经济增长、促进经济发展走出低谷的重要措施。作为社会主义国家，我国具备"集中力量办大事"的突出体制优势，无论是在大规模基础设施建设方面还是在应对经济发展困境时所能实施的投资规模方面，都比西方资本主义国家更具有明显的优势。同时，由于在改革开放之后很长时间内最终消费增长的速度都不能与经济增速和工业规模扩张速度相匹配，投资成为保证经济高速增长的重要拉动因素。

如表2-6所示，1978年以来衡量投资额的资本形成额呈现快速增长趋势，从1978年的1383亿元增加到2021年的489897亿元，43年间名义上提高了353.2倍，年均名义增长率达到14.6%，高于同期国内生产总值名义增长率14.3%。由于增长率具有指数效应，因此尽管投资的年均增长率略高于国内生产总值，但是其累积效果十分显著。从资本形成率指标看，1978年我国资本形成率为38.4%，到2021年提高到43.0%，43年间增加了4.6个百分点，略有增长。从43年的发展历程看，资本形成率的变动大致可以分为几个阶段：1978到1984年是第一阶段，这一阶段资本形成率呈现下降趋势，最低点达到31.9%（1982年和1983年），这也是改革开放以来42年间的最低点；1985到1988年我国迎来第一个投资高速增长期，资本形成率在这一阶段最高达到39%；在经历了1990和1991年两年资本投资增长低谷后，1992年到1995年我国又进来一个投资热时期，这一时期资本形成率最高点达到了43.4%；在经历了几年的震荡调整期后，在2003年之后我国又进入一轮投资高潮期，到2007年止，资本形成率维持在40%左右，最高点在42.0%（2004年）；2008年开始受到国际金融危机影响，我国进入新一轮投资热潮，在2008年到2011年我国资本形成率最高达到47.0%，达到改革开放以来历史最高。从2012年开始，我国经济发展步入新常态，投资热开始逐步消退，资本形成率从历史高位逐步下降，2021年为43.0%，比最高点下降了4.0个百分点。

我国资本形成率在最近10年以来一直高于40%，而发达国家明显低于这个比重，如美国这一指标在20%左右，这表明我国经济发展高度依赖于投资。应该说，除了前文论述的大规模投资能够拉动经济从而保证经济持续高速增长外，投资对于我国经济发展还有许多其他方面的好处。其中，最为突出的便是大量投资投向基础设施建设领域，能够为经济可持续发展创造基础。作为一个发展中国家，在改革开放之后的较长时期内，基础设施比较落后是制约我国经济发展的瓶颈性因素。随着大量投资投向基础设施领域特别是铁路、公路、机场、电力、网络等领域，我国基础设施水平迅速提升，在相对较短时期内就消除了基础设施落后对经济发展的制约作用，同时"适度超前"的基础设施定位还能保证它能满足未来经济持续增长对基础设施的新增需求。这与其他国家经济发展受制于基础设施发展的情况形成鲜明对比。例如，经济发展较快、被西方国家认为是未来经济发展"明星"的印度，其发展就受到基础设施薄弱问题的影响，如交通基础设施比较落后，导致其物流成本甚至高于周边不发达国家，从而严重阻碍了经济发展。对此，印度政府出台了一系列政策以提升基础设施水平，但是未来基础设施建设需要巨额资金投入，这对其财政构成巨大的挑战。根据2019年印度公布的未来5年基础设施投资计划，需要的投资额累计高达100万亿卢比（约合1.39万亿美元）。① 同时，即便是经济比较发达的欧洲国家，也面临基础设施水平落后的问题。2018年8月，意大利的莫兰迪大桥发生坍塌，原因之一便是缺乏有效的维护，这也引发了欧洲各国对自身基础设施的关注。相关调查发现，欧洲各国在各项基础设施建设方面都存在较为突出的投资"欠债"问题。例如，根据德国复兴信贷银行公布的数据，德国基础设施投资缺口达到1260亿欧元，基础设施落后已经成为影响德国经济发展的一个重要因素。②

当然，过高的投资比例不利于我国经济可持续发展。这体现在三个方面。第一，过高的投资其实是为了弥补当期消费需求不足的问题。但是，正如前文所述，投资的特点是它将在未来转化为规模更大的供给，从而在未来需要有比现在投资所形成的短期需求更大的需求额来予以"对冲"。这就意味着，投资在短期内创造的需求其实对未来的需求形成一定程度的"挤出"效应，这显然对未来经济可持续发展构成负面影响。第二，要发挥投资对经济的持续拉动作用，就需要不断加大投资额，而在投资比重已经很大的情况下，持续大规模增加投资的难度很大。第三，以政府作为实施者的投资，其资金利用效率往往不高。正是由于以上原因，在经济步入新常态后，以投资作为主要驱动要素之一的高速经济增长模式需要向高质量发展模式转变。

（三）内需不足对我国经济发展的影响

内需特别是最终消费需求不足，是制约我国经济发展的一个重要因素。在这里，我们必须强调一点，即从动态上看，内需向着高质量方向发展。我国社会主要矛盾的变化已经由人们日益增长的物质文化需要和落后的社会生产之间的矛盾转化为人民日益增长的美好生活需要和不平衡不充分的发展之间的矛盾。这一表述的变化，便精确地反映出，随着经济的持续发展和人均收入水平的持续提高，人们的需求发生了质的变化，已经不像之前阶段仅仅追求物质和文化产品数量上的增加，更是对

---

① 《印度计划扩大基建提振经济》，《人民日报》2019年12月4日第16版。
② 《德国基础设施投资存在巨大缺口》，《人民日报》2018年8月6日。

与生活质量息息相关的各种因素增加了要求。整体而言,需求的变化包括两个层面,即总消费数额增加的趋势和对个性化、技术含量高的产品和服务的需求增加的趋势。但是,与经济发展的需要相比,内需也依然会出现不足。这主要是两方面的因素造成的:一方面,我国较长时间以来存在的内需不足问题,很难在短期内彻底转变,因而在未来一定时期内内需不足还会存在;另一方面,经济发展会面临来自外界的各种冲击,影响到内需。例如,新冠疫情便是典型的"黑天鹅事件",即无法事先预料到的事件,这一疫情的流行对全球经济造成了很大的影响,其中之一便是造成了内需增长乏力。

内需不足对我国经济发展造成了突出影响。一是导致经济发展更容易受到外部冲击。在内需不足的情况下,为了促进经济增长,有时候就需要刺激出口,通过增加出口额来弥补内需的不足。但是,过度依赖出口将使一个国家的经济更容易受到来自国外的经济冲击,从而增加经济体系运行的不稳定性。二是对技术创新形成不利影响。很多人认为,开放的环境有利于一个国家技术创新能力的提升,因此保持较高水平的出口对于技术创新能力的提升也会有利。其实,这是一种错误认识。大量的研究表明,出口导向型企业的技术创新水平较低。这是因为,长期以来我国具备出口优势的企业主要集中在能够体现劳动力优势的劳动力密集型产业或者劳动力密集型环节,由于在激烈国际竞争中,竞争力转型升级(由依托低劳动力成本的低价格竞争力模式向以技术创新为依托的核心竞争力模式转型)的难度较大,很容易形成产业垂直分工固化。而与出口导向型企业相比,在国内消费者需求处于升级换代的情况下,面向国内生产的企业则更容易通过技术创新取得成功。因此,内需不足会影响面向国内生产的企业利用技术创新谋求竞争力优势的积极性,从而影响技术创新的发展。

二 出口状况

在改革开放之后的较长时期内,出口成为弥补国内市场需求不足、拉动国内工业快速发展的重要因素。不断扩大的开放趋势,要求我国不断增加外汇储备以应对外来冲击以及满足进口对外汇的需要。在改革开放初期，我国建设资金极为匮乏，赚取外汇以进口急需的机器设备、生产技术、重要产品和零部件便是十分紧迫的事情。与迫切的外汇储备需要相比，当时我国外汇储备很低，1978年外汇储备额仅为1.67亿美元，而直到20世纪80年代末，这一数值也没有超过10亿美元。[1] 在这种情况下，鼓励出口以增加外汇积累的政策促进了出口的增长。随着我国工业生产能力持续提高，特别是在1997年供给和需求达到基本平衡点之后，我国工业开始面临着国内市场需求不足的问题，这时候国外市场便成了消化我国新增工业产品的重要渠道。因此，改革开放以后，我国出口整体呈现出快速增长的态势。

（一）我国出口的发展情况

从发展实践看，我国出口的发展大致可以分为五个阶段[2]。

第一，改革探索阶段（1978—1991年）。在这一阶段，我国改变了改革开放之前封闭发展的模式。一方面，在经济发展思路上，我国主动融入全球经济分工体系；另一方面，通过设立经济特区、推动沿海城市开放等措施加快对外开放探索，并积极推动贸易承包责任制、外汇"双轨制"等体制机制改革，促进对外贸易发展。[3] 在这一系列措施推动下，我国出口迎来了快速发展时期。如表2-9所示，我国出口总额从1978年的97.5亿美元增长到1991年的718.4亿美元，13年间提高了6.37倍，年均增长率达到16.6%。出口占GDP的比重从1978年的4.56%提升至1991年的17.39%（如图2-3所示），增加了12.83个百分点，表明经济对出口的依赖度明显提升。

第二，开放扩大阶段（1992—2001年）。在这一阶段，随着我国社会主义市场经济体制改革不断推进，对外开放的广度和深度不断扩大。这一时期，我国进行了一系列外贸体制改革，如1994年1月1日起彻底实现了汇率并轨，《中华人民共和国对外贸易法》等一系列外贸法律

---

[1] 祝越：《我国外汇储备持续高增长的风险及动因研究》，《金融经济》2015年第10期。

[2] 关于改革开放后我国出口发展阶段的划分，本书参照了两篇文章：盛斌、魏方：《新中国对外贸易发展70年：回顾与展望》，《财贸经济》2019年第10期；倪沙：《改革开放40年来中国对外贸易发展研究》，《现代财经》2018年第12期。

[3] 盛斌、魏方：《新中国对外贸易发展70年：回顾与展望》，《财贸经济》2019年第10期。

法规颁布出台并实施，外贸经营权不断放开。① 这一系列的改革，有力地推动了我国出口额的扩大。1992年我国出口总额为849.4亿美元，到2001年则增加至2661.0亿美元，9年间提高了2.13倍（以1992年为基准年），年均增长率达到13.5%；出口占GDP比重从17.2%提高至19.87%，9年间提高了2.67个百分点。可以看出，这一时期出口的相关指标增长尽管绝对速度比较快，但是与前一时期相比增速有所下降，这与改革开放初期我国出口基准数据比较低因而增速较快有关。随着出口基准数额的不断上升，增长率出现下降是必然趋势。

第三，全面深化阶段（2002—2007年）。随着2001年底我国加入世界贸易组织（WTO），我国对外贸易进入了新的发展期，由单边开放向双边相互开放转变，开始享受贸易自由化成果。② 在这一时期，我国积极融入世界贸易规则体系，积极进行了包括组建商务部、修订新贸易法、继续降低关税、开放服务贸易等一系列改革措施，出口也迎来"井喷式"发展。③ 2002年我国出口总额为3256.0亿美元，到2007年增加到12200.6亿美元，短短几年提高了2.75倍（以2002年为基准年），年均增长率高达30.2%；出口占GDP比重从22.14%提高到34.66%，增加了12.52个百分点。这一段时间，也是我国GDP速度最快的时期之一，这6年里除了2002年外，其余5年GDP增速均高于10%，其中最高增速达到14.2%（2007年）。这段时间经济增速较高的原因是多样化的，但是加入世界贸易组织所产生的出口快速增长是其中最重要的原因之一。

第四，危机应对阶段（2008—2011年）。随着2008年发端于美国的国际金融危机逐步蔓延，我国最终受到冲击，对外贸易和经济发展均受到较大影响，出口下降趋势尤为显著。2008年我国出口总额为14306.9亿美元，到2009年受国际金融危机影响，大幅下降至12016.1

---

① 参见李计广：《改革开放四十年对外贸易在我国经济中的角色变迁和展望》，《国际贸易》2018年第7期；盛斌、魏方：《新中国对外贸易发展70年：回顾与展望》，《财贸经济》2019年第10期。

② 杨艳红、卢现祥：《中国对外开放与对外贸易制度的变迁》，《中南财经政法大学学报》2018年第5期。

③ 倪沙：《改革开放40年来中国对外贸易发展研究》，《现代财经》2018年第12期。

亿美元；出口占 GDP 比重从 2008 年的 31.45% 锐减至 2009 年的 23.54%。为了应对这一危机，我国出台了一系列与出口相关的政策，如加大出口退税税率（特别是有国际竞争力的商品）、完善出口相关的税收、融资制度等，以便在短期内扭转出口的下滑趋势。[①] 2010 年之后，出口开始恢复快速增长趋势，出口总额达到 15777.5 亿美元，2011 年则达到 18983.8 亿美元。从出口占 GDP 比重情况看，这一指标尽管开始呈现反弹趋势，但是反弹幅度并不大，而且之后又开始呈现下降趋势。2010 年出口占 GDP 比重恢复到 25.97%，到 2011 年则下滑至 25.26%。这表明尽管出口额依然呈现增长趋势，但出口对我国经济增长的作用开始呈现下滑趋势，同时这一趋势具有不可逆转的性质。

第五，高质量发展阶段（2012 年至今）。随着我国经济步入新常态和 2013 年我国新一轮高质量对外开放阶段的开启，我国出口也进入了一个新的阶段。在这一阶段，我国第一次超过美国成为世界第一大货物贸易国（2014 年），并连续保持世界第一大出口国和第二大进口国的地位。[②] 应该说，出口额尽管在这一时期依然保持增长态势，从 2012 年的 20487.1 亿美元增加到 2022 年的 35630.5 亿美元，但是增长速度已经明显偏低，以 2012 年为基准年的 10 年内提高了 73.9%，年均增长率仅为 5.7%，表明我国出口态势已经彻底脱离了"WTO 效应"，开始步入常态化增长。从出口占 GDP 比重看，2012 年这一指标为 24.02%，到 2022 年则下降为 19.80%，减少了 4.22 个百分点，已经降至 20 世纪 90 年代初的水平。这就意味着随着我国经济发展越来越依赖于内需，出口对我国经济发展的拉动作用正在不断降低。

表 2-9　　　　　　　　1978—2022 年我国货物进出口情况

年份	进出口总额（亿美元）	出口总额（亿美元）	进口总额（亿美元）	进出口差额（亿美元）
1978	206.4	97.5	108.9	-11.5

[①] 郭璐：《改革开放 40 年来中国对外贸易制度演变研究》，《价格月刊》2018 年第 10 期。
[②] 盛斌、魏方：《新中国对外贸易发展 70 年：回顾与展望》，《财贸经济》2019 年第 10 期。

续表

年份	进出口总额（亿美元）	出口总额（亿美元）	进口总额（亿美元）	进出口差额（亿美元）
1979	293.3	136.6	156.7	-20.1
1980	381.4	181.2	200.2	-19.0
1981	440.2	220.1	220.2	-0.1
1982	416.1	223.2	192.9	30.3
1983	436.2	222.3	213.9	8.4
1984	535.5	261.4	274.1	-12.7
1985	696.0	273.5	422.5	-149.0
1986	738.5	309.4	429.0	-119.7
1987	826.5	394.4	432.2	-37.7
1988	1027.8	475.2	552.7	-77.5
1989	1116.8	525.4	591.4	-66.0
1990	1154.4	620.9	533.5	87.5
1991	1356.3	718.4	637.9	80.5
1992	1655.3	849.4	805.9	43.6
1993	1957.0	917.4	1039.6	-122.2
1994	2366.2	1210.1	1156.2	53.9
1995	2808.6	1487.8	1320.8	167.0
1996	2898.8	1510.5	1388.3	122.2
1997	3251.6	1827.9	1423.7	404.2
1998	3239.5	1837.1	1402.4	434.8
1999	3606.3	1949.3	1657.0	292.3
2000	4743.0	2492.0	2250.9	241.1
2001	5096.5	2661.0	2435.5	225.5
2002	6207.7	3256.0	2951.7	304.3
2003	8509.9	4382.3	4127.6	254.7
2004	11545.5	5933.3	5612.3	321.0
2005	14219.1	7619.5	6599.5	1020.0
2006	17604.4	9689.8	7914.6	1775.2
2007	21761.8	12200.6	9561.2	2639.4
2008	25632.6	14306.9	11325.6	2981.3

续表

年份	进出口总额（亿美元）	出口总额（亿美元）	进口总额（亿美元）	进出口差额（亿美元）
2009	22075.4	12016.1	10059.2	1956.9
2010	29740.0	15777.5	13962.5	1815.1
2011	36418.6	18983.8	17434.8	1549.0
2012	38671.2	20487.1	18184.1	2303.1
2013	41589.9	22090.0	19499.9	2590.2
2014	43015.3	23422.9	19592.4	3830.6
2015	39530.3	22734.7	16795.6	5939.0
2016	36855.6	20976.3	15879.3	5097.1
2017	41071.4	22633.4	18437.9	4195.5
2018	46224.4	24867.0	21357.5	3509.5
2019	45778.9	24994.8	20784.1	4219.3
2020	46559.1	25899.5	20659.6	5239.9
2021	60501.7	33630.2	26871.4	6758.8
2022	62544.1	35630.5	26913.7	8716.8

资料来源：国家统计局网站、《中国统计年鉴》（2022年）及《中华人民共和国2022年国民经济和社会发展统计公报》。2022年数据根据1美元兑换6.7261元人民币的汇率折算而成。

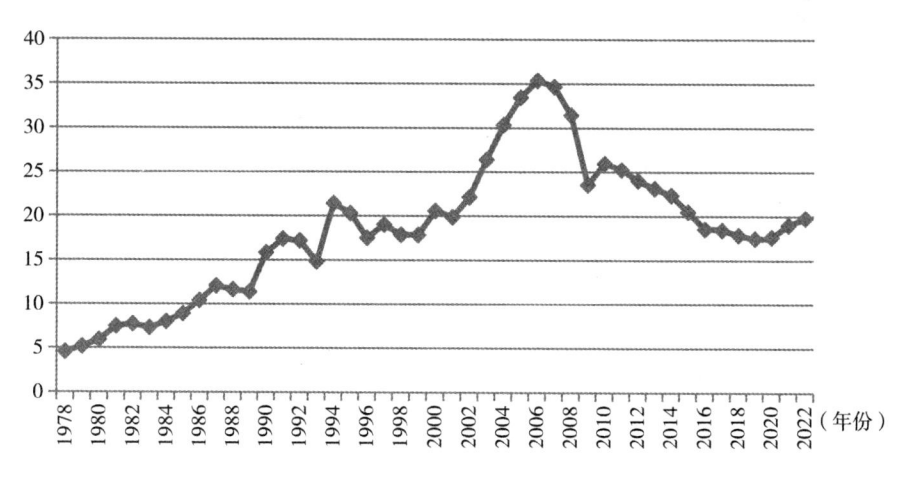

图2-3 1978—2022年出口总额占国内生产总值比重（%）

资料来源：国家统计局网站。

(二) 出口导向战略及其影响

从发展战略角度看，造成我国对国际市场高度依赖的重要原因在于改革开放以来较长时期内形成的出口导向型战略。所谓出口导向，是指一个国家的工业体系面向国际市场进行生产，国际市场对于这些相关产业的重要性甚至高于国内市场。要维持乃至扩大出口份额，就需要这个国家的工业体系持续提升国际竞争力，因此实行出口导向战略的国家普遍工业竞争力较高，同时经济发展速度相对较快。

在改革开放之后，我国在一定范围内实行了出口导向型战略。在改革开放初期，"三来一补"等贸易方式，使我国企业在尚缺乏国际竞争力的情况下，便能够参与国际大循环，从而促进了国内经济发展。"三来一补"，即来料加工、来件装配、来样加工和补偿贸易。"三来一补"模式的兴起，与改革开放初期我国产业发展基础薄弱有关。当时，许多产业配套体系尚未完善，高端原材料和部分零部件缺乏供应；企业发展缺乏必要的资金与技术，企业各项能力建设受到严重制约；国内市场发育程度不足，尽管1997年之前我国供求关系表现为供不应求①，但是受到人均收入和消费支出较低的影响，整体需求水平依然较低，特别是对中高端产品的需求较弱；国际市场开发能力较弱，这主要表现为对国际市场不熟悉，国际市场渠道建设尚不完善。正是这一系列条件的限制，致使许多国内企业在一定历史时期无法依靠自身力量实现独立的原料供应、生产装配、销售（出口）的一体化，只能通过中外企业合作，发挥自身生产装配的优势，由国外企业补足其他方面的不足。换句话说，"三来一补"模式，实际上是通过合作的形式使我国企业具备了出口的能力。在"三来一补"模式中，外资方主要是为了利用我国较低的劳动力成本和较为成熟的生产体系，而我国的企业则在不具备原料和配件、缺乏市场渠道的情况下，参与进了国际大循环，并从其中赚取到了加工费、装配费等。应该说，"三来一补"的合作模式适应了改革开放早期我国剩余劳动力数量大、资金技术要素缺乏的状况，对于我国经

---

① 曾宪奎：《新时代我国社会主要矛盾转化的丰富内涵》，《中国社会科学报》2018年10月23日。

济发展活跃起到了催化作用，成为部分沿海地区经济快速发展的重要推动力。但是，"三来一补"（部分补偿贸易除外）是几乎完全脱离于国内大循环而主要服务于国际大循环的生产模式。在这一模式中，内资企业只是赚取了微薄的利润，而整个产业链各环节累计产生的附加值主要归发达国家企业所有。同时，这一模式无形中夸大了我国的出口总额，使我国企业更容易招致国外的反倾销制裁。因此，随着我国经济持续发展，产业配套能力、企业生产技术水平、企业资金积累以及企业国际市场开拓能力不断提升，"三来一补"合作模式逐渐失去了存在的基础，因而其发展逐步呈现萎缩的趋势。另外，我国也采取措施如出台出口退税政策等大力鼓励国内一般企业出口，国际市场成为吸纳我国快速增长的工业产品的重要市场，使得工业体系在1997年供给和需求达成总量性平衡之后，依然在之后10年左右保持了快速增长。

但是，出口导向战略都是市场相对较小（相对于生产能力），同时人口和国土面积不大，因而市场扩张受限的国家实施的战略。我国作为一个人口和国土面积较大的国家，在经济发展程度不高的阶段实施这一政策尚具合理性，而随着经济发展程度不断提高，出口进入常态化增长阶段以及国内市场不断扩张，这一状况必须改变。

第三节　传统发展格局下我国国内国际双循环的关系研究

结合前文对我国国内大循环和国际大循环各个方面的分析，我们对传统发展格局下我国国内大循环和国际大循环的关系进行综合分析。具体而言，主要包括如下两个方面。

一　国内大循环主体地位不显著，国际大循环作用过于突出

综合前文所述，我们可以得出结论，在改革开放之后的较长时间内，国际大循环在经济发展中的作用过于突出，而国内大循环的主体地位体现得不够充分。当然，国内大循环主体地位不够显著，不是说国际大循环在规模上要大于国内大循环，而更多是体现为国内大循环本身畅

通性不足，部分环节过度依赖国际大循环。这方面主要突出体现在两方面。

一方面，从对国际市场需求的依赖程度看，尽管随着净出口在国内生产总值的比重不断下降，我国经济发展对国际市场的依赖程度下降，但是出口依然在国内生产总值中占有较高比重，特别是部分产业高度依赖于出口，这表明我国在市场方面依然存在着对国际大循环过度依赖的状况。相对于片面强调出口或者进口对经济发展的作用，对外贸易依存度（又称对外贸易系数，即用进出口总额与国内生产总值相比）能够更全面反映对外贸易对经济发展的作用。从我国进出口总额指标来看，如表2-9和图2-4所示，在将服务贸易纳入进出口总额统计后，我国进出口总额从1978年的206.4亿美元，提高到2022年的71435.1亿美元，不考虑美元币值变动，44年里提高了345.1倍，年均增长率达到14.2%。而对外贸易依存度则从1978年的9.4%提高到39.7%，44时间里提高了30.3个百分点。同时，2022年的数据还远不是历史最高点，对外贸易依存度的最高峰出现在2006年，达到71.4%，这一数值比2022年高出了31.7个百分点。进出口总额变动阶段与出口高度吻合，因此可以参照出口阶段划分对进出口总额的变动进行分析，在这里便不再赘述。

可以看出，改革开放以来，尽管存在较大幅度的波动，我国对外贸易依存度呈现出先提高后降低的整体性趋势，目前的水平依然比改革开放初期高了很多。同时，即便是2020年我国对外贸易依存度比高峰期有了较大程度下滑，其水平依然高于部分国家。如图2-5所示，从以货物出口额为基准计算的对外贸易依存度指标对比情况看，2021年我国的这一指标数值为34.1%，与其他主要经济大国相比，已经处于中等水平。[①] 在列出的9个国家中，对外贸易依存度最高的国家是德国，达到72.2%，高于我国38.1个百分点，韩国、俄罗斯和英国也比我国高，分别高出我国35.9个、10.8个和2.4个百分点。对外贸易依存度

---

① 此处即下文国际比较的数字来源《中国统计年鉴》（2022年）中附录部分的数据，原数据来源于世界贸易组织、世界银行数据库，与我国统计的数字略有出入，为了方便比较，在这里直接采用这些数据。

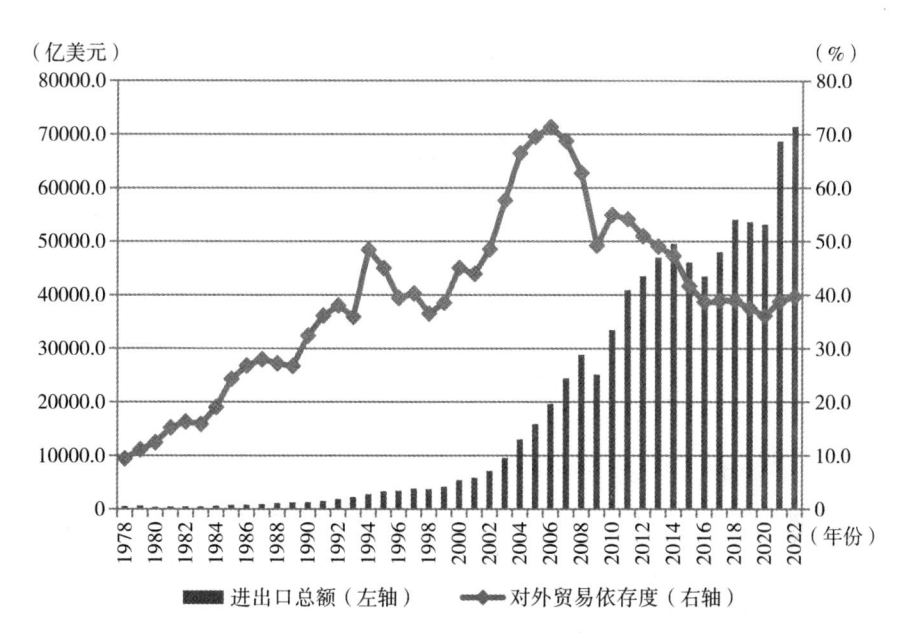

第二章 新发展阶段以前我国的经济发展格局分析

图2-4 1978—2022年我国进出口总额（包括服务贸易）及对外贸易依存度情况
资料来源：国家统计局网站和《中国统计年鉴》（2022年）。说明如下：1. 本处进出口总额包括服务贸易进出口，该指标缺乏1982年之前的数据；2. 同一年度的服务贸易额在不用年度的《中国统计年鉴》表现出较大差异，本书按照"从新不从旧"的原则采用最新年度《中国统计年鉴》的数据。

最低的国家是美国，仅为20.4%，低于我国13.7个百分点，印度、日本和巴西也均低于我国，分别低于我国3.6个、3.2个和2.1个百分点。可以看出，相对于传统的出口导向型国家德国和韩国，我国对外贸易依存度已经明显降低；但是相对于美国这一传统经济强国，我国对外贸易依存度明显偏高。

其实，正如有的学者作出的定位，我国是一个人口、国土空间、经济体量和统一市场均属于超大规模的国家①，经济的超大规模性使得我国具备一些中小国家不具备的发展特点。从可比性上来说，尽管德国人口相对较多、经济规模相对较大、国土面积在欧洲也属于大国，但是与我国相比，仍然存在较大差距。例如，2021年德国人口仅为8313万人

---

① 国务院发展研究中心课题组：《充分发挥"超大规模性"优势推动经济实现从"超大"到"超强"的转变》，《管理世界》2020年第1期。

（年中数），仅为我国的 5.9%；国土面积为 35.8 万平方公里，仅为我国的 3.7%；国内生产总值为 42231 亿美元，仅为我国的 23.8%。而有的国家虽然在人口或者国土面积上与我国相当，但是在其他方面差距极大。例如，印度人口在 2021 年达到 139341 万人，与我国相差很小，但是其国内生产总值仅为 31734 亿美元，是我国的 17.9%。因此，这些国家的发展情况与我国具有较大差别，它们的一些数据对我国的参考意义也不大。整体而言，目前在人口、国土空间、经济体量等方面与我国可比性最强的便是美国。尽管美国的 GDP 比我国高出 29.7%（2021 年数据），但是由于我国经济增长速度明显高于我国，我国与美国之间在经济规模上的差距将逐步缩小。而在人口方面，尽管我国人口是美国的 4.26 倍，但是考虑到美国是世界人口最多的发达国家，且其人均消费能力明显高于我国，因此综合起来说，中美之间最具可比性。

美国的对外贸易依存度明显低于我国，这一点对我们很有借鉴意义。如图 2-5 所示，尽管 2021 年我国 34.1% 的对外贸易依存度数值要比很多国家低，但是作为世界上 2 个国内生产总值超过 10 万亿美元的经济大国之一，巨大的分母意味着即使是不高的对外贸易依存度也会对应着庞大数额的进出口额。事实上，2021 年我国是世界第一大货物出口国，出口额达到 33640 亿美元，比第二大出口国美国高出 16094 亿美元；我国又是全球第二大货物进口国，进口额达到 26875 亿美元，比第一大进口国美国少 2496 亿美元。综合起来看，作为第一大货物进出口国，我国货物进出口额比第二大国家美国多出 13598 亿美元。[①] 显然，就绝对规模而言，我国进出口总额已经相当庞大。同时，尽管我国外资的规模增幅已经越来越小，但是我国在 2020 年依然成为世界第一大外国直接投资接受国，总金额达到 1630 亿美元。[②] 从美国情况看，作为全球经济最发达的国家，其开放程度无疑是非常大的，且不存在因为经济结构性问题而导致的极度进出口失衡，因此其对外贸易依存度可以作为我们的重要参考。我们在对外贸易依存度上大幅超过美国，在一

---

① 此处数据来源于《中国统计年鉴》（2022 年）附录 1-11，原数据为世界贸易组织数据库提供，与我国统计数据有一定偏差。
② 《中国逆势而上成为全球最大外资流入国》，《经济日报》2021 年 1 月 26 日第 4 版。

定程度上说明我国经济发展对国际大循环的依赖程度偏高。

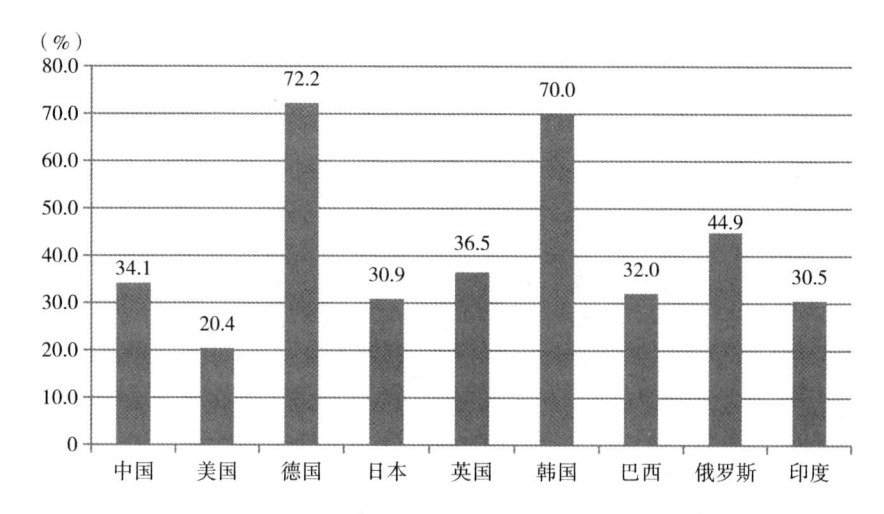

图 2-5　2021 年我国与部分国家（货物）对外贸易依存度情况

资料来源：根据《中国统计年鉴》（2022 年）附录部分的相关数据计算而得。本处对外贸易依存度，是依照货物进出口数额为基准计算的。原文数据来源于世界贸易组织数据库，与我国统计数据略有出入，为了可比较，本处未做修改。

另一方面，我国目前对国际大循环的依赖，更大程度上体现为关键产业链供应链环节过度倚重国际大循环。事实上，当前时期，我国对国际大循环的依赖很难从数据层面反映，而是更多体现在数据难以体现的产业链供应链环节对国际大循环的依赖上。当前阶段，我国大量的核心技术、关键零部件（如芯片）等严重依赖于进口，国外关键核心技术和物化的技术（如核心零部件、生产设备）等关键要素对我国形成"卡脖子"效应。从这一角度看，我国国际大循环地位过于突出的问题更加明显。这对我国经济发展形成了显著不利影响，主要体现在如下两个方面。

第一，对我国经济发展转型和产业结构升级形成不利影响。在国内技术供给无法满足发展需要的情况下，从国外引进技术及物化技术（关键零部件）对于经济发展是有利的。但是，如果技术特别是关键核心技术及零部件长期依赖于国际大循环，则会导致这个国家在国际产业分工体系中长期处于低端位置，经济发展转型和产业结构升级难以取得实质性进展。综观全球发展中国家，大多陷入"中等收入陷阱"而难以实现向发达经济体飞跃，其中的原因错综复杂，但是最关键、最直接的原因便是在关键核心技术领域无法取得突破，经济转型和产业结构升级无法在关键环节冲破限制，无法取得经济发展的"质变"。因此，我国在关键核心技术等环节上高度依赖于发达国家，切实成为阻碍我国经济转型发展的核心问题。

第二，对我国经济安全构成威胁。关键核心技术环节受制于人，不仅对我国经济转型升级发展构成不利影响，在国家环境不稳定的情况下，还对我国经济的安全产生不利影响。考虑到我国未来经济发展的国际环境不确定性越来越高，特别是美国实施技术禁运政策有继续扩大的可能，这一问题便更加突出。

二 国内大循环与国际大循环相互促进的良性关系尚未完全形成

改革开放以来，尽管国内大循环和国际大循环之间的关系在一定程度、一定时期内也表现为相互促进，然而，随着经济的发展，二者之间的关系更多表现为"各行其是"，并有长期固化的趋势。

国内大循环和国际大循环之间的相互促进关系在改革开放初期表现得尤为显著。这突出体现在两方面。一方面，中外合资企业、中外合作企业和外商直接投资等各类外资形式以及"三来一补"等贸易方式，既充分发挥国内劳动力资源丰富且劳动力成本低的优势，又避开了国内相关需求不足以及资金、技术等资源较为缺乏的弱势，有力地促进国内生产体系的扩张和完善，从而推动国内大循环优化提升。另一方面，随着国内大循环不断完善，企业生产能力、技术水平不断提升，国内企业的国际竞争力不断增强，并对国际上先进的技术和设备产生了更多的需求，从而促进了国际大循环规模与质量的提升。

然而，随着经济持续发展，国际大循环和国内大循环之间相互促进的关系开始发生改变。第一，从外资进入角度看，在达到一定的临界点后，其对国内大循环的促进作用逐渐减小。在改革开放初期，各种形式外资的引入，注入了国内急需的各种要素并扩展了市场规模，使国内大循环和国际大循环的协同促进作用表现得更为突出。但是，当外资达到一定规模后，随着国内生产体系逐步扩大和完善以及国内市场的持续扩张，其对国内经济发展的积极效果逐步降低，而其对经济发展的一些不利作用开始凸显。外资企业在国内市场规模的扩大与国内企业的快速发展，加剧了企业对市场的争夺，外资企业和内资企业之间因竞争产生的相互替代关系日益凸显。改革开放早期外资的进入对内资企业挤压效应不显著，主要是因为尽管一些行业实行了"以市场换技术"的策略，但是这时候让渡的市场往往是内资企业无法占领的细分市场（例如高端产品市场）或者无法完全占领的市场（因为企业生产能力有限而需求较大）。但是随着外资企业生产规模不断扩大和内资企业生产技术能力提高，二者之间产生了越来越激烈的竞争关系。由于国内企业相比于外资企业往往具有规模小、技术落后、品牌影响力弱的弱点，在竞争中处于弱势地位，这就导致内资经济发展受到了一定程度影响。同时，正如前文所述，外资的持续进入与内资企业技术持续进步，致使外资产生的各种溢出效应呈现减弱的趋势。外资对国内大循环正面作用的降低和负面作用的加强，成为导致国内大循环和国际大循环之间相互促进作用转变的重要原因。

另外，随着外资政策的逐步放开，外资形式也由多样化的形式（"三资"企业）向外商直接投资的单一形式转变，这对国内大循环和国际大循环的关系产生了一定的量变性影响。外商直接投资能够通过雇用劳动力、购买原材料、在国内销售产品和服务以及各种溢出效用等，促进我国经济发展，实现国内大循环与国际大循环的联通。与之相比，非外商直接投资形式如中外合作企业、中外合资企业形式，不仅具备外商直接投资企业促进国内经济发展的各种途径，同时中方企业与外方企业的合作方式还能够使我方企业直接从合作中受益。尽管从经济发展的规律看，经济发展程度的提高，使得中外合资企业和中外合作企业形式越来越不满足需要，但是就其对国内大循环和国际大循环融通的关系看，相对于外商直接投资形式，这两种形式能够更好地将国际大循环与国内大循环联通起来。外资形式结构的变化也在一定程度上减弱了国际大循环和国内大循环相互促进的格局。

第二，从出口角度看，企业在国际市场所树立的竞争优势更多体现为低成本优势,出口对国内大循环的促进作用在减弱甚至显现为消极作用。依照出口导向型战略的初衷,出口国应该不断提升自身竞争力,保持对进口国企业以及其他出口国企业的持续动态优势,从而保证出口额稳定甚至扩大。从日本和韩国经验看,对这些国家的一些主导出口产业如汽车、电子等行业而言,出口有效促进了产业技术水平的提高。如果我国出口型产业也能够达到这样的效果,则出口将有效促进国内企业技术水平的提高,进而对国内大循环产生积极效应。但是,我国大量出口企业在动态国际竞争中,并没有改变依靠低价优势的状况。从出口对国内经济发展的作用来看,随着出口转入常态化增长,其对经济发展的拉动作用在不断降低。而从出口企业对国内技术创新的影响来看,大量企业固化于低成本竞争优势导致其对技术创新的作用不断降低。有研究表明,出口企业相较于内资企业生产效率更低,环境污染更大,而其低效率和低附加值进一步阻碍了技术创新升级。① 出口发生的这一系列问题,意味着其对国内大循环的促进作用呈现减弱趋势,部分领域甚至呈现为负作用。

第三,从技术引进、物化技术对国内大循环的影响来看,我国部分领域已经对技术引进和物化技术形成较强的依赖性,以国际大循环促进国内大循环的预期目标尚未实现。在理想状态下,引进技术以及引进关键零部件和生产设备,能够促使企业利用已有条件实现逐步做大做强,并在此过程中强化自身的自主技术创新能力,最终实现对进口技术及零部件、设备的替代。这样一来,国际大循环将有效促进国内大循环发展。但是,正如前文所述,除了部分领域已经实现或者接近实现这一理想目标外,大量的产业领域还没改变关键核心技术依赖进口的局面。由于关键核心技术突破难度大,这些产业中很多产业已经对进口技术形成了较强的依赖。在这些领域,国际大循环显然没有促进国内大循环的发展。

第四,国内大循环对国际大循环的促进作用不足。国内大循环一直处于不断发展的进程中,这体现在技术创新水平逐渐提高、工业生产体

---

① 刘啟仁、陈恬:《出口行为如何影响企业环境绩效》,《中国工业经济》2020年第1期。

系不断优化、产业结构逐步提升。例如，在出口层面，从日本和韩国的发展经验看，出口导向型发展战略通过国内国际双循环的相互促进来实现竞争力不断提升，从国内大循环角度看，就体现为它对国际大循环优化升级起着推动作用。应该说，国内大循环的进步应该有助于我国在更高层次上参与国际经济合作，但是由于我国尚未完全改变在国际产业分工体系中处于低端环节的整体格局，国内大循环的进步还未对国际大循环的优化提升产生足够的推动作用。

这一点同样适用于我国对外直接投资（"走出去"）。2001年的《国民经济和社会发展第十个五年计划纲要》提出实施"走出去"战略后，我国对外直接投资迅速发展起来，对外直接投资从2001年的68.8亿美元[①]增加至2022年的1465亿美元[②]，高居世界前列。"走出去"战略是我国国内企业主动融入国际大循环、在国际市场中寻找发展机遇的战略性措施，它确实促进了国内企业发展壮大，扩大了中国企业参与国际大循环的规模与方式，在一定程度上促进了国际大循环的发展。但是由于国内企业经营管理能力、国际投资环境适应能力、文化差异协调能力等方面偏弱，企业在"走出去"过程中面临许多问题。例如，大量企业在"走出去"过程中选择到非洲等落后地区投资，以便利用当地的劳动力资源优势从事劳动密集型产业，尽管这确实促进了国内投资企业和东道国经济发展，但是无论是从其对国内经济优化升级还是推动国际大循环升级方面来看，效果都不显著。因此，"走出去"战略并没有从根本上改变国内大循环和国际大循环之间日益固化的关系，国内大循环对国际大循环促进力不足的问题并未得到根本改变。

第五，在经济步入低速增长或者面临外部冲击时，国内大循环对国际大循环的强行替代成为主要趋势。随着国内大循环和国际大循环之间关系的固化，在国际大循环对国内经济发展具有过大影响力的前提下，来自外部的冲击往往会严重干扰国内经济的稳定发展。同时，由于部分行业出口规模已经很大，在我国经济陷入低速增长时，很难通过继续扩

[①] 桑百川：《"走出去"战略：问题、效果与变革取向》，《国际贸易》2017年第5期。
[②] 《稳中有进 2022年我国对外直接投资增长5.2%》，光明网，https://m.gmw.cn/baijia/2023-02/10/1303279859.html。

大出口等国际大循环的相关措施促进我国经济恢复高速增长趋势。因此，在我国经济步入低速增长特别是外来冲击导致国内经济发展形势严峻的情况下，在努力保持国际大循环稳定的前提下，努力采取措施谋求国内大循环的替代便成为一个突出的政策取向。例如，在国际金融危机爆发后，扩大内需便成为我国主要的应对措施之一，这一政策出台的目标指向便是要用国内需求的扩大来替代国际需求，其实质便是国内大循环在一定程度和范围内对国际大循环的替代。又如，从 21 世纪初以来，我们提出要不断提升自主创新能力，提升民族企业的技术创新水平，这实质便是对进口技术的一种替代。

当然，这种在特殊时期提出的国内大循环对国际大循环替代的政策，具备临时性特征，后期持续的效果不佳。与经济发展长期战略相比，这种以应对危机为目标导向的措施，往往具备较强的临时性特征，如国际金融危机期间我国提出了包括"家电下乡""以旧换新"在内的各种形式的消费补贴，以求在短期内实现内需的扩张。由于这些措施本身便是临时性措施，很难在现实中长期推行，因而由这些政策措施激发的消费增量也只具有短期效果。更为重要的是，这些优惠措施在很大程度上体现为对此后消费的"预支"，即当期消费量的增加以此后年份消费量的减少为代价。因此，这一时期提出的各项政策效果并不突出。

第三章　强化国内大循环主体地位的关键：科技自立自强

关键核心技术受制于人，是当前强化国内大循环主体地位、构建新发展格局最突出的制约因素。因此，推进科技自立自强，尽快在关键核心技术领域取得突破，改变受制于人的局面，是构建新发展格局的核心举措之一。这就要求我们必须加快新型举国体制等新型研发组织模式的探索，以便突破各种制约因素，集中力量在关键核心技术领域取得突破。同时，也要针对基础研究薄弱的问题，积极采取措施，提升科技创新全链条的效率，为关键核心技术突破和技术创新能力不断提升从源头打通"堵点"。同时，在企业层面，要以企业家精神发挥促进民营企业技术创新并积极发挥国有企业在技术创新体系中的重要作用，促进关键核心技术突破。本章将对围绕科技自立自强对强化国内大循环主体地位进行研究。

第一节　当前阶段我国关键核心技术状况分析

正如第二章所述，尽管我国技术创新投入和创出均呈现快速增长趋势，标志着我国自主创新能力正在稳步提高，但是整体而言，我国自主技术创新进程尚未达到全面质变阶段，除了部分领域达到或者接近国际先进水平外，依然还有大量产业领域没有取得关键核心技术突破，这些领域仍然需要依赖于国外技术，受制于人的状况尚未扭转。本节将着重对我国关键核心技术落后的影响、原因等问题展开分析。

一 诸多领域关键核心技术落后的原因分析

我国技术创新投入和产出指标均大幅提高，而诸多领域关键核心技术依然落后的原因，可以归结为如下几个因素。

一是关键核心技术全面突破是一个漫长的演变过程。技术（科技）创新体系的演变是非匀速的，持续地量变也不会自然而然地引发质变。实际上，它的演变深深嵌入科技生态系统的优化和经济高质量发展演进的进程。这一过程在时间维度上表现为比较漫长，在结构维度上体现为高度复杂。因此，我们不能认为我国最近十几年来科技投入和产出数量的高速增长，便必然意味着在短期内就能实现关键核心技术突破。

有人可能会用第二次世界大战后，日本和韩国取得关键核心技术突破所用的时间与我国的状况进行对比。应该说，日本和韩国在取得关键核心技术突破方面所用的时间确实较短，但这是多方面因素决定的。正如前文所述，日本和韩国是在采取引进技术消化吸收再创新战略基础上取得关键核心技术突破，引进先进的技术是这一战略成功的基础，而我国当前已经不具备这样的外部条件。同时，与现在全球产业技术体系空前复杂、引进关键核心技术的难度明显提升的状况相比，日本和韩国的企业实现技术反超所需要的技术积累和时间周期明显低于现在后发国家的企业。即便是这样，日本和韩国关键核心技术突破的周期也花费了几十年。另外，关键核心技术也是分层次的，这两个国家在一些高技术产业的商业技术层面上取得了突破，但是并不一定掌握着更基本层次的核心技术。例如，2019年7月在日本和韩国发生经济摩擦时，日本宣布对韩国采取限制氟聚酰亚胺、光刻胶和高纯度氟化氢等三种关键半导体材料出口的措施，引发了韩国半导体企业的高度紧张。这就表明，即使韩国企业在产品及零部件层面核心技术已经取得了突破，但是在其他层面并没有实现突破，我们在一定程度上高估了韩国企业技术能力。

二是我国技术创新体系存在的较为突出的粗放化问题，也延缓了核心技术突破的进程。技术创新体系的粗放化主要表现为"重数量轻质量"，即重视科技产出成果的数量增加，而对于这些成果的技术含量、创新程度和产业应用潜力等重视不足。① 这就导致科技产出的数量增加，并不能准确反映我国技术创新能力的提升，二者之间出现较大程度的偏差。另外，粗放化的技术创新模式在一定程度上造成创新资源集中于短期化成果产出，而影响到真正有助于关键核心技术突破的相关创新活动，降低了技术创新体系的整体效率。

三是随着技术体系复杂度提高和创新速度加快，关键核心技术突破越来越依托于包括基础研究、应用研究和试验发展的科技创新全链条的效率，而这也加剧了赶超的难度。除了技术复杂程度的提高，当前的技术创新速度与几十年前相比也明显加快，这就决定了要在关键核心技术领域取得突破，就不能仅仅谋求在商用技术领域实现反超，还应该逐步将基础研究、应用研究同步提升上来。否则，即便在短期内实现商用技术的赶超，而不掌握其更基本的技术，也很容易在短期内丧失技术优势。在这种情况下，就需要包括高校、科研机构和企业等在内的创新主体密切合作，同时各个主体自身保持较高的创新效率。这显然加大了关键核心技术反超的难度。

四是国际知识产权保护体系存在着对发达国家企业过度保护的问题，在一定程度上增加了后发国家技术赶超的难度。随着经济全球化的推进，知识产权保护的广度和深度在世界范围内不断提高，而技术先进的发达国家企业从中受益显著。为了维护自身利益，这些国家的企业纷纷构建"专利池"，为后发国家企业的技术反超设置了重重障碍。后发国家的企业要实现反超，或者绕开现有专利技术路线，而这会显著增加研发的成本并提高创新失败的风险；或者支付巨额的专利使用费，在此基础上研发出的技术和产品依然无法真正改变受制于人的状况。显然，无论哪一种状况，都大大增加了后发国家技术突破的难度和成本。

在这一系列因素的影响下，我国关键核心技术谋求突破的难度空前增加，这正是我国在技术创新投入和产出指标迅速增长情况下，关键核心技术却没有实现大范围突破的原因。

---

① 曾宪奎：《我国技术创新的粗放化问题研究》，《福建论坛》（人文社会科学版）2017年第3期。

二　实现关键核心技术突破的有利因素分析

当前，实现关键核心技术突破的有利因素主要包括如下几个方面。

一是较高的技术创新投入产出水平和日益增加的技术积累，有利于关键核心技术取得突破。由前面的分析可以得知，进入21世纪以来我国技术创新投入和产出水平都迅速提升，研发投入和产出的总量均居于世界前列。尽管这些指标的提升并不意味着技术创新能力同步提升，但是它却为关键核心技术突破创造了良好的基础。第一，外围技术的积累，为企业关键核心技术突破创造了知识基础。关键核心技术突破很难一蹴而就，它需要相关知识积累，在积累达到一定临界点后，就能有效促使关键核心技术取得突破。第二，长期的技术创新活动，使得企业和研发人员积累了足够的"默会性知识"和从"干中学"中得出的经验，这为核心技术突破创造了良好的条件。

二是需求档次上的提升，为关键核心技术突破提供了支撑。关键核心技术突破，需要相应的需求拉动。在需求层次较低的状况下，人们对产品和服务的质量要求不高，而对其数量要求较高。在这种情况下，企业就不太可能投入大量的资金、人员从事关键核心技术研发活动，而更愿意在生产技术以及其他外围技术方面加大投资，以扩大生产规模，满足市场需求。随着人们收入的不断增加，特别是我国中等收入群体数量的增加，需求档次提升趋势明显。需求的这一变化，对企业不断提升技术能力特别是关键核心技术领域取得突破产生了强力的催化作用。考虑到国外生产的高端产品和服务价格较高，因而限制了国内对其需求水平的提高，这成为国内企业发展的新机遇，而制约国内企业生产高端产品主要因素便是不掌握关键核心技术。这一状况显然对企业积极谋求关键核心技术突破十分有利。

三是创新生态的持续优化，为关键核心技术突破创造了良好的环境。创新生态系统，是指产业、区域和国家等不同层次的创新系统内部的各创新主体，通过资源交换活动，联结成一个具有自我演化功能的有机体系。① 对科技创新具有综合效用的便是创新生态系统，只有架构起完善的、运行良好的创新生态系统，科技创新能力才能够持续提升。作为复杂程度高、涉及因素多的关键核心技术创新，对创新生态高度敏感，如果创新生态不佳，则很难全面实现关键核心技术突破。从我国情况看，改革开放特别是进入 21 世纪以来，为了提高自主创新能力，我国出台了一系列鼓励创新、促进企业创新合作和改善创新氛围的政策措施。尽管这些政策措施中，很多措施并未取得特别理想的效果，但是长期的政策积累，有利于创新特别是关键核心技术创新的生态体系已经形成并在逐步完善。

四是国际经济环境的剧烈变化，明显增加了企业自主技术创新的动力，在一定程度上推动了关键核心技术突破。国际经济环境出现的不利变化，特别是美国等发达国家对部分高科技企业实行技术禁运，"卡脖子"领域的威胁由可能转变为现实，将会大大提高国内企业进行关键核心自主研发的动力。在关键核心技术（关键零部件）国外引进渠道畅通的情况下，即便技术引进费用高昂，企业进行自主研发具有巨大的获利空间，但是考虑到研发风险大、研发联合的交易费用高（关键核心技术和关键零部件往往不是单个企业所能负担）、研发出的技术（关键零部件）性能稳定性不可知等因素，企业对关键核心技术（关键零部件）研发的积极性未必很高。同时，即使国内有企业研发出相关技术（或者关键零部件），国内其他企业出于技术稳定性的考虑也不去使用，这种情况将大大降低技术研发所能获得的收益，对这方面的顾虑也会降低企业从事关键核心技术（关键零部件）研发的积极性。但是，在国际经济出现剧烈变化、国内企业面临无法从国外进口关键核心技术（关键零部件）的情况下，企业完全没有退路，只能通过自主研发出来满足发展需要。同时，在缺乏关键核心技术（关键零部件）来源的情况下，由于急需替代性技术或者零部件满足生产需要，这将在一定程度上降低技术研发对先进性、稳定性等相关性能的要求，从而使得研发成

---

① 这一定义参照了高山行、谭静：《创新生态系统持续演进机制——基于政府和企业视角》，《科学学研究》2021 年第 5 期。

功的可能性大大提升。从关键核心技术的投资收益分析看,国际环境出现的一些变化具有长期性特征,技术禁运可能在广度和深度上不断扩大,因此如果关键核心技术研发成功,将会有大量国内企业采用,从而有利于尽快收回成本。这一系列的因素将大大提升企业通过单枪匹马或者联合方式进行自主研发的积极性。

三 实现关键核心技术突破的不利因素分析

当前时期,我国实现关键核心技术突破面对一系列不利因素的影响。

一是企业特别是工业企业处于转型进程,许多企业面临着创新资金缺乏的问题。技术创新特别是关键核心技术创新,以大量的资金投入为前提,如果企业没有充足的资金实力,则往往无力从事关键核心技术研发。当前阶段,我国企业特别是工业企业面临着由劳动力低成本支撑的低价竞争力向以技术创新为主要依托的核心竞争力转变,这一转变过程是长期的和艰难的。由于在转型过程中,很多企业面临核心竞争力尚未完全培育出来而低价竞争力优势有所减弱的挑战,对企业短期经营状况产生了明显不利影响,加之劳动力成本持续上升的趋势,大量企业盈利能力下降。根据《中国统计年鉴》(2022年)的相关数据,2012年以来[①],规模以上工业企业利润总额呈现缓慢波动上升的状态,2012年为61910亿元,到2021年上升为92933亿元,名义增长率达到50.11%,增长率非常低,如果将物价上涨因素考虑在内,实际增长率将更低。而从2017年以来规模以上工业利润率呈现明显下降趋势,2017年达到历史峰值74916亿元,2018年、2019年和2020年分别为71609亿元、65799亿元和68465亿元,3年间降低了8.61%。虽然这一明显下降的趋势与新冠疫情有一定关系,但是受到实体经济经营困难的影响,工业企业利润下降趋势在最近几年都比较明显,只是疫情加剧了下降的幅度而已。尽管这一状况在2021年得以扭转,但是考虑到工业企业在2022年以后的发展态势和面临的各种困难,利润率有可能在2022年之后再

---

① 一般将2012年作为我国经济步入新常态的开始。

度呈现下降趋势。值得注意的是，这还是规模以上工业企业的状况，如果将中小企业也纳入其中，其盈利下降的趋势将更加明显。盈利状况的恶化，在一定程度上导致大量企业没有充裕的资金进行技术研发，特别是关键核心技术研发。

二是产学研合作机制和企业创新联盟方面依然存在诸多不足，严重制约了关键核心技术突破。关键核心技术复杂程度高、研发难度大，因而需要大量资金、人员投入。这往往超出了一家甚至多家企业及其他创新主体的承担能力，而需要多家企业、高校和科研机构的合作。应该说，我国在产学研合作方面进行了相应机制改革，阻碍产学研合作的因素得到较大程度的减轻，产学研合作的范围和水平也得到有效提升，成为促进我国科技产出大幅提升的重要因素。但是，整体而言，当前我国产学研合作机制依然存在许多问题，高校和科研机构内部存在着很多深层次的机制体制问题，对产学研深度合作构成阻碍。同时，在企业创新联盟组建方面也面临着一系列问题。与国外成熟的企业创新联盟机制相比，我国企业创新联盟机制尚很不完善，许多联盟以失败告终。与一般技术创新相比，关键核心技术研发活动对组织机制的科学性、全面性和严密性要求很高，需要各方真正将精力集中在研发活动中。当前我国在产学研合作机制和企业创新联盟中存在的这些问题，如果不予以解决，将严重限制关键核心技术研发的进度，增大研发成功的难度。

三是科技创新链前端水平不足，特别是高校和科研机构基础研究能力不足，制约着我国关键核心技术突破。相对于一般的外围技术，关键核心技术对于科技创新链条前端的基础研究和应用研究能力较为依赖，基础研究能力不足，将对关键核心技术研发产生重要影响，特别是对关键核心技术动态能力提升的制约作用更加突出。正如习近平总书记指出的，我国许多关键核心技术环节之所以迟迟未取得突破，"根子是基础理论研究跟不上，源头和底层的东西没有搞清楚"[①]。目前，我国高校和科研机构基础研究能力整体不足，且这一问题在短期内难以实现质的

---

① 习近平：《在科学家座谈会上的讲话》（2020年9月11日），《人民日报》2020年9月12日第2版。

提高，制约着我国关键核心技术突破。具体内容将在下文详细论述。

第二节 企业主导创新模式下技术创新能力提升

企业主导创新模式是以企业为主体、自发进行创新的模式，这也是传统的创新模式。它的本质是企业在对市场、技术等因素的变化趋势进行预测基础上，自发进行技术研发活动，以提升技术水平进而达到提高企业竞争力的目的。企业主导创新模式在全球范围内属于主导模式，这也是改革开放之后我国企业的主导创新模式。但是，在此模式下，大量领域关键核心技术没有取得突破。在科技自立自强的战略任务下，企业主导创新模式依然是重要的创新模式，但是必须进行优化提升，提高创新的速度和质量。

一 企业主导创新模式的优劣势分析

企业主导创新模式主要与新型举国体制相对，它具有如下特点。一是企业主导创新是依据自身实力、发展需求而自发进行的技术创新活动，企业自己承担风险并享受创新成果带来的收益。企业主导创新模式下，企业全程主导创新进程，自己组织资源投入、管理创新进程，技术创新成果也由自己独占。当然，广义的企业主导创新也包括企业之间联合进行创新的情况，这样会产生分工合作问题，但是不会改变企业主导创新的基本特征。二是企业主导创新模式下，企业行为主要受市场机制的影响，政府政策尽管会有引导、扶持或者抑制作用，但是其行为主要受市场机制影响。基于这两个特点，企业主导创新模式既有自身的优势，也有劣势。

(一) 优势

企业主导创新模式的优势主要包括如下几点。

一是企业主导的创新模式，能够通过紧紧围绕市场需求展开研发活动以及及时根据市场需求和技术的变动情况对研发活动进行调整，保证技术创新结果与市场需求保持较高契合度。企业作为市场经济主体，对于消费需求的状况最为熟悉，因而能够紧紧把握市场需求进行技术研发活动，从而避免了技术创新"闭门造车"的状况。当然，技术创新是非常复杂的活动，企业对技术创新的发展趋势是基于预测，有时候也会发生失误和偏差，但是相对于其他创新主体，企业对市场需求把握水平最高，对技术走向预测的失误和偏差也相对较低。

二是由于技术创新活动由企业全程主导，它可以全程对投入和产出进行较高水平的管理，保证创新效率最大化。相对于其他创新主体，企业在成本控制、科学管理等方面的水准最高，同时作为追求利润最大化的行为主体，企业在创新资源的使用和管理上也会追求效率最优，这将保证整个创新活动效率最大化。

三是从产业角度看，不同企业就同一技术进行研发，能够增大整个产业内技术创新取得成功的可能性。这是因为，不同企业所采取的创新路径可能不同，同时不同企业资源组织能力、管理水平各异，多个企业就同一技术展开竞赛，即便每一家企业取得成功的可能性都不大，但是大量活动同时进行会增加整体上技术创新成功的概率。

（二）劣势

企业主导创新模式的劣势则主要包括如下几点。

一是除非企业规模特别大，否则它能用于创新的资源较为有限，从而限制了对关键核心技术研发的投入力度。一般来说，除了少数大型跨国企业外，绝大多数企业实力都不突出，技术研发活动能够投入的资源规模较为有限，因此在一些大型的、复杂的、难度高的研发项目上这些企业往往会无能为力。特别是关键核心技术研发不仅需要企业参与，还高度依赖于高校和科研机构的加入，而企业（或者企业联合体）很难以发起者和组织者身份架构起适宜的研发团队，或者即便组建起来，也很难高效地协调各方行动。关键核心技术的研发，所需要的资源极大而耗费的时间很长，即便是实力极其雄厚的大型公司也独力难支。因此，企业主导创新模式在大型技术研发方面往往处于弱势。

二是从宏观角度看，多个企业之间技术研发的竞争，既造成了创新资源的分散，也会造成一定的资源浪费。尽管从产业技术创新成功的角度看，多个项目同时进行增加了创新成功的概率，但是绝大多数的研发项目都将失败，而这造成了巨大的浪费。同时，这种分散化的创新模式，降低了单个研发项目的投入规模，这对需要较大资源投入的关键核心技术研发活动显然十分不利。

二 我国当前企业主导创新模式的发展状况

当前阶段，我国企业主导创新模式的发展情况可以归结为如下几个方面。

一是受限于企业整体实力，企业主导创新的研发活动规模普遍较小，主要集中于外围技术领域。由于我国企业特别是工业企业规模偏小，资金、人力资源实力偏弱，在企业主导创新模式下，企业往往选择将有限资源投入能够对企业竞争力产生实际影响的外围技术领域，而不会"自不量力"地将资源投入关键核心技术研发领域。这一点可以从我国工业企业单个研发项目的资金投入规模情况一窥端倪。根据《中国统计年鉴》（2022年）的数据，2004年我国规模以上工业企业研发经费支出为1104.5亿元，研发项目数为53641项，每项研发项目平均经费额为205.9万元；2021年规模以上工业企业研发经费支出为17514.2亿元，研发项目数为824637项，每项研发项目平均经费额为212.4万元。16年里，每项研发项目平均的经费额名义上增加了3.2%，如果考虑到物价上涨因素，这个增长幅度可以忽略不计甚至实际上属于负增长。可以看出，在我国研发经费资源大幅上涨的时期，单个研发项目投入额度并没有增加，这在一定程度上反映了企业将主要研发精力放在了资金需求不大的外围技术研发项目上。

二是尽管在企业主导创新模式基础上衍生出的产业技术联盟等创新模式发展较快，但是其在重大技术创新特别是关键核心技术创新上的贡献不大。产业技术联盟是在单个企业自身创新资源不足情况下，将有共同利益的企业及其他创新主体联合起来，将分散资源集中起来，展开技术研发活动。尽管产业技术联盟是多个创新主体联合而形成的创新模式，但是产业技术联盟往往是由企业主导成立，其基本的特点、运营模式也类似于单个企业主导创新模式，只是其行动涉及多个主体之间的关系，比单个企业创新模式更复杂一些。例如，产业技术联盟都是在遵循市场规律基础上，按照各创新主体之间的协议而形成的创新联合体。这一点与新型举国体制还是有本质不同。

应该说，产业技术联盟是可以实现关键核心技术突破的。但是，受到其内在机制缺陷的影响，产业技术联盟要取得关键核心技术突破难度较大。例如，虽然产业技术联盟的具体形式较为多样，其中不乏组织严密的形式，但是大量的产业技术联盟缺乏真正有效的统一管理机制和资源集中机制，在一定程度上降低了整个体系的运营效率；企业具有自身的独立利益，使得它们往往具有"搭便车"的倾向，而不愿意将全部资源投入联合创新。特别是对我国而言，产业技术联盟出现的历史很短，相关的经验较少且相互合作研发的文化不够浓厚，进一步限制了产业技术联盟在技术研发方面作用的发挥。因此，从实践上看，这些产业技术联盟在关键核心技术突破方面的作用依然非常有限。

三 新发展格局下企业主导创新模式的作用探讨

在构建新发展格局的背景之下，企业主导创新模式与以前的阶段相比，发生了重大变化。这主要是因为构建新发展格局要求我们必须尽快实现科技自立自强，实现关键核心技术突破则是其中最重要的任务，而多年来企业主导创新模式作为我国技术创新的核心模式，在促进关键核心技术突破方面一直表现不佳，大量产业关键核心技术迟迟未取得突破，部分产业甚至出现了整体技术水平与国际先进水平差距拉大的现象。另外，强化国内大循环主体地位要求我国必须尽快实现关键核心技术突破，改变关键核心技术高度依赖国际大循环的局面，彻底摆脱在产业链供应链关键环节受制于人的状态。在这种情况下，关键核心技术突破具有高度的时间约束，而企业主导创新模式即便能够在关键核心技术取得突破，也需要较长的时间。显然，在满足关键核心技术尽快突破这一要求方面，企业主导创新模式不能真正满足需求，必须另辟蹊径，寻找新的技术创新模式。

但是，在构建新发展格局情况下，企业主导创新模式较难成为关键核心技术突破的主体模式，绝不意味着这一模式便失去了效用，而是应该与其他模式（新型举国体制模式，下文将介绍）相配合，共同促进我国技术创新能力的提升。一方面，新型举国体制作为一种研发组织模式，遵循自愿原则，对于不愿意参与这一研发模式的企业将遵照其意愿由其自主进行研发活动。客观而言，尽管在整体层面企业主导创新模式时间效率不佳，但是并非所有行业都如此。有的行业部分企业资金实力雄厚，研发资源充足，且具有较强的研发投入积累，在这种情况下，自主进行研发也可能会取得关键核心技术突破。特别是考虑到新型举国体制的具体组织制度、运行模式还处于探索阶段，部分企业对此心存疑虑，在这种情况下，企业主导创新模式在关键核心技术研发方面依然具有较大的价值。虽然企业主导创新的研发活动会导致一定程度重复研发、资源浪费的问题，但是多重研发活动也增加了技术创新取得突破的可能性。在"卡脖子"问题突出、对技术创新的成功性要求较高因而对成本问题不敏感的情况下，其正面价值更加显著。

另一方面，企业主导创新模式依然是非关键核心技术研发的主流模式。新型举国体制作为一种适用于关键核心技术研发的研发组织模式，存在着集中资源聚焦某一技术点从而尽快取得突破的优势，但是本身也存在运行架构大、整体组织相对僵化的问题，因而不适应于研发难度相对较小、对研发资源规模要求较低的非关键核心技术研发活动。在这方面，企业主导创新模式依然是主流模式，企业可以依据自身需要，联合其他企业及高校、科研机构等创新主体，以相对灵活的方式展开研发活动。

四　新发展格局下企业主导创新模式的优化路径

依据新发展格局下企业主导创新模式需要解决的任务、发展中面临的问题等因素，可以从如下几个路径对其进行优化提升。

一方面，不断优化产业技术创新联盟等创新组织方式，促进研发效率和水平的提升。产业技术创新联盟是企业主导技术创新模式中最复杂的技术创新组织形式，通过将相关企业、高校、科研机构等数量众多的创新主体组织起来，谋求在复杂技术、共性技术、前沿技术方面取得突破。应该说，产业技术创新联盟未必一定聚焦关键核心技术突破，但是这种组织形式是目前我国企业主导创新模式中最有利于突破关键核心技术的组织形式。尽管目前我国企业已经突破了单打独斗搞科研的创新模式，企业、高校和科研机构等自发组织的各种创新联盟形式已经经历了一段时间的发展，但是在现实中，这些创新联盟存在着组织联合的稳定性较差、缺乏研发上的深度合作、由于各自战略利益不愿意从事关键核心技术研发等问题。在这种情况下，就应该根据当前创新联盟中存在的各种问题和约束因素，引导企业、高校和科研机构等形成稳定、高效、全心合作的产业技术创新联盟，从事包括关键核心技术突破在内的各项研发活动，全面提高我国产业技术水平。

具体来说，需要做到几点。第一，提高联盟主体领导企业的资源聚合能力和组织能力。作为联盟的"带头人"，联盟主体领导企业的组织和资源聚合能力直接关系到联盟运营效率和对其他创新主体吸引力。因此，由组织能力突出、资源聚集能力较强的企业作为联盟主体领导企业至关重要，同时在联盟发展过程中，联盟主体领导企业要根据动态发展的需要不断提升自身资源组织和资源聚合的能力，保证联盟在发展初期能够聚拢足够的成员数量，并通过激励机制提升组织效率，从而保证联盟始终处于良性、可控状态。[①] 第二，不断完善产业技术创新联盟制度体系，促进联盟稳定性提升与激励效率提高。包括产业技术创新联盟在内的创新联盟在现实中出现各种问题，根本原因之一便是联盟制度体系不完善，无法协调各方利益、激励各方积极性。对此，在设计制度时，必须充分考虑到联盟中各方的需要、外部环境的变化以及成本—收益的公平性，并建立与制度环境变化相适应的制度调整机制。[②] 第三，根据研发任务的具体特征，灵活使用两种资源使用方式。产业技术创新等创新联盟形式有两种资源使用方式，即资源分散使用方式和资源集中使用方式，前者适合研发任务较简单的模式，而后者适用于难度较大的任务。[③] 整体来看，资源分散使用范式适用于非关键核心技术，而资源集中使用方式类似于新型举国体制，虽然其在资源集中强度和统一指挥性

---

① 王发明、杨文骏：《产业技术创新联盟共生演化过程研究：领导企业视角》，《科技进步与对策》2017年第5期。

② 孟琦：《产业技术创新联盟制度分析：视角、范畴与逻辑架构》，《中国科技论坛》2017年第9期。

③ 龙跃：《基于刺激—反应模型的产业技术创新联盟知识创新研究》，《当代经济管理》2018年第3期。

等方面要弱一些，但是在有效组织下，也可以成为关键核心技术突破的研发组织方式。

另一方面，提升企业技术创新的动力和投入力度。提升企业技术创新动力和投入力度，是提高企业主导创新模式效率的基础。在进入高质量发展阶段后，随着粗放型经济增长模式的不可持续，越来越多的企业意识到技术创新的必要性和急迫性，因而企业从事技术创新的意愿显著提高。但是，受制于经济发展转型下部分企业盈利能力短期下降、未来发展预期不明晰以及对技术模仿和引进的路径依赖，许多企业的技术创新意愿难以转化为实际创新行为，或者虽然企业开始技术创新活动但是相关投入数量明显不足，不足以取得高质量创新成果。在这种情况下，政府应该从多方面入手，如通过在加强监管和严格控制选择性产业政策范围基础上适度鼓励企业从事技术创新活动、加强知识产权保护等方式，提升企业技术创新的动力和投入力度，为包括关键核心技术创新在内的自主技术创新能力提升打好基础。

第三节 关键核心技术突破的研发组织体制：新型举国体制分析

新型举国体制提出的时间较早，根据当前的文件资料，最早见于2011年7月颁布的《国家"十二五"科学和技术发展规划》，该文件提出要"加快建立和完善社会主义市场经济条件下政产学研用相结合的新型举国体制"。党的十八大之后，习近平总书记多次在不同场合的讲话中提到新型举国体制，强调应发挥新型举国体制的优势。2019年10月召开的十九届四中全会正式提出了"构建社会主义市场经济条件下关键核心技术攻关新型举国体制"，将新型举国体制作为实现关键核心技术突破的战略依托点。考虑到我国科技创新的状况和对关键核心技术突破的急切需求，积极探索并推广新型举国体制，以此作为加快我国关键核心技术突破的突破口，具有十分重要的现实意义。本节着重就新型举国体制的探索进行深入研究。

一 新型举国体制概述

（一）举国体制概述

举国体制最早应用于竞技体育领域，这一制度最早产生于20世纪50年代，而这一概念提出的时期则是20世纪80年代。[①] 对于举国体制的具体内涵，不同学者或者官员有着不同的理解，但是整体而言，这些人的理解都大同小异。如2001年国家体育总局原局长袁伟民将举国体制定义为"发挥社会主义能集中力量办大事的优越性，利用我国土地辽阔、人口众多的特点，把丰富的体育资源挖掘出来、充分利用起来，通过竞争和协同，提高我国竞技体育的综合实力，到国际赛场为国争光"的体制。[②] 李元伟、鲍明晓等学者则将举国体制定义为"以奥运会等重大国际赛事取得优异成绩为目标，以政府为主导，以体育系统为主体，以整合、优化体育资源配置为手段，动员、组织社会力量广泛参与，在国家层面上形成目标一致、结构合理、管理有序、效率优先、利益兼顾的竞技体育组织管理体制"[③]。国家体育总局原党委书记李志坚同志则脱离了竞技体育而为举国体制下了一个范围更加广泛的定义，他认为举国体制是"以国家利益为最高目标，动员和调配全国有关的力量，包括精神意志和物质资源，攻克某一项世界尖端领域或国家级特别重大项目的工作体系和运行机制"。[④] 可以看出，新型举国体制这一概念的内涵便是注重发挥集中力量办大事的社会主义体制优势，为了达成某一目标，而在全国范围内将分散资源集中起来，由项目最高管理层进行资源统一分配、任务统一管理的体制。

实际上，尽管我们习惯于将举国体制和竞技体育联系起来，但是从

[①] 李春华、朱亚洲：《论中国特色社会主义举国体制的优势》，《沈阳师范大学学报》（社会科学版）2017年第3期。

[②] 转引自李春华、朱亚洲：《论中国特色社会主义举国体制的优势》，《沈阳师范大学学报》（社会科学版）2017年第3期。

[③] 李元伟、鲍明晓、任海等：《关于进一步完善我国竞技体育举国体制的研究》，《中国体育科技》2013年第8期。

[④] 转引自李元伟、鲍明晓、任海等：《关于进一步完善我国竞技体育举国体制的研究》，《中国体育科技》2013年第8期。

其内涵看,在新中国成立之后的很长时间里,举国体制这一制度安排却广泛存在。例如,在当时进行的许多科技研发项目如"两弹一星"项目,采用的也是举国体制。这一体制有效克服了当时经济基础、科技基础比较薄弱的困难,通过集中有限资源进行特定任务开发,取得了巨大成功。从更广阔的视角看,我国的计划经济体制,其实质便是举国体制在经济领域的表现:它体现了国家发挥资源动员的主导力量,按照经济发展的目标,将有限资源集中并精准运用到特定领域,在资源有限的基础上尽最大可能建立完备的工业体系,从而保证工业化推进和国家强盛。[①] 当然,随着改革开放的推进,社会主义市场经济逐步建立起来,举国体制的影响范围不断减小。但是,这绝不意味着举国体制就不再重要或者只出现在竞技体育等少数领域,实际上依然有不少领域体现着举国体制。例如,我们熟悉的产业政策,特别是选择性产业政策,在很大程度上就具有举国体制的特点。

举国体制的优势在于能够在国家实力比较落后的情况下,通过资源的集中和统一使用实现特定的发展目标,从而达到在其他体制下无法完成的任务。例如,我国竞技体育自1984年获得第一枚奥运金牌开始到目前已经跃居为奥运会金牌"大户"行列以及"两弹一星"项目的成功,都是这一体制优势的体现。当然,举国体制也有其弱点:第一,资源过度集中和直线型管理特征,致使这一管理体制很容易僵化,最终暴露出诸如对外界变化反应不及时、官僚化特征加重等问题,从而降低这一系统的整体效率;第二,从经济而言,这一体制排斥市场体制对资源配置作用的发挥,如果运用不当,可能会产生资源配置扭曲的问题。

(二) 新型举国体制的内涵

从习近平总书记和党中央、政府相关文件关于新型举国体制的相关论述可以看出,尽管目前为止这些论述还未对新型举国体制下一个明确的定义,但是可以明确一点,即这一体制和技术创新特别是关键核心技术创新有关。换句话说,新型举国体制将主要体现为关键核心技术突破

---

① 王曙光:《科技进步的举国体制及其转型——新中国工业史的启示》,《经济研究参考》2018年第26期。

的项目组织体制。从组织形式上看，它有点类似于涉及大量企业、高校和科研机构的产业技术联盟（或者叫企业研发联盟，等等），只是它涉及的创新主体的数量与范围、集中的资源规模等都要大得多。同时，从项目运行机制上看，新型举国体制在资源集中和管理的统一性上要明显强于一般的产业技术联盟。

在这里，我们主要通过与传统举国体制的比较，来明确新型举国体制的内涵。传统举国体制在技术创新研发方面也有应用，从整体效果看，由于不强调经济绩效（投入产出分析），这一体制在纯粹技术层面取得了不错的成效。而新型举国体制是涉及经济绩效的活动，它不仅要努力保证项目取得成功，还要将成本控制在潜在收益之下，并妥善协调好各参与方的经济利益。这就使新型举国体制与传统举国体制有着显著的不同。

一方面，新型举国体制与传统举国体制在政府—市场关系上存在明显差异。传统举国体制如竞技体育或者"两弹一星"项目，在其中市场的成分很少，因此主要强调的是政府管理，内部的利益关系相对简单。与之相比，新型举国体制涉及企业、高校和科研机构等创新主体，以企业为代表的创新主体代表了市场利益，同时在项目组织和资源集中过程中，不能简单地运用政府管理的手段，而是要在保证企业自愿且参照市场化规则的前提下对投入和潜在产出进行分配。因此，新型举国体制实际上融合了政府和市场管理机制，这一点和传统举国体制不同。

另一方面，体制的可持续性存在差异。传统的举国体制，在制度构架上是可以长期存在的，如竞技体育的相应机制安排，已经持续了数十年，直到目前依然在沿用。但是，新型举国体制在本质上属于有明确项目目标的制度安排，从理论上说，如果达到了相应目标或者确信已经无法达成目标，该项目便可以结束。因此，每一个具体的新型举国体制项目安排，都是有其相对明确存续条件的，不会无限期存在，这一点和传统举国体制明显不同。

二 新型举国体制的国内外经验分析

在技术创新上应用新型举国体制，不仅在我国有先例，在美国等西方发达国家也有先例。这种情况就表明，只有战略架构设计得当，新型举国体制完全可以成为大型复杂技术研发的加速器，对我国关键核心技术突破发挥重要作用。此处重点介绍两个案例，一个是美国的"阿波罗计划"，另一个是我国的高铁产业技术创新案例，二者给我国构建新型举国体制提供了较多的经验借鉴。

(一) 美国"阿波罗计划"

从思想传统上来说，美国是崇尚经济自由的资本主义国家，高度强调市场经济体制的作用，而对政府调控经济的角色则比较排斥。但是，就是这样一个政府干预经济范围比社会主义国家小得多的资本主义国家，在一些重大的、高度复杂的、投资数额庞大的科技项目，依然采用了类似新型举国体制的组织方式进行研发活动。其中，最为典型的便是"阿波罗计划"。

"阿波罗计划"是20世纪60—70年代为登月计划而启动的一系列研发活动，该计划累积持续了11年，总投资达到255亿美元，参与该计划的创新主体众多，包括2万多家企业、200余所大学、80多家科研机构，累积参与的人数超过30万人。"阿波罗计划"涉及的组织机构数量也较多，除了核心管理机构之外，下面有航空航天局载人航天中心3个、政府实验室和测试中心7个、主合同商13个以及子合同商和卖主400余个。[①]作为一个资本主义国家，为了保证这一机制能够和市场经济体制融合并保证项目研发的效率，"阿波罗计划"设立了较为严密的四级管理体制。第一层是顶级决策层，对整个计划负全面责任，具体的结构是美国航空航天局局长办公室和载人航天计划办公室，同时还设立一个阿波罗行政领导小组，负责具体的协调工作；第二层是"阿波罗计划"办公室，主要职责是负责该项目的日常管理，下辖5大管理部门，即计划控制部、系统工程部、测试部、可靠性和质量部和飞行实验部；第三层是包括休斯敦中心、马歇尔中心和肯尼迪中心在内的3个载人航天中心，由它们具体负责管理各项研发活动，每个中心下设项目管理办公室，具体负责项目的规划、协调与推进，同时直接与承接项目的

---

① 徐峰：《阿波罗计划：科技计划组织的典范》，《科技日报》2015年7月24日第8版。

企业进行合作；第四层则是承包企业，主要的3个承包商是贝尔通信、波音和通用电气。① 应该说，"阿波罗计划"取得了成功，在项目存续期间，累积将12人送上了太空，并取得了一系列技术成果，且间接产生了一系列经济效益。据统计，"阿波罗"计划累计产生了3000多项专利，其中1000项用于民用，从投入产出比指标看，大约是1∶14，即每1美元的投入获得了14美元的产出。② 同时，这一系列的民用技术，对于"阿波罗计划"结束后美国经济和科技的发展具有重要作用。

整体而言，作为针对复杂程度空前的科技工程的研发管理体制，美国"阿波罗计划"和我国传统的举国体制有很大不同。例如，尽管"阿波罗计划"也高度强调行政管理方式的作用，但是与我国传统举国体制高度强调行政管理部门核心地位相比，它的作用要明显弱化，并高度强调市场在资源配置的作用。同时，在具体的管理上，除了强调直线管理体制之外，还融合了矩阵体制等柔性组织安排。总之，美国"阿波罗计划"为我们构建新型举国体制提供了丰富的经验。

（二）我国高铁产业技术创新

我国高铁产业的技术创新属于典型的技术引进消化吸收再创新模式，只是研发组织体制具有较为突出的新型举国体制特征。我国高铁产业技术创新起步并不早，整个产业起步于20世纪90年代，其技术来源的演变路径是最初引进相关设备（特别是关键零部件），2004年开始引进相关技术并启动了消化吸收再创新的进程。可以看出，我国高铁产业技术创新的真正历程到目前为止也仅有十几年时间，却实现了对发达国家的技术赶超。

我国高铁产业技术创新的成功取决于新型举国体制的运用。由于我国高铁产业技术积累十分薄弱，为了尽快在引进技术消化吸收基础上实现关键核心技术突破，在当时的铁道部和科技部的牵头下，在全国范围内集中相关的研发资源，进行科研攻关。2008年2月，当时的铁道部和科技部牵头签订了《中国高速列车自主创新联合行动计划合作协

---

① 张义芳：《美国阿波罗计划组织管理经验及对我国的启示》，《世界科技研究与发展》2012年第6期。
② 庞之浩：《改变历史的"阿波罗"载人登月工程》，《国际太空》2019年第7期。

议》，在此协议基础上联合了清华大学、北京交通大学等国内 25 所高校，中科院、铁道科学研究院等 11 家一流的科研机构，动力国家实验室、交流技术国家工程中心等 51 家国家一流实验室及工程中心，累计有 68 名院士、500 多名教授、200 多研究员以及超过 10000 名工程技术人才参与其中。参与的企业主要包括唐山、长春、四方等三大主机制造企业和永济电机、机辆所、株洲所、四方所等 7 家核心配套企业。① 当然，客观而言，作为引进技术消化吸收再创新的典型案例，高铁产业技术创新具有其他产业不具备的一系列优势。例如，高铁产业是一个特殊产业，技术领先的发达国家的相关投资项目几乎都难以实现盈利，因此这些国家保有这些先进技术的机会成本较低，相对于其他产业更愿意转让核心技术；我国作为社会主义国家，具有政府财政实力强、基础设施投资力度大的优势，因而有能力大面积推广高铁线路，从而使得这一产业更容易在解决实践问题中提高技术创新能力。② 应该说，限于这些特殊条件，作为引进技术消化吸收再创新的案例，其经验的推广价值将会降低。但是，它在研发过程中集中全国研发资源、进行统一管理的相关经验，却为新型举国体制探索提供了许多有益经验。

三 新型举国体制的适用范围分析

新型举国体制有其优势和弱点，并非所有情况都适用。结合新型举国体制的内在特点和技术创新活动的规律，本书认为新型举国体制比较适用于如下几种情况。

第一，技术路线明确的项目。如果技术路线不明确，会产生两种情况。第一种情况是两个或者两个以上的技术路线同步展开，根据不同技术路线在研发中所展示出的发展前景、潜在效益、实用性等特征，最终选择一条技术路线或者将多条技术路线进行到底。这种状况对新型举国体制的运行形成了明显挑战。在资源分配方面，多条技术路线同步进行导致人员、资源分散，从而降低了新型举国体制集中资源的优势，降低

---

① 项目组：《中国高铁技术创新经验与启示——原铁道部常务副部长孙永福院士访谈录》，《石油科技论坛》2015 年第 5 期。
② 曾宪奎：《我国高铁产业技术创新模式探析》，《学术探索》2018 年第 10 期。

了每一条技术路线取得成功可能性；在信息传递上，多条技术路线同步进行，大大增加了信息传递和反馈的信息总量，如果再算上多条技术路线的比较，相应的消息交流数量将成倍增加，这对于沿用直线管理体制的新型举国体制而言将是无法承受的。第二种情况便是在创新活动开始前，提前对可能的技术路线进行判断，根据事前能够搜集到的知识，选择一条合理的路线。但是，这种事前判断往往受到有效信息不足、未来变化难以预期等因素的限制，从而使判断的准确性大打折扣。如果选择错误，则将大大降低技术研发成功的收益，极端情况下可能使所有努力付诸东流。可以看出，无论哪种情况，都不利于新型举国体制发挥制度优势。

反之，在技术路线明确的情况下，更有利于发挥新型举国体制强调资源集中和统一管理的优势。这是因为这样的项目方向明确，最高管理层可以有针对性地将资源和任务进行有效分配，并发挥统一管理的优势，有效协调各参与方的相关活动，从而保证整个创新活动的时间和资金利用效率达到最大化。从实践上来看，技术追随型国家研发活动往往具备技术路线明确的特征。这是因为，发达国家已经将技术研发成功并且往往具有一定时间的使用经验，相应的技术路线已经明确，技术追随型国家只需要按照现有技术路线进行研发突破便可。我国目前面临的"卡脖子"技术大多数是这样的状况，因此通过新型举国体制实现这些领域关键核心技术突破便十分适合。

第二，自主技术成果属于不可替代且对研发成本和成果技术水平要求不高的情况。一般来说，在正常的经济全球化背景下，技术落后国家可以通过技术引进、通过给予专利使用费获得专利使用权等方式满足大多数产业关键核心技术的需要，如果这一技术引进渠道保持畅通且未来不会发生重大变化，同时本国研发不具备相应的条件和能力、研发失败风险较大，那么这时候进行自主研发的必要性就不突出。反之，如果受到外部环境制约，无法通过技术引进等手段满足自身对关键核心技术需要，或者随时都面临"断供"的风险，整个产业的发展将面临巨大安全威胁，则组织自主技术研发活动尽快实现对相关技术的替代便成为唯一选择。由于替代原有引进技术（或者关键零部件）、满足产业正常发展是最急迫的要求,技术研发对研发成本不太敏感,且对成果技术水平及性能稳定性等要求较正常情况下要低。在这种情况下,新型举国体制更容易组织起来,且更容易达到预期目标。由于当前我国很多产业的核心技术已经面临或者有可能在未来面临外来技术来源中断或者不可靠的情况,新型举国体制的发展空间正在不断加大。

第三,位于最前沿且有望领先一段时间的技术研发项目。如果研发的技术属于最前沿技术,研发成果成功后能够保持一段时间的领先优势,那么这样的项目更适合新型举国体制。这是因为,这样的技术研发项目,自身技术水平与其他竞争对手基本同步,如果一方能够率先取得突破,则能够获得领先优势,在一段时间内实现"赢家通吃"。新型举国体制的优势便在于可以通过资源的集中和统一管理,在相对较短的时间内取得其他研发组织方式无法取得的成果,因而采用这种方式更容易取得技术突破。同时,这样的技术研发,可能会因为技术研发路线不明确而充满风险。然而,在许多新兴的技术领域,如果多条技术路线同时存在,而其中一条技术路线被率先使用并产生了规模效应导致技术转换成本较高,则其他竞争性技术路线在不存在特别突出优势的情况下,难以替代已经被广泛使用的技术路线。或者说,技术路线也存在先行者优势。同时,即便技术路线最终被更优技术路线取代,由于存在一定的领先时间,能够使研发者获得"撇脂效应",在一定程度上弥补研发成本,从而降低了因技术被取代的经济损失。综合衡量,在这一状况下,采用新型举国体制还是具有一定的可行性。当然,这一状况也可能存在最终在经济上亏损、技术路线失败的情况,但是任何研发活动都是有风险的,考虑到技术路线被替代的概率、在领先时间内获得领先者优势等各种因素,通过新型举国体制进行研发还是值得一试的。

四 新型举国体制推广的突出问题:认识偏差问题

新型举国体制从2011年提出到现在已经有10年,党的十八大后,习近平总书记多次强调它的重要性,十九届四中全会又将它纳入正式的政策文件。应该说,新型举国体制在政策体系中的地位在不断提升。然而,从新型举国体制在实践中的发展情况看,它对技术创新体系的影响仍然较小，推进速度要明显低于预期。造成这一问题的重要原因，在于社会各界对新型举国体制存在认识偏差。

正如有的学者指出的，新型举国体制的关键在于赢得社会各方的理解和信任，进而能够在实践中不断推进和完善这一体制，发挥其优势并规避其不足。① 从现在的情况看，大家对新型举国体制的信任度还不足，这体现在相关的学术研究数量上。一般来说，作为重要的政策安排，如果学术界和社会其他群体对此问题感兴趣并有信心能够推进这一制度安排，那么相关研究的数量便会大量增加，研究的内容也会日趋多样化。从新型举国体制推进的角度看，先期研究的数量越多，那么在推进过程中就更能从中吸取有益知识以发挥优势而规避劣势，减少这一体制探索进程的成本，而加快其完善的速度。从具体研究数量来看，在中国知网上，截至2021年7月4日，尽管以"新型举国体制"作篇名的文章达到7444篇，但是扣除英文文章后，真正的中文文章只有83篇，还包括2011年之前的文章6篇，这些文章所说的"新型举国体制"和我们所说的新型举国体制还是有差异的。其中，党的十八大之后的文章有75篇，而十九届四中全会之后的文章则为65篇。在这65篇文章中，包括报纸宣传类文章19篇、学术研究文章46篇，而这些文章多数发表在影响不大的期刊，没有一篇发表在权威期刊。虽然受到发表周期的限制，可能有较多文章尚未来得及刊出，但是与其他领域的热门问题相比，对新型举国体制的研究文章数量明显偏低，研究的质量整体也不高。

导致这一问题的重要原因还在于社会各界对新型举国体制缺乏正确的认知。一方面，社会各界特别是学术界和产业界人士对举国体制及新型举国体制存在着较深的误解，他们倾向于将举国体制看作计划经济的一种表现形式，并将计划经济体制过分强调政府调控作用而排斥市场机制的职能、体制僵化等弱点加在举国体制及新型举国体制头上，并以此为依据，认定举国体制和新型举国体制在现实中不可行。其实，举国体

---

① 张于喆、张铭慎、郑腾飞：《构建新型科技创新举国体制若干思考》，《开放导报》2021年第3期。

制特别是新型举国体制作为一种小范围内的制度安排，与整体性的计划经济还是具有明显差异，特别是新型举国体制融合了政府和市场两种机制的优点，与传统计划经济体制具有根本性差异。可以说，这种基于对传统计划经济的认识而排斥新型举国体制的观点，其实是一种由于刻板印象而形成的偏见。

另一方面，新型举国体制尽管已经有现实成功的案例，但是尚未大规模推广，确实存在着一系列因素可能会影响它的成功，如果仓促推广，有可能导致失败并造成大量的经济损失。应该说，这些担心是有道理的。这体现在几个方面。第一，新型举国体制并不适用于所有的情况。除了前面所说的三种情况外，有大量的技术研发项目类型不适合新型举国体制。例如，对技术路线尚不明确，也没有把握在研发成功后保持足够长时间领先优势的项目，由于研发的复杂性、不确定性和失败风险都特别高，采用新型举国体制往往会失败。如果新型举国体制大量推广且事前控制不严格的话，会导致大量不适合新型举国体制的项目也采用这一体制。由于关键核心技术突破需要大量的人员和资金投入，这些项目的失败将引起巨大的经济损失，如果算上时间损失，总损失会更大。第二，新型举国体制是对企业自发研发活动的一种替代，在一定程度上体现为政府对市场关系的替代，有可能造成资源配置的扭曲。第三，新型举国体制的构建需要处理复杂的创新主体之间的活动协调问题和利益分摊问题，这将会影响整体研发活动推进并加大项目失败的风险。应该说，当前关于新型举国体制的案例，都或多或少存在自身的特殊性，要在较大范围上推广，对超复杂活动和利益关系的协调将十分重要。如果仓促推广，在没有理顺好相应关系并且对可能引发的问题缺乏应对方案的话，那么项目失败风险会增大。

可以看出，造成社会各界对新型举国体制推广产生疑虑的因素既有非理性偏见也有正常的疑虑。不管是基于哪种因素，这些疑虑产生的最大原因是社会各界对新型举国体制缺乏全面了解。作为关键核心技术突破的依托，新型举国体制是专门应对"卡脖子"因素而提出的，它的应用范围不会无限推广，而目前可能应用的范围都是适用于新型举国体制的领域。同时，尽管新型举国体制的应用范围还不广，类似的项目提供的经验还不多，但是在充分借鉴国内外类似项目经验基础上，加上较为严密的事前制度设计，是完全有可能取得成功的。另外，与传统举国体制不同，新型举国体制保持了动态弹性的特征，可以在探索进程中，根据发展的实际状况对具体的体制构架和运行规则进行适度调整，从而增加项目成功的可能性。整体而言，只要遵循科学的精神和谨慎严密的态度架构新型举国体制，发扬其优势而规避其不足，其整体效果完全可能超过企业主导创新模式。

五　新型举国体制的基本架构分析

在充分借鉴美国"阿波罗计划"以及我国高铁产业等国内外相应项目架构经验的基础上，立足我国集中力量办大事的制度优势以及技术研发项目的特点，我国新型举国体制的基本构架应该注重如下几个方面。

一是强化项目的资源集中和统一管理能力。作为涉及研发主体数量大、投入资源数量多的技术研发活动，采用新型举国体制的研发项目必须突出项目的资源集中和统一管理能力。新型举国体制的优势恰恰在于此。由企业等创新主体自发组成的研发联盟（或者叫技术创新联盟、产业技术联盟、产学研研发联盟，等等）也可以共同组织起较大规模的研发项目，并按照约定方式展开研发活动。但是这一方式的缺点在于各创新主体之间往往限于自身的利益，而努力在研发活动中尽量谋求少付出而多获得的结果。这样的安排往往导致研发活动缺乏一个中立的或者公正的主导者去组织推进，从而大大降低研发的整体效率。与之相比，新型举国体制是由一个利益超脱的主导者（一般是政府部门派出机构主导）统一管理，因而能够保证整个研发体系高效率运行。由政府部门主导新型举国体制项目，具有很大的优势，主要体现在政府部门在集中管理资源以及统一管理方面具有丰富的经验，且本身处于利益超然的地位，能够得到更多创新主体的信任。当然，在举国体制项目的具体架构方面，要在政府机构主导、各创新主体及独立专家学者参与下，提前设计好相关制度规则。同时，要谨防政府机构超出原有架构去过度干预创新主体行为。应该在注意这些事项的基础上，充分发挥新型举国体制集中资源和统一管理的优势。

二是不断创新和完善项目的组织架构和管理方式。借鉴国内外相关项目组织架构的经验,按照"项目最高协调管理机构—具体协调部门—参与研发的企业、高校和科研机构—下层的参与企业与机构"的模式,建立起相应的组织架构。要清晰划分不同层级、不同部门的职能、权力和责任,保证相关管理运行制度的严密性,减少管理制度的缺陷,最大限度地减少因组织和制度设计不合理引发的不必要成本。

在具体的组织架构上,要实现直线管理模式和矩阵管理模式的有机结合,将前者统一管理的高效率优势与后者灵活、适应性强、充分发挥组织成员主动性的优势结合起来,做到组织层面权力集中、管理协调统一,而操作层面充分分权、注重发挥各创新主体的积极性,真正将新型举国体制的优势发挥出来。这样的制度安排,在发挥集中力量办大事的整体优势基础上,通过扁平化管理模式的引入,充分发挥研发组织和科研人员的积极性和主动性,从而避免组织管理僵化而引发的低效率。另外,作为一项探索性的体制机制,无论事前如何精密设计,新型举国体制在具体运行过程中依然会暴露出不少问题或者漏洞。因此,应积极根据实践需要,不断完善相应制度,提高研发活动的运行效率。

三是建立合理的技术研发项目成本分担机制与利益分享机制。关键核心技术研发的总投入和研发成功后技术潜在的收益都非常大,因此建立合理的成本分担机制和利益分享机制便十分重要。由于技术研发项目复杂性高,成本和收益的衡量较为复杂,事前很难精确预估各项成本事项和研发成果的价值。在这种情况下,新型举国体制应本着付出与收益对等的原则,建立合理机制:在成本方面,主要是解决好投入的结构问题,各方合理分担资金、人员、设备等各项投入;在收益方面,主要是解决好各项成果产生的利益分配问题,根据各方的投入按比例合理分配收益。只有成本分担和利益分享机制健全,做到公平合理,使各方都能接受,才能最大程度地激励各方的积极性,并避免后续因利益纠纷而产生种种问题。

产业技术联盟中各方的合作分为采用契约和组建新实体两种方式,对研发项目的成本和收益进行合理分担。所谓契约方式,就是在政府组织和统一管理下，各方就资金、人员、研发设备等投入和研发成果收益分配等合作条件达成一致并形成契约，然后依照相关规定展开研发活动。组建新实体的方式，是各方按照人员、资金和设备的投入比例，组建新的研发实体机构，各方以股东的身份按照投入的比例分享相应的收益。新型举国体制在处理各方利益关系上，也可以兼容这两种方式。在利益分享方面，技术研发所产生的收益主要包括直接收益（如直接使用技术创新成果所产生的收益、技术成果转让费用等）和间接收益（如创新的经验、默会性知识的积累、学习能力等）。其中，如何处理直接利益最重要，可以采取提成支付（各方根据投入比例，获得相应的收益）、混合支付（研发组织内企业接受技术成果时，预先支付一笔费用，然后再按照事前约定的比例获取收益）、按股受益（将各方的投入折成不同比例的股份，各方按照股份比例获取相应收益）等方式予以处置。[①] 在实际的创新活动中，在研发不同阶段各方的贡献比重往往各不相同[②]，同时各方的利益诉求也往往各不相同。因此，在项目初期便应该根据各方的需求，制定各方都接受的方案，并根据项目的动态变化，调整各方的利益分配方案，保证贡献和收益相配，真正激励各方。

第四节　以基础研究能力提升促进科技创新链整体效率的提升

改革开放以来，我国科技创新体系一直存在的一个突出问题便是过度重视链条后端的商业技术（试验发展）环节，而对技术创新前端的基础研究和应用研究中靠近基础研究的部分环节重视不足。随着我国步入新发展阶段，技术创新前端环节发展滞后，已经对科技创新链条后端环节中的关键核心技术突破造成障碍。要实现科技自立自强，构建国内大循环为主体的新发展格局，就必须重视基础研究。本节将对这一问题

---

① 胡争光、向荟：《产业技术创新战略联盟利益分配方式选择研究》，《科技管理研究》2013年第4期。
② 梁喜：《不同利益分配方式对产学研联盟创新激励的影响》，《技术经济与管理研究》2016年第8期。

进行研究。

一 我国基础研究落后的原因分析

造成我国基础研究落后的原因是比较复杂的，整体来说，包括如下两个因素。

（一）我国基础研究落后的直接原因为投入不足

基础研究的水平高低与各项投入特别是研发经费和人员投入直接相关。在这方面，尽管我国基础研究投入的绝对数额呈现快速增长，但是相对投入比重则较低。如表3-1所示，进入21世纪以来，我国基础研究的各项投入迅速增长。其中，人员全时投入当量从2001年的7.9万人年提高到2021年的47.2万人年，20年间提高了4.97倍，年均增长率达到9.3%；研发经费支出从2001年的55.6亿元提高到2021年的1817.0亿元，20年间名义上提高了31.7倍，年均名义增长率19.0%，即便扣去物价上涨因素，这一增长率也非常高。

但是，从相对比重角度看，我国基础研究的比重则相对较低。从研发人员的投入情况看，2001年我国研究与试验发展人员全时当量为95.7万人年，基础研究、应用研究和试验发展的比重为8.3∶23.6∶68.1，到2021年三者的比重则为8.3∶12.1∶79.7。这就意味着在20年里，基础研究人员有效投入的比重没有改变，如果考虑到应用研究的比重下降，其中与基础研究相邻的环节可能也会下降，则我国的基础研究及与基础研究相邻环节的整体投入比重也下降。从研发经费投入情况看，2001年我国研发经费投入总额为1042.5亿元，基础研究、应用研究和试验发展三大环节的比重为5.3∶17.7∶76.9，到2021年三者的比重则为6.5∶11.3∶82.3。可以看出，在20年里，基础研究环节的比重处于缓慢上升过程中，20年大致提升了1.2个百分点，但是科技创新链中的中间环节即应用研究环节的比重则大幅下降了6.4个百分点，可以看出科技创新链中前端整体投入比重其实是显著下降了。更为重要的是，与欧美及东亚的部分发达国家相比，我国基础研究的投入比重明显偏低。欧美和日本、韩国等发达国家基础研究研发经费投入占比在12%到23%之间，其比重远远高于我国，而应用研究比重

第三章 强化国内大循环主体地位的关键：科技自立自强

也远远高于我国。

表3-1　　进入21世纪以来我国研发投入在三大环节分布情况　　单位：亿元

年份	研究与试验发展人员全时当量（万人年）	#基础研究	#应用研究	#试验发展	研究与试验发展研究经费支出（亿元）	#基础研究	#应用研究	#试验发展
2001	95.7	7.9	22.6	65.2	1042.5	55.6	184.9	802.0
2002	103.5	8.4	24.7	70.4	1287.6	73.8	246.7	967.2
2003	109.5	9.0	26.0	74.5	1539.6	87.7	311.5	1140.5
2004	115.3	11.1	27.9	76.3	1966.3	117.2	400.5	1448.7
2005	136.5	11.5	29.7	95.2	2450.0	131.2	433.5	1885.2
2006	150.3	13.1	30.0	107.1	3003.1	155.8	489.0	2358.4
2007	173.6	13.8	28.6	131.2	3710.2	174.5	492.9	3042.8
2008	196.5	15.4	28.9	152.2	4616.0	220.8	575.2	3820.0
2009	229.1	16.5	31.5	181.1	5802.1	270.3	730.8	4801.0
2010	255.4	17.4	33.6	204.5	7063.0	324.5	893.8	5844.3
201	288.3	19.3	35.3	233.7	8687.0	411.8	1028.4	7246.8
2012	324.7	21.2	38.4	265.1	10298.4	498.8	1162.0	8637.6
2013	353.3	22.3	39.6	291.4	11846.6	555.0	1269.1	10022.5
2014	371.1	23.5	40.7	306.8	13015.6	613.5	1398.5	11003.6
2015	375.9	25.3	43.0	307.5	14169.9	716.1	1528.6	11925.1
2016	387.8	27.5	43.9	316.4	15676.8	822.9	1610.5	13243.4
2017	403.4	29.0	49.0	325.4	17606.1	975.5	1849.2	14781.4
2018	438.1	30.5	53.9	353.8	19677.9	1090.4	2190.9	16396.7
2019	480.1	39.2	61.5	379.4	22143.6	1335.6	2498.5	18309.5
2020	523.5	42.7	64.3	416.5	24393.1	1467.0	2757.2	20168.9
2021	571.6	47.2	69.1	455.3	27956.3	1817.0	3145.4	22995.9

资料来源：国家统计局网站及《中国统计年鉴》（2022年）。

从国际比较数据可以看出,日本和韩国基础研究投入比重明显高于欧美平均水平。事实上,日本和韩国作为第二次世界大战之后由低收入国家转入发达国家的两个突出案例,尽管其商用科技的水平在相对较短时间内实现了对发达国家的赶超,在部分领域甚至实现了超越,但是在基础研究领域一直处于落后状态,这严重阻碍了这两个国家整体经济和科技实力的进步。这一点日本表现得尤为显著,早在20世纪80年代,日本在电子制造、汽车等部分领域的产业技术水平便达到其至超过欧美主要国家,加之日本制造业在企业管理方面的独特优势,一度对欧美等国家的相应产业形成压倒之势。然而,由于在基础研究方面落后,二者在颠覆性创新方面无法占据前列,因此在之后的信息技术革命中便处于边缘地位,产业国际竞争力也呈现衰退之势,在全球产业发展中的地位也出现了下降趋势。正是在这种情况下,日本意识到加强基础研究的重要性,在2001年提出要在21世纪前50年内获得30个诺贝尔奖,由于当时日本整体基础研究实力尚不突出,这被许多人认为是不可能完成的任务。但是,截至2020年,日本进入21世纪以来获得的诺贝尔奖数量已经达到19个,整体进度远远超过计划。在自然科学领域,诺贝尔奖属于最权威、影响力最大的奖项之一,尽管存在着评比时间严重滞后、覆盖自然科学学科不全等一系列问题,诺贝尔奖项的数量未必能够真实、全面地代表一个国家基础研究的真正水平,但是诺贝尔自然科学奖项的数量确实与一个国家的基础研究能力高度相关。这就是说,日本的基础研究能力已经开始呈现上升趋势,其科技创新链的整体国际竞争力也有望随之上升。促成这一结果的因素是错综复杂的,但是持续的、高水平的基础研究投入是其中最重要的因素之一。

(二)管理体制存在一系列问题

当前,我国从事基础研究的主体是高校和科研机构,而这些单位的管理体制存在一系列问题,阻碍了基础研究的效率提升。这主要体现在如下几个方面。

1. 管理机制不科学

搞好科研需要良好的科研环境,在良好的科研环境下,即便没有其他激励制度相配合,科研人员出于自我实现的需要,也有动力搞好科研。基础研究特别是高水平的基础研究项目，往往需要科研人员长时间地持续研究，才会取得重大突破。因此，良好的、有利于科研人员心无旁骛地从事科研工作的环境，对于基础研究取得突破至关重要。但是，整体来看，我国高校和科研机构目前在管理机制方面存在着许多问题，不能营造出良好的科研环境。

其中，最突出的便是过严的管理机制，致使科研人员不能安心工作。例如，目前在高校中普遍实施的"非升即走"用人制度，便存在巨大的问题。这一制度的特点便是要求新进入单位的科研人员（教师）在一定期限内必须完成一定量的工作或者完成职称的晋升，否则就不再续约。"非升即走"制度最早起源于美国高校，这一制度的本意在于在无法完全确信聘用者实际能力的情况下，通过一定时期的考察，将不符合学校要求的人员排除在外，而对于被聘用者而言，"非升即走"的合同期就是试用期，只是这一试用期的时间远远高于其他工作。在美国，"非升即走"制度也只是部分高校采用，它通常的合同期为6—7年，实践表明，它确实在一定程度上有助于甄选合格人员。[①] 但是，美国高校实施"非升即走"制度并未引发大的问题，依赖于两个前提条件：第一，"非升即走"制度是着眼于淘汰少数不合格人员而设计的，因而有充足数量的岗位和职称保证绝大多数人员最终能够留下来，从而确保绝大多数人员的就业稳定，而不会造成过度压力；第二，对失败人员而言，社会能够提供相应的后备选择，使他们即便无法获得在原来岗位的收入和社会地位，但是也不会影响他们的基本生存和职业发展。例如，从顶尖高校被淘汰下来的人员可以在次一等高校获得职位，同时较高的社保水平使他们即便短暂失业，也不致面临生存难题。

然而，我国的"非升即走"制度已经在一定程度上"变味"。一方面，有些高校已经将"非升即走"制度看作是"优中选优"的筛选制度，在后备岗位数量较少的情况下，聘用大量人员，这便导致大量的人员最终会被淘汰。与之相适应，为了让潜在留用人才凸显出"优秀"，

---

① 岳英：《美国大学的"非升即走"制度及其期限设置的合理性》，《北京大学教育评论》2015年第2期。

便人为地提高对科研工作的各项要求，如规定较高数量的论文发表量、主持级别较高的课题等。另一方面，我国当前高学历人员的就业状况及相应的社会保障水平，意味着如果在"非升即走"制度中被辞退，则这些人员较难获得与其收入、身份相称的工作，部分人员甚至面临着基本生活都受影响的境地。考虑到大多数科研人员毕业时已经27岁左右，如果加上聘用期，则失败时普遍在35岁左右甚至更大，而这个年纪在我国当前的就业市场上再找到合适工作的难度已经很大。加之在高校的工作收入并不很高，这些人员往往积蓄不足而相应的社保水平也不高，"非升即走"的失败者将面临巨大生存压力。

这样的状况造成的重要影响便是处于"非升即走"制度中的年轻科研人员压力过大，为了能够最终留在高校，他们不得不将主要精力放在满足各种要求上，如努力多发表文章、想方设法多申请课题等。巨大的压力使他们很难安心从事自身科研工作，即便是最终脱颖而出获得留任的人员，其真实科研绩效也受到影响。另外，"非升即走"制度的另一个负面作用便是在这种体制下，一旦晋升到最高职称，则相应的压力大大减小，这便降低了他们继续从事科研工作的动力。这样的状况显然不利于整体科研水平的提升。

2. 科研评价机制不合理

当前，我国高校和科研机构科研评价机制存在不少问题，从而对科研的正常发展，特别是基础研究的发展，造成了扭曲型引导作用。这主要体现在如下几个方面。

（1）"唯论文"问题突出且"重数量，轻质量"

一直以来，高校和科研机构"唯论文"问题比较突出。尽管相关部门陆续出台了措施对此问题进行整治，明确要求破除包括"唯论文"在内的"五唯"，但是在定量考核作为主体考核制度的情况下，论文作为考核科研成果最突出的指标，很难被完全破除，只是"唯论文"表现的形式会发生改变。应该说，论文发表的期刊档次确实可以在一定程度上衡量科研成果的创新性，但是这种相关性并不是很强。一方面，期刊往往倾向于发表现有知识框架之内的文章，而对创新性特别强的论文则未必偏好。这样便造成了一个问题，即具有开创性的高质量文章由于与现有知识体系框架不符，而无法发表在最好的期刊之内，从而形成了一个悖论。另一方面，随着高校、科研机构的科研人员发表任务的加重，加上博士毕业需要发表论文，而现有的期刊体系在短期内难以变动，这便在短期内造成了论文发表竞争加剧。在短期内科研人员科研能力较难提高的情况下，这一问题实质上造成了"内卷化"。另外，与"唯论文"相关的另一个突出问题则是"重数量，轻质量"问题，即重视论文的数量，而忽视对其质量的考核和比较。由于文章质量较难考核，为了避免考核的麻烦，往往以同等期刊文章数量多少作为衡量科研人员科研绩效的主要指标。这些问题交织在一起，导致科研人员难以将精力放在需要长期关注、短期内难以出成果的问题，而是关注一些短平快的问题，甚至频繁更换关注点，这样便不利于原创性科研成果的产出。

（2）科研项目重立项轻研究

高校和科研机构还存在一个突出问题便是科研项目重立项而轻研究，即将课题的立项作为对科研人员的一个重要考核指标，但是对科研项目立项后，课题研究进程和研究结果的考核则不够重视。这导致的结果便是科研人员将大量精力放在课题申请书的撰写上，而一旦课题申请成功，却对课题研究不倾尽全力。显然，这样便背离了课题设立的初衷，无法体现项目支持科研的目的，而对科研人员而言，这是对科研精力的错配。

（3）评价体系过于单一，缺乏灵活考虑

目前我国高校和科研机构的科研评价指标标准较为单一，对于基础研究、应用研究和试验发展不同环节的考核缺乏灵活考虑。其中，最为突出的是看重科学探索中的发现，将相关的研究及成果作为主要的考核标准。这种基于基础研究而设计的科技评价指标体系，对于从事应用研究和试验发展相关科研工作特别是成果转化的人较为不公平，致使他们的贡献得不到应有的承认。这对我国科技创新全链条效率提升的最重要影响则体现为不利于产学研合作，导致从事科学研究的科研人员不愿意从事科研成果转化工作，降低了科技创新的效率。当然，产学研合作的制度障碍随着近几年的改革已经大为缓解，但是高校和科研机构重视基础研究，在考核体系中对应用研究和试验发展重视度相对不足的问题尚未得到完全解决，相应科技评价机制方面依然存在较多需要彻底厘清的问题。

(4) 评价周期重视短期评价而缺乏长期评价

评价周期过短，是科技评价体系存在的另一个问题。作为科技成果，特别是基础研究成果，其真实价值的显现需要一个较为长期的过程，很多对科学理论、技术创新具有重要贡献的成果，其价值在短期内无法显现，而且也较难通过主观予以准确评价。在这种情况下，科技评价周期应该注重长期评价。但是，在现实中，限于评价机制和各种现实制约条件，科技评价重视短期评价而对长期评价缺乏应该有的重视。这在一定程度上鼓励了科研人员的短期性行为，而不利于原创创新的发展。

3. 激励机制存在较多问题

激励机制对引导和促进科研人员积极从事科研工作具有重要作用。基础研究要取得重大原创成果，激励机制就应该鼓励科研人员将精力投入本专业的关键问题，通过持之以恒的努力谋取重大突破。但是，当前的激励机制存在较多问题。

(1) 重物质奖励轻精神奖励问题突出

当前我国高校和科研机构的激励制度，普遍比较重视物质奖励，而对精神奖励重视不足。事实上，不附带或者附带较少物质利益的精神奖励，对科研人员的工作积极性具有无形的激励作用，其效果并不比物质激励小。特别是原创性科研成果需要科研人员将精力沉浸在科研工作中，这需要巨大的精神动力作为支撑，而精神奖励可以成为这一精神动力的重要来源。而当前的激励制度，对于精神激励较为不重视，或者精神激励中附带了巨额的经济利益，如"两院"院士。巨大的经济利益使得更多人为了获得这一荣誉而努力，在激烈的竞争下，滋生了一些严重的负面问题，背离了精神激励的初衷。这显然不利于发挥精神激励对科研的积极作用。

(2) 奖励过度集中于科研贡献突出者

当前我国的激励制度特别是物质奖励过度集中于少数科研贡献突出

者，在一定程度造成了"赢家通吃"的现象，引发了一系列问题。一方面，对科研贡献突出者的过度激励，会因为激励的边际效用递减效应而造成激励效果的持续降低。另外，大量的科研人员无法得到奖励，从而影响这些人积极性的发挥。"赢家通吃"的状况，会造成一定的公平感缺失，影响科研人员的心态，导致单位内部气氛不利于科研工作。

（3）项目经费使用制度和成果收益分配方面存在问题

当前阶段，课题项目经费的使用受到一系列制度的约束，导致在课题经费的中间费用转化为绩效奖励方面存在着许多障碍，影响了科研人员从事科研工作的积极性。这一点在直接费用投入不多的部分学科表现得尤为显著。另外，对于科研成果如专利使用的收益分配方面，当前的法律制度和政策方面依然存在不明晰的问题，导致研究者个人从中受益的程度大幅降低，严重影响了这些科研人员从事科研工作和成果转化的积极性。

4. 财务管理过严

财务制度与科研项目息息相关，一般来说，宽松的财务管理制度和简洁的财务程序，能够减少对科研活动推进的干预并减少对科研人员的精力浪费，从而有利于科研工作。最近几年来，政府有关部门已经出台相关政策，提升财务制度对科研人员的友好性。但是，由于我国高校和科研机构的财务管理制度参照了行政机关的财务管理制度，这些制度规定较难真正全面贯彻执行。从财政管理角度看，政府行政部门作为纯粹的财政支出机构（本身不创造财富），经费属于公共支出而与相关工作人员的个人利益关系不大，因而这些人员没有动力去节约相关的支出。在这种情况下，规定严格的财务管理制度，对相关支出进行严格约束，对于避免经费浪费、违法使用资金以及提高资金利用效率都大有好处。但是，这一严格的财务制度管理体系并不适用于高校和科研机构。课题的各种经费，除了满足课题的必须经费之外，很大程度上就是为了弥补科研人员的人力资本付出，只有对他们的付出予以奖励，才能激励他们做好相关的研究。但是，目前的财务制度，实际上不承认或者不予充分承认课题参与人员的人力资本付出，这显然对提升科研人员的工作积极性带来负面作用。

另外，当前的财务管理制度在程序上越来越正规化、程序化，而这在很大程度上便是财务管理制度和程序繁冗度的提升，从而导致科研人员将大量精力花费在课题经费预算和报销程序上。同时，在现实中，财务管理人员的考核往往与其工作的严谨度有关，即贯彻相关监控制度越严格，则其工作绩效便越佳。这样的考核制度在无形中使财务人员倾向于以严格的标准去把握和控制相关财务规定的执行，在多级财务管理体系下，还会出现"层层加码"的现象。这显然加重了科研人员在财务相关工作方面的负担。

二　提升我国基础研究水平需要注意的几个原则

提升我国基础研究的水平，需要注意如下几个原则。

（一）短期性目标与长期性目标结合

我国基础研究面临短期和长期两个不同性质的目标。在短期内，由于我国面临国外技术禁运威胁，需要尽快建立起技术创新的国内大循环主体地位，基础研究也需要优先在一些重点领域内取得突破，以便为技术创新链下游的应用研究和试验发展环节的技术突破奠定基础。从长期而言，作为一个经济、科技大国，基础研究需要形成各领域科研能力动态提升的格局，持续不断地为应用研究和试验发展领域科研能力的提升提供支持。同时，随着科技创新链整体水平的持续提升，在摆脱了科技创新的跟随者地位而处于与发达国家同等水平时，基础研究需要适度强调依据自身规律由科研人员根据自身兴趣进行纯科学探索的发展模式，而不能完全强调其紧紧围绕现实需要发展，这是因为后者会对纯粹科学探索形成一定的限制，反而不利于科技创新整体水平的发展。这一点在整体科技处于跟随状态时尚不显著，但是在科技整体水平达到世界先进水平时，则需要特别注意。

可以看出，基础研究的短期目标和长期目标在其内涵、要求方面还是有较大的不同，二者不是简单的相互促进关系，而是要求相关的政策要根据发展的实际状况对二者进行统筹安排。在实践中，应特别注意真正将短期性目标和长期性目标结合起来，而不能过度偏重其中的一方面，这是由我国科技与经济发展的实际状况决定的。

(二) 经费投入与科研管理体制改革相结合

当前阶段，制约我国基础研究水平提高的两个主要因素便是经费投入不足和科研管理体制存在问题。因此，要提高基础研究的水平，就必须同时提升经费投入的比重和改革现有科研管理体制。同时，在实践中二者并非不相关而是结合在一起的。例如，增加基础研究，除了要增加相应的科研基础设施之外，还要增加各项课题费用、对科研人员的激励和补助等，为促进科研人员安心科研工作创造条件。在这方面，经费使用制度、相应的管理机制等将经费投入和科研管理体制改革结合在一起。同时，在具体的实践中，还应站在系统角度，动态地考虑二者之间的变动关系，从而设计好相应的制度体系。需要强调的是，一定要避免为了增加基础研究投入而增加经费投入，而是要将增加经费投入和提高投入的效果结合起来。

(三) 适宜的科研环境与适度激励相结合

基础研究需要适宜的科研环境。这是因为，从内部动力的角度看，即便外部不存在激励机制，他们也会有从事科研工作的动力以便实现自我价值，获得事业成功带来的成就感。在这种情况下，提供适宜的科研环境便非常重要。另外，科研单位也需要设立适度的激励机制，在一定程度上实现"奖勤罚懒"，激励科研人员更加认真地去工作。这二者之间在一定程度上是彼此促进的，但是也很容易发生相互牵制的问题。例如，正如前文所述，过度的物质激励会加剧科研人员之间的竞争，使他们更加重视短期行为，以便在竞争中获胜，得到相应的奖励。同时，单位的科研氛围会因为这一状况而变得浮躁，影响人们将精力集中在需要长期投入的重大问题。在这种情况下，根据本单位科研的性质、人员的特点等因素，在营造适宜的科研环境和适度的激励机制方面，进行积极探索，保证二者处于相互协调状态，促进科研效率的提高。

(四) 基础研究与应用研究和试验发展环节相结合

提高基础研究水平需要注意的另一个重要问题便是要注重与应用研究和试验发展环节相结合。这体现在两个方面，一是在研究方向上，要积极回应现实发展的需要，依据经济、社会发展对科技发展的需要而制定具体研究问题，在科技源头方面提供满足现实需要的科学理论供给；

二是对已经完成的科研成果，要积极与下游环节配合将其逐步转化，为经济和社会发展服务。在这里，需要处理好基础研究的纯学术倾向和为现实服务之间的关系问题。在前文我们提过，随着我国科技创新能力的提升，基础研究需要一定程度的纯学术倾向探索，从而不受制于现实发展的需要而更有利于基础研究探索的全面发展。这是因为，有很多的科学发现都不是为了现实发展需要而产生的，而是被科学家偶然发现，然后通过对其研究才逐步发现它的现实用途，这代表了另一种科技创新发展的模式。过度强调基础研究服务于现实发展需要则降低了这一类型科学发现的可能性。整体来说，在未来基础研究发展的模式上，这两种方式都要兼顾。当然，在科技创新国际竞争不断加深、全球科技创新链前后环节紧密度不断提高的情况下，强调基础研究为现实服务应该是基础研究的主要发展方向，而科技工作者根据学术逻辑进行自主探索也居于重要地位。

在组织层面，基础研究与应用研究、试验发展等环节紧密相关体现为以企业、高校和科研机构等组织为主体的产学研合作。因此，在组织层面，加强产学研深层次合作，提高合作效率，对提升科技创新链整体效率十分重要。在强化基础研究的相关建设中，必须充分重视这一点。

三 提升我国基础研究水平的战略举措

根据前文的论述，本书认为要提升基础研究水平，应着重从如下几个方面着手。

（一）提高基础研究的投入水平

要提高基础研究水平，增加基础研究的投入则必不可少。当前我国基础研究投入比重远低于欧美、日本和韩国的水平，作为一个基础研究的后发国家，我们需要以日本和韩国为标杆，逐渐增加基础研究的投入水平和相对比重。在提高基础研究投入水平时，我们需要注意两点。

一是基础研究投入比重需要以渐进方式进行。我国目前基础研究比重与发达国家平均水平相差较大，确实需要改变这一状况。但是，由于我国当前的科技投入结构是在较长时期内，基于经济发展的需要、产业技术政策影响等诸多因素下而形成的，应该说是与经济发展的结构相适应的。尽管进入新发展阶段后,构建新发展格局在客观上要求改变之前的经济发展结构进而对基础研究投入提出新的要求,然而这一转变需要一个过程,基础研究投入比重的提升也是逐步进行的。这样,可以保证试验发展环节的投入比重下降而绝对投入数额依然稳步增加,不影响商用技术的开发,保证经济技术体系保持稳定发展局面。

二是基础研究的投入不应只重视高校和科研机构,也应重视企业。尽管高校和科研机构在基础研究体系中占据重要地位,但是这不意味企业便不参与基础研究。企业从事基础研究的好处在于企业更了解市场,因而能够从后端需求出发,推导到基础研究发展方向,而减少与高校和科研机构合作可能造成的信息交流、制度障碍等问题。当前阶段,我国已经开始尝试由企业通过挂牌国家重点实验室等方式推进基础研究工作,但是其规模还比较小,未来依然有较大发展空间。[①] 在提高基础研究投入方面,也应配合这一趋势,增加企业相应的比重。

(二) 营造适于科研的宽松氛围

宽松的科研氛围,是促进基础研究水平提升的重要保证。这是因为,基础研究要取得原创性突破,就需要科研人员在尽量少受外界影响的环境下持之以恒地进行研究。在这方面,应着重做好如下几个方面的工作。

一是改革现有部分对科研人员形成过大压力的制度。必须逐步改进诸如"非升即走"等对科研人员形成过大压力的制度。过大的压力,不仅迫使科研人员将更多精力放在能尽快出科研成果的"短平快"项目上,不利于重大原创科研成果的出现,还大大降低了高校对优秀人才的吸引力,不利于高校吸引和留住高端人才。要解决这一问题,应当调整当前以"大量进人,大量裁人"为特点的"非升即走"制度,在严格参照备用岗位和职称数量等数据基础上,确定进人名额,保证大多数人都能留用。这样可以确保被聘用的人员在适度压力下,安心从事科研活动,而不至于为了应对激烈竞争而从事短期性行为。为了降低因聘用错误人员而造成的损失,可以采用强化招聘程序、完善招聘流程的手

---

① 《企业为什么要搞基础研究》,《人民日报》2017 年 12 月 15 日第 12 版。

段,尽量减少招聘的错误率。需要强调的是,任何一种具体的管理制度都存在其优点和不足,评价一个管理制度优于另一管理制度的标准在于根据二者优点与不足所得出的"净收益"比较。相对宽松的管理制度的确可能造成少数人工作积极性不足,但是相对于大量科研人员能够专注于本职研究工作从而真正有利于基础研究水平提升的收益,其整体的收益成本比要高于压力很高的制度。

另外,高校和科研机构在最近几年来推行制度标准越来越明确的"正规化管理"方式。这些管理方式的实质是强化了行政管理,对科研人员增加了许多不必要的、形式化的管理要求,反而降低了他们科研的效率。对此,建议在保留少数必需的管理制度外,尽量减少或者去除其余的可有可无的管理制度,减少对科研人员的不必要约束。

二是培育工匠精神文化。工匠精神是一种不受外界诱惑、专注本职工作、追求精益求精的精神特质。这一精神特质不仅适用于制造业工人,也适合科研工作者。这是因为科研工作不仅需要想象力和灵感,而且需要持之以恒对某一科学研究问题的长期研究,如果科研人员具备工匠精神,则更容易在枯燥的科研工作中坚持下来并发现新的成果。在高校和科研机构中,如果能够培育其工匠精神文化,将促进科研工作效率的提升。具体的举措是,一方面可以通过招聘具有工匠精神的科研人员进入单位,促进工匠精神在本单位的发展;另一方面应该通过营造一个独立于外界浮躁气氛之外的单位"小环境",使科研人员可以安心专注于科研工作,从而激发出工匠精神。

三是系统化改革高校和科研机构的财务制度。建立对科研人员友好的财务制度,是降低科研人员精力损耗、提高科研有效时间的重要举措。尽管近几年来,对高校和科研机构的财务制度进行改革,减少不必要的财务制度约束,是政府推进科研部门体制改革的重要内容,但是作为参照政府机关部门而建立的财务制度,很难真正达到相关要求。在这种情况下,建议高校和科研机构的财政部门,要严格按照政府的相关要求,切实改革本单位财务的相关制度,降低不必要的报销、预算等各方面的程序和要求。同时,在财务管理方面,建议高校和科研机构改革财务部门的考核制度,避免将严格化管理作为其绩效的标准,从而降低财务部门"从严控制"的倾向，在符合法律法规的相关规定下，适度放宽执行标准。当然，从根源上说，应该在考虑到高校和科研机构财务的特殊性基础上，对高校和科研机构的财务制度进行改革，建立一套适宜的财务制度。

（三）建立科学的科技评价体系

科技评价体系是科研活动的指挥棒，能够在很大程度上影响科研人员的行为，因此建立科学合理的科技评价体系对于提高基础研究的效率至关重要。

一是优化当前的量化评价体系。当前的科技评价制度主要是量化评价体系，在具体的实践中，评价体系涌现出的一系列问题基本都与这一评价方式有关。针对这些问题，可以从如下几个方面优化。

首先，淡化"唯论文"色彩，改变科研项目"重申请轻结项"的状况，将评价重点转移到科学探索上。短期内，量化评价体系的大框架较难改变，在这种情况下，应该逐步减轻其缺点。其中，学术论文作为科研成果的集中体现，它在量化评价体系的核心地位较难在短期内真正改变。针对这一问题，可以首先在短期内将论文数量的重要性降下来，强调成果创新性，例如在同一级别的期刊中，只允许1—2篇文章纳入考核之中。这样，论文数量的重要性就下降了，而科研人员便更可能注重科研的质量。在科研项目方面，要建立全方位评价体系，重点考核科研项目的最终成果质量，对不符合预期的科研成果根据成果质量实行不同方式的惩罚。

其次，应该根据基础研究、应用研究和试验发展三个环节的不同性质，对从事这些环节的人员和项目实施不同的评价体制，以防止单一评价体制对不同环节的人员和项目造成的不公平影响。其中，最突出的是要解决高校和科研机构中从事应用研究和试验发展环节研究的科研人员的评价问题，并对产学研合作的人员制定出适宜的考核机制，从而激励这些人员积极从事应用研究和试验发展研究或者成果转化。

最后，逐步拉长项目评价周期，提升项目评价的准确性。高校和科研机构应根据不同研究项目和研究成果的特点，制定出适宜的评价周期，尽量拉长评价周期，使这些项目和成果的作用逐步得到显现，提升评价的准确性，从而激励科研人员从事深层次创新研究，最终提高基础研究的质量。

二是在具备条件的单位，试行定性评价机制。定性评价机制，就是抛开论文、科技成果等具体的媒介，直接对科研者个人思想的创新性进行评价。定性评价的优点便在于抛开了进行评价所需要的媒介（如论文），其评价直指科技的核心因素——思想的创新性，因而在评价机制设计合理的情况下，更容易对被评价对象给出评论，免却了量化评价中存在的评价不准确、引导方向发生偏离等问题。但是，与量化评价机制依托客观化指标因而对评价结果各方更容易接受相比，定性评价机制主要依托于评价者的主观印象，更容易引发争议。在这种情况下，设计良好的定性科技评价机制，确保评价结果的准确性，是这一制度实行的关键。

良好的定性评价机制关键要做好三点。第一，要组建起学术水平高、对被评价对象学术研究领域熟悉、为人公平公正的专家作为成员的评价委员会，为定性评价机制良好运作奠定基础。第二，定性评价机制程序必须严谨。其中，最重要的因素在于评价者和被评价者要进行充分交流和沟通，确保被评价者全面说出自己的想法而评价者充分接收并了解到这些想法，避免信息失真和缺漏。同时，在评价结果作出后，还要重视相关信息的反馈，并允许被评价者提出异议，在必要时，可以进行重新评价。第三，考虑到目前量化管理在科研评价体系中的地位，同时大量单位不具备推行纯粹完全定性评价的条件，建议高校和科研机构可以试行定性评价机制与定量评价机制结合的制度，充分利用这两种制度的优点。而在高水平专家数量多、学术实力雄厚的单位，可以试行定性评价机制，在实践中不断完善相关制度规则，并在条件成熟时逐步推广这一制度。

（四）建立完善的激励机制

高校和科研机构应该在当前激励机制的基础上，根据实践需要，不断完善相关制度，提高激励效果。重点是做好以下两点。

一是优化物质奖励制度。要根据不同科研群体的不同需求，制定出相应的奖励制度，从而激发更多群体（人员）的积极性。不同群体对于物质需求的强度、种类有着较大不同。例如，由于收入高、各方面的经济压力相对较小，知名度高、职称高、科研能力强的中老年科研人员对物质奖励的敏感度相对就较低。而青年科研人员收入较低且未来物质需求较多，其对物质奖励的敏感性就要更强。在激励方面，就要根据他们的特点，设计相应的奖励制度。例如，对青年科研人员就要不断强化物质奖励的强度，降低他们从事科研工作的后顾之忧，从而提高其从事科研的积极性，并增强其对外界诱惑的免疫力。

二是完善精神奖励机制。要充分发挥精神奖励机制对科研人员的激励，一方面应该注重精神奖励与物质利益的剥离，使人们更加注重精神奖励的纯粹性，保证精神激励的作用不因物质奖励的介入而"变味"；另一方面，要增加部分影响面广、社会制度大的精神奖项，让受奖者能够得到较大的精神奖励，从而激发其更大的工作积极性。另外，还应加强对精神奖项的宣传，使获奖者能够得到更大的成就感和荣誉感，从而激发其继续做好工作的积极性。

第五节 以企业家精神推动民营企业技术创新

企业家精神是促进企业创新发展的重要支撑。只有具备企业家精神，一家企业才会突破已有的发展格局，不断引进新的发展要素，创造新的竞争优势，从而在激烈的市场竞争中实现持续成长。

一 企业家精神概念分析

企业家精神是最近几年来党和中央特别重视的内容。2017年政府工作报告中，第一次正式将"企业家精神"纳入政府文件。同年9月出台的《中共中央国务院关于营造企业家健康成长环境弘扬优秀企业家精神更好发挥企业家作用的意见》，对如何发挥企业家精神提出了系统要求。2017年10月，习近平总书记在党的十九大报告中也明确提出了"激发和保护企业家精神"的要求。在党的十九届四中全会通过的《中共中央关于坚持和完善中国特色社会主义制度 推进国家治理体系和治理能力现代化若干重大问题的决定》中，尽管没有直接提到"企业家精神"一词，但是提出要"健全支持中小企业发展制度，促进非公有制经济健康发展和非公有制经济人士健康成长"，显然企业家精神是其中的重要内容。2022年10月，在党的二十大报告中，习近平总书记进一步提出要"弘扬企业家精神，加快建设世界一流企业"。

弘扬企业家精神，首要的问题便是要将企业家精神的概念界定清楚。在西方经济学体系中，土地、资本、劳动和企业家是主要的生产要素，其中"企业家"是将土地、资本和劳动组合起来的要素。最早提出企业家概念的是法国经济学家坎蒂隆（Cantillo），他在1755年的《商业概览》中将企业家第一次引进经济学领域，并将其定义为承担经济风险的人。[①] 他对企业家的理解更侧重于企业家的职能而非个性，强调企业家的洞察力和活力对经济活动的重要性。[②] 最早明确提出"企业家精神"这一概念的学者是奈特[③]，他认为企业家精神是指在面对不确定性环境时，敢于冒险、勇于创新和接受风险的特质。[④] 熊彼特对企业家的研究影响力则更大，按照他的观点，企业家的主要职能是实现创新，而企业家精神则相应体现为不断创新的精神。按照熊彼特对创新的定义，创新体现为5个方面：采用一种新产品或一种产品的新特征；采用一种新的生产方法；开辟一个新市场；发现原材料或半制成品的一种新的供应来源；实现任何一种工业的新的组织。企业家的职能其实就是不断发现市场机会、实现技术创新与生产能力结合，从而不断填补市场空白。可以看出，熊彼特对企业家的定义，高度强调了"企业家精神"的创新性特征，并暗含了冒险的特质。

在此之后，大量的学者继续对企业家精神进行研究，并给出了侧重点不同的定义，如柯兹纳（Kirzner，1973）强调了企业家精神"最早识别并能抓住新机会的能力"的特征，并认为它将有助于市场恢复平衡状态；德鲁克（Drucker，1985）则强调了企业家精神是一种行动而不是特

---

① 宗梅、李安琪：《企业家精神研究回顾与展望》，《中外企业家》2019年第24期。
② 齐善鸿、孟令标：《企业家精神内涵研究：回顾、述评及未来展望》，《现代管理科学》2020年第1期。
③ 王娟、刘伟：《企业家精神的涌现：一个整合框架》，《管理现代化》2019年第4期。
④ 齐善鸿、孟令标：《企业家精神内涵研究：回顾、述评及未来展望》，《现代管理科学》2020年第1期。

质，企业家要不断用创新来寻求和应对变化，从而寻找到机会。① 直到现在，企业家精神也是一个研究热点，当然不同学者在对企业家精神的具体理解上存在一定差异。从国外学者对企业家精神这一概念理解的演变轨迹看，尽管不同学者对企业家精神不同特质的强调各有差异，但是大家现在对其内涵基本达成一致，特别是高度认可创新和冒险两个特质。②

从国内学者对企业家精神概念的理解情况看，大多数学者沿袭着西方经济学"企业家—企业家精神"的思想发展脉络，基本接纳了西方主流观点，只是在具体阐释上，会根据中国的实际情况，加入了一些差异性特质。从 20 世纪 80 年代初起，国内学术界便开始零星地对企业家精神进行研究，其中 1989 年有两篇较为重要的论文。一篇是王林生的研究，他在梳理了企业家精神概念来龙去脉的基础上，将其定义为"从事工商业经营管理的人士，在剧烈的市场竞争和优胜劣败的无情压力下养成的心态、价值观念、思维方式和精神素质"，并提出企业家精神包含"冒险精神、竞争和创新意识、经济核算和效益观念、追求盈利和扩张企业的冲动，以及与不断变动的市场经济相适应的其他思想素质"。③ 陈佳贵和王林生在同一年对企业家精神进行研究，他认为企业家精神就是"在经营管理企业的特殊环境中产生的一种体现企业家职业特点的思想意识、思维活动和心理状态"，它的主要特质是"创新精神、实干精神、开拓精神、拼搏精神和奉献精神"。④ 可以看出，陈佳贵也保留了企业家精神创新和冒险的"主核"，在论述创新精神时，沿袭熊彼特对创新的理解，同时开拓精神可以理解成冒险精神。当然，他所论述的实干精神、拼搏精神和奉献精神则是他对企业家精神特质的独特总结。在此以后，大多数学者沿袭这个思路去把握企业家精神的概念，只是在具体的研究方向上，各有侧重，或者加入一些自己的理解，

---

① 齐善鸿、孟令标：《企业家精神内涵研究：回顾、述评及未来展望》，《现代管理科学》2020 年第 1 期。
② 白全民、贾永飞：《公司企业家精神：研究评述及展望》，《科技创业月刊》2019 年第 4 期。
③ 王林生：《企业家精神与中国经济》，《管理世界》1989 年第 4 期。
④ 陈佳贵：《关于企业家精神的探讨》，《中国工业经济研究》1989 年第 3 期。

但是基本概念及其主要特质却没变。

但是,从国内企业家群体对企业家精神理解的情况看,他们更侧重于紧贴国内实际情况,依照"在当前时期企业家群体该具备什么样的特征"的思路去理解企业家精神。例如2018年进行的一项针对企业家法人为主的企业家群体的调查表明,当代中国企业家对企业家精神强调了5点,以被调查者认可的程度为序,由高到低依次为诚信(14.6%)、敬业(13.1%)、创新(11.3%)、乐于奉献(8.2%)以及造福社会(6.4%)。① 可以看出,国内企业家对企业家精神的把握更多还是强调在当前经济形势中,企业家应该具备的主要品质,而对于"企业家精神"核心的要素即冒险精神、创新精神则强调得不够。

企业家精神主要体现在创新和冒险,这两者大致相当于我们提出的创新和创业,只是后者未必一定是指新成立企业,也可以指从已存在的企业去寻找新的发展机会。其中,企业家精神的核心体现在创新实现。一方面,它将技术创新和企业生产运营过程结合在一起,使技术创新真正参与到价值创造的过程。事实上,大量的技术创新其实是和企业生产相脱节的,要实现技术创新的转化,就需要企业家独特的眼光,并逐步克服技术创新实现过程中的各种困难,最终将技术创新纳入企业生产过程中,创造出新增价值。另一方面,企业家精神强调了对变革永不满足的追求,它是一个动态的精神因素,不会满足于一时一地的成就。按照熊彼特的说法,创新是一个创造性破坏的进程,创新本身会不断进展,而企业家精神也不会停止。

二 企业家精神对技术创新能力提升的作用

尽管按照熊彼特的定义,企业家精神所体现出的创新和技术创新不是一个概念,但是二者依然有着千丝万缕的联系。只有积极发挥企业家精神,才会促进技术创新能力不断提升。这是因为,发挥企业家精神,有利于将真正具有价值的技术创新成果转化为现实生产力,从而完成技

---

① 李兰、仲为国等:《当代企业家精神:特征、影响因素与对策建议——2019中国企业家成长与发展专题调查报告》,《南开管理评论》2019年第5期。

术创新商业化的最关键一步。大量的技术成果，特别是较靠近技术创新链条前端环节的技术成果，在商业运用中并不能按照预期转化。而具备企业家精神的企业家或者其他经营管理者，能够敏锐地发现技术成果潜在的用途，并能用具有创新性的方式将技术创新成果商业化，实现技术创新成果的经济价值。

按照熊彼特的理论，企业家精神最重要的表现便是创新。关于创新，他认为创新将对原有产业体系产生创造性破坏，并使创新者获得超额利润，有人将这种创新理解成重大产业技术创新特别是对产业形态产生颠覆性影响的革命性创新。但是，正如前文所述，企业家精神所指的创新，并不是直接的技术创新，而是体现为对技术创新成果的采纳和应用，使其融入生产、销售及服务体系，从而产生与其他企业有差异的更强的竞争力。而根据核心竞争力的概念，它是指以技术创新为基础的，在企业内形成的一系列的、竞争对手难以模仿的能力组合。[①] 可以看出，企业家将技术创新与其他要素相融合，形成不可分割的竞争力因素，这便是核心竞争力。同时，还需要强调一点，只要能够充分运用技术成果，即便不是重大技术创新或者颠覆性的创新成果，如果能够使其充分与其他要素相融合，也可能大幅度增加核心竞争力，给创新者带来高利润。例如，集装箱作为运输业的一个业态模式，它能够发展起来主要依托的是与集装箱运输相关各环节的衔接以及管理模式的改变，而一旦这一业务模式成为现实就对全球运输发展产生革命性影响。[②] 从我国当前经济发展的实践看，许多企业依然存在不重视创新或者不擅长技术创新的情况。而只有发挥企业家精神，才能够真正认识到创新特别是技术创新的作用，并在现有的发展基础上，不断地创新性利用企业可获取的资源，在可能限度内加大企业创新投入并实现技术创新成果的价值最大化。另外，我国现在大量的科研成果无法完成转化，除了与体制原因有关（如高校和科研机构与企业在科研对接方面依然存在一些制度性障碍，降低了科研人员从事科研成果转化的积极性）外，一个重要的

---

① 严勇：《国外核心竞争力理论综述与启示》，《经济学动态》1999年第10期。
② ［美］马克·莱文森：《集装箱改变世界》，姜文波译，机械工业出版社2014年版，第110—151页。

原因是企业家精神的缺乏。在这种情况下，企业家只有积极发挥企业家精神，勇于创新，才能通过增加技术创新和其他创新的应用，增进企业核心竞争力，适应经济转型的大趋势。

此外，具有企业家精神的企业家，能够依靠敏锐的观察力对市场需求、技术演进等方面的趋势作出预判，从而对具体的技术创新提出需求。尽管对前沿技术而言，复杂的可能性导致人很难准确判断它的长远发展趋势，但是适度超前地对其走势进行判断依然还是有可能的。同时，未来一段时期内消费者具体需求动向的变化，也存在诸多可能并受到一系列难以准确预知因素的影响，因此准确判断未来需求的走势也难度很高。但是，具有企业家精神的人，他们往往对环境变化较为敏感，因而能比一般人以更加开放的心态看待环境的变化，也就相对能更好地准确理解这些变化。更重要的是，具有企业家精神的人能够综合各种创新形成一种新的产品或服务模式，并能在一定程度上引领消费时尚，从无到有地为新产品创造出消费者。因此，具有企业家精神的人，能够更准确预知技术创新走向，并能更有效率地利用技术创新。

三 当前时期弘扬我国民营企业企业家精神的途径

如果站在具体形态的人的角度去培育具有企业家精神的企业家，这将是一个涉及许多方面的系统工程，需要很长的时间才能见到成效。事实上，我们更为关注的应该是如何在宏观层面弘扬民营企业的企业家精神，在这方面，相应的途径会更为现实。在这种情况下，我们强调的企业家精神，就脱离了对具体企业家个人的过度依赖。具体来说，实现的途径包括如下几个。

（一）认清企业发展趋势，强化创新意识

我国经济转型的最重要特征之一便是对技术创新的强调，而企业未来的发展趋势便是要高度重视以技术创新为基础的创新体系建设。应该说，这一点现在已经深入人心，但是"知道"这一点，并不意味着企业经营者或者企业主便具备了真正的创新意识。创新意识作为企业家精神的核心，最重要的是将其化为行动，体现在技术研发、产品创新、生产方法与工艺、市场开拓、服务模式、企业组织管理等诸多方面。当前

我国正处于经济转型的关键时期，企业正面临着外部形势紧仄的局面，这在客观上倒逼企业经营者从各方面去寻求创新，以在变动的形势中谋求生存发展。

随着我国经济步入高质量发展阶段，经济转型持续进行，企业必须在所在领域内精耕细作，在微观层次内实现高质量发展。同时，知识产权保护水平的提高、先行创新者更容易获取"撇脂效应"以及创新竞争内在的"赢家通吃"的特征，都在提高创新的收益。在这种情况下，就应该不断强化创新的意识。从政府部门的角度看，应该积极组织中小企业的相关培训，积极宣传区域内成功企业的案例，树立发展标杆，鼓励更多企业加大创新力度。从企业的角度看，应该在自身SWOT分析的基础上，大胆探索，寻找出一条适合自己的创新模式。

（二）强化竞争政策，激发企业家精神

强化竞争政策基础地位，通过优胜劣汰的市场法则奖励具有企业家精神的企业。企业家精神的核心在于创新，只有在较为完备的市场竞争环境下，具有创新精神的企业才能够在竞争中击败不具备创新精神的企业，从而获得超额利润和快速发展的机会。如果一个产业中存在对市场具有很强影响力的垄断企业，则处于挑战地位的企业即便发挥企业家精神，也较难撼动在位垄断者的地位，从而无法对企业家精神的发挥形成激励。当前我国许多行业存在着程度不一的垄断问题，有的行业垄断问题还较为突出，这对企业家精神的培育和发扬显然不利。因此，应该贯彻中央提出的强化竞争政策基础地位的要求，将其真正落实到位，逐步建立起公平竞争的市场秩序，为企业家精神的培育和发挥创造基础。

（三）健全企业治理模式，促进民营企业由家族型企业向现代企业转变

当前阶段，家族企业在我国民营企业中是主流形式，这一企业形式的特点是企业的主要控股人（家族）便是企业的实际控制者，负责"操盘"企业，而企业的"掌舵人"的更替，主要是通过血缘关系传递，其中父子、父女之间的传承是最主要的形式。传统家族企业形式成为民营企业的主要治理模式，与这一模式在很长时间内比较适应经济发展形势有关。然而，随着经济发展模式的转变，家族企业的缺点不断凸

显,例如,企业的发展高度依赖"掌舵人",而许多的企业家在能力和意识上无法完全适应大环境的变化,无法走出过去成功经验的窠臼;企业"掌舵人"更替后,部分第二代企业家表现出综合经营和管理能力不如上一辈的问题,给企业的未来发展形势蒙上阴影;部分家族企业治理模式较为专断,影响了员工积极性和创造性的发挥;等等。在这种情况下,如果企业"掌舵人"不具备以冒险和创新为特质的企业家精神,则企业便很难适应环境的变化。对此,应该积极促进传统家族企业向现代企业形式转变,促进企业治理模式的转变。其中,最为重要的便是实行所有权和经营权分离,实施代理机制,由具有突出企业家精神的人才负责运营企业。

第六节 国有企业与技术创新

与民营企业相比,国有企业在社会主义经济建设中肩负着更多的社会责任。由于构建新发展格局、实现科技自立自强是在国际技术来源面临突然断裂风险的前提下推动的,要在尽量短的时间内突破关键核心技术、减少国际经济环境变化对我国经济发展的冲击,就不能仅仅只依托市场经济体制来调整技术创新的相关资源,因为这样所需的时间会较长,而且受限于企业特别是民营企业经济实力,短期内也较难集聚核心技术突破所需的资源规模。在这种情况下,发挥国有企业资金实力强的优势,弘扬其在国家经济建设中担负的特色社会责任,让它在技术创新中担任起更大的职责,将对提升我国自主技术创新能力特别是关键核心技术突破具有重要的作用。

一 新发展格局下技术创新需要国有企业更深程度参与

新发展格局下技术创新需要国有企业更深的参与,特别是关键核心技术突破要求国有企业发挥更大的作用。

其实,关于国有企业是否促进技术创新的问题,学术界存在较大争议。一部分学者认为,国有企业缺乏创新激励,技术创新效率低下,因而很难成为技术创新主体。例如,聂辉华等对2001年到2005年规模以上工业企业数据进行了研究，发现相对于其他企业，国有企业技术创新活动较多，且企业规模越大，这方面的优势越大。但是，其创新效率低下，技术创新活动并未对企业绩效起到明显作用。① 究其背后的原因，可能与企业竞争激励有关。经过几轮改革，国有企业已经从竞争性领域退出，它们在所在行业往往具有较强的垄断性。垄断地位会大大降低国有企业技术创新的动力，因为它们不需要技术创新便能在竞争中居于优势地位。相对于通过技术创新获取竞争力，国有企业维持甚至加强本身垄断地位对企业更为有利。因此，尽管国有企业加大了技术创新投入，但是国有企业并没有较强的激励机制将其转化为竞争力，最终产生了企业创新规模较大而其对企业绩效影响较小的现象。但是，也有一部分学者也认为，在许多国家的技术创新中，国有企业起到了积极作用。例如，著名经济学家、剑桥大学学者张夏淮等就认为，尽管主流的观点认为国有企业规模越大越不利于技术创新，但是韩国、中国台湾地区以及法国、澳大利亚和挪威等国家和地区的例子表明，国有企业在各国技术创新中发挥了积极作用。他们进一步分析到，国有企业在技术创新中的积极作用表现在它可以在私营企业不愿意进行创新投资时进行大量创新投入，从而使国家的产业技术政策得到更好实施，增加国家范围内的"学习租金"。② 应该说，这一观点比较客观地评价了国有企业在一些国家，特别是发展中国家技术创新中的作用。一些国家如阿根廷经历过大规模私有化进程，而在此过程中，出现了显著的"创新空心化"问题，即私有企业出于利润考虑而降低了研发投入，导致技术创新总投入大幅减少。同时，私有化的企业更倾向于技术引进，而非自主技术创新活动。③

在经济转型时期，国有企业在技术创新方面的重要性将更加突出。

---

① 聂辉华、谭松涛、王宇峰：《创新、企业规模和市场竞争：基于中国企业层面的面板数据分析》，《世界经济》2008年第7期。

② Ha-Joon Chang, Ali Cheema & L. Mises. "Conditions for successful technology policy in developingCountries—Learning Rents, StateStructures, And Institutions", *Economics of Innovation and New Technology*, 2002 (11), pp. 369 – 398.

③ 陆军荣：《妨碍还是促进技术创新——对国有企业技术创新功能的评析》，《社会科学》2013年第6期。

在经济转型期，民营企业将面临更大的竞争压力，即在低成本竞争力不断被侵蚀而以技术创新为依托的核心竞争力短期内难以形成的情况下，经历经营的"阵痛期"。在这一时期，由于面临巨大的生存压力以及短期利润下降的压力，即便意识到只有加大技术研发才能提升长期竞争力，大量民营企业也倾向于选择降低技术研发投入力度。当然，在我国当前情况下，由于经济转型与国外经济环境剧烈变化叠加，部分民营企业面临国外技术来源受限的冲击，因而技术创新动力会显著提升，但是受到民营企业最近几年经营困难而资金实力不强的影响，这些企业难以大幅提高技术创新投入。在这种情况下，国有企业的作用将更加凸显。与民营企业技术创新强调其对竞争力、财务指标的影响不同，国有企业在技术创新投入方面可以立足更加长远的发展目标以及基于社会责任意识响应政府政策引导而持续加大技术创新投入。虽然目前大多数国有企业依然处于垄断行业，垄断地位在一定程度上不利于其创新积极性的发挥，但是随着我国经济体制改革的持续推进，各个产业进入门槛将不断下降，同时以混合所有制为内容的新一轮国有企业在很大程度上激发了企业发展的动力，这些因素将有效增加国有企业技术创新的动力。

二 新发展格局下国有企业技术创新方式

新发展格局下，国有企业应积极参与各种技术创新活动，特别是关键核心技术研发。根据国有企业改革形势和技术创新趋势，国有企业技术创新方式包括如下几种。

一是在企业现有研发体系基础上，继续加大研发投入，不断提升技术创新能力，特别是在关键核心技术方面谋取突破。国有企业特别是国资委管辖下的中央企业，企业规模大，资金实力雄厚，企业内部研发机构建设基础好，因此国有企业具备在新发展格局下提升自身技术创新能力的各种资源基础。在这种情况下，部分超大型国有企业本身具有凭借自身实力或者以自己为主体联合其他企业、高校和科研机构进行包括关键核心技术在内的重大技术研发的实力。在这种情况下，这些具备条件的国有企业应该在不断完善现有研发体系基础上，不断加大研发投入，聚焦所在行业内的关键核心技术，逐步增加技术积累，力争尽快实现关键核心技术突破。

其中，最重要的是组建产业技术联盟方式。尽管少数超大型国有企业可能具备独立承担研发活动的实力，但是单个企业具备所有资源还是比较困难的，特别是制造业内的国有企业即使规模超大，其整体实力与服务业内超大型国有企业（如金融企业）还是存在差距，同时关键核心技术突破不仅需要企业参与，还需要高校和科研机构提供基础研究和前端应用研究的知识和智力支持。由于我国产业技术联盟建设依然滞后，普遍存在规模偏小、合作紧密度较低、创新效率低下的问题，而在重大技术联合创新方面，超大型国有企业可以作为主要组织者和参与者，组建产业技术联盟，对如何组建高效率、大规模的产业技术联盟进行探索。这将产生两方面的溢出效应：一方面，技术研发本身获得技术成果以及在产业技术联盟内研发人员在科学探索中获得的"干中学"的知识，将在技术成果应用过程和研发人员参与其他研发活动中，逐步扩散到其他企业中，从而对相关产业整体技术水平提升产生积极作用；另一方面，组建大型产业技术联盟的相关组织经验、管理制度等有益经验将逐步扩散，从而有利于我国产学研深层合作，促进我国自主技术创新水平的提升。

二是对于没有能力独立进行关键核心技术研发，并且无力或者不愿意以自身为主导组建产学研联盟的大型国有制造业企业，可以积极参与本产业内的新型举国体制技术研发项目，支持关键核心技术研发。新型举国体制的探索，最大的挑战之一便是缺乏企业特别是大型企业的参与。国有企业作为我国经济发展的主导力量，应该积极参与新型举国体制项目组建和探索进程，并在整个研发周期中都始终作为主导力量。一方面，国有企业的积极参与，将有利于新型举国体制项目的加速推进，并有利于不断吸引其他创新主体加入；另一方面，由于国有企业不过分追求短期利益、注重整体利益和社会责任，国有企业全程主导型参与，有利于新型举国体制项目在保持稳定的前提下对其组织机制、管理制度、合作规则的不断完善展开探索。

参与新型举国体制对国有企业本身也有好处。第一，作为大型企业，关键核心技术突破将对本身经营以及竞争力提高产生重大影响，它从中受益的程度将大大超过规模相对较小的其他企业，进而有利于国有资本保值增值。第二，积极参与新型举国体制项目将有利于国有企业充分借鉴和学习大型产业技术联盟的组织和运行经验，并有助于扩展合作的资源，从而有效促进企业未来的自主技术创新能力提升。

三是对于企业业务之外的产业技术研发，特别是关键核心技术研发，国有企业可以以多种方式参与其中。大量国有企业位于垄断产业领域，它们所在行业技术问题并不突出，例如部分超大型国有企业属于服务性行业特别是传统服务型行业，而当前我国"卡脖子"的关键核心技术领域大多位于制造业领域。照理说，这些国有企业本不应参与其他产业的技术研发。但是，在我国正常的引进技术渠道受阻、面临着加速自主技术创新的任务而许多产业内企业即便通过新型举国体制也未必能集聚起足够的各项创新资源的情况下，资金实力雄厚的国有企业参与其中，能够有效解决这些产业短期创新资源特别是资金投入不足的问题，促进关键核心技术研发尽快取得突破。当然，国有企业也能够从中受益。产业关键核心技术往往蕴含着巨大的潜在收益，虽然国有企业主导业务可能与这些技术无关，但是可以通过事先约定，按照一定比例享受产业技术研发成功后的相应分成。

另外，国有资本还可以通过兼并、入股其他产业内企业的方式，参与其他产业关键核心技术研发。当前我国国有企业改革设置了国有资本投资公司和运营公司，为国有资本入股其他性质的企业创造了条件。相对于国有企业以资金投入等方式直接参与到其他产业的技术研发进程，通过股份的方式进入这些产业内，再间接参与技术研发的方式对国有资本益处更大，也更符合国有资本发展定位。这是因为，国有资本入股各个产业特别是制造业中的优异公司，再通过这些公司参与到关键核心技术研发，如果取得突破，国有资本入股的企业竞争力有望大幅提升，企业各项绩效指标也将快速提升，国有资本将因此实现保值增值目的。从产业发展角度看，国有资本入股其中的企业，扩大了整个行业的资金实力，解决了关键核心技术研发的各项资源投入问题，加速了技术突破的进程，这对整个产业核心竞争力的提高将大有裨益。从国家发展战略角度看，尽快解决"卡脖子"技术对经济制约的问题、实现科技自立自强是当前构建新发展格局中的最突出任务，国有资本以此方式参与进去，显然有益于国家战略的实现。综合起来看，这完全符合国有资本投资公司服务国家经济发展战略、优化国有资本产业布局、提升经济竞争力的目的，属于典型的"多赢"。

三 以技术创新推动世界一流企业建设

党的十九大报告明确提出了要"深化国有企业改革，发展混合所有制经济，培育具有全球竞争力的世界一流企业"，将培育世界一流企业作为未来国有企业发展的战略性任务。世界一流企业的标准较高，一般企业在短期内很难达到，而中央企业规模大、竞争力强、国际影响力足，是当前建设世界一流企业的主力。从2018年开始，国有资产管理委员会选取了包括航天科技、中国石油、国家电网、中航集团、中国中车集团等11家中央企业作为世界一流企业的示范企业。应该说，这11家企业开启了我国建设世界一流企业的进程，并带动更多企业加入这一行列。在建设世界一流企业的过程中，技术创新将成为主导因素，我们应该将建设世界一流企业的进程同技术创新水平不断提升结合在一起。

关于世界一流企业的标准，核心便是要"具有全球竞争力"。对于具体标准的设置，我们不应该过于泛化，特别是不宜过度强调规模指标，而应该着重强调核心竞争力。以往衡量企业竞争力的指标体系，往往过于强调企业规模，将企业规模大等同于竞争力强。其实，企业规模可以通过资本运营、投资建厂等方式快速实现，而竞争力提升则是个缓慢的过程，特别是要具备较强的全球竞争力难度更大。目前，有一点在学术界和企业界已经形成广泛共识，即核心竞争力的关键要素便是技术创新。在这种情况下，只有在技术创新领域实现了全球领先，这家企业才能真正达到世界一流。因为只有在技术创新水平居于领先地位情况下，企业才能在产品和服务方面居于高端，在较大程度上引领整个产业发展趋势，从而对整个产业发展施加影响，而具备这样条件的企业才能成为世界一流。从全球目前世界一流企业的情况看，它们无不在各自技术领域居于领先地位，有的企业甚至是在对所在产业施加了颠覆性影响之后发展壮大起来的。

在建设世界一流企业时，必须将技术创新特别是关键核心技术突破作为主要任务。从我国目前建设世界一流企业的 11 家示范企业的情况看，其中的制造业企业和科技型服务企业，都属于技术创新水平突出的企业。其中，部分中央企业已经突破关键核心技术，整体技术水平已经居于全球领先水平，如我国高铁产业主要制造企业之一的中国中车集团。因此，对这些示范企业而言，实现关键核心技术突破难度不大，不成为制约其建设世界一流企业的因素。但是，技术创新能力建设依然是这些企业建设世界一流企业的重点。一方面，技术创新能力的领先性是一个动态概念，要保持世界一流企业地位，就必须不断提升技术创新能力，在动态中保持技术领先地位。否则，企业一旦固步自封，在技术创新上停滞不前，或者技术创新的步伐慢于竞争对手，则会"不进则退"，企业全球竞争力将不断下降，逐步退出世界一流的地位。因此，对这 11 家示范企业而言，不断提升技术创新能力依然是未来建设世界一流企业的重点，而不能放松。另一方面，这 11 家示范企业只是第一批企业，未来要建设的世界一流企业将更多。尽管目前来看，建设世界一流企业的主体依然是国有企业特别是中央企业，但是未来很可能会突破现有范围，包括集体企业、民营企业都会被纳入。对于这些建设世界一流企业的潜在候选者而言，并非所有企业都具有世界领先的技术水平。在这种情况下，突破关键核心技术，在技术创新方面实现由追随者向并行者甚至领先者转变，是许多潜在世界一流企业必须应对的挑战。因此，不论哪一种情况，不断提升技术创新能力都将是建设世界一流企业的重点，二者必须同步进行。

在建设世界一流企业时，必须着重解决好技术创新与竞争力转换的问题。作为建设世界一流企业的重点，国有企业特别是中央企业往往处于垄断行业。这便产生一个问题，即企业技术创新能力提升与竞争力提升是脱节的，技术创新能力提升的经济潜力不能全部发挥。对此，首先，要鼓励企业积极"走出去"，不仅面向发展中国家的市场，也要面对欧美等发达国家的市场，不断在国际竞争中提升自身的竞争力，增强技术创新动力，切实在竞争中增强企业实力，使世界一流企业的名号实至名归。其次，要在组织建设、管理机制方面加强改革，切实将技术创新能力提升作为企业工作的重点。例如，在对国有企业主要管理者的考核中，将技术创新建设作为重要考核内容，并在具体考核中特别重视技术创新成果的转化。这就在很大程度上解决了技术创新动力和技术创新与竞争力脱节的问题。最后，要增强世界一流企业的荣誉感，将技术领先与国家荣誉、企业荣誉联系起来，增强企业不断提升技术创新动力。例如，我国高铁产业的主体企业也是国有企业，尽管技术创新能力已经居于世界前列，但是技术创新步伐依然较快，不断打破相关的世界纪录，背后的重要原因便是巨大的荣誉激励企业在技术创新方面不断努力。

第四章　深化供给侧结构性改革促进供给效率提升

2015年底我国提出要实施供给侧结构性改革，经过几年的推进，供给侧结构性改革已经取得了突出成效。在构建新发展格局中，应该在巩固供给侧结构性改革成果的基础上，根据新的发展需要，通过完善供给结构，不断提升供给效率，从而为畅通国内大循环打好基础，并提升国内大循环的效率。需要强调的是，技术创新在供给侧结构性改革中居于重要地位，但是这在前文已有论述，本章不再赘述。

第一节　继续巩固"三去一降一补"改革的成果

2016年正式开始实施的、以"三去一降一补"为主要内容的供给侧结构性改革，取得了显著成效。2020年受到新冠疫情影响，我国经济发展的外部环境发生巨大变化，供给侧结构性改革的实施也受到一定程度影响。但是，一方面，供给侧结构性改革作为我国经济工作主线的地位未变，而要深化供给侧结构性改革，首要的前提是巩固前期的成果。另一方面，外部环境的变化，特别是扩大内需地位的提升，有可能导致地方政府放松对前期供给侧结构性改革的相应要求，而出现部分改革内容的反复。这就要求我们在通过深化供给侧结构性改革构建新发展格局过程中，必须把巩固前期改革成果作为基础。

一　我国"三去一降一补"相关改革取得的成效

以去产能、去库存、去杠杆、降成本、补短板为内容的"三去一降一补"改革是过去一个阶段我国供给侧结构性改革的主要内容。这5项任务，既包括短期内需要尽快解决的、影响经济增长的突出性问题，又包括在长期内需要逐渐解决的深层次矛盾。整体来看，经过几年的改革，这5项任务均取得显著成效，特别是在解决短期性突出问题方面表现得尤为突出，而在深层次问题方面，虽然它们很难在短期内取得明显效果，但是部分问题在一定范围、一定程度内得到缓解，为今后深化供给侧结构性改革、逐步解决这些问题打好了坚实基础。具体来说，表现为如下几个方面。

在去产能方面，相关改革取得了良好的效果，高污染、高耗能、产能规模小的低端产能得到较好治理，产能的高端化成效显著。2018年的政府工作报告表明，2013年到2017年我国政府累计安排1000亿元专项资金用于支持钢铁、煤炭等重点行业去产能，5年间钢铁累计退出产能1.7亿吨，煤炭累计退出产能8亿吨，安置分流员工则超过110万人。2018年，我国钢铁产业超额完成当年的3000万吨去产能任务。[①] 随着去产能工作的顺利推进，国家发展和改革委员会出台的《关于做好2019年重点领域化解过剩产能工作的通知》中指出我国"全面转入结构性去产能、系统性优产能新阶段"[②]。整体而言，在去产能政策推动下，我国部分产能过剩问题突出的行业整体产能大大优化，低端供给过剩、中高端供给不足的情况得到全面转变，供给效率得以大幅提升。这一点可以从钢铁和煤炭的价格情况看出端倪，从2016年开始，钢铁和煤炭价格一改过去几年价格低迷的状况，呈现快速上涨趋势。

在去杠杆方面，作为2017年和2018年我国经济建设的主要任务，去杠杆取得显著成效。从2015年10月开始，我国杠杆率呈现快速上升趋势，通过去杠杆的相关措施，2017年这一势头得到遏制，该年杠杆率仅为2.3%。[③] 到2018年9月，我国杠杆率被有效控制住，而"去杠

---

① 《新闻办就2018年工业通信业发展情况举行发布会》，中央人民政府网（http：//www. gov. cn/xinwen/2019 -01/29/content_ 5362017. htm#1），2019年1月29日。
② 《关于做好2019年重点领域化解过剩产能工作的通知》，中央人民政府网（http：//www. gov. cn/xinwen/2019 -05/09/content_ 5390005. htm），2019年5月9日。
③ 张晓晶、常欣、刘磊：《中国去杠杆进程》，《中国经济报告》2018年第5期。

杆"任务转变为"稳杠杆",至此,杠杆率过高引发的问题不再突出。

在去库存方面,通过相关的措施,房地产库存面积明显下降,去库存政策取得良好效果。根据国家统计局的相关数据,2016年我国商品房待售面积为69539万平方米,比2015年下降3.9%;① 2017年降低至58923万平方米,比2016年下降15.3%;② 2018年则继续下降至52424平方米,下降幅度达到11.0%;③ 2019年,商品房待售面积继续下降至49821万平方米,比2018年下降了5.0%;④ 2020年末商品房待售面积为49850万平方米,比2019年略有提升。⑤ 由于2020年我国经济受到新冠疫情影响,人们的收入受到严重冲击,加之消费的环境受到疫情制约,因而商品房待售面积出现小幅度回升属于特殊情况。综合起来看,从2016年开始,我国商品房待售面积累计下降了28.3%,整体政策效果较好。

在降成本方面,通过一系列措施,企业的相关成本负担明显降低。从2016年开始,我国推行"营改增"政策,当年减税总金额便高达5000亿元。⑥ 而根据国家发展和改革委的数据,2017年我国累计降成本幅度达到1万亿元,其中涉企收费减负达到1700亿元;⑦ 2018年我国降成本累计达到1.1万亿元左右。⑧ 根据2020年和2021年的《政府工作报告》,2019年我国减税降费累计达到2.36万亿元,明显超出原定的规模(不到2万亿元);2020年在既有规模基础上,新增减税降

---

① 《2016年全国房地产开发投资增长6.9%》,国家统计局网(http://www.ce.cn/xwzx/gnsz/gdxw/201701/20/t20170120_19752357.shtml),2017年1月20日。
② 《2017年全国商品房销售面积16.9万平方米》,国家统计局网(http://finance.sina.com.cn/roll/2018-01-18/doc-ifyquixe3834739.shtml),2018年1月18日。
③ 《2018年1—12月全国房地产开发投资和销售情况》,国家统计局网(http://www.stats.gov.cn/tjsj/zxfb/201901/t20190121_1645782.html),2019年1月21日。
④ 《2019年1—12月份全国房地产开发投资和销售情况》,2020年1月17日(http://www.stats.gov.cn/tjsj/zxfb/202001/t20200117_1723389.html),国家统计局网。
⑤ 《2020年1—12月份全国房地产开发投资和销售情况》,2021年1月18日(http://www.stats.gov.cn/tjsj/zxfb/202101/t20210118_1812429.html),国家统计局网。
⑥ 《营改增去年累计减税超5000亿元》,《经济参考报》2017年1月13日第1版。
⑦ 《去年降成本达1万亿元继续推进物流降本增效》,人民网(http://m.people.cn/n4/2018/0212/c141-10547960.html),2018年2月12日。
⑧ 《发改委:全年降成本预计超1.1万亿》,《经济参考网》2018年8月17日第1版。

费 5000 亿元左右。另外，其他方面的降成本措施也降低了企业负担，如工商电费实行 5% 的减费，宽带和专线等执行 15% 的减费。整体来看，由于降成本涉及的因素众多，同时考虑到我国经济发展面临新冠疫情、国际经贸环境波动带来的挑战，今后降成本政策还会持续一段时间，相应的成效也将更加显著，企业成本负担过重问题将进一步缓解。

在补短板方面，针对经济发展过程中的短板性因素，我国政府出台了包括针对重大基础设施、脱贫攻坚战、技术改造、技术创新、农业农村、生态环保等诸多领域的政策措施，取得了良好成效。例如，在脱贫攻坚战方面，到 2020 年底，我国已经实现全面脱贫；在重大基础设施方面，一批重大项目已经建成完工或者正在建设之中，对于促进供给效率提升起到了有效支撑作用。当然，短板性因素数量较多且关系错综复杂，里面涉及许多深层次问题，因此部分短板性因素的改革尚未取得根本性成效，需要在今后的改革中继续深化。

总之，经过几年的改革，"三去一降一补"相关改革取得了较好的成效，在一定程度上推动了供给质量的提升和供给效率的提高，为未来的进一步改革创造了良好基础。

二 巩固前期供给侧结构性改革成果的必要性和面临的挑战

巩固前期改革成果，防止相关改革内容出现反复，对于今后深化供给侧结构性改革乃至促进我国经济发展都具有重要意义。这是因为，前期供给侧结构性改革主要针对短期内我国供给侧出现的突出问题以及现在需要着手解决的部分长期性问题而展开，能够取得这些成果，在很大程度上是以牺牲经济发展速度而得来的。整体而言，前期的供给侧结构性改革成果对于提升供给效率、推动产业结构升级和经济转型都有较好的积极效果。如果不能巩固前期供给侧结构性改革的相关成果，而在今后出现部分政策的反复，将对我国经济发展十分不利。一方面，这有可能导致我国供给侧结构性改革的部分领域陷入"存在问题—采取措施解决—情况变化—政策反复—再次出现相同问题"的恶性循环，从而严重影响我国相关改革的逐步推进。另一方面，政策的反复会影响到各方对我国供给侧结构性改革以至其他改革的信任和信心,从而严重影响各项改革的推进。因此,只有巩固这些改革已经取得的结果,在此基础上进一步推动相应的改革措施,才最有利于我国长期经济发展。

但是,随着宏观经济环境的变化,前期部分改革成果面临着出现反复的风险。具体来说,表现在如下几个方面。

一是受新冠疫情影响,我国在未来一段时间面临经济发展乏力的问题。从经济发展的趋势看,即便没有新冠疫情的影响,我国经济发展速度自进入新常态以来,也呈现逐步下降的趋势。2015年我国GDP增长率为7.0%,之后便进入"6%时期",2016—2019年4年的经济增长速度分别为6.8%、6.9%、6.7%、6.1%,整体呈现一路走低的态势。根据这一发展趋势,即便没有新冠疫情的影响,2020年之后的经济增长速度也可能只维持在6%左右,甚至会更低一些。从实际状况看,由于新冠疫情从需求和供给两个层面对经济发展造成负面影响,2020年我国经济增长速度仅为2.2%,2021年经济增长速度出现了"报复性反弹",达到8.1%,2022年则进一步降低,达到3.0%。尽管受到新冠疫情的影响,经济增长率在一定程度上被低估,但是整体而言,我国经济增长的潜力不会比这一速度高太多。同时,国际经济发展环境出现的一系列挑战,将对未来我国经济发展形成显著的负面作用。在这种情况下,未来我国经济发展将面临很多困难。

为了应对新冠疫情以及不利外部环境对经济发展的冲击,我国在未来一段时期内将面临保持一定经济增长率的压力。在这种情况下,各级政府存在放松前期供给侧结构性改革相应措施的动力,从而使得前期供给侧结构性改革的部分成果前功尽弃或者效果大打折扣。例如,部分不符合要求的低端产能可能会卷土重来;为了促进经济增长速度的提升,地方政府可能会放松对"去库存"的相关要求,发挥房地产对经济增长带动作用强、效果立竿见影的特点,加大房地产投资,从而在长期内造成"去库存"压力的进一步加大。

二是受到经济发展环境的影响,地方政府财政收支问题可能在短期内更加突出,从而影响部分前期供给侧结构性改革的巩固。受新冠疫情等因素影响,我国经济发展面临诸多困难,而政府财政特别是地方政府财政的收支状况可能更加恶化。一方面，经济发展速度降低，实体经济发展状况不佳，将影响到地方政府的税收状况和土地出让金收入，从而降低地方政府财政收入水平。另一方面，为了应对新冠疫情对经济发展的影响，地方政府需要加大财政支出力度、强化对企业的税收优惠以及扩大各项扶持政策。两方面因素的结合，将加大地方政府面临的财政压力，使其缺乏足够的资金实力去巩固部分前期供给侧结构性改革的成果。

例如，在降成本方面，为了促进实体经济发展、提升制造业发展水平，政府部门需要在更广范围、更大力度上推进降成本的相关改革，以便切实降低企业成本，为其在经济转型期顺利发展转型创造条件。这主要涉及两个方面的问题，一方面是直接给企业降低税费负担。整体而言，这方面依然有进一步改革的空间，但是费用的下降空间随着改革的推行将越来越小。另一方面则是通过政府的改革措施及投资，降低企业的某些成本负担，其中最突出的便是物流成本。无论哪个方面的措施，都涉及政府财政收入的减少或者支出的增加，在地方政府财政吃紧的情况下，这些措施很容易受到影响而无法贯彻到位，甚至之前已经采取的部分措施，都有可能出现反复。

三 巩固前期供给侧结构性改革成果的战略举措

在当前的经济形势下，巩固前期供给侧结构性改革成果面临着巨大挑战。我们必须坚定战略恒心，采取措施巩固前期相关改革成果，并与未来深化供给侧结构性改革做好衔接。具体来说，需要做好如下几个方面。

一是严格落实相关要求，切实将保持好前期改革成果、防止反弹作为深化供给侧结构性改革的基础。巩固供给侧结构性改革前期成果的关键在于不断强化战略定力，在面临各种挑战时，防止"病急乱投医"，对供给侧结构性改革可能出现的反弹现象保持高度警惕，在坚持"有所为有所不为"的前提下，实现短期利益和长期利益的有机结合。我们追求的经济增长是高质量发展前提下的经济增长，即便是在面临诸多挑战而要保持一定经济增长速度时，也不会重回高速增长阶段的经济发展模式。在供给侧，这体现为供给效率的提升以及中高端供给数量的增加和低端供给数量的减少。各级政府在制定和实施政策时，必须以此为准则，不能因为经济发展面临暂时的困难便重新采取过时的、不合时宜的经济增长政策。其中，最为突出的便是低端产能问题。对此，在未来的相关改革过程中，政府部门必须严格审核新增产能，并加强对产能变化的动态监控，保证在调控经济发展的进程内，不会出现低端产能卷土重来的问题。

二是根据现实的变化，在科学分析前期成果目标要求的深层原因基础上，对部分内容作出适度变动。事实上，我国在过去供给侧结构性改革相关措施的制定和实施过程中，会及时根据实践的变化而修改其中的部分内容和目标。例如，在去杠杆的过程中，政府部门对企业杠杆率的变化采取了灵活的态度。与欧美等发达国家的企业以直接融资手段为主不同，我国企业融资高度依赖于以银行贷款为主要途径的间接融资手段，这便导致我国企业的杠杆率明显偏高。如果在去杠杆过程中，不注意到这一点，而仅仅关注杠杆率变动本身，就会导致企业的正常发展受到影响进而不利于宏观经济发展。针对这一问题，2016年10月国务院出台了《关于积极稳妥降低企业杠杆率的意见》，国家发展和改革委员会发言人对此政策进行解读时，明确表示去杠杆不搞"一刀切"，不会要求所有企业都降低杠杆，对于成长性良好、杠杆率低的企业还鼓励增加杠杆。[①] 当前我国企业杠杆率的状况又发生了很大变化，在巩固供给侧结构性改革前期成果过程中，必须注意到这些变化。要在综合分析我国推行去杠杆措施的原因、背景的前提下，对去杠杆问题保持全面客观的认识，而不能仅仅拘泥于去杠杆措施执行过程中的各项具体目标，将其作为巩固去杠杆成果的唯一标准。只有如此，才能真正科学地巩固供给侧结构性改革的前期成果。

三是做好巩固前期改革成果与未来深化供给侧结构性改革的衔接工作。一方面，未来深化供给侧结构性改革应该在巩固前期改革成果基础

---

① 《发改委：去杠杆不是简单降低所有企业杠杆率》，中华网（https://economy.china.com/domestic/11173294/20161013/23762363.html），2016年10月13日。

上继续优化提升，一般情况下不应该出现反方向操作。应该说，过去几年我们推行的、以"三去一降一补"为主要内容的供给侧结构性改革，是在党中央、国务院等部门深思熟虑基础上实行的战略性措施，对于我国经济建设的不断优化提升具有深远的意义。因此，在未来深化供给侧结构性改革过程中，应该注重在前期改革成果基础上实现优化提升，使得改革沿着既有思路不断向"深水区"推进，除非某些特殊情况变化的需要，一般不应出现反向操作。另一方面，深化供给侧结构性改革政策应该处理好改革的动态性和稳定性关系。新的供给侧结构性改革政策应该以前期改革政策为基础，根据新的发展形势进行适度调整后推出，政策变动幅度在短期内不宜过大，否则会造成政策执行部门顾此失彼，妨碍已有改革成果的巩固。例如，可以根据产能的变动情况，在未来合适的时机，继续进行新一轮的去产能改革，只是这次去产能的数量和质量标准与过去相比将发生较大变化。

另外，前期供给侧结构性改革中部分领域，其改革并未全部完成，需要在未来予以特别关注。例如，房地产的去库存问题到目前为止依然存在，只是经济形势的变化使得这一问题不再突出。对此，未来的供给侧结构性改革必须继续对此进行改革，逐步改善房地产库存状况。

第二节 完善供给结构

不断完善供给结构，是促进供给效率提升和质量提高的基础。当前阶段，我国完善供给结构的主要任务包括两个，即提升制造业地位以促进制造业发展和大力发展新兴产业。本节将主要围绕这两个任务展开分析。

一 不断提升制造业地位

制造业是实体经济的主要部分，也是一个国家经济体系的基础。完善供给结构，首要任务便是要不断提升制造业地位，促进制造业发展。从我国制造业（工业）发展的情况看，随着经济发展水平的持续提高，工业（制造业为工业主体）比重一路走低，"去工业化"趋势特别显著。这一趋势从2010年开始逐步显现出来，2010年我国工业增加值占国内生产总值比重为40.1%，到2015年降低到34.1%，到2021年进一步降低到32.6%。按照传统的产业结构理论，服务业比重逐步上升，工业（制造业）比重逐步下降，是工业化后期产业结构升级的普遍规律，属于产业结构升级的表现。换言之，工业比重的下降和服务业比重的上升，是一种不可避免的、对经济发展有益的现象。

然而，正如有的研究所展示的，工业化可以划分为浅层工业化和深层工业化两个阶段，前者主要体现为工业比重的扩张，而后者则是以提高工业发展质量及核心竞争力为主要特征的收缩型工业发展阶段。应该说，我国目前只完成了浅层工业化，而深层工业化还远未完成，这突出体现在我国许多工业行业尚未掌握关键核心技术，产品高端化严重不足，竞争力依然停留在低成本竞争力阶段，以技术创新为支撑的核心竞争力尚未建立或者完善。在这种情况下，工业化比重的过快下降，实际上便是"过度去工业化"。[①] 这一点可以从我国工业企业的整体发展情况看出端倪。如表4－1所示，2015年之前，我国规模以上工业企业的相关指标都呈现快速提高趋势，而在2015年之后，主要指标增速明显下滑，部分指标甚至出现负增长现象。从企业单位数指标看，2000年我国规模以上工业企业为162885家，2015年提高至383148家，而到2021年则为441517家，尽管2020年的数量比2015年有所提高，但是增速明显下降，2015—2019年中个别年份还出现了数量下降的情况。资产总计指标也出现类似的现象，2000年为126211亿元，到2015年则提高至1023398亿元，15年间名义增长率达到710.9%，即便扣除物价因素，这一增长率也很高。而从2015年之后，资产总计的增长幅度明显放缓，到2021年仅为1466716亿元，名义增长率仅为43.3%，这一增长率较前一阶段明显降低。从净资产指标情况看，2021年规模以上工业企业净资产为638231亿元，比2015年名义上提高了43.7%，比资产总计的增长率还低。与之相比，利润总额指标的问题更加突出，

---

① 魏后凯、王颂吉：《中国"过度去工业化"现象剖析与理论反思》，《中国工业经济》2019年第1期。

2015年以来利润总额增长率更低,从66187亿元上升至2021年的92933亿元,名义上增长了40.4%,这还是在2021年增速特别明显的情况下实现的。

表4-1　　2000—2020年我国规模以上工业企业主要指标

年份	企业单位数（个）	资产总计（亿元）	负债总计（亿元）	净资产（亿元）	营业收入（亿元）	利润总额（亿元）
2000	162885	126211	76744	49467	84152	4393
2005	271835	244784	141510	103274	248544	14803
2010	452872	592882	340396	252486	697744	53050
2015	383148	1023398	579310	444088	1109853	66187
2016	378599	1085866	606642	479224	1158999	71921
2017	372729	1121910	628016	493894	1133161	74916
2018	374964	1153251	653871	499380	1057327	71609
2019	377815	1205869	681085	524784	1067397	65799
2020	399375	1303499	755386	548113	1083658	68465
2021	441517	1466716	828485	638231	1314557	92933

资料来源:国家统计局网站及《中国统计年鉴》(2020年和2021年)。其中,净资产数据采用"净资产=总资产-总负债"的计算公式而得,即用当年的资产总计减去当年的负债总计。

可以看出,我国工业比重的下降与工业企业整体指标的增速放缓甚至负增长同步发生。我国工业企业的各项指标增长率出现转折集中于2015年之后的几年内,在这么短的时期企业核心竞争力转型不可能出现大的变化,因此很难用"产业结构优化升级"去解释。联系到我国最近几年来经济发展的实际状况,我国工业化比重的快速下降与经济处于发展转型阶段、实体经济发展面临一系列困难相关,相关指标的变化在很大程度上反映了大量工业企业难以适应其中的变化,制造业整体发展状况不佳。部分学者依然以产业结构变化的规律为依据,认为工业比重下跌属于正常现象,不应该特别强调制造业比重问题。[①] 对此,需要

---

① 赵伟:《"十四五"期间中国经济发展不宜设定制造业占比指标》,《探索与争鸣》2021年第1期。

特别说明的是，所谓的产业结构变化的规律，是基于西方发达国家的一条经验性规律，它未必适用于所有国家。同时，美国等国家虽然工业比重出现下降，只是劳动力价格的上升使劳动密集型产业以及资本和技术密集型产业中的劳动密集型环节不具备竞争力，因此转移到具备劳动力价格优势的国家或者地区。而制造业中的高端环节，即国际产业分工"微笑曲线"中的技术研发和营销环节则并没有转移，因而美国依然是全球制造业大国和强国，并在国际分工体系中居于优势地位。与之相比，我国当前尚未在制造业国际分工体系中占据高端地位，而制造业出现了提前衰落趋势，这种现象表明我国当前的去工业化是过早的，必须通过政策予以干预。

另外，国际金融危机的经验表明，过度产业空心化的国家的经济更容易遭受外来冲击，且较难从外部冲击中及时恢复。这也是大量国家重提"再工业化"的深层次原因之一。作为一个幅员辽阔、人口数量众多、东中西地区发展不均衡的国家，我国制造业的转移完全可以在内部进行，将制造业创造的就业机会以及其他经济利益保留在国内，从而最大限度地服务于国内经济发展。然而，当前出现的过度去工业化，使得部分产业向外迁移，特别是非战略性产业的迁移，造成国内就业岗位减少，在一定程度上对经济发展形成负面影响。从构建新发展格局、强化国内大循环主体地位的角度看，过早去工业化造成我国实体经济发展不足，对抵御外部的各种冲击明显不利。

因此，不断提升制造业地位，促进制造业健康可持续发展，保证制造业比重不过快下跌，对我国未来构建新发展格局和促进经济可持续发展具有举足轻重的意义。同时，这也是新发展阶段深化供给侧结构性改革的前提。只有不断提升制造业地位，在保证制造业健康发展基础上加速其优化升级步伐，才能保证供给效率提升具备坚实基础。

二 大力发展新兴产业

新兴产业是一国经济体中发展潜力最大、最活跃的产业，一旦发展成熟，新兴产业能够成为一个国家新的经济增长点，并对整个供给体系产生重要影响。例如，20世纪90年代兴起的信息技术革命，不仅成为主要发生地美国的重要经济增长点,还深刻影响了其他产业,对整个供给体系产生了革命性影响。因此,大力发展新兴产业,是优化供给结构的重要内容,也是强化国内大循环主体地位的重要支撑。

(一) 我国新兴产业发展状况

改革开放以来,我国对新兴技术和新兴产业都比较重视,但是由于产业和技术基础较为薄弱,在较长时期内新兴产业的发展都比较滞后。新兴产业真正快速发展是在国际金融危机之后,在当时应对危机的措施体系中,扶持新兴产业发展成为核心内容之一。最早确定的战略性新兴产业主要包括新能源、新能源汽车、节能环保、新兴信息技术产业、生物产业、高端装备制造业和新材料等七大产业,后来具体产业的种类又有所变动,如大数据、人工智能都成为新兴产业的重要组成部分。

在相关产业政策的引导扶持下,我国新兴产业得以快速发展。从近几年新兴产业发展的情况看,根据国家信息中心的研究报告,2015年到2019年战略性新兴产业规模以上工业企业增加值年均增速达到10.4%,高于同期全部规模以上工业增加值增长率4.3个百分点;服务业企业营业收入年均增速达15.1%,高于同期全部规模以上服务业企业总体增长率3.5个百分点。同时,龙头企业不断涌现,2019年我国战略性新兴产业(包括新型业态企业)位居世界500强的企业达到29个,百亿元规模以上的企业达到151家,比2015年增加80家。[①] 根据《中华人民共和国2020年国民经济和社会发展统计公报》,2020年规模以上工业中,高技术制造业增加值同比增长7.1%,占规模以上工业增加值的15.1%;规模以上服务业中,战略性新兴服务业企业营业收入比2019年增长8.3%。可以看出,我国新兴产业发展十分迅速。

但是,在过去十几年间,我国新兴产业发展也涌现出许多问题。一是产业政策扶持力度过大,造成新兴产业"虚假繁荣",许多企业缺乏独立生存能力。新兴产业的特点便是其技术和产业发展均不成熟,其发展趋势具有较大的不确定性。为了抢占战略制高点,我国采取了以强补

[①] 国家信息中心信产部:《战略性新兴产业形势判断及"十四五"发展建议》,国家信息中心网(http://www.sic.gov.cn/News/459/10737.htm),2020年12月31日。该报告中,新兴产业包括新型业态。

贴为主要内容的产业扶持措施，在短期内有效促进了部分产业的超快速发展。例如，从2009年开始，为了鼓励新能源汽车发展，我国先后出台了一系列补贴措施。其中，最突出的便是对新能源汽车采取了6万元/辆，对新能源公交车最高补贴50万元/辆的补贴措施，以及号牌发放优惠、鼓励政府部门和公共交通企业优先购买新能源汽车等需求政策。这些强力的政策措施立竿见影，有效地促进了新能源汽车发展。据统计，2012年我国新能源汽车产量突破1万辆，2013年达到1.76万辆①，而到2022年则迅速提升至700.3万辆②。从2015年开始，我国新能源汽车产销量已经跃居全球第一，截至2020年已经连续多年保持这一名次。但是，这些政策的负面效果也比较突出。一方面，巨额的补贴成为企业利润的重要来源，大量企业在离开补贴后便无法生存。这便意味着，一旦脱离了产业补贴政策，将有大量企业难以适应市场竞争环境而退出。这将造成巨大的资源浪费，如果再算上产业补贴本身的资金支出，资源浪费的规模将更大。另一方面，过度的补贴措施在一定程度上引发了逆向选择和道德风险，涌现出了部分骗取补贴的企业，形成了"劣币驱逐良币"效应，并加重了产业补贴资金浪费的程度。

二是产业发展的技术支撑不足，产业的优势领域集中于加工制造等低端环节。新兴产业高度依赖于技术创新水平的提升，核心技术只有掌握在自己手中，一个国家的新兴产业才能真正发展壮大。然而，整体而言，我国新兴产业的技术支撑明显不足，大量产业的关键核心技术尚未取得突破。这主要体现在，软件、发动机、芯片等新兴产业的关键领域尚未实现自主可控，基础工艺、关键基础材料、核心零部件等产业基础依然较为薄弱，离真正意义发挥新兴产业对经济发展的作用尚有较大距离。③ 例如，2019年我国芯片的自给率仅为30%，芯片进口额高达3040亿美元；国内传感器市场总规模达到2188亿元，其中80%的中高

---

① 罗鑫磊、施维明、宫小淇：《中国新能源汽车发展现状及战略探索》，《产业与科技论坛》2015年第1期。

② 数据来源于《中华人民共和国2022年国民经济和社会发展统计公报》。

③ 刘畅、王蒲生：《"十四五"时期新兴产业发展：问题、趋势及政策建议》，《经济纵横》2020年第8期。

端产品依赖于进口。① 从企业对技术创新的重视度看，新兴产业内企业用于研发投入的费用占销售收入的比重普遍低于经济合作与发展组织8%—10%的标准，这对未来新兴产业技术水平的提升形成显著制约。②

三是新兴产业发展的制度基础有待完善。新兴产业的发展，在一定程度上产生了相关法律法规缺乏明确规定、有待明晰的新问题，并对原有的制度体系产生冲击。例如，大数据产业的发展，便产生了数据归属权、相关利益在各方如何分配的问题。又如，无人驾驶技术的兴起，对由此引发的交通事故责任的界定和处理提出了新的挑战。这些问题很难在现有制度框架内得到完善解决，必须制定新的制度予以规范。③ 在这种情况下，只有完善相关的制度体系，才能为新兴产业发展创造良好的环境。

(二) 未来我国新兴产业发展的重点产业分析

整体而言，在新一轮产业技术革命中，我国布局较早、产业政策支持有力，因而在全球新兴产业发展格局中居于相对靠前的位置。随着我国高质量发展的进一步推进和自主技术创新能力的不断提升，产业发展的各项支撑条件将逐步优化，特别是新冠疫情对部分新兴产业产生了巨大的拉动作用，因而未来一段时间我国新兴产业将继续保持高速发展态势，在经济体系中的作用有望不断增强。在这样的背景下，我们应该根据经济发展趋势、新兴产业发展的状况以及国内外经济环境的变化等因素，制定合理的战略举措，重点支持若干产业发展。具体来说，下面几个产业未来发展的潜力最突出。

一是人工智能产业。人工智能是当前发展最快、未来发展潜力最大的技术之一，它对经济发展具有广泛的影响力。我国在人工智能早期发展阶段便对其高度重视，因而该产业快速发展。根据深圳市人工智能行业协会产业研究部发布的《2022人工智能产业白皮书》提供的相关数

---

① 宋大伟：《新阶段我国战略性新兴产业发展思考》，《中国科学院院刊》2021年第3期。
② 刘畅、王蒲生：《"十四五"时期新兴产业发展：问题、趋势及政策建议》，《经济纵横》2020年第8期。
③ 姜江、白京羽：《"十四五"战略性新兴产业发展的思考》，《宏观经济管理》2020年第1期。

据,2021年我国人工智能核心产业规模达到3416亿元,连续几年保持了高速增长态势。在专利技术方面,我国人工智能相关技术申请高居全球第一,截至2020年底,企业专利申请数量达到55.13万项,登记软件著作权达到12万余件,其中智能机器人和智能终端相关技术和软件占总量的10%以上。[①] 整体来看,我国目前已经位于全球人工智能产业第一梯队,在全球居于前列。

人工智能对经济发展的作用可以通过微观、中观和宏观三个层次体现出来。在微观层次,人工智能能够替代人的部分体力和脑力劳动,并提高相应劳动的精度和效率,进而带来生产效率的提升。在中观层次即产业层次,人工智能作为一种高端生产要素,能够改善生产要素投入结构,从而有效促进技术创新、提高供给效率,最终带动产业结构升级。[②] 在宏观层次,人工智能的发展将对经济增长和经济发展质量的改善产生积极作用。同时,有研究表明,人工智能技术的发展,对于经济发展"脱虚向实"、促进实体经济高质量发展具有积极作用,且这种作用不仅体现于智能化生产环节,还体现于非智能化生产环节。[③]

人工智能对经济发展的作用机理可以概括为三个层面,即核心产业的扩张效应、融合产业的赋能效应和潜在关联产业的活化效应。核心产业是指与人工智能直接相关的产业,主要包括与技术研发、软硬件开发、算法模型训练以及具体场景应用等环节相关的产业体系。其扩张效应则主要表现为根据不同场景的变化提供差异性的应用方案。融合产业则是指人工智能与其他产业融合,以达到改造相关产业的目的。融合产业的赋能效应则是指人工智能技术不断对传统产业的发展提供新的动能,促进融合产业不断向高质量发展。潜在关联产业的活化效应则是指在人工智能技术不断发展过程中,原来与之无关的产业也受其影响并产

---

① 《〈2021人工智能发展白皮书〉发布,有何亮点?》,中国知识产权资讯网(http://www.iprchn.com/cipnews/news_content.aspx?newsId=129461),2021年6月3日。
② 郑琼洁、王高凤:《人工智能驱动制造业价值链攀升:何以可能,何以可为》,《江海学刊》2021年第4期。
③ 唐晓华、景文治、张英慧:《人工智能赋能下关键技术突破、产业链技术共生与经济"脱虚向实"》,《当代经济科学》2021年第5期。

生创造性增长。①

未来我国人工智能产业的发展应着重做好几点。首先，强化关键零部件和算法的开发，突破产业发展瓶颈。当前，制约我国人工智能发展的技术薄弱环节在于关键零部件和算法②，这一领域目前主要被国外企业所垄断。对此，应将人工智能的关键核心技术作为国家技术创新战略的重点领域，加大资金投入和人员投入力度，充分利用新型举国体制等研发机制，争取在较短时间内实现关键核心技术突破，真正掌握人工智能产业发展的主动权。其次，优化人工智能产业发展的法律环境，促进产业健康可持续发展。人工智能是一种特殊的技术，它的发展对人类伦理存在潜在的严重挑战，同时新一代人工智能属于数据驱动型技术，其发展对个人隐私保护形成威胁。③ 在这种情况下，应该在加强相关法律法规建设的基础上，明确人工智能产业和技术发展的界限，保证其发展始终以有利于经济进步和人民生活水平的提升为导向。然后，在此框架范围内，鼓励人工智能产业和技术积极健康发展。再次，采取广泛的政策措施，促进人工智能技术应用范围的扩展。人工智能技术能够在多维度代替人的劳动，应用潜力巨大。当前，我国人工智能应用范围还不够广泛，随着我国劳动力数量达到峰值以及人工智能潜在应用场景的不断扩张，未来我国人工智能技术应用的范围有望持续扩大。在这种情况下，应该加速人工智能应用范围的拓展，以便解决我国劳动力数量下降趋势引发的一系列问题，并通过人工智能技术的应用加快供给效率提升。

二是大数据产业。大数据技术其实是互联网技术的一种，但是由于它发展空间巨大，人们更倾向于将其看作一个独立产业。目前，对于大数据产业涵盖的具体范围（即大数据产业图谱）还没有形成统一看法，2018 年 DT 大数据产业研究院公布的中国大数据产业地图将大数据产业

---

① 郭朝先、方澳：《人工智能促进经济高质量发展：机理、问题与对策》，《广西社会科学》2021 年第 8 期。
② 张鹏飞：《日本人工智能产业发展和政策研究》，《现代日本经济》2021 年第 5 期。
③ 郭朝先、方澳：《人工智能促进经济高质量发展：机理、问题与对策》，《广西社会科学》2021 年第 8 期。

划分为数据源（包括政府数据、企业数据、数据市场等6个方面）、基础架构（包括网络服务、底层技术、安全以及云服务平台等4个层次）、跨领域服务机构（主要是指连接实体经济与互联网服务的企业，如阿里巴巴）、领域服务（如分析服务、应用分析等）和周边服务（包括产业联盟、研究机构等7个方面）等几个层次。①

  作为国家重点扶持发展的新兴产业，大数据产业发展十分迅速。从政策层面看，2015年8月31日国务院颁布促进大数据发展行动纲要，将大数据产业作为重点政策扶持对象；2016年出台的国家"十三五"规划纲要则明确提出了国家大数据战略；2016年12月工信部发布了《大数据产业发展规划（2016—2020年）》，就大数据产业的发展提出系统规划。在这一系列政策推动下，我国大数据产业发展十分迅速。贵阳大数据产业所的数据显示，2020年我国大数据产业总规模为2192亿美元，占全球比重21.3%，仅次于美国，居第2位。② 中国国际大数据产业博览会新闻发布会公布的数据表明，2022年我国大数据产业规模达到1.57万亿元。③ 从产业发展基础设施角度看，根据工信部的数据，2022年我国光缆线路总长度达到5958万公里，互联网宽带接入端口数量10.71亿个；移动通信基站总数达到1083万个，其中5G基站超过88.7万个。④ 从产业发展布局角度看，目前在全国范围内陆续建立了8个国家大数据综合试验区以及11个国家新型工业化产业示范基地。⑤ 整体来看，我国大数据产业已经初步成形，并进入高速增长轨道。当然，大数据产业潜在的巨大发展潜力尚未完全发挥，关联技术如云计算的快速进步和应用场景的不断扩大及应用深度的逐步加深使得其发展前景十分广阔。

---

① 王洋：《大数据产业图谱评述与构建研究》，《调研世界》2019年第8期。
② 王磊：《"十三五"大数据产业发展回顾及"十四五"展望》，《中国经贸导刊》2020年第21期。
③ 《2022年我国大数据产业规模达1.57万亿元》，《人民邮电报》2023年2月23日第1版。
④ 《2022年通信业统计公报》，工业和信息化部官网（https://wap.miit.gov.cn/jgsj/yxj/xxfb/art/2023/art_3f427b68c962460cbe8ebdd754fe7528.html），2023年1月19日。
⑤ 王威伟：《大数据产业的回顾与展望》，《软件和集成电路》2021年第8期。

当然，目前仍有一些因素阻碍着大数据产业发展，如大数据的来源与法律定位问题，数据开放流通程度不足以及与大数据相关的关键核心技术依然未掌握等。对此，我们应着重从如下几个方面入手促进大数据快速发展。首先，加强大数据相关的法律建设。与人工智能的发展环境类似，大数据产业的发展目前面临着一系列亟待解决的法律问题，如数据的归属权与利益分配问题、数据安全与隐私保护、数据交易等一系列问题。只有用法律填补了这些敏感领域上的空白，大数据产业健康发展才能得到有效保障。其次，强化数据联通，打破数据孤岛和交易壁垒。受到体制机制、利益协调等诸多因素影响，我国大量的数据还不能实现联通，形成了一系列数据孤岛，严重阻碍了大数据产业发展。对此，我们应在推进数字化中国、国家大数据等国家发展战略的基础上，积极加快数据共享机制建设，对阻碍数据流通的体制机制加以改革，特别是解决好政府部门和企业之间的数据联通问题，逐步建立数据联通的制度体系，提高数据的利用效率。① 最后，强化大数据产业关键核心技术突破。加强大数据的采集、存储、管理、数据安全等方面关键核心技术和底层技术的研发，积极谋求核心技术突破。同时，加强大数据技术与数字孪生、人机协同、边缘计算等新兴技术融合，促进大数据技术和产业沿着前沿方向不断发展。②

三是区块链产业。区块链是当前受到国家高度重视的产业技术，2016年国务院颁布的《"十三五"国家信息化规划》便将区块链技术纳入超前布局的前沿技术。2019年10月24日，党中央政治局第18次集体学习的核心内容便是区块链的发展问题，习近平总书记强调"区块链技术的集成应用在新的技术革新和产业变革中起着重要作用，要把区块链作为核心技术自主创新的重要突破口"③。应该说，区块链产业是我国的重点新兴产业之一。

---

① 王磊：《"十三五"大数据产业发展回顾及"十四五"展望》，《中国经贸导刊》2020年第21期。
② 赛迪智库大数据形势分析课题组：《大数据：产业链关键技术步入创新突围期》，《网络安全和信息化》2021年第4期。
③ 《习近平主持中央政治局第十八次集体学习并讲话》，中国政府网（http://www.gov.cn/xinwen/2019-10/25/content_ 5444957.htm），2019年10月25日。

区块链的本质是一种去中心化、去信任化的信息技术，它属于新技术而非创新技术的范畴。区块链实际上是将多种学科整合在一起而形成的一种集成式技术，主要涉及数学、密码学、计算机科学等领域。① 区块链的本质上是一种不可篡改、可溯源、多方共同维护的分布式数据库，能够在不了解的各方间建立起信任关系。② 区块链技术最初应用在电子货币领域，但是随着技术的发展，它已经开始向票据管理、产品溯源、版权保护、智能制造等一系列领域扩展，并展现出了巨大的发展空间。③ 世界各国已经看到区块链技术在产业融合发展方面的巨大潜力，纷纷出台措施加快其发展进程。例如，美国和英国作为区块链技术领先的国家，已经出台了一系列政策，加强对区块链技术发展的监管和引导，并以引导支持为主。④ 从我国情况看，在相关政策的支持下，区块链产业得以快速发展。根据2021年发布的《2020—2021年中国区块链产业发展研究年度报告》，2020年全球区块链产业规模为28.1亿美元，而中国区块链产业规模达到27.8亿元，占全球的比重约为13.4%。尽管受到新冠疫情等一系列因素的冲击，区块链产业发展受阻，但是我国区块链产业规模增速依然达到33.7%，高于全球增速，成为全球区块链发展潜力最大的地区。⑤ 目前，我国区块链产业体系已经初步成形，包括产业链上游的硬件制造、平台服务和安全服务环节，下游的技术应用服务环节以及与产业发展相关的投融资、人才建设等环节正在不断进步。⑥

为了促进区块链快速发展，应该从如下几个方面着手。首先，加强区块链产业发展的顶层设计。虽然国家和各地区纷纷出台支持区块链发展的相关政策，但是在区块链发展的相关标准、资源配置等方面依然存

---

① 何蒲、于戈、张岩峰等：《区块链技术与应用前瞻综述》，《计算机科学》2017年第4期。
② 邵奇峰、金澈清、张召等：《区块链技术：架构及进展》，《计算机学报》2018年第5期。
③ 《区块链，你了解多少（经济新方位）》，《人民日报》2019年10月30日第2版。
④ 戚学祥、黄新宇：《国外区块链发展考察：逻辑、路径与启示》，《河海大学学报》（哲学社会科学版）2020年第6期。
⑤ 《报告：中国区块链产业规模达到27.8亿元，增速33.7%》，网易网（https://www.163.com/dy/article/GESC9QV90511B8LM.html），2021年7月14日。
⑥ 陈蕾、周艳秋：《区块链发展态势、安全风险防范与顶层制度设计》，《改革》2020年第6期。

在突出问题，成为制约产业发展的重要因素。① 对此，应该继续加强区块链顶层设计，解决阻碍区块链发展的一些重点问题和部分深层次问题，促进产业快速发展。其次，加快关键核心技术研发，加快产业融合进程。与其他新兴产业相似，我国在区块链产业发展方面也存在较为突出的核心技术制约问题。虽然我国区块链发展的主导方向是区块链技术的应用，但是关键核心技术的制约会影响产业的长期发展，并可能对未来区块链产业的自主可控构成威胁。因此，应该集中相关资源，加强核心技术研发。同时，加快区块链技术的产业融合进程，在尊重产业发展规律基础上，适度加速推进"区块链+"相关产业的发展。最后，补足人才短板，为区块链产业快速发展奠定基础。由于区块链所需的人才属于复合型、高水平人才，对人才的要求较高，因此人才短缺成为当前时期制约区块链产业发展的突出问题。对此，应该在强化高等院校等教育机构专业人才培养的基础上，加强相关培训工作，解决好人才的长期培养和短期应急问题，逐步增加合格人才的供给数量，化解人才的供需矛盾，为区块链产业健康可持续发展创造条件。

四是节能环保产业。节能环保产业是我国最早提出的战略性新兴产业之一，也是我国未来最具发展潜力的产业之一。随着习近平总书记在2020年9月22日举行的第七十五届联合国大会一般性辩论上提出我国将在2030年实现碳达峰、2060年实现碳中和的战略目标②，节能环保产业的发展又迎来一轮新的战略机遇。

节能环保产业主要集中于三大领域，即高效节能领域、先进环保领域和资源循环利用领域，主要涉及节能新装备、高效节能产品、应对环境保护问题的先进环保技术应用和环保服务等产业与服务。③ 作为新兴产业之一，我国节能环保产业发展较为迅速。根据《2021年中国节能环保产业发展分析报告》中提供的数据，我国节能环保产业产值从

---

① 周飞：《区块链产业发展的要素支撑体系与对策建议——以广西为例》，《广西社会科学》2021年第6期。
② 《习近平在第七十五届联合国大会一般性辩论上发表重要讲话》，《人民日报》2020年9月23日第1版。
③ 郭建卿、李孟刚：《我国节能环保产业发展难点及突破策略》，《经济纵横》2016年第6期。

2015年的4.5万亿元提高到2020年的7.5万亿元左右，年均增速达到15%，预计到2022年产值可以达到10万亿元以上，已经发展成为我国的重要支柱性产业。

但是，我国节能环保产业在发展过程中也出现了很多问题，如企业竞争力不强、产业技术落后、企业融资较为困难等。对此，我们应该采取针对性措施，加快节能环保产业发展，为未来实现碳达峰碳中和的目标作出贡献。首先，根据碳达峰碳中和的相关要求，修改当前节能环保的标准体系，促进节能环保产业高质量发展。我国节能环保产业发展面临的一个突出问题便是我国的环保标准与其他国家标准不对接，企业生产的产品虽能满足国内标准却达不到其他国家标准，从而降低了企业产品的竞争力，影响了产业的健康发展。因此，提高并统一节能环保的相关标准，对于节能产业发展具有重要作用。其次，强化产业的各项配套政策，促进产业快速发展。应该通过提高对中小型节能环保企业的金融支持力度，加快行业统一标准建设，加大对节能环保企业的政策扶持力度等几个方面的政策措施，解决产业发展的"难点"问题，为产业快速发展创造良好条件。① 最后，加强核心技术创新，提高企业竞争力。当前我国节能环保企业普遍技术比较落后，有统计表明，我国90%以上的环保企业的技术水平落后发达国家15年以上。② 因此，加强技术研发，特别是强化核心技术突破，对于促进我国节能环保产业发展、提升产业竞争力，具有至关重要的作用。

第三节 提升供给质量与效率

提高供给质量与效率，核心的要素是技术创新，因为它不仅能够提升产品档次、促进新产品开发甚至会对整个产业体系产生颠覆性影响，从而对供给质量和供给体效率的提升产生巨大推动作用，同时它还对生

---

① 段婕、张鹏、董晓宇：《我国节能环保产业发展问题及其对策研究》，《经济研究导刊》2018年第11期。
② 郭建卿、李孟刚：《我国节能环保产业发展难点及突破策略》，《经济纵横》2016年第6期。

产体系的效率、产业运营模式等产生积极作用，进而影响到供给质量和效率。由于技术创新在前文已经论述过，在这里不再赘述，本节重点介绍除了技术创新之外，对供给质量和效率有重要影响的其他几个因素：强化产品（服务）质量管理、加强企业内部管理建设、加快生产性服务业发展等。

一 强化产品（服务）质量管理

产品（服务）的质量可以有狭义和广义之分，从狭义上说，产品或者服务的质量是指"产品能够满足实际需要的使用价值特性"[①]，即指产品性能及其稳定性、使用寿命等特性；广义的产品质量除了包括狭义的质量含义外，还包括产品种类、档次、相关服务等内容。较高的产品（服务）质量，意味着供给的档次提升和种类的丰富，能够更好地满足人们中高端的需求并能在一定程度上满足人们的多样化需求。因此，提升产品（服务）的质量是提高供给质量的重要方式。

当前阶段，随着工业化进程不断推进，我国产品和服务质量较改革开放初期有了明显提升，以产品不合格为特征的质量问题已经不再是主流。但是，一方面，一些存在监管问题的领域如食品领域以及一些对产品质量把关不严的小企业，依然存在产品质量不合格的问题。特别是在生产资料价格上涨期间，部分企业为了降低成本，会以低价低质的原材料代替高质量原材料以节省成本，产品质量问题会格外突出。另一方面，大量国内企业产品质量虽然符合国家相关标准，但是与国外知名企业比相形见绌，如产品性能较低、产品档次不足等。造成这些问题的原因是复杂的，部分因素与产业发展基础有关，如大量国内企业技术水平依然不如国际知名企业、国内一些重要高端原材料质量和档次相对较低等；部分因素与企业发展模式有关，如大量国内企业还没有从追求低价格优势的竞争模式转变过来，对质量重视不足等。总之，我国目前供给与需求存在结构性矛盾即低端供给过多而中高端供给不足，重要的原因便是产品和服务的质量不高。

---

① 金碚：《关于"高质量发展"的经济学研究》，《中国工业经济》2018年第4期。

构建新发展格局的要求我们必须提升国内供给质量，使供给与需求达成动态均衡，从而强化国内大循环的主体地位。在这种情况下，提升产品（服务）质量的紧迫性便十分突出。应该说，提升产品（服务）质量的途径很多，但是当前时期最突出的便是培育工匠精神。工匠精神的核心在于"精益求精"，在工业生产上它体现为对产品品质永不满足的追求，它产生于前工业化社会，被部分企业（其中尤以德国和日本最为典型）注入现代化生产体系中，成为企业提升产业竞争力的重要方式。在现代企业中，工匠精神不仅体现为对产品品质的无休止追求，还体现在持续改进生产工艺及完善生产流程、不断创新产品设计及改变其功能组合以及加快产品更新换代等方面。①

在改革开放之后的较长时期内，我国企业普遍缺乏工匠精神。这是因为改革开放之后，企业面临着许多发展机遇，在利润最大化目标的驱使下，企业更愿意将精力放在有利于短期盈利提高的举措上，如扩大产量和企业规模。即便部分企业意识到"提高产品质量—促进品牌知名度提升—提高单位产品盈利水平—加大技术创新投入—提高产品质量"是企业可持续发展的模式，但是鉴于通过提高产品质量来实现企业盈利水平提高需要较长的时间，特别是在原材料价格上涨时企业面临保证盈利水平和保证产品质量的两难选择，大量企业难以将质量提升战略坚持到底。在这种情况下，我国企业普遍缺乏"精益求精"的工匠精神，而这严重影响了企业可持续发展。一方面，缺乏工匠精神，延缓了企业发展转型的进程，导致我国企业无法通过持续提高产品品质来提升竞争优势，进而影响到企业由低成本竞争力向核心竞争力转变。竞争力的提升和转型，是多种因素综合作用的结果，而工匠精神在各项优势积累中起到了加成作用。缺乏工匠精神，造成企业行为的浮躁与不专一，严重影响了企业竞争力持续提升，导致企业难以"做强"。另一方面，工匠精神的缺乏，不利于企业品牌的树立。品牌作为一种无形资产，能够使产品产生额外的附加值，同时它也是产品档次提升的重要依托因素。在缺乏工匠精神、不重视产品质量的情况下，品牌的树立缺乏支撑，这是

---

① 曾宪奎：《工匠精神与我国制造业竞争力提高》，《学术探索》2017年第8期。

我国企业品牌影响力普遍不高的重要原因。

要培育工匠精神就应该着重做好如下几点。首先，针对我国企业发展中存在的问题，抽取工匠精神的合理内核，将其落实到位。根据我国经济发展的实际状况，当前对工匠精神内核的提取，除了"精益求精"的精神品质之外，也要注重"专注"的精神要素，即不受外界诱惑一心一意做好当前的事情。专注对于我国企业生产经营的意义在于使其专注于提高产品或服务的质量，做到精益求精，而不能在战略上浮躁。其次，要将工匠精神纳入企业文化之中。只有将工匠精神与企业文化相结合，才能使其与个人的内在特质相脱离而转化为对企业员工的约束，促使工匠精神与现代企业生产有效结合，最大限度地促进企业产品或服务的质量提升。最后，在宏观层面，应该将工匠精神与学校教育以及各项宣传结合起来，形成培育工匠精神的立体化体系，提高工匠精神培育的效率和效果。

二 发挥企业家精神，积极发现利用新的发展机遇，促进产业链供应链优化提升

企业家精神是全方位探索创新的精神，除了积极利用技术创新或者对技术创新提出需求从而促进供给效率提升之外，它还包括其他许多层面的创新行为，如发现新的发展机会、找到新的原材料来源或者市场等。在构建新发展格局背景下，随着国内大循环主体地位的不断强化以及国际大循环的优化，将会产生大量的新发展机遇，如果企业家发挥企业家精神，充分利用这些发展机遇，将会对产业链供应链优化提升起到至关重要的作用。这是因为，新发展格局构建所带来的发展机遇，换个角度看，其实便是产业链供应链中存在的不足和需要完善的地方，企业家利用发展机遇的过程实质上便是供给体系效率和安全性提升的过程。具体来说，需要注重如下几方面。

第一，注重新的创业机会。在构建新发展格局过程中，会有许多产业面临产业链供应链薄弱环节补强的问题。对企业而言，这是发展机遇，也是利用难度较大的机遇。我国目前产业链供应链中存在的薄弱环节往往与深层次结构性矛盾有关，涉及的因素往往较多而解决起来难度

较大。在这种情况下，便需要企业家发挥企业家精神，采取创新性的途径和方法，充分利用发展机遇，同时规避或者应对好其中的不利因素，从而对产业链供应链中的薄弱环节予以补强。

第二，发掘新的原材料（包括能源资源）来源。强化国内大循环的主体地位，除了要解决关键核心技术突破的问题之外，还要保证原材料（包括能源资源）特别是部分高度依赖进口原材料（包括能源资源）的安全。在这方面，除了国家层面采取措施保证进口渠道安全、增加国内开采量之外，企业也应该发挥企业家精神，积极发掘新的原材料来源。一方面，可以积极探索新的原材料供应地，降低原材料采购成本，增加原材料供应的可靠性和抗风险性，从而有效促进企业发展，在宏观层面增进国内大循环的主体地位。另一方面，企业家可以积极发现现有原材料的替代品，利用自身或者其他企业、高校及科研机构的研发成果，增加新的原材料类型，从而降低对某一原材料的依赖度，并通过新原材料品质的优化促进产品质量的提升。

第三，开拓新的市场。构建新发展格局，要求部分外向型企业特别是容易受到外部市场冲击的企业如劳动密集型企业，积极开拓新的国外市场和国内市场，以替代不稳定的国外市场，降低市场需求波动的风险。开拓新的市场，意味着企业离开"舒适区"，适应新的顾客需求、建立新的销售渠道、摸索并适应新的市场规则等，其难度较大。这便要求企业家发挥企业家精神，根据经济发展的趋势，大胆地对未知市场进行探索，并采取积极的、创新的措施去适应新的市场。对劳动密集型产业来说，新的市场为产品提供了新的销售渠道，可以避免贸易规则的变化（例如部分国家对我国取消关税优惠等）对这类产品出口所产生的极端不利影响，还能增加利润率，扩大企业收益。从产业链供应链角度看，这将对化解产业的"堵点"具有积极作用，并在一定程度上增加企业技术创新投入能力。另外，开拓新的市场并不一定仅仅限于为低端产品找到新的销售渠道，也意味着开拓一个对产品要求更高的市场，这将增加企业转型发展的动力，进而促进供给体系质量和效率提升。

三 加强企业内部管理建设，提升供给效率

企业家精神强调企业突破常规积极利用各种发展机会，而企业内部管理则更加强调常规化管理。加强企业内部管理建设，是提高企业运营效率进而提升供给效率的重要方式。总体来说，主要包括如下几个方面。

一是强化企业各项职能管理，提高企业运营效率。强化企业职能管理，能够在企业各项投入和资源基础不变的情况下，通过科学的管理方式，提高企业运营的效率，从而促进企业供给效率的提升。应该说，经过改革开放40多年的发展，我国企业整体管理水平明显提升，部分企业在管理方面已经达到与国际大型企业相媲美的程度。但是，大量的中小企业和部分大中型企业还存在管理正规化程度不足、管理技术较为落后的状况，企业内部的人力资源、物资、资金等相关资源没有得到充分利用，成为阻碍企业效率提升的重要因素。在这种情况下，应该采取广泛措施，积极提升企业管理水平。首先，应该强化对企业主要运营管理者的培训，使其了解高水平管理的重要作用，并鼓励企业主要运营者根据自身企业的状况，以提升企业运营效率为目标，探索适合自身的管理模式。这一点对于处于成长初期的企业以及尚未建立正规化管理的中小企业尤其适合。其次，应鼓励企业跟踪当前管理技术的演变潮流，及时地吸收其合理成分，应用到自身的管理中。

二是扶持引导企业积极利用互联网、大数据、区块链等新技术提升企业管理水平。互联网、大数据、区块链等新技术具有广泛的用途，其中之一便是能够融合进企业管理，提升企业管理的水平。当前时期，企业已经普遍采用了信息化技术，下一步则是着重采用下一代互联网技术及其他相关的新技术。当然，采用这些新技术往往需要数额较大的投资以及一定的维护费用，并非所有企业都能承受，因而往往是具有较强资金实力、管理效率提升带来较高收益的大企业更愿意采用相关技术提升企业管理水平。另外，对于新技术，企业在采纳时往往存在着一定的顾虑，这也影响了新技术的采用。对此，政府可以采用适当扶持或者补助的方式，鼓励企业率先采用相关技术，促进相关技术的普及。同时，政

府可以积极扶持相应的服务企业发展,为确实需要相关服务但是又没能力自身建立相关系统的中小企业提供服务购买渠道,促进这些企业管理水平的提高。

三是采取多种方式提高生产管理水平,促进生产效率的提升。生产管理水平的高低,直接影响到企业生产产品或者服务的数量和质量,因此对供给效率的提升效果最直接。当前企业特别是工业企业对生产管理都比较重视,因此生产管理水平都相对较高,主要的生产管理技术也已经得到普及。而要进一步提升生产管理的水平,重点是做好两个方面。一方面,应该强化生产体系的动态管理和柔性化管理,使企业能够适应国内外环境的剧烈变化,使企业在面对需求变化时,能够采取灵活的应对措施,保证产品的数量和质量不因此发生剧烈变动。另一方面,应该强化企业生产工艺流程的创新改造,通过持续的微小创新而不断提高企业生产效率。其中的关键因素是要发挥企业员工特别是生产系统职工的积极性,使他们将聪明才智应用到积极的工艺流程改善活动中。

第四节　推进农业农村现代化

习近平总书记指出:"城乡经济循环是国内大循环的重要方面,也是确保国内国际两个循环比例关系健康的关键因素。"① 在构建新发展格局过程中,农村农业作为重要组成部分,重点需要解决几个问题。

一　实现脱贫攻坚成果与乡村全面振兴有效衔接

在 2021 年 2 月 25 日举行的全国脱贫攻坚总结表彰大会上,习近平总书记宣布:我国脱贫攻坚战取得全面胜利,完成了消除全面贫困的战略任务。现行标准下的 9989 万农村贫困人口全部实现脱贫,832 个贫困县全部实现脱帽,12.8 个贫困村也全部实现脱贫,区域性贫困问题

---

① 习近平:《论把握新发展阶段、贯彻新发展理念、构建新发展格局》,中央文献出版社 2021 年版,第 15 页。

得到解决。① 在全面脱贫攻坚战完成之后，今后的任务便是要实现乡村全面振兴，实现二者的有效衔接。这是因为，尽管贫困人口和贫困地区已经实现了脱贫，但是应该说，脱贫只是奔向共同富裕的第一步，与全国人均收入水平和全国平均发展水平相比，脱贫人口的收入水平和脱贫地区的发展水平尚存在较大发展差距。今后的主要任务是如何保持脱贫人口收入持续增长和贫困地区的可持续发展，从而不断缩小与其他人口和地区的差距，实现乡村全面振兴。

重点应该做好如下几方面的工作。

一是强化产业衔接。农村脱贫问题依托产业展开，今后乡村全面振兴依然要依托产业发展，且今后的农村的产业发展将更加强调高质量。这是因为，只有高质量发展，产业才能够创造足够的附加值，支付工人更高的工资，从而带动农民收入的持续提高；只有高质量发展，产业的可持续性能力才强，从而支撑农村经济持续发展；只有高质量发展，产业的环保性才强，不会随着规模的扩大而引发环境问题，确保农民的生活质量不下降。当然，我们这里强调农村产业发展的高质量，并不意味着要按照城市发达地区高质量产业标准去吸引和发展高端产业，而是要在力所能及的情况下引进适宜的产业，并引导这些产业积极向着高质量发展的方向去优化升级。

从具体产业种类角度看，未来农村着重发展的产业主要包括两个。第一个是乡村旅游业。乡村旅游业是乡村振兴战略的主导产业之一，也是未来乡村全面振兴的支柱产业之一。乡村旅游业能够充分挖掘农村农业的相关旅游资源，实现城市经济与农村经济的有机融合，并能带动农林牧渔相关产业的快速发展。乡村旅游业已经成为部分农村地区实现脱贫致富的重要途径，特别是大城市近郊区域以及具备独特旅游资源的农村地区。根据目前乡村旅游中存在的问题，未来乡村旅游发展应注重几点：不断提高旅游基础设施水平，方便更多游客进入；稳步丰富旅游项目，从简单的农业旅游和风光旅游的局限中走出，不断增加新的旅游内

---

① 习近平：《在全国脱贫攻坚总结表彰大会上的讲话》（2021年2月25日），《人民日报》2021年2月26日第2版。

容,提升旅游体验;要高度注重旅游的差异性,从本地区的实际出发,积极探索差异性旅游内容和方式,创造出特色。[①]

其中,乡村旅游业的发展要注重与农村特色小镇建设相结合。整体而言,特色小镇为乡村旅游业提供了相对高端的集成化旅游资源,能够有效促进乡村旅游业的高端化和可持续化发展。尽管我国曾经出台特色小镇建设试点名单而未获成功,但是这并不意味着特色小镇建设不可行,只是今后特色小镇建设应该注重尊重经济规律。首先,农村特色小镇建设要实现政府引导和市场主导的有效结合,充分发挥市场主体的创新性,鼓励乡村主体结合自身历史文化、农业特色进行创新,创造自身的特色。其次,农村特色小镇的"特色"培育是一个渐进式过程,不宜揠苗助长,应该真正注重其实际效果。最后,在农村特色小镇相关经验推广过程中,要将可以推广的经验和具体做法区别,注重推广创新的经验而非具体的创新行为,以免导致相应的建设项目雷同。

第二个产业是特色农业。特色农业是指将区域内独特的名优农产品转化为特色商品的现代农业[②],它是促进乡村振兴的主要途径之一。[③]与普通农产品相比,特色农产品往往具备品牌效应突出、价格高、利润丰厚的优点,因此对于农民增收的效果显著,能够成为区域经济发展的主导产业。由于脱贫地区非农产业发展往往相对滞后,因此在脱贫之后的一定时期内,发展特色农业对于区域经济发展和农民收入的提高都具备较为重要的意义。

虽然特色农业在我国快速发展,其规模和水平均有较大程度提高,但是目前它的发展依然存在一系列问题。在具体生产方面,受到种植标准化程度较低问题的影响,高规格的农产品生产模式及相应的生产技术难以推广,制约了农产品附加值的提高和农业产业化程度的提升,这一

---

① 胡海、庄天慧:《共生理论视域下农村产业融合发展:共生机制、现实困境与推进策略》,《农业经济问题》2020年第8期。
② 李建英:《特色农业产业化金融支持问题研究——以河北省赞皇大枣产业为例》,《经济与管理》2012年第3期。
③ 夏柱智:《中国特色农业产业化的村庄基础分析——以专业村为研究对象》,《贵州社会科学》2020年第10期。

现象在部分经济发展欠发达地区表现得尤为显著。① 在规模化经营方面，特色农业生产普遍面临经营规模过小、无法达到适度规模经营的问题，这在很大程度上限制了特色农业生产效率的提升，并成为限制人才进入农业生产的重要原因。在组织机制方面，尽管农业专业合作社及"公司+农户"和"公司+合作社+农户"等形式在我国农村地区较为普及，但是在企业主导的合作模式下，农户面临着被边缘化问题②，而农业合作社则普遍存在着发展短板。例如，当前我国农业合作社能够提供的高质量服务较少，且在组织机制上不能真正保证农民利益。③ 在品牌树立方面，受制于农产品知名度、农业生产主体及企业的营销能力等因素，特色农产品品牌知名度普遍较低，只能在有限区域产生一定的品牌效应，这在较大程度上影响了特色农业发展。在产业融合方面，特色农业与加工业、服务业融合度较低，产业链条过短，严重限制了特色农产品产品附加值的提升和特色农业对区域经济发展的贡献。④

对此，在未来乡村全面振兴过程中，应该采取针对性措施，促进特色农业发展。首先，应该积极推广标准化生产，在此基础上强化品牌管理和推广，在保证农产品质量的基础上不断提升品牌效应，提高农产品附加值。其次，积极完善现有的企业与农户的合作机制以及农业合作社制度。应该在新的历史条件下，根据共同富裕中"先富带动后富"的相关要求，对企业与农户合作机制进行创新性探索，在保证企业利益不受损的前提下，使相应的制度安排向农户的利益适度倾斜。同时，积极探索农业合作社相关制度改革，不断拓展农业合作社的范围，扩大农户参与比重。最后，积极落实国家关于农村土地使用权流转的相关制度改革，在保证农民利益的前提下，促进土地适度规模经营。

---

① 余畅、丛静、彭红军：《特色农业发展：现状、问题与发展对策——以东台市三仓镇为例》，《中国林业经济》2021年第2期。
② 夏柱智：《中国特色农业产业化的村庄基础分析——以专业村为研究对象》，《贵州社会科学》2020年第10期。
③ 罗丹、陈洁：《域外经验、当下状况与中国特色农业组织体系构建》，《改革》2013年第3期。
④ 洪涛、尹洁：《乡村振兴背景下特色农业高质量发展研究》，《陕西行政学院学报》2021年第3期。

二是通过精细化管理防止脱贫人口返贫。防止脱贫人口再度返贫，是巩固脱贫攻坚成果、促进乡村全面振兴的重要内容。一方面，在宏观层次上，强化脱贫地区的经济发展，不断培育脱贫地区的内生增长动力，通过经济不断发展，保证脱贫群体的收入不断增加，使其不会面临再度返贫的问题。另一方面，对部分容易返贫的特殊人群以及可能造成返贫的部分因素，做到提前预防，精细化管理，从而防止返贫现象的发生。其中，部分人群由于自身或者家庭的特殊因素，如劳动能力不强、家庭条件特殊等，特别容易出现返贫现象。对此，应对这些特殊人群进行及时跟踪，提前制定出应对预案，保证这些群体能够稳定脱贫，即便出现一些意外因素，也能够保证其生活水平在贫困线标准以上。另外，部分因素可能会导致劳动能力较强的脱贫人口和家庭甚至非脱贫户的普通家庭陷入贫困中去，如严重疾病等。针对这一问题，短期内可以通过采取临时性救济措施，防止这部分人口和家庭返贫或者陷入贫困境地，在长期内应该通过社会保障水平的提升以及商业保险措施的普及等措施予以应对。

二 强化粮食安全问题

粮食安全作为关系到国计民生、国家安全的根基，是抵御各种风险、确保国家安全稳定的基础。① 在国际经济形势出现重大变化及构建新发展格局的背景下，粮食安全的重要性更加突出。这主要是因为，受到贸易保护主义、经济全球化出现一定程度逆向化的影响，农业贸易风险呈现扩大趋势，粮食进口风险的加大在一定程度上威胁到粮食安全。从我国粮食供给的情况看，改革开放40多年来我国粮食供应格局从1978年的粮食明显短缺过渡到1997年的"粮食供求基本平衡、丰年有余"，到目前则转变为"粮食供求基本平衡，结构性问题突出"的局面。② 到2022年，我国粮食产量已经实现了19年连续增长，粮食产量

---

① 高鸣、王颖：《农业补贴政策对粮食安全的影响与改革方向》，《华南农业大学学报》（社会科学版）2021年第5期。

② 张哲晰、高鸣、穆月英：《"双循环"格局下中国粮食安全路径与展望》，《世界农业》2021年第7期。

达到 68653 万吨，粮食人均占有量达到 486 公斤，远高于国际粮食安全标准线 400 公斤。① 然而，部分农作物的自给率问题突出，如大豆自给率从 1989 年的峰值 113.9% 下降至 2003 年的 50% 以下，到 2017 年下降至 15% 以下，2018 年以后虽然有所回升，但是 2019 年也仅为 17%。受此影响，我国粮食自给率从 2007 年的 95% 下降至目前的 85% 左右。② 其中，饲料粮的自给率尤为突出，据统计，在叠加直接消费和间接消费的情况下，2019 年我国饲料总消费自给率仅为 70% 左右。③

综上所述，我国整体粮食安全状况较好，但是个别农产品和部分用途领域容易受到国际贸易环境影响，从而威胁到我国粮食安全。尽管在目前的粮食供需总格局下，不会出现整体粮食供给不足的状况，从而不会对社会安全稳定产生过大影响，然而部分农产品短缺和饲料用粮对国际大循环过度依赖的状况，会引发农产品供给体系的不稳定，并通过传导效应对农产品价格、人民生活产生负面冲击。例如，在我国大豆严重依赖进口的情况下，大豆油的供应状况和价格水平对进口状况高度敏感。如果国际供应渠道发生变化，将对大豆油供给产生严重影响，进而对经济健康可持续发展和人民生活水平稳定提高形成干扰。

需要特别强调的是，在当前阶段，我们必须树立广义的粮食安全观，这要求我们更加重视粮食安全问题。我们所说的粮食安全，往往侧重于口粮安全，保证人们不致"饿肚子"而引发饥荒问题。然而，随着人们生活水平的提高，人们对食物的需求已经不仅仅是"吃饱"，而是更加注重粮食、蔬菜、肉蛋奶等各种食物营养均衡和口味，仅仅满足于口粮安全并不能真正满足人们的需要。④ 在这种情况下，我们必须以满足人们对食物较高的需求为前提，综合考虑粮食的安全问题，保证人

---

① 高鸣、王颖：《农业补贴政策对粮食安全的影响与改革方向》，《华南农业大学学报》（社会科学版）2021 年第 5 期。
② 张亨明、章皓月、朱庆生：《"双循环"新发展格局下我国粮食安全隐忧及其消解方略》，《改革》2021 年第 9 期。
③ 熊学振、杨春：《中国粮食安全再认识：饲料粮的供需状况、自给水平与保障策略》，《世界农业》2021 年第 8 期。
④ 姚毓春、夏宇：《日本、韩国粮食安全现状、政策及其启示》，《东北亚论坛》2021 年第 5 期。

们对农产品的需求可以得到稳定满足。在这种较高的要求下，粮食安全问题的挑战将更加突出。

在构建新发展格局过程中，强化粮食安全，实现农业生产国内大循环为主体，需要着重做好如下几点。一是坚守18亿亩红线，保证粮食种植面积，确保粮食产量。坚守土地红线，耕地种植面积保持稳定，是保证粮食安全的根本。一方面，严格遵守耕地保护制度，防止耕地被占用。对于确实需要占用耕地的情况，一定要积极落实"占补平衡"政策，既保证耕地面积不减少，也保证其质量不降低。另一方面，地方政府应积极加强农业基础设施建设，不断提升土地的肥力，并积极改善土地的利用能力，提高土地产出水平。① 二是积极利用科学技术，提高粮食生产效率。应着重强调两点：第一，要积极采用新的农业生产技术，不断提高单位土地的产出水平，在土地面积保持恒定的基础上不断提升粮食总产量；第二，要积极开发和利用新的种子资源特别是高产、高质的种子资源，实现粮食产量和质量同步提高，满足人们的需求。三是适度推广土地流转制度，促进适度规模经营。相关研究表明，土地流转制度明显提升了单位土地产出水平，因此促进土地流转制度的推广，推进适度规模经营，将有利于粮食安全。② 四是积极采取措施，提高自给率较低的农产品的种植面积和单位产量水平，逐步提升自给率。对于大豆等自给率较低的农产品，应积极落实2019年3月农业农村部提出的"大豆振兴计划"，在防止转基因大豆违规进入食用领域的情况下，稳定高蛋白食用大豆供求关系，在保证大豆价格稳定的基础上，提升农民种植大豆积极性，从而提高种植面积，并积极采用新的科技手段，提高单位面积产量。③ 五是积极优化粮食进口渠道，提升粮食进口的安全性。当前阶段，我国部分农产品如大豆，部分领域用的粮食如饲料用粮食，在短期内不可能完全实

---

① 张亨明、章皓月、朱庆生：《"双循环"新发展格局下我国粮食安全隐忧及其消解方略》，《改革》2021年第9期。

② 李卓、王峰伟、封立涛：《土地流转政策对粮食安全的影响》，《财经科学》2021年第3期。

③ 张晓山：《关于保障国家粮食安全的几点思考》，《农业经济与管理》2021年第3期。

现自给，进口成为满足国内需要的重要来源。在这种情况下，我们应积极促进粮食进口渠道的多元化，减少外部冲击对粮食进口所产生的不利影响，从而有效保证粮食安全。

三 深化农业供给侧结构性改革

农业是供给侧结构性改革的重要领域，早在2016年12月中共中央、国务院便出台了《关于深入推进农业供给侧结构性改革加快培育农业农村发展新动能的若干意见》，就农业供给侧结构性改革提出具体指导。应该说，这些改革措施对提升我国农业生产效率具有积极作用，但是目前我国农业领域依然存在一些问题，需要继续深化农业供给侧结构性改革。

当前阶段我国农业领域存在的主要问题，主要包括以下几个方面。第一，农产品整体质量、档次依然偏低。长期以来，我国农产品供给都比较重视数量提高，对质量的重视程度相对不足，这主要体现为产品种类与档次尚不够丰富与高端，农药和化肥的使用等降低了农产品质量等。随着生活水平的提升，人们对农产品的质量的要求越来越高，供需之间的矛盾越来越突出，需要在今后逐步解决。第二，农业整体科技水平依然不高。改革开放之后，我国农业科技水平稳步提升，成为保障我国农业平稳发展、粮食多年产量连续提升的关键因素之一。然而，受制于农业技术研发与推广的体制性矛盾等因素，我国大量的农业技术创新成果不能快速推广，同时农业技术机构的研发不能紧贴农业生产的需求。这就在很大程度上影响了我国农业科技水平的提升。[1] 同时，从区域分布看，我国农业科技资源存在着不均衡问题，区域之间科技水平存在着显著差异。[2] 尽快提高农业科技水平落后区域的科技水平，是农业供给侧结构性改革需要着力解决的问题。第三，农业产业化水平不足。提高农业产业化水平，彻底改变农户单打独斗面对市场的局面，不断提升农产品的附加值水平和延伸农业产

---

[1] 陈一鸣：《农业供给侧结构性改革路径浅析》，《农业经济与科技》2020年第24期。
[2] 薛鹏飞、李国景、罗其友等：《中国农业科技资源水平区域差异及空间结构研究》，《农业技术经济》2021年第5期。

业链，是现代农业的应有之义。当前阶段，我国农业产业化水平依然不足，除了前文提到的"农户＋企业＋合作社"机制存在问题外，还包括龙头企业的规模和影响力不足，产业链较短引发的农产品加工程度不足、附加值较低等问题。第四，新型农业经营主体发展不足。所谓新型农业经营主体，主要是指经营适度规模土地、具有较强的管理能力和较高的科技水平，并且面向市场需求进行生产的农业经营组织，如农民合作社、家庭农场、专业大户等。① 从实践看，我国新型农业经营主体的发展速度虽然较快，但是其绝对数量、新型经营主体的经营能力等都不理想。同时，受到农业生产的各项成本居高不下、租金过高对土地流转形成约束、金融支持力度不足等诸多因素影响，今后我国新型经营主体的培育与发展面临着许多困难。②

对此，我们应该采取多方面行动，深化农业供给侧结构性改革，不断提升农业供给效率和质量。具体来说，主要包括如下方面。

第一，以推广现代农业生产方式为依托，积极推进农业绿色生产，稳步提高农产品质量。在积极推广最新的农业生产方式、利用最新农业科技的基础上，在保证宏观层面农产品数量保持一定水平的前提下，不断减少农药和化肥的使用量，积极提高农产品的质量。其中，应该在保证粮食安全的情况下，继续在一定范围内推广有机农业，满足人们对高端农产品的需求。

第二，打破制约农业科学技术进步的各项因素，推动农业科技水平不断进步。首先，针对我国农业科技整体水平较为薄弱的问题，应该加大政府对农业科技研发的投入力度，逐步提升我国农业科技的整体水平。其次，针对农业科技成果转化率不高的问题，应该努力打破相应的机制障碍，在发挥政府农业科技推广机构主导作用的基础上，积极发挥科研单位、农业经营主体的积极性，将科技的供给和需求有效结合起来，逐步提高农业科研成果的转化率，并对农业科技机构的相关体制进

---

① 楼栋、孔祥智：《新型农业经营主体的多维发展形式和现实观照》，《改革》2013年第2期。
② 李宏、郑天佑：《新型农业经营主体发展的现状、困境与对策》，《安徽农业科学》2021年第13期。

行改革，引导科研人员按照农业需求进行研发。另外，应通过加强农业科技的宣传与教育、农业生产大户及农业合作社示范引导等手段，提高农民科技意识，加快农业科技的推广应用步伐。

第三，在解决土地流转问题的基础上，积极培育新型农业经营主体。首先，解决好土地流转问题，促进适度规模经营。当前，制约农业新型经营主体培育的主要问题是土地流转，应该积极探索各方受益、农民接受的土地流转和经营制度，为土地适度规模化经营打好基础。当然，在土地流转过程中，必须本着自愿原则，要防止盲目地、一刀切式推动相关土地流转，切实保护农民利益。其次，要积极强化农业合作社和农业企业在农业体系中的带动作用，不断优化"企业+农户""合作社+农户"和"企业+合作社+农户"等相关制度特别是利益分配制度，切实提升农业生产的组织化水平和生产效率。最后，要积极引进合格的新型农业经营主体，保证这些主体具有足够的资金、技术实力，并真正愿意长期在农业领域发展。只有如此，才能真正推动农业生产效率提升，而不会因为企业逐利性而引发负面作用。

第四，要解决好农业与工业和服务业产业融合问题。首先，应该加快农业和服务业的产业融合，特别是促进乡村旅游业的快速发展。乡村旅游业能够通过参观农业生产、住宿餐饮以及购买农特产品等方式，对农业生产形成全方位需求，大大提升农业生产的附加值。因此，在农业供给侧结构性改革中，必须强化农业生产和乡村旅游的关系。其次，要积极延伸农产品加工链条，不断提升农产品加工度，切实提高农产品的整体附加值。相对于其他方式，提高农产品加工度是提升农产品附加值最直接、最有效的方式，也是深化农业供给侧结构性改革的重要内容。当前阶段我国农产品加工度不高，因而农产品加工度提升的潜力较大。最后，要继续加强互联网销售、网络带货等新型销售方式，不断拓宽互联网技术与农业的产业融合度，通过这种方式解决开拓农产品销售渠道和提高农产品利润率的问题。这是因为，相对于容易压价的传统销售渠道，这种直接针对用户的销售方式，能够有效提升农产品利润率。

第五节 强化产业安全

正如习近平总书记指出的,安全发展是"构建新发展格局的重要前提和保障,也是畅通国内大循环的题中应有之义"①。其中,安全发展最重要的问题之一便是"把握好开放和安全的关系,织密织牢开放安全网,增强在对外开放环境中动态维护国家安全的本领"②。强化产业安全,是构建新发展格局和形成全面对外开放格局过程中必须高度注重的问题。结合我国当前经济发展的趋势以及对外开放的形势,本书认为,在构建新发展过程中,需要着重处理好如下几个问题。

一 增强产业链供应链的安全性

增强产业链供应链的安全性,增强产业链关键环节的自主可控性,是对外开放环境下我国经济安全要处理好的核心内容。当前时期,我国在产业链供应链自主可控方面的最薄弱环节在于关键核心技术及核心零部件,这一环节高度依赖国际大循环特别是美国等少数发达国家的状况已经成为威胁我国经济安全的最重要因素,也是美国等国家未来遏制中国发展的"撒手锏"。另一个突出因素则是受制于生产效率较低等一系列因素,产业链供应链部分环节存在着高端生产能力不足的状况,使得相应的环节部分要依赖于国际大循环,成为影响生产链供应链安全性的重要问题。由于这些相关内容在前文已经详细分析,在此不再赘述。除此之外,我国增强产业链供应链的安全性,应该重点做好几个方面的工作。

首先,完善产业链供应链,补齐短板性因素,提升产业链供应链的安全性。目前,除了通过关键核心技术突破以及提高供给效率等措施解决制约产业链供应链安全性的长期、关键因素之外,还可以针对目前产

---

① 习近平:《论把握新发展阶段、贯彻新发展理念、构建新发展格局》,中央文献出版社 2021 年版,第 16 页。

② 习近平:《论把握新发展阶段、贯彻新发展理念、构建新发展格局》,中央文献出版社 2021 年版,第 16 页。

业链供应链中存在的具体短板性因素，采取改善性措施，提高产业链供应链的安全性。例如，除了关键核心技术及零部件外，我国目前产业链供应链中部分原材料和中间产品也依赖于进口。针对这一问题，我们既要采取积极措施，强化国内替代化生产，从根本上解决供应链的安全性问题；在短期内无法实现完全国内替代的情况下，也要积极重新科学布局进口来源渠道，根据进口来源国的具体状况，按照分散布局、优化选择的原则，建立安全可靠的供应渠道，减少这些产品或者原材料进口的风险。

目前部分省份已经开始推行"链长制"，这一制度将产业链供应链的安全性问题落实到明确主体，对于我国供应链和产业链的完善具有重要作用。但是，"链长制"要取得良好的效果，必须应对好两个挑战。一是产业链往往不是线状而是网状的，相互关系非常复杂。在这种情况下，要梳理清楚产业链供应链的具体状况，就要面临较大的挑战。对此，我们就必须以系统思维方式，统筹考察，精准确定产业链供应链的薄弱环节和风险点，不能仅仅站在孤立的产业链去看问题。二是"链长制"覆盖往往仅限于地方区域，如果仅仅针对本区域的产业链供应链情况进行补强，则可能在宏观领域内产生重复投资、重复补强的问题，扰乱全国范围内的产业分工布局，在一定程度上产生"大而全""小而全"的问题。对此，建议由国家发展和改革委员会等部门负责建立统一的"链长制"协调机制，在全国范围内对产业链供应链进行统筹分析，确定完善产业链的相关任务，并将其分解到各个地区，各个地区依照各自的任务采取行动。这样就可以有效避免各个地区单独行动所引发的问题。当然，在实施"链长制"、完善产业链供应链的进程中，必须高度重视发挥市场机制在资源配置中的作用。只有如此，才能保证相关的行动能够取得良好的效果。

其次，要提高企业的根植性，促进企业在国内有序转移。提高企业的根植性，使企业的生产经营能够深深融入企业所在地区的产业分工体系，是增进我国产业链供应链安全性的重要依托。这是因为，只有增强企业的根植性，在遇到外来经济冲击或者其他不利因素时，企业才不会选择迁移到其他地区，从而保证整个产业链供应链布局的稳定，不会因企业迁移打破原有产业链供应链格局而影响到经济安全。在产业分工细化程度不断加深、企业趋向于依照产业关联性形成产业集聚的情况下，增进企业根植性的根本措施在于为产业集群的发展和升级创造有利条件，使得整个产业集群能够牢牢扎根于所在地区。事实上，目前产业迁移的经验表明，产业集群的存在本身就对个别企业的迁移就形成强力制约，没有足够数量关联企业的迁移，单一或者少数企业迁移到没有相关配套产业的地区将无形中增加许多经营成本，从而降低了其迁移的动力。这也意味着，如果企业选择迁移，往往是大规模迁移，这不仅对企业迁出地的经济会造成严重影响，也会对产业链供应链产生一系列连带影响，进而对产业链供应链的安全产生巨大影响，如果这些企业选择迁移到国外，则其影响更突出。

在这里，特别值得注意的便是部分劳动密集型产业或者劳动密集型产业环节迁移问题。随着我国经济的持续发展，东南沿海等发达地区由于产业结构升级、地价上涨等因素而纷纷采取了"腾笼换鸟"政策，即在市区或者本辖区内保留新兴产业、高技术产业及产业环节，而对部分资本密集型产业、劳动密集型产业及产业环节则采取迁移到郊区或者外部地区的政策。同时，随着劳动力成本持续上涨，我国部分劳动密集型产业特别是外向型比重较大的纺织服装等产业，面临着竞争力下降的问题。在这两方面因素的影响下，部分劳动密集型企业选择了迁移，其中一些企业选择出国落户越南、印度等劳动力成本较低的国家或地区。尽管劳动密集型产业及产业环节附加值低、部分产业及产业环节有一定的污染性，因而在高质量发展的背景下，这些产业及产业环节在经济中的地位和作用呈现下降之势，但是作为一个人口众多、国土面积广大、工业体系特别完备、区域发展不平衡的超大国家，这些产业向国外迁移，对我国经济发展十分不利。一方面，作为经济大国，这些劳动力密集型产业及产业环节本身也是我国产业体系的组成部分，它们的对外迁移会在一定程度上对经济安全构成潜在威胁；另一方面，我国劳动力数量多，中西部大量地区缺乏产业和就业机会，这些产业选择向外迁移，致使部分就业机会随之转移到国外，这对解决国内就业问题显然不利。另外，即便是劳动密集型产业，其中也有资本和技术密集型的关键环节，对这些环节的转移，就更要注意。对此，习近平总书记特意指出"促进产业在国内有序转移，即使向外转移也要想方设法把产业链关键环节留在国内。"①

二 加强能源安全建设

作为一个人口大国、经济大国和工业大国，保证能源安全对于经济可持续发展和人民生活水平的持续提高具有举足轻重的意义。当前时期，我国部分能源如石油高度依赖于进口，这加剧了我国能源安全形势的艰巨性。在国际政治经济形势高度复杂的情况下，必须采取系统化措施予以应对。

（一）加大勘探力度，提高关键能源产品供给能力

对于石油等高度依赖进口的能源，尽管无法在短期内实现完全自给，但是也应如习近平总书记指出的"要加大勘探开发力度，夯实国内产量基础，提高自我保障能力"②。化石能源与其他矿产资源的最大特征便是不可再生性，但是由于勘探技术进步等原因，化石能源探明储量却可以不断增长。虽然我国部分能源种类储量与消耗量相比数量不足，然而作为国土面积广大的超大国家，只要加大勘探力度，就能不断探明新的能源储藏地，从而增加能源产量，降低对国外的依赖程度，增进能源的安全性。

这一点可以通过我国2011年开始的找矿突破战略行动的成果得到印证。根据自然资源部2021年3月提供的数据，找矿突破战略行动实施10年来，石油、天然气新增资源量分别为101亿吨、6.85亿立方米，分别占新中国成立以来总产量的25%和45%，发现了17个亿吨级大油田以及21个千亿立方米级大气田。③我国国土面积广大、地质条件复杂，发现新的能源矿藏的可能性和潜力都很大，只要继续加强勘探

---

① 习近平：《论把握新发展阶段、贯彻新发展理念、构建新发展格局》，中央文献出版社2021年版，第15页。
② 《咬定目标脚踏实地埋头苦干久久为功为黄河永远造福中华民族而不懈奋斗》，《人民日报》2021年10月23日第1版。
③ 《我国找矿突破战略行动取得丰硕成果中国石油保持储量持续高峰增长》，《石油化工应用》2021年第3期。

力度，未来完全有可能继续找到更多的油田和气田，从而为未来提高国内石油产量打好基础。

另外，要积极提高勘探和开采技术水平，加大低品位石油储量的开采力度，从而增加石油开采基础，提升石油产量。随着我国优质矿藏的不断开发以及新发现的深层、超深层以及复杂岩性油藏等开采难度高的矿藏比重不断提高，我国石油及天然气矿藏的品位呈现明显下降趋势，这对开采技术提出了更高的要求。① 因此，应该积极根据目前矿藏的具体状况，不断提高开采技术，在成本—收益核算合理的情况下，加大对低品位矿藏的开采力度。当然，即便在开采成本过高、收益低于成本的情况下，也要发展相关技术，一方面可以在石油价格回升时随时予以开采，另一方面可以增加能源的安全性，在国际环境发生变动影响国际石油供应时加大开采力度，减少因石油供应不足而引发的各种负面效应。

（二）优化进口结构，强化能源国际供应渠道安全

目前，我国能源进口结构存在着过度集中于少数地区的问题，造成了较大的能源安全隐患。从我国石油进口来源国情况看，长期以来，我国石油进口高度集中于中东地区、非洲等少数区域。例如，2019 年，我国从中东地区进口的石油量占全部进口量的 45.8%。② 因为中东地区及非洲部分地区属于政治不稳定区域，经常爆发各种冲突，同时作为世界主要大国的传统角力场，这些地区的地缘政治关系异常复杂。目前全球油气供需结构发生重大变化，对油气资源控制的治理结构也随之发生重大改变，其中最突出的便是美国在页岩油产量激增的影响下由原油净进口国转变为净出口国，而美国对全球能源市场的影响力和控制力随之加大，如特朗普政府便提出在全球能源市场实现"能源统治"，在油气控制权上与石油输出国组织（OPEC）展开争夺，并对依赖于石油进口的国家特别是被其视为对手的国家的能源安全问题构成威胁。③ 在这种情况

---

① 白振瑞、张抗：《我国石油储量形势解析及增储对策》，《石油科技论坛》2017 年第 2 期。
② 尹佳音：《新冠疫情背景下中国石油进口安全问题研究》，《中国能源》2021 年第 1 期。
③ 赵硕刚：《"十四五"时期全球油气格局变化对我国能源安全的影响及对策建议》，《发展研究》2020 年第 4 期。

下，我国当前石油的进口国别结构存在着较大的风险，未来能源国际供应渠道的稳定与安全面临着严峻挑战。

面对这一挑战，我们必须按照风险分散、进口渠道多元化的原则，不断拓宽进口渠道，增加石油进口的来源选项。其中，应该优先选择对华友好、受欧美等大国影响程度低、内部局势稳定的石油出口国家或者地区作为优先进口渠道，以实现对中东、非洲等高风险区域的替代。可以依托"一带一路"倡议，不断加深与沿线国家的能源合作，加大对俄罗斯、中亚等地区的进口量，同时适度加大对美洲区域的进口量，实现进口对象国的分散化，降低对中东等少数区域的过度依赖。另外，为了增强在全球油气资源供需双方博弈中的影响力，我国可以加强与全球主要石油天然气进口国的合作，提高需求方在博弈中的主动权。[1]

（三）加强节能控制，逐步减少能源消费总量

要解决我国的能源安全问题，从长期来说，根本上还在于降低能源消费总量，特别是减少对高度依赖进口的能源种类的需求。对此，习近平总书记指出："推动能源消费革命，抑制不合理能源消费。坚决控制能源消费总量，有效落实节能优先方针，把节能贯穿于经济社会发展全过程和各领域，坚定调整产业结构，高度重视城镇化节能，树立勤俭节约的消费观，加快形成能源节约型社会。"[2] 具体来说，可以从如下两个方面入手。

一方面，在产业结构上，加快节能相关技术创新的研发和应用步伐，减少各产业特别是高耗能产业及高耗能产业环节的单位产出耗能量，实现经济效益与能源使用效率的同步上升，从而逐步降低能源消耗量。应该说，尽管我国由粗放型经济增长模式向集约型经济增长方式转变已经推进了一段时间，但是整体来看，我国能源使用的效率依然偏低，部分产业还未完全摆脱粗放式发展模式。2022 年我国单位GDP能耗（GDP/能源消耗总量）为 2.24 万元/吨标准煤，比 2010 年的 1.32

---

[1] 赵硕刚：《"十四五"时期全球油气格局变化对我国能源安全的影响及对策建议》，《发展研究》2020 年第 4 期。

[2] 习近平：《在中央财经领导小组第六次会议上的讲话》（2014 年 6 月 13 日），《人民日报》2014 年 6 月 14 日第 2 版。

万元/吨标准煤有了显著提升，但是这一水平与欧美等发达国家依然存在较大差距。根据《中国能源统计年鉴》（2020年）的相关数据，2017年我国国内生产总值电耗为0.620千瓦时/美元，而同期美国为0.236千瓦时/美元，日本为0.167千瓦时/美元，德国为0.148千瓦时/美元，我国分别是它们的2.63倍、3.71倍和4.19倍，而全球平均水平为0.296千瓦时/美元，我国是其2.09倍。在这种情况下，我国必须紧紧依托技术创新，不断提高能源使用效率，最终实现能源消耗总量的下降。

另一方面，在人们的生活方面，要强调能源节约。首先，要通过提高电器的能耗标准促进节能型电器产品的生产和使用，从源头降低人们对能源的消耗。其次，要宣传和推广绿色出行方式、生活方式，减少对各项能源的消耗。另外，在房地产建造过程中，要不断加强节能环保设计，减少住宅和办公场所对能源的消耗量。

（四）加快新能源的相关技术研发与产业发展，改善能源结构

加快新能源特别是可再生能源的研发与应用，改善能源的结构，也能在一定程度上改善能源安全状况。这是因为，与化石能源相比，太阳能、风能、生物能源等可再生能源属于本土资源，它们在能源使用中的比重上升，不仅有助于节能环保，还能在一定范围内对高度依赖进口的化石能源形成替代，从而有助于降低对国外能源进口的依赖，增强能源安全水平。

目前，受制于能源的稳定性、储能技术等相关问题，新能源的发展面临着一定的瓶颈。但是，新能源具有广阔发展前景、对未来经济发展和人民生活的改变具有巨大潜力的状况没有改变，世界各国依然将新能源作为主要的新兴产业而积极促进其发展。在这种情况下，我们应该积极加大对制约新能源发展的瓶颈技术的研发力度，争取尽快在关键核心技术上取得突破，以加快新能源产业的发展步伐，不断提高新能源产量，促进能源结构的优化。尽管这对改善能源安全状况的作用相对较小且短期内难以见到明显成效，但是从长期发展趋势看，它对未来我国能源安全的改善将起到较为重要的作用。

三 强化金融安全建设

国际金融危机的爆发，使金融安全的重要性得以凸显。金融是经济体系中至关重要的行业，只有使其保持在良性发展轨道、将各种潜在风险控制在合理范围内，它才能对经济发展发挥出积极的一面，而非破坏性的一面。根据我国当前的金融状况和国际形势，重点需要关注如下几个问题。

一是杠杆率过高的部分领域风险问题突出。去杠杆作为"三去一降一补"的重要内容，在过去几年取得明显成效，但是部分领域杠杆率过高的问题并没有得到根本解决，而这些领域却孕育着较大风险，需要在未来高度重视，采取措施逐步予以化解。例如，在较长时期内，由于收入与支出的不匹配，我国地方政府债务不断加大，已经积累了较大风险，而在新冠疫情冲击经济发展、地方政府财政收入增长压力大增而支出趋向于扩大的情况下，地方政府债务风险可能会不断加大，有可能成为冲击经济稳定、引发金融安全的导火索。又如，在城投公司被纳入国有企业债务以及国有企业存在显著财务软约束等因素影响下，国有企业负债率过高的问题有可能会继续恶化，从而成为引发系统性金融风险的导火索，威胁金融安全。[1] 对此，我们必须从根源入手，将其对金融安全的威胁降至最低。例如，针对地方债务过高的问题，一方面要逐步改革相应的财政体制，解决地方政府收入与支出不匹配的问题，使其财政收支结构逐步合理化；另一方面，要按照高质量发展的要求，对地方政府干预经济的方式进行改革，减少地方政府不必要的、低效率的财政支出项目，从而促进地方政府收支结构的优化。当然，由于针对根源性问题的改革措施要完全实施到位以及政策效果完全显现需要较长时间，在这期间，也要对杠杆率过高、风险过大的领域实施短期的、以控制杠杆率数值为主要目标的措施，从而保证在改革全程中它都不会对金融安全形成过大威胁。

---

[1] 李萌、宁薛平：《防范化解债务风险维护金融安全的路径研究》，《甘肃社会科学》2020年第2期。

二是互联网金融因监管难题而产生的金融风险问题。互联网金融具有科技与金融的双重属性，但它的本质还是金融，只是其运行模式、产业支撑平台与传统金融体系有着明显不同。互联网金融的优势在于可以高效地实现借贷双方的融合从而解决传统金融体系对实体经济支持不足的难题，而其核心问题在于这一新的产业形式对金融监管提出了巨大挑战。在相关管理体制机制无法全面、有效对其实施监控的前提下，互联网金融体系中"劣币驱逐良币"现象极为普遍，部分互联网金融平台的业务甚至已经演化为"庞氏骗局"。随着管制政策的收紧，互联网金融中的风险爆发问题已经逐渐趋于缓和。然而，互联网金融具备传统金融体系所不具备的优势，在经济发展存在需求的情况下，未来互联网金融有可能会出现一定程度的反弹。同时，目前对互联网金融的严格管制措施，主要着眼点在于通过限制互联网金融发展而降低金融风险，而非通过建立针对性的监管举措促进其健康可持续发展。在这种情况下，我们就需要对基于互联网金融而产生的巨大金融风险保持警惕，当然解决这个问题的最优策略是逐步探索出有利于互联网健康发展的有效监管机制。

特别需要指出的是，经过一段时间的清理整顿，大量的高风险互联网金融平台纷纷退出市场，目前依然处于经营状态的互联网金融平台具有高度的垄断性。这使得金融风险的传播性、涉众性及风险的溢出效应更强，甚至在一定程度上出现了因为规模过大、涉及人员过多而不能倒闭的状况。[①] 尽管这些由巨型企业经营的互联网金融平台没有出现风险爆发的情况，但是潜在的巨大风险使其成为威胁金融安全的重大隐患。对此，我们必须加快监管机制的完善，并针对平台垄断企业的风险问题出台专门措施，在发挥其对经济发展、人民生活积极作用基础上，将相关风险控制在可承受范围之内。

三是高度防范国际大循环带来的各种金融风险。虽然当前时期经济全球化趋势出现一定范围和规模的逆转趋势，但是这无法完全改变全球经济一体化程度较高的状况，特别是未来推进形成全面开放新格局的相

---

① 高惺惟：《平台垄断与金融风险问题研究》，《现代经济探讨》2021年第7期。

关举措，将使我国与国际经济的联系程度逐步加深。这就使我国金融安全面临由国际大循环带来的威胁，如跨境资本的流动虽然在短期内降低了金融风险，但是长期内加剧了金融风险，对金融安全不利。① 国际金融风险在国家之间具有较强的传染性，在当前世界主要经济大国为了应对新冠疫情冲击采取超宽松货币政策而金融风险在逐步增大的情况下，国际金融风险传入国内从而威胁我国金融安全的可能性也在增大。② 在这种情况下，我们要在不断完善金融体系的相关制度、风险防控举措以增进自身防范风险能力基础上，高度关注国际金融风险动向，减少或者避免国际金融风险输入对我国金融安全造成的不利影响。

四 其他经济安全问题

经济安全涉及众多领域，除了前文论述过的安全因素外，还有其他许多安全问题。在这里，我们重点讨论数据（信息）安全问题。随着大数据产业的蓬勃兴起，数据作为一种生产要素的潜在经济价值已经逐渐被人们所知晓。尽管目前数据来源的条块化分割与数据封闭问题突出，大数据产业发展受到严重影响，但是随着世界各国对大数据产业发展的高度重视，数据开放与共享已经成为一个不可阻挡的趋势。然而，从另一个角度看，数据本身是一种特殊的资源，它在搜集、处理的过程中可能涉及个人、国家安全等方面的问题。特别是考虑到欧美等发达国家在大数据产业发展方面处于相对优势地位，它们可能会通过技术手段，对我国数据搜集、处理等方面产生一定程度影响，进而对数据安全构成威胁。在这种情况下，如何保证数据安全，使其不会对经济及社会的安全构成威胁，是必须解决的问题。

其实，我国早就认识到数据及信息的安全问题，在2017年颁布的《网络安全法》中就对此有所涉及，如根据数据对国家安全、经济发展及社会建设的重要性，将其分为5个等级，并按照其重要性进行分类保

---

① 关筱谨、任碧云、李坤青：《短期跨境资本流动对系统性金融风险的影响研究》，《经济体制改革》2021年第3期。

② 宋玉臣、吕静茹：《国际金融风险传染演化趋势与应对策略——来自股票市场的证据》，《学习与探索》2021年第9期。

护。同时,《中华人民共和国数据安全法》于 2021 年 9 月 1 日正式实施,这是一部有关数据安全的专门法规,对数据安全相关的内容进行了详细规定,填补了之前关于数据安全保护的部分内容的空白,并对此前数据保护的部分范式进行了修订。例如,在数据分类分级工作方面,《数据安全法》改变了过去"自下而上"的数据分类原则,代之以"自上而下"的原则,从而有助于处置数据处理过程中产生的负外部性问题。① 当然,数据安全的工作涉及方方面面的内容,除了法律手段外,其他方面的措施也非常重要。例如,鉴于目前数据相关利益主体保护数据安全意识淡薄,我们应该强化企业及其他机构的数据安全保护制度,并积极培养数据安全相关人才,促进数据安全保护工作。② 另外,大数据产业作为新兴产业,与之相关的新问题会层出不穷,在这种情况下,我们应该根据现实情况,及时制定出与数据安全状况相适应的措施。

需要强调的是,在数据安全保护问题上,我们要注意处理好数据安全与产业发展的关系,对真正需要保护的数据给予相应的保护,而不宜过度泛化,以免影响大数据相关产业的发展,对经济发展造成不必要的阻碍。

---

① 洪延青:《国家安全视野中的数据分类分级保护》,《中国法律评论》2021 年第 5 期。
② 李洋、温亮明:《我国科学数据安全保障路径研究》,《情报研究》2021 年第 3 期。

第五章 以扩大内需为目标推进需求侧改革

推进以扩大内需为主要目标的需求侧改革，不断提高内需特别是最终消费对经济发展的贡献率，是强化国内大循环主体地位、构建新发展格局的重要依托。当前阶段，我国在需求方面依然存在许多问题，我们必须针对这些不足，推进相关改革，不断扩大需求。当然，构建新发展格局下的扩大内需政策，与之前阶段的扩大内需在目标、措施内容等方面会有所差异。

第一节 新发展格局下需求侧改革分析

需求管理是传统宏观调控核心内容之一，需求数量管理又是需求管理的主体。传统需求侧管理政策在促进经济稳定发展、应对危机方面表现出色，但是其不足也逐步显现出来，如过度强调需求数量的短期变动（主要是扩张）、政策存在较长的时滞效应降低了其积极效果并对经济正常发展形成干扰、长期的需求侧管理政策造成一系列结构性矛盾等。正是在这种背景下，随着供给侧结构性改革被提出并成为我国经济工作主线，传统的需求侧管理政策便逐渐淡出了政策体系。2020年12月举行的中央政治局会议第一次提出了"需求侧改革"的概念，要求"要扭住供给侧结构性改革，同时注重需求侧改革"，将需求侧改革与供给侧结构性改革并列。这表明在进入新发展阶段、构建新发展格局时，必须高度重视需求侧改革。本节将根据新发展格局对需求侧的相关要求和经济发展趋势，对需求侧改革进行研究。

一　需求侧改革内涵分析

需求侧改革和需求侧管理，两个概念较为类似。有人认为，两个概念只是提法上略有差异，在本质上一致，都是强调需求数量管理，实现需求扩张依然是其核心，而之所以将需求侧管理改为需求侧改革，主要是为了和供给侧结构性改革提法一致。但是，在综合考虑构建新发展格局的要求、未来经济发展的趋势等各方面的因素后，可以发现构建新发展格局中的需求侧改革和之前的需求侧管理还是有本质区别。

需求侧改革和需求侧管理的最大共同点在于都着眼于需求侧，将需求数量管理作为核心内容。在这方面，习近平总书记指出："供给侧和需求侧是管理和调控宏观经济的两个基本手段。需求侧管理，重在解决总量性问题，注重短期调控，主要是通过调节税收、财政支出、货币信贷等来刺激或抑制需求，进而推动经济增长。"① 在需求侧改革方面，习近平总书记在构建新发展的相关讲话中多次强调了"扩大内需"的内容。例如，2020年10月举行的十九届五中全会提出了"强大国内市场，构建新发展格局"的要求，并高度强调"坚持扩大内需这个战略基点，加快培育完整内需体系"对前者的作用。② 可以看出，需求侧改革和需求侧管理都高度重视需求数量扩张，这是因为需求数量的扩张能够在短期内带动经济发展，从而使经济发展步入高速轨道，有效应对危机或者外来经济冲击。而构建新发展格局高度强调国内大循环主体地位，要达到这一点，需求端的首要任务便是要实现需求数量的扩张，以强化国内需求因素对经济发展的拉动力。因此，在新发展阶段，需求侧改革依然将需求数量扩张作为核心任务。

但是，需求侧改革和需求侧管理也有着本质性区别，主要表现在如下几个方面。

一是在目标导向上，需求侧改革与需求侧管理有着显著差别。传统的需求侧管理片面强调通过需求数量的扩张带动经济增速的提高。需求

---

① 《习近平谈治国理政》第2卷，外文出版社2017年版，第253页。
② 《中共十九届五中全会在京举行》，《人民日报》2020年10月30日第1版。

侧管理措施主要包括短期措施和长期措施，前者主要包括加大投资力度、扩大政府支出、提高消费便利性等措施，以短期内提高消费量为主要目标；后者则主要包括增加劳动者收入、缩小贫富差距等一些有利于需求总量长期增长的深层次措施，但是这些政策实施效果往往不能立竿见影，且因为受到诸多复杂因素的影响，其实施效果往往不显著。尽管在实践中，随着时间的推移，需求侧累积的结构性矛盾越来越突出，相应的政策也试图在一定程度上解决这些矛盾，但是整体效果并不突出，特别是当面对经济发展需要尽快走出低迷因而特别强调需求侧管理短期成效时，政策实施主体便更加容易忽略解决这些制约需求长期增长的深层次问题。

与之相比，需求侧改革除了重视"扩大需求"即需求数量增长外，也非常重视疏通制约需求增长的各种"堵点"。在新发展阶段，需求侧的主要"堵点"体现为人均消费的增长和消费层次的上升，前者主要受到人均收入提高、边际消费倾向递减等因素影响；后者则除了与人均收入提高有关外，还与供给因素等一系列因素有关。在构建新发展格局过程中，需求侧改革除了强调在经济发展面临困境时要通过短期性措施促使经济平稳发展外，更强调通过解决这些制约需求增长的"堵点"来促进需求长期增长，以不断强化国内需求的主体地位。在2021年1月举行的省部级主要领导干部学习贯彻党的十九届五中全会精神专题研讨班开班式上，习近平总书记强调指出"要建立起扩大内需的有效制度，释放内需潜力，加快培育完整内需体系，加强需求侧管理，扩大居民消费，提升消费层次，使建设超大规模的国内市场成为一个可持续的历史过程"[①]，便充分体现了这一点。

二是在需求与供给的关系上，需求侧改革高度注重与供给侧结构性改革相匹配，强调二者之间形成良性的动态均衡关系。在过去的宏观调控措施体系中，传统的需求侧管理措施往往与部分供给侧管理措施同时出台，在具体政策实施过程中，需求侧管理有时候也要与供给侧管理相

---

① 《习近平在省部级主要领导干部学习贯彻党的十九届五中全会精神专题研讨班开班式上发表重要讲话强调 深入学习坚决贯彻党的十九届五中全会精神确保全面建设社会主义现代化国家开好局》，《人民日报》2021年1月12日第1版。

协调。但是，整体而言，需求侧管理与供给侧管理的匹配是非系统化的，它本身更注重单方面强调需求调整特别是需求量的增加，与供给侧的平衡不是政策实施的重点。事实上，传统的需求侧管理措施本身就成为加剧供需失衡的原因之一。这是因为，过度强调短期需求数量扩张的传统需求侧管理政策，在一定程度上保护了本应被市场淘汰出局的部分产能，使其能在一定时期内生存下去，这实际上是破坏了需求和供给自动适应的过程。

与之相比，需求侧改革则更加重视需求侧和供给侧之间的协调问题，并将其作为主要政策取向。例如，党的十九届五中全会就明确提出"把实施扩大内需战略同深化供给侧结构性改革有机结合起来"①。正如习近平总书记指出的，当前阶段我国经济发展"矛盾的主要方面在供给侧"②，因此供给侧结构性改革在构建新发展格局中依然占据"主线"地位，需求侧改革必须和供给侧结构性改革紧紧结合起来。同时，这样的结合不是表面的和静态的，而是深层的和动态的。一方面，需求侧改革需要深入深层次问题，而这些问题往往和供给侧具有千丝万缕的联系。例如，要提高人均收入，在很大程度上依赖于经济保持高速增长，并需要企业采取有利于劳动者提高收入的措施，这都和供给侧有着紧密联系。因此，需求侧改革在推行相关措施时，必须考虑到供给和需求的互动性影响，做到相互促进，而不是割裂它们的关系。另一方面，需求和供给的变化都是动态且相互影响的，因此二者之间需要达成动态均衡。当前阶段，供给侧结构性改革成为我国经济发展的主线，很大程度是由于供给与需求不匹配的矛盾主要表现在供给侧，即供给体系无法适应人们的需求由模仿型排浪型消费向个性化和多样化需求转变的趋势，依然停留在大规模工业化生产阶段，而定制化生产方式尚未得到充分发展，产品和服务的高端化、差异化发展成为短板。在这种情况下，供给侧结构性改革的目标便是逐步改善这一问题，促使需求和供给逐步趋于均衡。然而，随着时间的推移，需求和供给双方都将不断发展变化，并

---

① 《中共十九届五中全会在京举行》，《人民日报》2020年10月30日第1版。
② 《习近平谈治国理政》第2卷，外文出版社2017年版，第253页。

在一定程度上出现新的不匹配趋势,这时候需求和供给的相关政策就应该根据实践的变化不断调整,以便促成二者的动态均衡。

三是在政策延续性上,需求侧改革要明显强于需求侧管理。传统的需求侧管理过于强调政策的短期效果,对于政策与之前的政策衔接和给未来政策留下接口方面考虑不足,政策往往是在经济步入危机时出台而在经济恢复高速增长趋势后退出。与之相比,需求侧改革由于更加注重与需求相关的深层次问题和矛盾,而这些问题和矛盾要解决需要较长的时间,因而需求侧改革必须考虑相关政策的连续性,按照解决问题的内在逻辑和现实条件约束制定一个长远战略,然后在这个战略框架下,依序逐步解决问题。在这样的情况下,需求侧改革必须注重政策的相互连接和对应。

二 我国需求侧改革面临的有利因素分析

构建新发展格局,要求我国要推行以扩大内需为主要目标的需求侧改革。当前阶段,我国推行需求改革面临的有利因素包括如下几个方面。

一是我国超大市场规模的优势有望在未来逐步发挥出来。我国拥有14亿人口,经济规模居于世界第二,经济增长速度在全球主要经济体中居于首位,突出的经济大国优势造就了我国超大市场规模。受到一系列因素的影响,我国超大市场规模的优势尚未完全发挥出来,需求总量尚存在很大的上升空间。在构建新发展格局中,这些优势有望逐步发挥出来,从而推动需求的扩张,并不断优化需求结构。

第一,人均收入呈现快速增长趋势等一系列因素,为人均消费支出的增加奠定良好基础。正如前文所述,改革开放以来,虽然我国人均收入水平快速增长,但是增速整体慢于人均GDP。这就意味着人们没有同步享受到发展的成果,制约了人们消费水平与经济发展程度同步提高。然而,随着我国经济由高速增长阶段向高质量发展阶段转变,共享发展的理念、以人民为核心的发展导向将逐步改变这一问题,我国人均收入水平有望加速增长,达到甚至超过人均GDP增速。在这种情况下,人们将有更多的收入用于消费,消费总量将随之持续增加。同时,贫富差距缩小的趋势和社会福利增加的趋势,也将在一定程度上有利于增加人们收入或者降低人们消费的顾虑,从而促进消费。

第二,人们需求的变化将形成多样化的需求体系并有利于需求保持稳定增长态势。随着社会主要矛盾转向人民日益增长的美好生活需要和不平衡不充分发展的矛盾,人们的需求种类、档次等发生了一系列变化。一方面,随着人们需求种类的增加和档次的提升,新的需求不断出现;另一方面,由于我国人口众多,一些旧的需求在短期内还不会完全消失,只是需求量呈现降低趋势。在这种情况下,需求内部结构的多样性反而有利于保持需求增长态势的稳定,不至于因为部分需求出现的变化而对整体需求的变动产生过度冲击。同时,需求的动态升级的态势,也有利于需求侧改革相关措施的实施。

二是需求政策地位提升,使需求侧改革能够更好地推进并能得到相关配套政策的有力支持。在构建新发展格局的背景下,扩大内需政策在经济政策体系中地位得到提升,成为我国未来经济政策的重要着力点,而且从未来发展趋势看,需求侧政策将改变以前的临时性、应对危机性的定位,有望成为长期性政策。根据新发展格局的要求和国内外经济发展的需要,扩大内需政策具有双重的目标:在短期,需要解决受疫情、国际经济形势变化造成的总需求下降和不稳定的趋势,在新冠疫情持续和国际经济环境不稳定时期,尽快恢复经济发展正常趋势,保证供需体系的稳定,防止经济过度波动;在长期,为了不断强化国内大循环的主体地位,需要稳步提高内需特别是最终消费对经济发展的贡献率,并稳步提高消费层次,使其与供给侧结构性改革的目标相一致。特别是考虑到供给侧结构性改革的持续推进,将改变供给和需求之间的关系,需求政策也需要跟上来,或者说,二者的动态平衡也要求需求侧改革和供给侧结构性改革同步推进。在这种情况下,需求侧改革措施已经摆脱了之前的短期性和应急性定位,而具有长期的特性。同时,从目前的角度看,扩大内需政策在短期目标和长期目标的措施上会有所差异,整体而言,长期目标更加重要。因此,需求政策在未来也可能会成为长期性政策,只是其政策措施的内容和重点会根据形势的变化而发生变化。

另外,需求政策地位的变化,使其能够得到相关配套政策更有力的支持。在强调短期效应时，需求侧政策对相关配套政策的要求相对较低，但是随着需求侧改革更加强调其长期效应，并着力解决与之相关的深层次问题，配套政策的重要性便随之提高。而随着需求政策地位的变化，相关配套政策将更加及时、系统地支持扩大内需，促进需求侧改革目标的实现。

三是新冠疫情对经济的影响将逐步降低。新冠疫情对我国经济造成了严重影响，降低了我国经济发展的速度，并明显降低了消费增长的速度。从目前全球疫情发展的形势看，尽管随着新的病毒类型的出现全球疫情依然较为严重，并发生了病情反向输入我国的情况，但是这一疫情对经济发展的影响将会慢慢降低乃至最终消失。

这是因为，一方面，随着疫情的不断变化，疫情的变化有两种可能性，一是疫情最终结束或者变得对人危害变小到无须特意防护的地步；二是疫情虽然依然传播，但是各国的防控措施日趋成熟，它对经济体系的扰动将逐步变小。另一方面，随着我国疫情防控体系不断完善，我国在疫情防控方面具备的突出优势将不断提升，相应的治理将日益精准化、防控措施精细化和防控范围精确化，即便全球疫情不停止且偶尔影响到我国，也能及时将其控制在最小范围内，从而使其对国内经济的影响降至最低。总之，无论疫情未来向哪个方向演变，其对经济的影响都将趋于减小，而这将对需求产生多层次的积极影响。首先，疫情对经济影响的降低，将有利于经济发展恢复至接近正常状态，人们的收入会随之增长，从而增加人们的消费能力。其次，疫情防控的常态化，将使疫情对人们正常生活受到的影响降至最小化，人们正常的消费受到的影响也会明显降低，这有利于消费总额的增加。疫情对人们消费最直接的影响是由于消费场合受到各种限制而造成消费总量降低，而随着防控管理水平的提升，这一点对消费总量的影响将不断减小。总之，疫情的变化和人们疫情防控能力的升级，将有利于扩大内需，对需求侧改革产生积极影响。

三 我国需求侧改革面临的不利因素分析

我国需求侧改革也面临一些问题和挑战，主要包括如下几个方面。

一是内需扩大的一些影响因素较难立竿见影。需求侧改革涉及扩大内需的一系列深层次因素，如增加人均收入，缩小贫富差距，这方面的内容之前的政策也有所涉及，但是由于政策缺乏体系、相关措施执行不到位等一系列原因，并未取得明显成效。未来的需求侧改革将立足这些深层次问题，力图实现内需扩大的可持续化，但是，要打通这些需求侧内的"堵点"，难度很大，而且政策措施很难在短期内见到成效，措施执行和效果显现之间会有较长的时滞期。目前我国扩大内需的政策存在短期目标和长期目标，短期目标要求相应的政策要能尽快见到成效，解决目前经济发展面临的一些问题。如果采取传统的需求管理政策，则可能会加剧需求侧内部的一些深层次的矛盾，反而不利于需求侧改革长期目标的实现。这是我们在未来需求侧改革中需要解决好的一个问题。同时，扩大需求的目标，暗含着一个要求，即内需规模要不断持续扩大，而这要求相关领域改革也要加速推进，如人均收入快速提高、贫富差距缩小的进程加快等。这给未来的需求侧改革提出了更高要求，增加了改革的难度。

二是需求侧相关政策面临着财政资金约束。需求政策往往需要庞大的财政资金作为支持，而未来的需求侧改革对财政资金的支持依赖度更高。这是因为，除了投资等需要财政资金支持的选项以外，需求侧改革对一些深层次问题的治理，如缩小贫富差距中对低收入者的各项补贴以及提升社会福利水平从而降低人们对扩大消费的后顾之忧，都需要大量财政投入。在最近几年，受到经济低速增长的影响，财政收入的增速有下降趋势，而各项财政资金支出明显增多，从未来趋势看，尽管经济增长将开始逐渐恢复正常，但是其增速可能较之前的时期依然会下降。在这种情况下，财政收支平衡的压力便可能会持续加大。这也会在一定程度上影响我国需求侧改革推进。

三是人口问题对未来需求侧改革提出了新的挑战。当前时期，受到过去计划生育政策以及人口增长的自然规律影响，我国人口整体增速呈现逐步下降趋势，且已经达到人口高峰。第七次人口普查的数据表明，2020年全国人口为14.1亿人，比2010年增长5.38%，年均增长率为0.53%，比2000年到2010年的年均增长率下降了0.04个百分点。① 由于人口普查以 10 年为期，人口增长率其实是以 10 年为期计算的平均值，并不能反映每一年人口增速的变化。根据《中国统计年鉴》的数据，2011 年我国人口增长率（以本年人口数除以去年人口数后在减去 1 后计算而得）为 0.48%，2019 年增长率为 0.33%，2020 年进一步下降为 0.14%，而在 2022 年我国正式步入人口负增长阶段，比上年减少 85 万人。人口变化的另一个问题是，虽然"二胎"政策的出台的确在短期内提高了人口出生率，但是其效果只持续了很短时间。尽管目前我国已经出台鼓励"三胎"的政策，但是从目前情况看，这一政策短期内也较难改变我国人口低速增长的趋势。人口的这一变化在一定程度上限制了我国市场规模的扩张，对未来我国扩大内需政策构成明显不利影响。

另外，人口老龄化趋势的增强，对我国未来消费升级产生不利影响。我国人口老龄化趋势加速推进，根据第七次人口普查数据，2020 年我国 60 岁以上人口为 26402 万人，占总人口的 18.7%，其中，65 岁以上人口为 19064 万人，占 13.5%。② 过快的老龄化对需求和消费产生了多方位的影响。其中，一个突出的影响便是老年人消费偏于保守，对新产品和服务的接受度较低。这将阻碍消费升级，对需求侧改革的相关目标产生不利影响。

第二节　不断提升最终消费率

在经济发展过程中，不断扩大最终消费规模，促进最终消费率持续提升，不仅有利于内需数量扩张，而且有利于内需质量提高，因而是扩大内需的最佳方式。要实现最终消费率提高，需要从持续提高人民收入、缩小贫富差距、解决人们的后顾之忧等三个途径着手。本节将对此问题进行探讨。

---

① 《第七次全国人口普查主要数据情况》，国家统计局网（http://www.stats.gov.cn/tjsj/zxfb/202105/t20210510_1817176.html），2021 年 5 月 11 日。
② 《第七次全国人口普查主要数据情况》，国家统计局网（http://www.stats.gov.cn/tjsj/zxfb/202105/t20210510_1817176.html），2021 年 5 月 11 日。

一 持续提高人均收入

持续提高人均收入,是保证最终消费不断扩大的"源头活水",只有人们的收入不断提升,才能不断提高消费总额,促进需求的扩大。而要提高人均收入,就必须从多方位入手。

(一)在宏观层面上,要保持较高的经济增长率

宏观层面,只有在较长时期内保持较高的经济增长速度,人均收入才能保持持续高速增长。如果经济不能保持持续高速增长,人均收入的增长也将成为"无源之水"而无法持续。因此,要提高人均收入,不断提高最终消费率,首要的问题便是保证经济快速增长。

在这里,涉及经济发展质量和经济增长速度的问题。随着我国经济步入新常态,经济发展质量的重要性上升,而经济增长速度的重要性相对下降,其中后者突出体现为我国经济增长速度由高速增长向中高速增长转变。这是因为,之前阶段的持续高速增长是在粗放型经济模式下取得的,随着这一发展模式不可持续以及我国经济规模的持续扩张,经济增长速度下降成为一个必然趋势。但是,经济增长速度重要性的下降是相对于过去过度重视经济增长速度而言的,保持经济增长速度维持在一个合理水平依然是未来我国经济发展的重要任务。至于多高的经济增长速度是合理的,要根据经济发展的不同阶段、内外部环境变化等因素而定,从前几年我国中央政府制定的经济发展目标及发展情况看,6%是比较适合的经济增长速度。

从我国未来经济发展战略看,应该努力将经济增长速度维持在中高速水平而不能太低。一方面,随着我国国内外经济形势短期内发生急剧变化,特别是国际经济环境发生的根本性变化,未来一段时期内我国经济发展环境将会出现一系列调整,因而将会面临一系列新问题和挑战,一些原有的深层次内部结构性问题可能会更加突出。在这种情况下,保持相对较高的经济增长速度,能够为我国处理这一系列问题创造良好的条件。另一方面,扩大内需要求人均收入不断提升,进而要求经济增长速度保持相对较高水平。考虑到强化国内大循环为主体、国内国际双循环相互促进的新发展格局建设,将充分挖掘我国经济内部的各项潜力,我国经济增长在未来一段时期内维持相对高速水平还是完全可以实现的。

(二) 完善就业政策体系，不断提高就业水平

提高就业水平，是提高人均收入水平的重要手段，一般来说，就业水平越高，人均收入水平越高。当然，就业水平的提升，对已就业人员的收入影响不大甚至有负面影响（因为就业竞争加剧，可能会在一定程度上降低他们的收入水平，然而，受到工资黏性影响，这一点影响不会太大），但是整体而言，就业水平的提高将会使更多没收入或者低收入群体获得比以前更高的收入，因而会提高人均收入水平。根据我国经济发展的现状和未来趋势，提升就业水平重点要解决好如下三个方面的问题。

一是逐步解决就业的结构性矛盾。当前，我国在就业上存在的突出问题便是供给和需求存在严重的结构性矛盾，即工作岗位对人员的各项要求与人员技能水平和结构存在较大程度的不匹配问题，一部分人员无法找到合适的工作，而一部分工作无法找到合适的人员。其中，最突出的便是高水平的技术工人和生产线工人较为缺乏。高端技术工人缺乏的原因在于工人属于整体受教育水平较低的人群，他们要通过培训等方式成为高端技术工人的难度相对较高；同时在教育方面存在着突出的"重普通高等教育、轻职业教育"的问题，大量具备成为高技术工人潜质的学生不愿意进入职业教育体系。而造成生产线工人缺乏的主要原因在于随着老一代生产线工人的老去，新一代的就业者越来越不愿意从事较累且单调的工作，这一点在新一代"农民工"身上得到明显体现。

显然，造成就业结构性矛盾背后的原因非常复杂且涉及一些深层次的问题，因而要解决这个问题必须从多方面入手。第一，在短期内，应该强化职业培训。通过持续的、系统的职业培训，逐步提高就业人员的各项工作技能，使受教育程度较低或者受教育程度较高但是专业不对口、技能水平不足的人逐步成为具有较高水平的人，满足企业对技术工人的需要，既增加就业者的收入，又缓解企业面临的工人不足的局面。第二，在长期内，应该积极调整教育体系，使其能够按照经济发展的需要进行调整，从根源上减少就业结构性矛盾。第三，应该在积极推进企

业不断提高工人工作条件、生活条件和工资收入的基础上,引导企业通过强化职工职业生涯规划、建立更人性化的管理制度等方式,吸引更多的受教育程度相对较低、技能水平不足的人进入工厂,解决生产线工人不足的问题。

二是失业人员特别是中年失业人员再就业问题。失业人员特别是中年失业人员的再就业问题是世界各国就业的难点。随着各种新技术、新业态的频繁出现,大量的企业倒闭,或者大量就业岗位被裁减,这便导致一部分本来具有较高技能水平和工作经验、收入水平也比较高的中年人员失业。目前,企业普遍存在着不同程度的年龄歧视,超过一定年龄的人失业后再就业将面临诸多限制,而很难找到与以前工作性质及收入接近的工作。从这部分人的心理看,他们较难接受与他们原来工作差异较大的工作,特别是收入较低、工作条件较差的工作。另外,这一群体又面临着老人赡养、子女抚养等各方面的挑战,稳定的工作和较高的收入成为生活必需。从需求和消费的角度看,这一群体的需求较多,消费能力较强,如果保持在较高的水平,将成为对消费扩大影响力较大的群体。

因此,解决这部分群体的再就业问题,不仅关系到经济发展,还关系到一系列社会问题。由于他们在依靠自身力量解决就业问题时面临一系列困难,政府部门可以积极提供相应的帮助。第一,提供公共就业信息交流平台,重点照顾这部分群体。中年失业群体尽管在年龄方面与刚毕业的学生或者其他年轻就业人员相比不具备优势,但是具备丰富的工作经验、较高的工作技能水平等优势。因此,政府有关部门可以建立为这一群体提供特别服务的公共就业信息交流平台,鼓励那些对这类人员有需要的企业从中招聘人员,增加中年失业人员再就业的概率和效率。第二,为这部分人员提供再就业辅导。重点是对这部分就业人员的心理、职业规划等方面提供指导,让他们放弃一些不切实际的要求,鼓励他们以积极心态面对新的挑战,从而为他们顺利再就业减轻主观方面的障碍。第三,加强宣传,消除广泛存在的就业年龄歧视问题。年龄歧视问题的出现可能与两个因素相关,一方面,人在超过一定年龄后确实可能会出现体力、创造力下降的问题;另一方面,在我国改革开放之后较长的时间内劳动力处于供过于求的状态,用人单位有充足的后备人员可供选择，因而具备对年龄挑剔的条件。但是，这种基于年龄的歧视是不科学的，例如并非所有的年龄超过用人单位要求的人都必然出现体力及创造力的下降，很多岗位对年龄要求并不高而只是用人单位人为提高了任职条件。同时，随着我国就业人员数量逐步达到顶峰，对于就业人员年龄过于挑剔的宏观条件正在消失。在这种情况下，应该多加强宣传，打破人们对年龄较大劳动者不科学的"刻板印象"。

三是鼓励创业。2014年政府提出的"大众创新、万众创业"（"双创"）政策加快了创新创业步伐，创造出大量就业岗位，促进了经济繁荣。从创业的角度看，创业者可以划分为自雇创业者和私营企业主[①]，前者主要是为了解决自身就业问题而创业，即我们常说的个体营业者；后者则主要是为了将企业发展壮大，不但解决企业主自身就业问题，还要雇用大量的劳动者。照理说，创业本身是供给侧的问题，但是在这里，我们着重强调在构建新发展格局进程中，通过人们创业解决就业问题特别是创业者的自我雇用问题。

当前，我国创业的形式多种多样，如包括农民返乡创业、大学生就业、海外高技术人才回国创业等。在相关政策的引导下，创业者数量不断增加。据统计，2020年我国大学生创业人数达到82万人，比2019年提高了11%[②]。根据2020年11月公布的《中国数字乡村发展报告（2020年）》，截至2019年底，我国返乡入乡创新创业人员达到850万人，带动就业4000万人，本乡创业创新人员达3100多万人次。[③] 但是，受到一系列因素的制约，我国创业发展面临着诸多困难，影响了创业数量的扩大和创业的成功率。这主要表现在几个方面：第一，创业环境尚不理想。以大学生创业为例，根据一项针对湖北大学生就业的调查报告可知，创业环境不理想是制约大学生创业的重要原因。[④] 虽然许多

[①] 毛丰付、张淼：《城市新移民自雇创业问题研究述评》，《贵州财经大学学报》2014年第4期。
[②] 《2020年高校毕业生总体就业率超90%》，《中国教育报》2020年2月27日第1版。
[③] 《850万人返乡创业带动乡村约4000万人就业》，新京报网（https://www.bjnews.com.cn/detail/160673124915818.html），2020年11月30日。
[④] 张旺峰：《大学生创业问题与对策研究——以湖北省为例》，《湖北社会科学》2017年第4期。

地方都建立了大学生创业园区，相关的硬件设施到位，但是各种软环境尚未到位，如在政策支持方面，尽管各级政府陆续出台了一系列政策，但是这些政策尚未系统化，针对性政策尚有待加强。这在一些经济落后地区表现得尤为突出。第二，融资困难。缺乏融资渠道是制约创业的最重要因素，也是创业失败的主要原因之一。例如，在大学生创业方面，大学生的主要可供选择的渠道包括银行贷款、政府创业资金资助、创业风险资金投资以及自筹资金。就大学生而言，缺乏金融知识使其较难获得创业风险资金的投资，政府创业资金资助的比率较低导致大多数大学生难以通过这一渠道获得创业资金，自身还款能力较低使其难以获得银行贷款。在这种情况下，自筹资金往往是大学生创业最主要的资金来源。①农民创业也面临类似的问题，受到信息不对称、信用担保体系要求高等因素影响，农民创业始终面临融资难、融资贵的突出困难，农民创业很难享受到有效的金融服务。②第三，创业者自身素质问题。创业是一项风险高、挑战大的事业，它对创业者综合素质要求很高，任何能力的不足都可能成为失败的原因。而许多创业者自身素质不能应对创业所带来的种种挑战，加之部分创业者对创业的心理准备不足，导致创业失败率较高。以大学生创业为例，尽管近几年来我国高校创业教育不断进步并取得了较好成效，但是相关调查仍表明，我国高校创业教育依然存在着教育内容零散缺乏系统性、理论和实践存在脱节、教育针对性不足等问题，造成创业教育效果不佳。③

在充分考虑到我国创业环境及创业者面临的普遍问题基础上，结合我国构建新发展格局的需要和内外部环境变化的要求，要通过强化创业来解决就业问题，应该从如下几个方面入手。

第一，不断完善创业的环境。创业需要相应的环境支撑，只有在适宜的环境下，创业文化才能形成，创业才能蓬勃发展起来。随着我国

---

① 徐小洲、梅伟惠、倪好：《大学生创业困境与制度创新》，《中国高教研究》2015年第1期。

② 曹瓅、罗剑朝：《社会资本、金融素养与农户创业融资决策》，《中南财经政法大学学报》2019年第3期。

③ 郑刚、梅景瑶、何晓斌：《创业教育对大学生创业实践究竟有多大影响——基于浙江大学国家大学科技园创业企业的实证调查》，《中国高教研究》2017年第10期。

"双创"的推动,创业环境已经较以前明显改善,但是依然存在较大提升空间。当前,需要解决的最突出问题主要包括以下两个。首先,要营造宽容失败的环境氛围。创业是一项风险较大的活动,创业失败将会对创业者个人及其家人、社会等产生不同程度的负面影响,且这种影响可能会对创业者持续较长时间。在这种情况下,就需要营造对失败保持宽容的氛围,降低创业失败对失败者的打击程度,从而促进创业。一方面,要通过舆论引导等方式,在营造鼓励创新氛围的同时,建立对创业失败较为宽容的舆论氛围。另一方面,要建立对创业失败宽容的政策支持体系。例如,对创业失败所造成的债务问题,不要急于将其打入"老赖"行列,在政策方面予以一定时间的宽限,使其在相对宽松的环境下解决债务问题;建立对创业失败者的保障机制,适度减轻创业失败对创业者的各项负担,使他们不至于因为创业失败而彻底"翻不了身"[1];对于第一次创业失败者,政府可以尝试建立二次创业扶持基金,用以支持他们第二次创业。[2]

其次,不断提高创业支持政策的体系性和针对性,创造有利于创业的软环境。当前阶段,我国创业政策体系存在的突出问题包括政策体系性不足、针对性不强以及政策宣传不足导致创业者了解程度不高等。[3]同时,我国创业扶持政策往往由多部门联合发布,政策执行也由多部门负责,这就造成了政策制定和执行没有形成统一的合力。[4] 对此,我们应该对创业政策体系进行系统梳理,不断提升政策体系性,并根据现实发展的需要,不断提高政策的针对性。在执行方面,应该建立协调机构提高各部门政策制定和执行的统一性和协调性。同时,加强创业政策的宣传力度,提高创业者对相关政策的熟悉程度,保证他们能够充分利用相关政策促进创业。

---

[1] 张楠、黎晓奇:《"宽容失败",需要氛围,更需要机制》,《科技日报》2016年3月14日,第2版。
[2] 厉伟:《宽容失败必须让三种思想没有市场》,《科技日报》2016年3月6日第13版。
[3] 杜天宝、于纯浩、温卓:《大学生创新创业政策扶持体系优化研究》,《经济纵横》2019年第9期。
[4] 宁德鹏、葛宝山、金志峰:《我国创业政策执行中的问题与对策研究》,《中国行政管理》2017年第4期。

第二，优化提升创业教育。创业是一种高风险、高要求的活动，它不仅要求创业者在创业之前做好充足准备，还需要他们及时处理各种突发事件以及发现并抓住新的机遇。如果创业者对创业不了解，缺乏基本的技能和思想准备，那么创业失败的风险大大增加。因此，应该针对我国创业教育中存在的不足，不断完善创业教育体系。首先，要根据实践的要求，不断完善创新教育的课程设置和教育内容，提升教育的效果。其次，逐步强化教师队伍建设，建设高水平的师资队伍。创业教育的质量，与师资队伍的水平息息相关，不断提升教师水平是提高创新教育质量的基本保证。一方面，应该通过吸收高水平的教师进入教师队伍来提升整体队伍的水平；另一方面又要通过不断的培训，逐步提升教师的能力和水平。最后，应该加强包括创业实验室、虚拟仿真实验室等在内的创业实验平台建设，并通过与企业合作建立创新教育基地等方式，提高教育的实战性，提升教育的效果。①

第三，完善创业融资体系。完善创业融资体系，保证创业者能够在创业各阶段获得充足的资金支持，是当前阶段促进创业的关键因素。在这方面，首先，在各级政府财政可以承受的范围内，适度提高政府创业扶助资金总额并扩大扶持面，使更多创业者能够得到资金支持；其次，强化风险投资对创业的支持力度。风险投资是创业十分重要的融资支持手段，必须逐步促进风险投资的发展，为创业者提供适宜的融资服务；最后，加快银行等金融机构改革，建立针对创业的贷款支持体系。事实上，在目前的金融框架下，很难依托大银行发展出针对创业的相应贷款服务。在这种情况下，应该加大政策型银行和中小银行对贷款的支持力度，同时积极改善抵押贷款条件，降低创业者获得贷款的难度。

第四，建立中年和老年创业支持体系。我国目前的创业政策整体上还是偏重于年轻人创业，其背后的逻辑是年轻人具备较强的冒险精神、创新精神，同时在一定程度上也与年轻人特别是大学毕业生的就业形势相对紧张有关。但是，这样的观点有失偏颇，不能认为中年人和老年人

---

① 刘译阳、边恕：《高校创新创业教育存在的问题、原因及对策》，《现代教育管理》2019年第9期。

就不适合创业，我们应该根据中年人和老年人的特点提供相应的创业政策。在这里，我们重点强调老年人创业问题，因为中年人创业的政策与年轻人在创业政策方面差别不大，同时部分需要特意强调的政策内容也可以在老年人创业政策中得到体现，只需要借鉴老年人创业支持政策即可。

随着我国人口老龄化加速推进，老年人口越来越多，在医疗卫生和生活水平逐渐提高因而老年人身体尚十分健康的情况下，充分挖掘这些人力资源特别是其中创造力强、知识水平高的创业型人才的潜力，促进他们创业，对解决我国就业问题和促进经济发展方面均有积极作用。在实践中，我国对于老年人创业的重视度明显不足，而发达国家已经开始注重挖掘老年人创业潜力，如欧盟提出了包容性创业政策，强调为老年人创造平等的就业政策和环境。[①] 对此，我们应该根据老年人创业的特点，采取针对性政策。

首先，营造有利于老年人创业的环境氛围。一般来说，人们对老年人的印象停留在思想保守、缺乏创新能力、回避风险、对环境变化的敏感性较低等刻板印象上，并倾向于认为老年人不适合创业。但是，相关的研究表明，除了创业者具备的一些共性（如在创业心理、创业情境方面）外，老年创业者的确表现出了与中青年创业者不同的特征，如创业人脉资源方面明显优于中青年创业者、创业的目的更多表现为提高自身生活质量以及提升产品质量（与之相比中青年创业主要表现为获得社会积累）、创业结果因素中更强调精神满足（中青年创业者更重视物质满足）等。[②] 尽管这些差异并不能说明老年创业者明显优于中青年创业者，但是至少可以看出，老年人创业具有自己独特优势，如果充分发挥他们的创业积极性，完全可能取得成功。在这种情况下，应该由政府主导，加强相关宣传，逐渐营造出有利于老年人创业的环境氛围，既使老年人创业得到更多理解和支持，也能促使更多具备创业

[①] 李华晶、朱萌、侯闪闪：《欧盟与OECD老年创业政策及其对我国的启示》，《中国人力资源开发》2019年第4期。

[②] 蒋小仙：《老年创业成长模型与特征分析——基于多案例研究》，《经济与管理研究》2020年第12期。

潜力的老年者放下包袱去创业。其次，应积极加强老年创业教育培训。创业教育对创业是否能取得成功具有重要作用，这一点对老年人也不例外。在这方面，应该根据老年人的特点，有针对性地开展相关的教育培训活动，切实发挥他们的优势而规避不足。最后，应该在创业政策支持体系中强调对老年人创业的支持。与中青年创业相比，老年创业者面临着一些资源更加短缺的问题，例如，老年创业者更难获得金融机构的资金支持，这就要求创业政策必须有针对性地改善这一问题。

（三）促进劳动力由农村向城市永久性迁移

改革开放之后较长时间里，农村剩余劳动力向城镇和非农业转移是促进我国经济发展的重要因素。农村剩余劳动力向城市转移，一方面满足了工业发展对大量劳动力的需求，推动我国工业化进程；另一方面提高了这部分群体的收入水平，进而增加了全体范围内的人均收入。尽管与城市内其他高收入群体相比，农民工的收入相对较低，但是农业比较效益明显低于工业和服务业的特性，决定了这部分人的收入水平与从事农业相比依然明显提高。随着劳动力持续由农村向城镇和非农业转移，我国城镇化比率持续提高，农村劳动力供给状况也发生了重大变化。当前和未来一段时期，在劳动力转移方面，为了增加这部分群体的收入和提高他们的消费水平，要重点做好两方面工作。

一是解决已转移人口转移深度不足的问题。劳动力转移深度不足，主要体现为从农村转移出的劳动力，虽然已经长期在城市工作和生活，但是受到户籍制度、住房、各项社会福利等方面的影响，无法真正融入城市生活，而保留回到原来的农村以及去往其他地区的选择。这在第一代农民工中体现得较为明显。第二代农民工虽然更加适应城市生活而且不愿意再回到农村，但是受到经济基础、受教育程度、职业等因素影响，他们很难真正融入城市生活。尽管户籍制度改革快速推进，在一定程度上解决了部分转移劳动力入籍问题，但是这一部分人口的数量依然很大。2022年我国常住人口城镇化率超过60%[①]，而户籍城镇化率仅

---

① 数据来源于《中华人民共和国2022年国民经济和社会发展统计公报》。

为 45.4%（2020 年数据）①，二者之间依然存在近 15 个百分点的差距。这二者之间差距所代表的人口，便是劳动力转移深度不足的那部分人口。

劳动力深度转移不足，将在一定程度上影响我国内需政策。一方面，无法实现永久性迁移，会影响到他们未来的职业规划和未来发展预期，从而影响到他们的整体收入，不利于他们长期收入的增加。另一方面，无法融入所在城市，致使他们对未来缺乏安定感，因而会选择增大储蓄而非增加消费，这显然将对宏观层面扩大内需不利。因此，加深劳动力转移深度，促进劳动力永久性迁移，对于增加消费具有积极意义。一方面，继续推进户籍制度改革，加快已转移人口落户进度，通过在公共服务、社会福利制度领域的一致性待遇，实现转移劳动力的永久性定居。另一方面，推进保障房建设，完善租房制度，解决制约劳动力永久性迁移、阻碍他们安居乐业的住房问题，使其可以安心地定居城市，也缩小因为住房相关支出过高对其他领域消费产生的挤出效应。

二是现有农村就业劳动力转移。随着改革开放 40 多年劳动力持续转移，我国目前农村可供转移的劳动力数量正在不断下降。2021 年我国农业就业人口数量为 1.71 亿人，比 2015 年降低了 4346 万人。但是，也应该看到，我国农业就业人口比重依然偏高。按照世界银行数据库的数据，从农业就业人口占总就业人口的指标数据看，主要发达国家普遍低于 5%，如 2019 年美国为 1.4%，德国为 1.2%，法国为 2.5%，英国为 1.1%，日本为 3.4%，韩国为 5.1%，而同期我国则为 25.3%②，我国农村就业人口明显偏高。当然，我国农业和农村发展模式与发达国家不同。西方各国在工业化进程中不同程度上出现了农村凋敝现象，而我国在"城市—农村"发展格局中，高度注重农业和农村的繁荣发展，先后提出了新农村建设、乡村振兴战略等农村发展战略，促进农业和农村经济发展，加之精耕细作的传统、现代化农业和旅游业的巨大发展优

---

① 《去年底全国户籍人口城镇化率达到 45.4%》，光明网（https://m.gmw.cn/baijia/2021-05/10/1302284448.html），2021 年 5 月 10 日。
② 这里的数据来源于《中国统计年鉴》（2022 年）中的附录 1-2，是摘录的世界银行数据库的数据。这一数据与根据我国相关数据计算的数值有差异。

势又给农业发展提供了新的发展空间，这些因素使我国即便在经济高度发达时，农村和农业就业人口也不会降到像欧美发达国家那么低。

但是，即便考虑到上述因素，我国目前农业就业人口的数量还是明显偏高。当前，农业比较收益依然明显低于工业和服务业，这一点可以从农村和城镇地区人均收入的差异看出来。根据《中华人民共和国2022年国民经济和社会发展统计公报》的相关数据，2022年我国农村居民人均可支配收入为20133元，城镇居民人均可支配收入为49283元，前者仅为后者的40.9%。考虑到农村居民收入中还有很大一部分来源于非农业，农业就业收入与非农业就业人口收入的差距实际更大。如果其中的部分农业劳动力转向城市，将会增加所有人的收入，转移人口将因为从事非农业而实现收入增加，而从事农业的人员将因为劳动力数量的减少而增加人均经营土地的面积，从而有利于农业规模化经营和企业化经营，从而为人均收入增加创造条件。因此，未来我国依然还将有大量的农村劳动力会转移到城镇中去，只是转移人口的增量将逐步下降。促进农村劳动力继续向城市转移，重点做好几方面的工作。首先，加快土地流转制度改革，促进土地流转，保证具有向城市转移意愿的农村劳动力的利益，促进农村劳动力继续向城市转移。其次，不断加强农民工的技能培训，强化其适应城市生活的能力，增加其收入水平，从而为其向城市转移创造条件。一方面，在培训的持续性上，要让农民工逐渐树立"培训是需要不断持续的而非一次性"的理念，鼓励他们将培训和自我实践、自学结合起来，不断提高技能水平；另一方面，在培训的内容上，既要涉及工作技能相关的培训，又要包含职业规划、就业地点选择等内容，保证他们能够找到适合自己工作的地点、职业，使他们更容易适应城市的生活。

二 缩小贫富差距

（一）当前时期我国缩小贫富差距问题分析

缩小贫富差距对于促进消费、扩大内需具有重要作用。这是因为，高收入和低收入者的边际消费倾向不同，高收入者的边际消费倾向较低，即随着人们收入的不断增加，新增收入中用于消费的部分呈现不断递减趋势，收入越高，总收入中用于消费的比重也相对较低。从宏观上说，在社会总收入不变的情况下，一个社会贫富差距越大，总收入中用于消费的比重就越低；反之，总收入中用于消费的比重越高。因此，在社会存在较大贫富差距的情况下，如果采取措施，缩小高收入和低收入者的差距，将高收入者的部分收入转移给低收入者，则整体消费的比重将有所提高，从而有利于扩大内需。更为重要的是，实现共同富裕是社会主义发展的根本目的，"让一部分人先富起来"绝不意味着就要长期保持高水平贫富差距，而是通过"先富"带动"后富"，最终使得全体人民生活水平都能够远远高于原先水平并在此过程中不断缩小贫富差距的水平。因此，社会主义的制度基础，也要求我们要注重不断缩小贫富差距，保证让所有人都能够享受到发展的成果。

当前，我国贫富差距维持在一个较高水平。根据《中国住户调查统计年鉴（2020）》的数据，2003 年到 2019 年的基尼系数经历了一个整体波动下降的过程，从 2003 年的 0.479 震荡下降到 2019 年的 0.465。基尼系数作为衡量贫富收入差距的最重要指标，按照西方的经验，如果指标数值在 0.3 以下，表明整个社会收入分配状况良好；数值在 0.3 到 0.4 之间，表明"正常"；如果超过 0.4，则属于收入差距过大，需要"警戒"。而如果超过 0.6，表明收入差距状况悬殊，有可能引发社会贫富对立等严重状况。[1] 我国基尼系数在最近 10 多年长期维持在 0.462 到 0.491 之间，整体数据处于警戒线位置，高于大多数西方发达国家的水平。当然，我国贫富收入差距较大，与改革开放之后为了激励人们的工作积极性和主动性、实现经济快速发展而实行的"效率优先，兼顾公平"收入政策有关，属于社会主义初级阶段的阶段性现象。从动态发展趋势看，从 2012 年开始，尽管年度之间存在小幅波动，我国的基尼系数整体呈现出下降趋势，从 0.474 下降到 0.465。这表明我国贫富差距状况开始呈现改善趋势，但是绝对水平依然不低。同时，一直以来，许多学者对于我国基尼系数的数值存在争议，许多学者认为我国实际的基尼系数高于统计局公布的数字，即实际的收入差距状况更为严重。例

---

[1] 尹继佐：《关于科学解读基尼系数的思考》，《上海人大月刊》2006 年第 4 期。

如，按照国家统计局的数据，2010年我国基尼系数为0.481，但是同期西南财经大学中国家庭金融调研中心公布的数据为0.61，大大高于前者水平，并引起了较大争议。① 尽管这一极高的数字引起了很多学者的怀疑，认为这一数据不可信，但是依然有很多学者认为我国实际的贫富差距水平高于统计局数据，只是没有达到西南财经大学公布的数据这么高。

实际上，国家统计局的基尼系数统计是基于"个人可支配收入"，即以收入作为贫富差距的基准。但是，目前对贫富差距存在一个共识，即收入差距只是造成贫富差距的一个部分，更重要的差距体现在财富差距上。相关研究表明，改革开放之后，随着人们财富数量的增加，我国财富收入的差距在不断扩大，且财富收入差距的水平要高于可支配收入差距水平。目前关于贫富差距的具体数值尚没有权威官方数据，而从可以查到的相关数据看，不同来源之间的数据差异较大。例如，根据2014年和2016年《中国民生发展报告》的数据，2012年我国财产基尼系数为0.73，2014年为0.70②；孙楚仁和田国强依据胡润财富榜的相关数据，测算出我国2000年到2010的我国的财富基尼系数，其中2000年为0.826，到2004年达到这一时期的最低点为0.349，之后整体呈现上升趋势，到2010年则为0.628③；李实等以中国住户收入项目（CHIP）数据为基准，测算出我国2002年全国居民财富基尼系数为0.494，2013年为0.617④；杨灿明、孙群力利用中国居民收入与财富调查数据，测算出我国2016年和2017年的居民人均净财富基尼系数为0.65和0.61⑤。受限于数据来源的准确性、全面性等因素，这些估算结果可能与事实都有一定差距，同时由于缺乏一个跨越长时期的系列性

---

① 《中国基尼系数0.61高于世界平均水平》，《华西都市报》2021年12月10日第21版。
② 转引自张琦：《西方经济学财富分配思想演变及对当下的启示》，《中国劳动关系学院学报》2020年第6期。
③ 孙楚仁、田国强：《基于财富分布Pareto法则估计我国贫富差距程度——利用随机抽样恢复总体财富Pareto法则》，《世界经济文汇》2012年第6期。
④ 转引自杨灿明、孙群力《中国财富分配差距扩大的原因分析》，《财政研究》2019年第3期。
⑤ 杨灿明、孙群力：《中国财富分配差距扩大的原因分析》，《财政研究》2019年第3期。

数据，因此很难进行长时期的精确比较。但是，依据这些数据，大致可以得出两个结论：一是从 21 世纪初以来，财富差距整体上在扩大；二是财富差距的水平高于收入差距。造成我国财富差距呈现如此变化趋势的原因是多样化的，其中最突出的原因便是自 21 世纪初我国加快房地产市场化改革以来，房地产价格快速提升，这导致我国不同群体之间财富收入差距扩大。根据杨灿明、孙群力的研究，造成我国财富差距的主要因素是房地产，其对财富收入差距的贡献超过了 70%（2016 和 2017 年分别为 70.4% 和 72.9%）。与之相比，家庭储蓄的贡献仅为 10% 左右（2016 和 2017 年分别为 10.4% 和 9.8%），耐用消费品、生产经营性资产和投资理财产品的贡献则更少（2016 年分别为 9.2%、5.3% 和 4.8%，2017 年则分别为 8.5%、4.3% 和 4.5%）。①

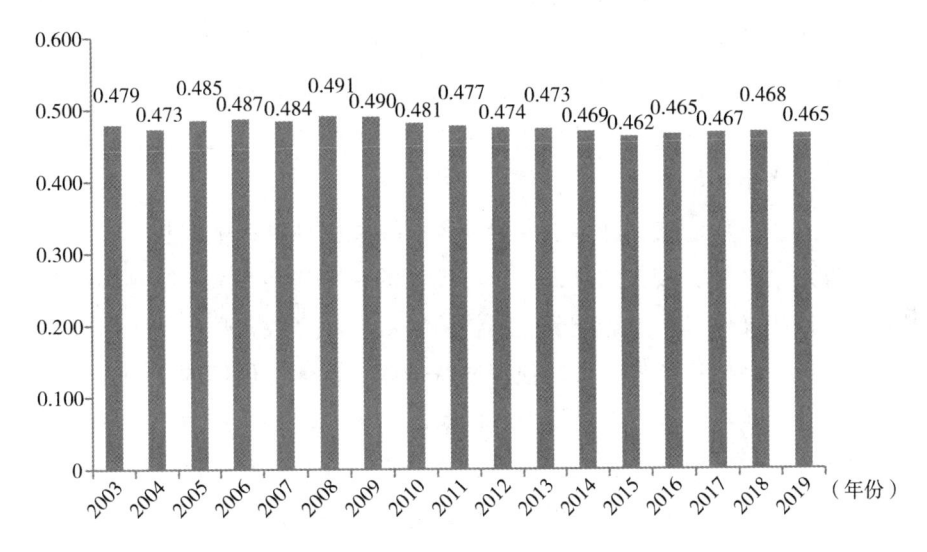

图 5-1　2003 年到 2019 年我国居民可支配收入基尼系数状况

资料来源：《中国住户调查统计年鉴》（2020）。

因此，在缩小贫富差距方面，我们除了要注意收入水平这一增量指标的调整，也要注意财富这一存量指标的调整。一是以税收限制超高收

---

① 杨灿明、孙群力：《中国财富分配差距扩大的原因分析》，《财政研究》2019 年第 3 期。

入群体收入水平。超高收入群体的收入水平持续增加,在全球范围内都是造成贫富差距扩大的重要直接原因,我国的情况也是如此。对此,全球主要国家采取的核心措施便是采取超高税率,加大征税力度,从而有效缩小贫富差距。相关研究表明,超高税率对调节贫富差距的效果非常明显。例如,班纳吉和迪弗洛发现,高税率会产生两个积极后果,一是导致超高收入的现象减少以至消失,二是导致高收入群体更愿意从事高薪且有"有意义的工作",而不愿意从事高薪而无意义的工作(如金融)。[1] 超高收入现象的消失,是因为在超高税率(如20世纪50—60年代欧美等国家实施的超过70%的税率)下,高收入的绝大部分将被收走,设置这样的收入层级没有实际意义,因而企业不愿意付出这样的高收入水准。同样,这样节省出来的工资成本,更可能支付给其他收入相对较低的员工。这便通过削减高收入群体的超高收入和增加其他群体的收入水平两个途径,降低了税前收入的差距。第二种结果实际上促进了高技能水平的人力资本由非生产领域向生产领域转移,或者由低生产率产业向高生产率转移,从而实现了人力资本投资的优化提升,这将对经济发展产生积极效果。

当然,一直以来,许多学者对是否应该以极高税率限制超高收入群体的收入水平存有较大的疑虑,担心超高的税率将会大大影响到高收入群体工作积极性,从而影响到经济快速发展。超高收入群体的主体是企业所有者、高层经营者以及其他一些特殊职业群体,他们的工作积极性和主动性确实比一般人对经济发展的影响更大。但是,班纳吉和迪弗洛经过综合研究后发现,超高的税率并不会影响这些高收入群体的工作积极性。他们认为,最高税率引发的后果主要体现为逃税和避税现象的增加,而对实际工作并不会产生实际影响,因为如果所有企业面临相同的税率,则"最高薪的工作仍然是最高薪的工作"[2]。实际上,从人们工作的动力角度分析,人们工作的动力主要包括两大因素,一是收入因

---

[1] [美]阿比吉特·班纳吉、[法]埃斯特·迪弗洛:《好的经济学》,张缘、蒋宗强译,中信出版社2020年版,第304—308页。
[2] [美]阿比吉特·班纳吉、[法]埃斯特·迪弗洛:《好的经济学》,张缘、蒋宗强译,中信出版社2020年版,第307页。

素；二是收入之外的因素，主要包括实现人生价值、寻找自己的社会意义以及其他因素。从第一种因素上说，超高税率固然会降低这些高收入群体的税后收入水平，但是高税前收入一定会对应高税后收入，在人人税率相同的情况下，对于收入已经远远超出满足生活需要的高收入群体而言，税率的提高对其影响不会很大。同时，高税率并不会影响人们工作动力的第二个因素。因此，从整体来看，高税率并不会影响高收入群体的工作积极性。

当前阶段，相较于欧美等发达国家曾经实施的最高水准，我国调节高收入群体所实施的最高税率依然偏低。我国目前所得税最高税率为45%，这一水准目前在全球水准不算很低，大致与美国持平。但是，欧美特别是美国等国家从20世纪70年代以来，受到新供给学派等新自由主义思想的影响，大幅度削减了相应的税率，以便通过削减税率来刺激生产，达到促进经济进入快速增长轨道的目的。尽管欧美等国家在这些改革措施影响下，逐渐恢复了经济快速增长趋势，走出了"滞胀"泥潭，改革似乎取得了成功，但是由于这些改革措施是与其他条件的变化混杂在一起的，并没有证据表明这些国家经济发展真的是由改革推动的，目前关于这个问题依然存在较大争议。① 事实上，欧美等国家采取削减税率的措施，很大程度上是受到意识形态因素的影响，因为这些国家传统的经济思想都倾向于降低政府对经济的影响，其中降低税收更是政策的焦点。我国作为社会主义国家，要实现共同富裕，在这方面不能完全参照西方发达国家水准，完全可以在实践中探索适合自己的税率。从目前的情况看，我国完全可以针对超高收入的群体设定较高的税收标准，促进企业及其他组织降低其收入水平，降低税前收入差距，同时通过税收的二次调节作用，降低税后收入差距。

当前，在以税收调整收入差距时，一个需要特别重视的因素便是法律的实施一定要到位。近几年一些影视明星存在的偷税漏税行为表明，我国税法在执行和监督方面尚存在较大不足，同时受到相关法律法规严

---

① ［美］阿比吉特·班纳吉、［法］埃斯特·迪弗洛：《好的经济学》，张缘、蒋宗强译，中信出版社2020年版，第293—297页。

密性不足的影响，高收入群体还存在一些合法避税的方法。在这种情况下，完善法律法规制度，并强化其监督和执行，对于真正促进以税收手段削减超高收入具有重要的意义。

二是增加中等收入群体的人数。随着我国经济不断发展，我国中等收入群体数量也在不断增加。按照习近平总书记的说法，我国目前大约4亿多人构成中等收入群体①，这一数字高于世界上除了中国和印度之外其他任何一个国家的人口数量。可以说，从总量的角度看，我国中等收入群体的人数居于全球第一。但是从相对比重角度看，我国人口总量为14亿，中等收入群体占总人口数量不到30%。与世界主要发达国家相比，这一比重严重偏低。以美国为例，1980年中产阶层占全国总人口比重大约80%左右，之后受到贫富差距扩大的影响，这一比重出现下降趋势，到2013年大约只有50%左右②，即便是大幅降低之后的数据，也要高于我国相应的比重。按照发达国家的历史经验，一个国家社会阶层结构如果呈现橄榄型（中等收入阶层占据大多数，而高收入和低收入群体占少数的结构），则这个社会收入分配结构较为合理，社会也会比较稳定。因此，增加中等群体人数，是我国在社会收入分配中必须解决的问题。

不断采取措施，扩大中等收入群体的基数，将对我国内需扩大产生很大影响。中等收入群体基数的扩大，将主要由低收入群体升级而来，相对于已经进入中等收入阶层的群体和高收入群体，新增的中等收入人群的收入中用于消费的比重（边际消费倾向）将更高。因此，中等收入群体基数和比重的扩张，将有效促进消费水平的提高，从而有效扩大内需。在需求方面，这将产生两方面的后果。一方面，由于新增中等收入群体的新增消费需求中，将有一部分是低端需求，即工业大规模批量化生产的产品，这是由于在低收入阶段消费需求未满足而产生的补偿性需求。随着新增中等收入阶层数量的提高，这部分增量消费将有利于我

---

① 习近平：《把握新发展阶段，贯彻新发展理念，构建新发展格局》，《求是》2020年第9期。
② 王俊美：《美国中产阶级占比为何下降？》，《中国社会科学报》2017年5月27日第3版。

国经济稳定。需求升级优化存在一个逐步演变的过程，由于消费群体的多样性，低端需求不会在短时期内完全被高端需求替代，因此与低端需求相对应的生产方式也会在一定时期内存在。在这种情况下，新增中等收入群体新增的低端需求，将给需求转型赢得一定的时间，并有利于转型时期经济发展的稳定。另一方面，随着中等收入群体基数和比重的扩大，高端需求也会随之增加，这样将有效地拉动经济发展，促进经济发展转型。

促进中等收入群体扩充，除了增加人均收入等普遍性措施外，需要重点注意两个问题。第一，要稳定存量，保证现有中等收入群体数量在经济发展困难时不会下降。当前受到新冠疫情影响，部分中小企业出现经营困难，部分企业员工和灵活就业者出现了收入下降甚至失业问题。在这种情况下，应该积极采取措施，减轻中小企业特别是受疫情影响较大的服务企业的各项负担，并积极引导这些企业进行发展转型，以便增加这一群体收入。第二，在政策方面要适度向中等收入群体倾斜，培育中等收入群体。例如，在税收方面，适度提高个人所得税起征点，减少中等收入群体特别是其中收入相对较低的群体的负担。

三是降低低收入群体比重。随着全面建成小康社会目标的完成，我国已经消灭了绝对贫困现象，实现了全员脱困。但是，全面脱困并不意味着低收入群体的消失。一方面，脱离了贫困，并不意味着其收入水平就较高。目前国际上通行的贫困标准有三个，即 1.9 美元/天、3.2 美元/天和 5.5 美元/天，我国的脱困标准是高于世界银行制定的极端贫困标准。但是应该看到，即便是高于此贫困标准，这个收入水平相对于其他群体依然是明显偏低的。考虑到这部分群体在受教育水平、劳动能力、家庭负担等各方面往往处于弱势地位，要保证他们收入持续增加，彻底让他们摆脱低收入群体地位，依然需要政策在各方面予以支持。另一方面，低收入群体本身也是一个相对概念。即便在全体人民收入水平大幅提高、不存在绝对贫困的情况下，依然会有一部分人群收入相对较低，位于收入的底层。缩小贫富差距，就是要促进这部分人群的收入增长速度高于其他群体，从而不断缩小与其他群体的收入差距，并降低低收入群体的比重。

对于具备较强劳动能力的群体，要通过加强职业培训，不断提升其劳动力技能水平，从而促进其就业的稳定性和劳动收入的提高。随着我国经济步入高质量发展阶段，经济发展对劳动者技能水平的要求不断提高。由于低收入群体普遍受教育程度较低、工作经验相对缺乏，在适应企业对高技能人才需求以及应对就业市场变动方面处于弱势。在这种情况下，就应该在预测现有政府、企业培训体系能否满足这部分群体技能培训需要基础上，根据需要调整现有培训体系或者增加专门培训机构，从而不断提高他们的职业技能水平，保证他们的收入持续增加。

对于收入处于最低水平的群体，要加大财政转移力度，并通过各类社会扶助措施来增加他们的收入。低收入群体中，有一部分人受到年龄、身体、家庭等条件的限制，其职业技能较难提升，且收入水平长期维持在较低水准。对此，应该在加大财政转移力度的基础上，鼓励社会各界参与到扶持这部分群体的活动中来，以各种补助和帮助的形式，增加他们的收入水平，满足他们的生活需要。作为社会主义国家，我们必须将共享发展理念贯彻到位，扶助这部分群体便是共享理念的重要体现。当然，为了避免产生"奖懒"这一负面效果的产生，对这部分群体的扶助要设立合理的标准并在实施过程中监督到位，让真正需要帮助的人都得到帮助而避免让不符合条件的人滥竽充数。

(二) 实现共同富裕与缩小贫富差距

在 2021 年 8 月 17 日举行的中央财经委员会第十次会议着重就促进共同富裕问题提出了一系列论断和要求，为构建新发展格局背景下缩小贫富差距、让群众共享经济发展成果指明了方向。这里将对此问题进行深入研究。

1. 共同富裕的内涵分析

根据中央财经委员会第十次会议上对共同富裕的定义，共同富裕的内涵可以归结为如下几条[①]。

[①] 《习近平主持召开中央财经委员会第十次会议强调　在高质量发展中促进共同富裕统筹做好重大金融风险防范化解工作》，《人民日报》2021 年 8 月 18 日第 1 版。

一是共同富裕是全体人民的富裕，不是少数人的富裕。共同富裕本质内涵是我们要让全体人民实现富裕，而非让少数人富裕。从收入的角度看，这意味着贫富收入的差距不能过大，让所有人的收入都能达到较高水平是我们追求的目标。

共同富裕是在动态中实现贫富差距缩小的过程。这体现在两个方面：在纵向角度，各个群体特别是低收入群体收入与自身过去相比将持续增加，其中低收入群体收入增速高于中等收入群体和高收入群体；从横向对比看，高中低收入群体的贫富差距在动态中不断缩小，直至达到较低水平。综合起来看，共同富裕其实便是在分"蛋糕"时，既努力保证每个人（特别是收入较低的人）分得比以前更多，又要保证不同人之间所分"蛋糕"的大小差距不断缩小。

二是共同富裕不是平均主义。现在对共同富裕最大的误解便是将其理解为绝对平均主义。中央财经委员会第十次会议特意提到共同富裕"不是整齐划一的平均主义"，依然要"允许一部分人先富起来，先富带后富、帮后富"。这就意味着，在构建新发展格局过程中，我们实现共同富裕既要注意缩小贫富差距，又依然会保留合理的收入差距。这是因为，共同富裕相关政策必须立足社会主义阶段的现实，保持适度的收入差距将有利于鼓励那些具有资源优势、具备个人突出能力、善于把握机遇的人充分发挥积极性、创造性，从而促进经济规模的扩大，将所有人可供分配的"蛋糕"做大。另外，共同富裕也特别强调先富群体对后富群体的帮带作用。尽管我们过去一直强调允许一部分人先富起来和先富带动后富，但是在实践发展中，前一个要求得到较好的落实，即改革开放过程中，的确有一部分人率先富起来了，但是先富群体对后富群体的带动作用并没有很好地体现。因此，我们今后要特别注重先富群体对后富群体的带动作用，进入"富裕一批人，带动更多人富裕"的良性发展状态。

2. 共同富裕的手段分析

根据中央财经委员会第十次会议的相关精神，我国实现共同富裕可以从如下手段入手。

一是通过提升教育的公平性来为共同富裕提供能力基础。造成当前贫富差距过大且阶层固化趋势逐步显现的原因较为复杂，其中教育水平的差异是最根本的原因之一。尽管我们的教育体系目前存在一系列问题，与经济发展需要具有较大程度的脱节，但是，整体而言，教育水平的高低依然是决定一个人未来发展的决定性因素之一。对于低收入群体及其子女而言，提高其教育水平是提升他们未来收入水平的重要途径。当然，我们这里说所的教育不仅仅包括各级学校提供的文化知识教育，也包括各种职业学校及相关的培训机构提供的技能培训教育。因此，提升教育的公平性是实现共同富裕的基础条件，应该采取广泛措施促进教育的公平性，如在教育资源的配置上要更加注重在区域、群体之间的公平分配，等等。

二是致力于畅通向上流动渠道，保证致富机会更加均等。市场经济自身发展的规律决定了，到了一定时期，在致富机会上存在马太效应，即越是富有阶层越有能力获得更多的致富机会，这与其拥有的资源种类和规模有关。这导致的结果便是社会阶层固化趋势加强，中低收入群体向上流动渠道收窄。要实现共同富裕，就要采取各项措施改变这一状况，保证致富机会更加均等。一方面，应该强化低收入群体致富的各项配套体系，使他们不因自身各项资源不足而丧失成功致富的机会，从而促进致富机会的公平化。以创新创业为例，低收入群体面临资金各方面配套资源的制约而降低了致富成功的可能性，如果各方面配套支持体系发展到位，则会降低因自身资源原因而失败的可能性，使得不同收入群体之间致富成功的可能性趋于均等。另一方面，应该采取措施，促进公平竞争，给更多人创造发展的机会。当前，在部分经济领域，已经形成较为突出的市场垄断现象，这些垄断企业有时候会利用垄断地位对其他竞争对手或者潜在竞争对手采取排除竞争的行为，减少其他群体发展的机会。在这种情况下，尽快落实党中央、国务院相关政策中提出的强化竞争政策基础地位、反对垄断行为的要求，会增加中低收入群体致富的机会。

三是鼓励致富带头人创业，以先富带动后富。中央财经委员会第十次会议明确提出，在先富带动后富中，要"重点鼓励辛勤劳动、合法经营、敢于创业的致富带头人"。致富带头人能够发现市场中存在的机遇，利用自身的辛勤劳动，通过合法经营，获得事业成功。在这过程中，不仅致富带头人自身获得了财富，还会给社会带来溢出效应，带动其他人通过模仿或者产业链上下游合作而致富。同时，部分思想觉悟较高的致富带头人还会抛开自身利益的藩篱，无私地去帮助后富群体去致富，从而实现共同富裕，这一点在农村地区表现得较为突出。未来，通过积极支持致富带头人创业，带动更多人创业，将是先富带动后富的重要途径。其中，在农村地区，要积极支持致富带头人带动集体经济发展壮大，使农村经济共同富裕步入快速轨道。

四是鼓励各地区因地制宜探索共同富裕道路。实现共同富裕没有具体的、统一的模式，各地区可以根据自身的各种因素，如经济发展状况、产业发展特征、不同收入群体的情况、地域文化等，探索适宜的共同富裕模式。一方面，鼓励各地区在促进共同富裕的产业发展政策以及金融、土地等各项配套政策等领域进行探索，促进不同收入群体之间致富机会均等。尽管不同地区的政府部门能够使用的政策"套餐"类似，但是这些政策的具体执行、相关细则以及不同政策之间的配套，都会存在一定差异，这些政策差异将对共同富裕产生不同效果。各地区要努力探索出适宜本地区的共同富裕的道路，切实提升共同富裕的效果。另一方面，各地区要积极鼓励民间探索促进共同富裕的途径，如引导先富者依照自己可以接受的方式对后富者进行帮扶，鼓励高收入阶层通过各种慈善事业帮扶低收入阶层。在此基础上，努力培育出具有本地区特色的共同富裕文化，使其在无形中推动共同富裕的发展。

五是推进第三次分配。中央财经委员会第十次会议特别提到了第三次分配。第三次分配主要是指通过社会捐赠、慈善等民间社会活动，实现财富由高收入群体向低收入群体流动。一直以来，第三次分配方式一直作为共同富裕的补充形式而存在，在相关政策方面没受到过多重视。但是，随着我国进入新时代，第三次分配的重要性在逐步提高。根据发达国家的经验，随着经济的发展，高收入群体通过捐赠、社会慈善等方式回报社会的现象将越来越普及，并逐渐成为调节贫富差距的重要手段。目前，我国第三次分配发展程度相对滞后，这与我国缺乏捐赠和慈善文化，先富群体对于捐赠和慈善等活动的投入力度不大、更倾向于将财产留给子女有关。对此，我们应该积极推进慈善文化建设，引导先富群体加大捐赠和各项慈善事业的投入力度，逐步推进第三次分配，为实现共同富裕服务。

三 降低人们消费的后顾之忧

要增加消费，除了增加人们的收入、降低贫富差距之外，还应该降低人们消费的后顾之忧，使他们能够更加安心的消费。在这方面，最主要的问题便是要不断提高社会保障水平。① 这主要是因为随着社会保障水平的提升，人们的收入、针对疾病及其他意外事件的生活保障以及退休之后的退休金等都能得到有效保证，因而在很大程度上减小了储蓄需求，扩大了边际消费倾向，从而有利于消费和需求的扩大。同时，社会保障与经济发展及就业等方面还存在紧密联系。这主要体现在社会保障的发展可以拉动医疗健康、养老服务等产业发展，创造相应的就业岗位，并促进经济的持续发展。②

（一）我国社会保障的发展状况

从我国社会保障的发展历程看，改革开放以来，为了适应计划经济向社会主义市场经济体制的转型，我国社会保障制度经历了一系列变革，整体趋势便是社会保障体系由企业为主体向以社会为主体转变。例如，在城镇社会保障体系中由原来以"企业保险"为主体向社会保险转化③，各项福利制度也由原来的单位福利向社会福利转变④。最终形成了一个囊括社会保险、社会福利、社会救助、社会互助等各方面内容，以社会保险为核心，以社会福利为最高层，以社会救助为最底层，范围覆盖城

---

① 目前关于社会保障和社会福利的关系，一般倾向于认为社会福利是社会保障的一部分。但是，也有学者认为社会福利有广义和狭义之分，广义的社会福利大于等于社会保障的概念。本书采用社会福利是社会保障一部分的普遍理解方式。详见彭秀良、刘占卿《七十年来中国社会福利制度的演进历程分析》，《中共石家庄市委党校学报》2019年第9期。

② 鲁全：《论经济发展与社会保障》，《中国高校社会科学》2021年第2期。

③ 董克用、沈国权：《党指引下的我国社会保障制度百年变迁》，《行政管理改革》2021年第5期。

④ 林闽钢、梁誉：《我国社会福利70年发展历程与总体趋势》，《行政管理改革》2019年第7期。

市和农村地区的完整社会保障体系。① 整个改革进程大概分为三个阶段。一是社会保障恢复转型阶段（1978—1992年），这一时期主要完成了社会保障的重建和转型工作。其核心是适应国有企业改革的需要，启动养老、医疗、失业、工伤和生育社会统筹试点，社会保障的多元化体系初步形成。二是现代社会保障制度的建设时期（1993—2002年），这一时期主要是落实党的十三届四中全会提出的实行社会统筹和个人账户相结合、建立多层次的社会保障体系以及将社会保险行政管理和社会保险基金经营分开等要求。在这一时期，社会保障各项改革措施同步推进，职工基本养老保险、职工医疗保险等在内的相关试点稳步推进，新型农村合作医疗、城市低保制度等开始建立，面向低收入阶层的社会扶助制度、面向职工及城乡居民的社会保险制度构成了社会保障双层体系。三是社会保障制度的完善时期（2003年至今）。在这一时期，包括新建立的大病保险制度、企业年金和职业年金制度等在内的多层次社会保障体系不断完善；统筹城乡的基本养老保险制度和基本医疗保险制度逐步建立，社会保险体系不断优化；医疗救助、农村及城镇最低生活保障制度等相关制度开始建立，社会救助体系逐步完善。②

我国社会保障建设取得了巨大的成就，但是也存在着一些不足。一是社会保障相关支出占财政支出的比重较低，影响了社会保障整体水平。根据《中国统计年鉴》（2021年）数据，2020年我国中央和地方一般公共预算主要支出项目中，用于社会保障和就业支出的金额为32569亿元，占一般公共预算支出总金额（245679亿元）的13.3%，而西方发达国家社会保障支出占财政总支出的比重可以达到40%左右③。这在较大程度上限制了我国整体社会保障水平的提升。因此，未来我国社会保障建设必须增加社会保障支出数量并逐步提高其在财政总支出的比重。二是尽管社会保障的制度体系已经建成并逐步完

---

① 邓大松、李芸慧：《新中国70年社会保障事业发展基本历程与取向》，《改革》2019年第9期。

② 董克用、沈国权：《党指引下的我国社会保障制度百年变迁》，《行政管理改革》2021年第5期。

③ 刘玉安、徐琪新：《从精准扶贫看完善农村社会保障制度的紧迫性》，《东岳论丛》2020年第2期。

善，但是仍然存在不足。这主要体现为部分社会保障项目提供的保障水平不足，不能满足人民群众的需要。例如，医疗保障制度依然存在严格的报销目录限制，致使部分中低收入群体在遇到大病时，会因相关负担而重返贫困；与我国人口老龄化进程快速推进相比，无论是农村还是城市的养老服务特别是高端养老服务都存在着突出的供给不足问题。① 三是社会保障的差距问题突出。这主要体现在三个方面。首先，城乡差距较大。我国社会保障差距较大首先体现为城乡差距大，例如在医疗保障方面，尽管农村的新型合作医疗制度不断完善，保障的范围不断扩大，报销的比重不断提高，农村居民在医疗方面的保障程度不断提升，但是与城镇居民的医疗保障制度依然存在着显著差距，农民的医疗保障水平明显低于城镇居民。在养老保险方面，农村和城市保障水平的差距更大。根据《2020年度人力资源和社会保障事业发展统计公报》，2020年我国城镇退休员工12762万人，养老保险支出51301亿元，城镇员工的年平均养老金约为40198元，折合3350元/月；同期城乡居民基本养老保险实际领取人数16068万人，基金支出3355亿元，年平均养老金数额为2088元，折合174元/月，二者相差近20倍。其次，不同区域之间差别较大。许多社会保障项目的水平取决于地方政府财政实力，这就导致经济发达地区的社会保障水平要明显高于经济落后地区。例如，以城乡居民基本养老保险为例，根据各地的标准，2020年上海养老保险基础养老金标准调整为每月1100元，而同期福建省的养老金最低标准仅为130元，差别非常大，考虑到福建省不是社会保障水平最低的省份，则全国范围内的差距更大。② 最后，不同人群之间存在显著差距。我国社会保障体系的一个重要特点是针对不同身份的人采用不同种类的保障项目，这就导致不同人群在社会保障的项目安排、覆盖范围和待遇水平等三个方面存在着显著差距，有的研究称之为"碎片化"。覆盖范围的碎片化是指尽管我国在社会保障的部分项目实现了全员覆盖，但是

---

① 鲁全：《"十四五"时期社会保障制度的战略定位与重点任务》，《山东社会科学》2021年第3期。

② 《养老金又涨了！全国城乡居民基础养老金上调，上海城乡居民基础养老金最高》，光明网（https：//m.gmw.cn/baijia/2020-12/12/1301931546.html），2020年12月12日。

依然有部分群体未纳入相应的保障体系之中，主要包括农民工、临时就业者、自营职业者等，待遇的碎片化主要体现为城乡之间在社会保障水平上的巨大差异，特别是医疗、养老等方面表现得尤为突出。[①] 这样的制度安排在很大的程度上造成了社会保障的不公平，特别是一些弱势群体享受到的保障强度明显不足。

社会保障体系存在的这一系列问题，对未来我国消费提升形成了严重制约。一方面，在人均 GDP 刚刚进入高收入标准、人均收入与发达国家依然存在较大差距的情况下，社会保障整体水平较低，会降低人们对未来的安全感。社会保障的重要功能在于提供生活稳定的保障，使人们在面对失业、生病等各种意外时，不至于陷入困境。只有在不担心未来意外冲击的情况下，人们才会降低储蓄比重，提升消费比重。较低的社会保障水平，意味着人们面对未来可能存在的冲击时，保障体系能够提供的保障水平不足，为了增加对未来风险的应对能力，人们便会增加储蓄以应对未来不时之需。另一方面，社会保障无形中加剧了贫富差距，不利于整体消费水平提升。理想的社会保障体系，应该是在提供社会均等保障服务的同时，通过社会救助等形式提高社会中弱势群体的收入水平，从而在整体上促进贫富差距水平的缩小。但是，从我国的情况看，社会保障体系存在着收入较高的群体社会保障水平较高而低收入群体社会保障水平较低的现象，这在养老保险和医疗保险方面表现得尤为突出。这就意味着，本来边际消费倾向较高的低收入群体，由于社会保障水平较低，因而会增加储蓄应对未来风险，这就降低了其边际消费倾向。而收入较高的群体边际消费倾向本来便低，同时由于他们应对未来风险的能力本来便较高，社会保障水平的提高，并不会显著影响他们边际消费倾向的提升。这便意味着，社会保障水平在不同收入群体之间的不均衡分布，对消费的提升造成一定的负面影响。综合以上两个方面的因素，可以看出，我国当前社会保障体系的现状不利于扩大需求，要改变这一状况，就必须加快社会保障建设，不断完善社会保障体系。

---

① 高和荣、范绍丰：《阶层固化：社会保障制度本性的遮蔽与消解》，《内蒙古社会科学》2021 年第 2 期。

(二) 我国社会保障发展的战略举措

针对我国社会保障中存在的问题以及构建新发展格局过程中面临的机遇与挑战，本书认为，应该从如下几个角度推进社会保障建设。

一是根据经济发展的实际状况，逐步增加社会保障支出，提高社会保障整体水平。经济的持续发展使我国有能力加大社会保障支出。有研究表明，随着人均GDP的增长，社会保障支出占财政支出的比重呈现出先上升后下降的倒U形发展趋势，其中人均GDP、老龄人口比重等指标对这一指标产生正面影响。随着我国人均GDP不断提高和老龄化趋势地快速推进，在未来一段时间里不断加大社会保障支出，提高社会保障支出占财政支出的比重将成为一种趋势。[1] 作为社会主义国家，不断提高人民的社会保障水平是社会主义制度优势的重要表现，加之我国现在社会保障支出占财政支出比重明显低于发达国家水平，因此未来我国社会保障支出无论在绝对数额还是在相对比重上，都有很大的提升空间。

当然，在这里必须对社会福利（保障）水平的最优性问题进行探讨。北欧等国家在二战后实施高福利体系的经验表明，过高的社会福利确实对经济的可持续发展产生不利影响。这主要体现在，一方面，过高的社会福利水平，产生了工作收入与失业救济之间差距较小的状况，客观上降低了失业者再就业的热情，也影响到就业者的工作积极性；另一方面，高福利体系建立在高税收的基础上，过高的税收影响了创新创业（因为创新创业的收益很大部分将用于缴税），从而抑制经济发展的活力。正是在这些因素的影响下，北欧的高福利体系难以维持，被迫进行了削减福利制度的改革。我国作为一个发展中大国，人均GDP与发达国家之间依然存在差距，国家的财政支出在各方面的压力都会较大，社会保障的支出增长将受到预算约束的限制。在这种情况下，我们不能追求超越发展阶段的社会福利水平。

二是强化社会保障法制法规建设。健全的社会保障法律法规，能够

---

[1] 戚昌厚、孙玉栋：《社会保障支出影响因素的实证研究——基于跨国数据的分析》，《社会保障研究》2020年第4期。

有效增进人们对基本风险保障的稳定预期和信任，并保证社会保障各项内容落到实处。当前，我国社会保障法制法规建设要特别注重两点。第一，注重社会保障机制的立法建设。社会保障事关人民群众的基本利益，它的相关内容特别是影响面广、利益变动幅度大的内容改变，必须经过广泛讨论和沟通，并最终以立法的形式规定下来。当前，我国部分社会保障决策集中于部分政府部门手中，这就要求我们必须提高群众决策参与权，同时重要内容改变必须经过正规程序。第二，应该注重法定保险基金的长期平衡机制。尽管法定保险以政府财政作为后盾，但是必须注重这些保险基金的长期平衡机制建设，以防止这些基金出现不平衡问题而导致严重后果，充分发挥社会保障促进社会稳定的职能。[①]

在具体的内容方面，当前时期重点应该加强三方面的法制建设：第一，尽快完成社会保险法的修改。当前的社会保险法是 2011 年正式实施的，许多立法基础已经发生了改变，部分内容已经不适应未来发展需要。其中，最突出的便是该法立足于城乡二元分割体制，而未来发展的趋势是城乡社会保障体制的整合。第二，加快制定社会救助法。社会救助作为社会保障体系的重要内容，一直以来都缺乏专门的立法。随着我国全面建成小康社会任务的完成，未来社会救助的发展亟须法律法规的指引和规范。2020 年 9 月我国进入相关法律制定的意见征求阶段，未来需要在充分考虑各种因素、吸收社会各方合理意见基础上，尽快出台相关的法规。[②] 第三，尽快出台社会保障各个项目的立法，形成社会保障法律法规体系。当前时期，我国制定一部统一的《社会保障法》的条件尚未成熟，但是根据各个项目分别制定专门法规却迫在眉睫，除了《社会救助法》外，其他如《养老保险法》《医疗保险法》《失业保险法》等方面的立法工作也需要尽快推进，以便与已经颁布的《中华人民共和国社会保险法》《中华人民共和国慈善法》等相关法规形成完整

[①] 何文炯：《新中国 70 年：国民社会保障权益的进步与展望》，《西北大学学报》（哲学社会科学版）2020 年第 1 期。

[②] 鲁全：《"十四五"时期社会保障制度的战略定位与重点任务》，《山东社会科学》2021 年第 3 期。

的社会保障法规体系。①

三是加快完善基本养老保险、医疗保险和社会救助制度。要针对我国基本养老保险、医疗保险和社会救助制度在现阶段存在的不足和人民的需求，尽快对这三者进行优化提升。在基本养老保险制度方面，重点是要尽快完成职工养老保险全国统筹；尝试由政府行使农民雇主的角色并承担相应的缴费责任，不断提高城乡居民养老的保障水平，缩小其与城镇居民养老制度的差距；调整单位和个人缴费关系，重点是适度提高个人缴费水平并明确个人账户权益归个人。在医疗保险制度方面，要提高医疗保险制度的覆盖率，在城市中将覆盖范围由户籍人口改为常住人口；在资金统筹方面，要强化省级统筹，建立中央调剂基金，以最大程度降低区域医疗保障的差距。② 同时，在医疗保险制度基础上，积极建立并完善包括医疗保险、商业健康保险、慈善捐赠和医疗互助等在内的多层次医疗保障制度体系。③ 在社会救助制度方面，要着重扩大社会救助的覆盖范围，重点是由低保人群、残疾人群向低收入群体扩展。同时，应积极根据现实中社会补助出现的各类不足，补足短板性因素，如针对特困家庭的全方位扶助。另外，要积极完善社会救助制度的具体实施机制，加强动态性监测，强化精准救济。④

第三节 逐步提高投资的有效性

尽管在传统发展阶段，过度依赖投资的经济发展方式暴露出许多问题，但是投资在构建新发展格局、扩大内需中依然占据重要位置，只是相对于过去的粗放式模式，投资应该提高其有效性，从而使其对供给和

---

① 徐进：《中国社会保障70年：制度演进、理念变迁、中国经验》，《哈尔滨商业大学学报》（社会科学版）2019年第6期。
② 郑功成：《面向2035年的中国特色社会保障体系建设——基于目标导向的理论思考与政策建议》，《社会保障评论》2021年第1期。
③ 林闽钢：《"十四五"时期社会保障发展的基本思路与战略研判》，《行政管理改革》2020年第12期。
④ 郑功成：《面向2035年的中国特色社会保障体系建设——基于目标导向的理论思考与政策建议》，《社会保障评论》2021年第1期。

需求两个维度产生更加积极的作用。本节内容将对此问题进行深入分析。

一 新发展格局下的投资分析

投资作为拉动经济增长的"三驾马车"之一，在扩大内需、需求侧改革方面居于重要地位。另外，新发展格局下，投资的功能已经不仅仅限于在短期内扩大内需，更应该强调投资的质量。

（一）新发展格局下投资依然占据重要地位

尽管在我国经济步入新常态后，经济发展由要素、投资驱动向创新驱动转变的定位，决定了今后我国投资不能再沿用过去的发展模式，需要一定程度的转变。但是，这绝不意味着投资在经济发展的作用就需要一再压缩，其在扩大内需政策中依然不可或缺。

一方面，未来经济发展需要各种因素的支撑，而这需要投资在其中发挥作用。投资（政府投资）在完善各种基础设施、提供经济发展的各种支撑方面具有不可替代的作用。未来经济发展需要投资在这方面继续发挥作用，其中有两点最为突出。一是与经济发展相配套的基础设施建设。经过改革开放40多年的发展，持续的投资使我国基础设施水平迅速提升，铁路、高速铁路、公路、高速公路、机场、港口、桥梁等传统基础设施水平已经超越了许多发达国家，在全球居于前列。据统计，当前我国的基建存量已经居于全球首位。[①] 同时，与当前发展的需要相比，部分基础设施建设适度超前，能够满足未来一段时间发展的需要。但是，随着我国步入新发展阶段，经济发展转型将持续推进，新产业、新业态将不断涌现，因此对基础设施提出了更高要求。这就需要加大投资力度。二是许多与经济发展相配套的领域，属于市场失灵的领域，必须通过政府投资保证其发展。其中，表现最为突出的便是科技创新中的基础研究环节。由于它具备较强的公共品特征，且不能直接转化为生产力，因此在全球范围都是由政府负责这方面的投资。

---

① 黄群慧：《论构建新发展格局的有效投资》，《中共中央党校（国家行政学院）学报》2021年第3期。

另一方面，从投资对经济发展的作用看，它在未来依然发挥着扩大需求、拉动经济增长的重要职能。虽然投资驱动不再是经济发展的主导方式，但是它作为需求的重要组成部分，在未来经济发展中依然占据重要位置。正如前文所述，过去投资在经济发展中的贡献率过高，致使经济发展严重依赖于投资，而这种模式在很大程度上影响了经济可持续发展。因此，未来投资在经济发展的贡献率应该整体呈现下降趋势，而消费的贡献率则相应提升。然而，消费涉及的因素众多，其贡献度的提升是一个较为缓慢的过程。无论是人们收入的增加，还是贫富差距的缩小等，需要较长时间才能见到明显成效，而较难在短期内就有根本性改变。在这种情况下，投资的比重下降也是一个相对缓慢的过程。即便在消费占据主导地位后，投资也依然会保持一个稳定的比重而长期不变，而且这个比重应该比西方发达国家水平更高一些。这是因为，作为社会主义国家，我们必须对经济发展保持较强的调控力，使其按照预期稳定快速发展，而不能完全放任自流。这就需要投资在其中发挥作用。

（二）新发展格局下投资必须注重其有效性

尽管在新发展格局下，投资在经济发展中依然具有重要作用，但是其在经济发展中的功能与过去相比发生了变化，即由注重投资乘数效应向更加注重其有效性转变。投资具有乘数效应，能够产生数倍于本身的需求。因此，即便在投资效率很低的情况下，它也能在短期内对经济产生拉动作用。改革开放以来较长时间内，我国投资比重一直明显偏高，正是偏重于投资对经济拉动的功能，以弥补消费需求对经济增长贡献率不高的弱点。在改革开放之后较长时期内，我国基础设施水平比较落后，而投资额的扩大有效改善了这一状况，基础设施水平的持续提高也成为支撑我国经济持续快速增长的重要因素。在这种情况下，可以说我国投资是"好钢用在刀刃上"，整体效率还是比较高。

然而，随着我国基础设施水平的持续提高，投资边际效用呈现递减趋势，特别是在经济发展陷入困难的情况下，经济政策往往过于重视投资的乘数效应，这便造成投资的整体效率降低。例如，有的学者根据2006年到2013年相关的投资数据对投资效率进行了研究，发现随着宏观投资规模的扩张，资本的回报率显著下降，而其中尤以2009年之后表现得最为突出。① 其实，最近几年来投资驱动存在的问题主要集中在两个方面，即投资比重过高和投资效率较低。因此，在构建新发展格局过程中，我们必须注重提高投资的有效性，进而提升投资的整体效率。投资的有效性，是指不仅重视投资作为需求而对经济产生的作用，而且更加重视它对供给产生的积极影响，不再沿用过去那种以应对短期经济困难而不顾投资质量不断加大投资总量的投资模式。构建新发展格局必须强调高质量发展，高质量发展要求投资必须为解决我国不平衡不充分发展服务。

具体来说，有效投资主要包括"补短型"和"升级型"两大类。② 所谓的"补短型"投资，主要是指用于解决我国经济发展中的短板型问题的投资，它的目的在于消除投资中的不足，促进经济快速发展。从基础设施的角度看，尽管我国基础设施投资发展加快，整体基础设施水平不断进步，却依然存在着基础设施不充分不平衡发展的问题。增加相关投资，能够有效促进经济发展。这一点在基础设施水平相对较弱的农村地区和西部地区表现得尤为显著。例如，有学者对交通基础设施建设对西部民族地区的影响进行了研究，发现在基础设施比较落后的西部民族地区提高公路和铁路交通里程和密度，将有效降低城镇地区的贫困程度，其中公路交通的效果强于铁路交通，交通密度的影响大于交通里程。这背后的机理是交通基础设施建设降低了交通障碍和物流成本，从而促进了人口和商品流动。③ 另外，即便是基础设施水平较高的地区，继续增加基础设施投资、提升基础设施水平也是有利的。有研究表明，对经济发达、基础设施存量水平很高的大城市而言，继续加大交通基础设施投资，有助于建立并完善高质量立体化的交通体系，从而有助于降低拥堵状况，进而有利于经济规模的扩大和人口

---

① 文雪婷、汪德华：《中国宏观投资效率的变化趋势及地方政府债务的影响——基于地级市融资平台数据的分析》，《投资研究》2017年第1期。

② 黄群慧：《论构建新发展格局的有效投资》，《中共中央党校（国家行政学院）学报》2021年第3期。

③ 李东坤、郑浩生、张晓玲：《交通基础设施建设能减缓城镇贫困吗》，《河海大学学报》（哲学社会科学版）2021年第1期。

的增加。①

"升级型"投资则是针对经济发展趋势,旨在提升经济发展质量,促进经济发展转型和产业结构升级的投资。一方面,随着我国经济持续高质量发展,新兴技术及产业、新型业态不断涌现,为了促进这些技术、产业和业态的持续发展并促进其演化为新的经济增长点,就需要加大相关的基础设施投资。另一方面,随着我国技术创新步入关键核心技术突破的关键阶段,技术研发相关的公共基础设施的重要性迅速提升,需要政府加大相关投资。整体来看,这两方面的基础设施对于提升我国未来国际竞争力、促进经济高质量发展都具有重要的作用,是未来提高投资有效性、促进供给效率提升的重点内容。

另外,在强调投资有效性方面,我们必须提到一个问题,即房地产投资问题。在过去的投资体系中,房地产开发投资占据了重要位置。从房地产开发投资占全社会固定资产投资的比重看,2000年为15.1%,2005年达到19.6%,2010年达到22.1%,2015年为23.6%,2021年则为26.7%。从这几年的情况看,房地产开发投资占全社会固定资产投资的比重维持在1/4左右,整体比重较高。尽管房地产作为一个特殊产业,其投资也会产生较大的乘数效应,对拉动需求具有立竿见影效果。但是,房地产本身就是一个对消费具有突出挤出效应的产业,同时房地产行业发展到现阶段,已经是一个具有显著泡沫、库存问题随时可能加剧的行业。在这种情况下,如果再继续保持房地产投资在投资中的地位,甚至在经济下行时期强化它的作用,将会影响投资的有效性。当然,房地产在未来依然是经济体系中一个重要行业,其开发投资也依然是投资体系中的重要组成部分,只是不宜再过分依赖它,让它逐渐回复到合理比重。

二 新型基础设施建设:未来投资的重点领域

新型基础设施建设,也被简称为"新基建",最早在2018年12月

---

① 谢呈阳、王明辉:《交通基础设施对工业活动空间分布的影响研究》,《管理世界》2020年第12期。

的中央经济工作会议上提出。这次会议提出要"加快5G商用步伐,加强人工智能、工业互联网、物联网等新型基础设施建设"①,将新型基础设施的范围限定于5G等几个行业。之后,新型基础设施在中央相关会议中被多次提起,其范围也在不断演变。学术界也对新型基础设施的范围展开研究,对此问题得出了不同结论。② 例如,黄群慧认为,新型基础设施主要包括两个层面:一是信息技术基础设施,它又包括通信网络基础设施(主要包括5G、物联网、工业互联网、卫星互联网等)、新技术基础设施(主要包括人工智能、云计算、区块链等)、算力基础设施(主要包括数据中心、智能计算中心等)等几部分内容;二是信息技术与传统基础设施融合的基础设施(包括智能交通基础设施、智慧能源基础设施等)以及为技术创新服务的创新基础设施(主要包括重大科技基础设施、科教基础设施、产业技术创新基础设施等几部分)。③ 刘艳红等在对新型基础设施的内涵进行了系统综合研究之后,认为新型基础设施的范围具有狭义和广义之分。狭义的新型基础设施主要包括5G网络、人工智能、工业互联网、物联网、数据中心、充电桩等6个行业,这也是目前学术界大多数学者承认的行业;广义的新型基础设施则包括经济性基础设施、社会性基础设施和环境保护基础设施,同时还包括新一代信息技术对传统基础设施的改造。④

新型基础设施在构建新发展格局中居于重要地位,它不仅构成投资进而成为需求的重要内容,还会对供给效率产生积极影响。在需求方面,新型基础设施作为发展空间巨大的投资领域,是未来投资的重点倾斜方向,并将在较长时期内成为内需的重要组成部分。相关研究表明,与发达国家相比,我国总体投资乘数效应要低于经合组织内的发达国家水平,而以信息技术为主要内容的新型基础设施建设的投资乘数效应则

---

① 《中央经济工作会议在北京举行》,《人民日报》2018年12月22日第1版。
② 刘艳红、黄雪涛、石博涵:《中国"新基建":概念、现状与问题》,《北京工业大学学报》(社会科学版)2020年第6期。
③ 黄群慧:《以新型基础设施建设促进经济高质量发展》,《中国党政干部论坛》2020年第11期。
④ 刘艳红、黄雪涛、石博涵:《中国"新基建":概念、现状与问题》,《北京工业大学学报》(社会科学版)2020年第6期。

与发达国家水准相当。① 这就意味着，同样数量的新型基础设施投资对需求所产生的带动作用将高于传统基础设施建设，因此在投资中扩大新型基础设施投资的比重，将对扩大需求产生积极影响。当然，新型基础设施建设不再强调过去基于超大规模投资而形成的对经济发展的强刺激，而是注重形成与经济各方面协调发展相适应的"弱刺激"。②

在供给方面，作为主要服务于数字经济的基础设施内容，新型基础设施建设为这些产业的发展奠定了良好基础。目前，人工智能、云计算、大数据等数字领域相关的新兴产业在技术和产业体系等方面均未发展成熟，它们对经济发展的巨大潜力还远未充分发挥。由于这些产业发展快慢与相关基础设施建设的水平紧密相关，因此加快新型基础设施建设将为这些产业的健康发展创造良好基础。同时，新型基础设施建设通过提升相关基础设施建设水平，促进新型业态培育与发展，从而增加经济活力，促进供给效率的提升。另外，新型基础设施建设将加快传统产业升级改造步伐，从而促进这些产业供给效率的提升，加速产业结构升级进程。此外，新兴基础设施建设还能改善我国在基础研究和应用研究前端领域比较薄弱的局面，逐步构建起较为完善的科技创新链条，为科技全链条效率的提升创造良好的支撑条件。新型基础设施对供给侧的影响，将综合性地体现为生产效率的提升。有学者对2004年到2017年新型基础设施建设与劳动生产效率的关系进行了研究，发现前者对后者具有显著影响。③ 当然，这一研究所使用的数据较早，这时期我国新型基础设施建设虽然已经推进，但是其投资的力度相对较低，基础设施水平也相对不高。随着未来我国新型基础设施投资的力度不断加大，设施水平不断提高，它对生产效率的提高有可能进一步增加。

加大新型基础设施建设，重点应该做好如下几方面的工作。首先，强化顶层设计，科学推进相关建设。新型基础设施属于投资金额大、投

---

① 姜卫民、范金、张晓兰：《中国"新基建"投资乘数及其效应研究》，《南京社会科学》2020年第4期。

② 郭朝先、王嘉琪、刘浩荣：《"新基建"赋能中国经济高质量发展的路径研究》，《北京工业大学学报》（社会科学版）2020年第6期。

③ 尚文思：《新基建对劳动生产率的影响研究——基于生产性服务业的视角》，《南开经济研究》2020年第6期。

资期限长、与新兴产业和新型业态发展紧密相关的基础设施类型,要提高投资的有效性,就必须加强顶层设计,强化预研预判,在明确新型基础设施的思路、任务和要求的基础上,积极引导投资方向,完善包括体制机制在内的各项配套建设。[①] 其次,构建政府与市场相结合的多元融资体系,促进融资渠道多元化。保证资金渠道通畅,是促进新型基础设施建设的基本保障。目前,新型基础设施投资尚处于起步阶段,投资模式依然处于探索进程中,对此,应积极根据经济发展的实际情况,探索政府与市场相结合的融资渠道模式。具体来说,可以积极探索"建设—经营—转让"模式(BOT模式)、政府和社会资本合作模式(PPP模式)、工程总承包模式(EPC模式)等投融资模式。[②] 再次,积极丰富应用场景,提高新型基础设施的利用深度。要以强化应用场景深度融合为原则处理好新型基础设施建设与应用的关系,通过培育重点行业应用场景等措施,加大新技术扩散的速度和广度,使其经济价值尽快凸显,进而提高各方对新兴基础设施建设的积极性,形成新型技术设施建设和应用相互促进的良性循环。[③] 最后,不断优化新型基础设施的区域布局。要在充分考虑各区域经济发展需要的基础上,建立新兴基础设施建设合理空间布局,并在动态中不断加以优化。

三 重大科技基础设施

科技基础设施对于一个国家自主创新能力的提升具有举足轻重的作用。其中,在构建新发展格局中,国家重大科技基础设施成为重点。根据2014年由国家发展改革委、财政部、科技部等几家机构联合发布的《国家重大科技基础设施管理办法》中的定义,国家重大科技基础设施是指"为提升探索未知世界、发现自然规律、实现科技变革的能力,由国家统筹布局,依托高水平创新主体建设,面向社会开放共享的大型复杂科学研究装置或系统,是长期为高水平研究活动提供服务、具有较

---

① 盛磊、白冰:《新型基础设施建设的投融资模式与路径探索》,《改革》2020年第5期。
② 王鼎:《新型基础设施平台建设投融资模式研究》,《产业与科技论坛》2019年第17期。
③ 郭朝先、刘艳红:《中国信息基础设施建设:成就、差距与对策》,《企业经济》2020年第9期。

大国际影响力的国家公共设施"。国家重大科技基础设施可以分为三类，即为某一科技领域的重大科技目标而建设的专用研究设施、服务于多学科基础研究和应用研究的公共实验平台和公益基础设施。[①]

作为面向科技前沿、有助于实现一个国家科技战略的支撑，国家重大科技基础设施建设对构建新发展格局、实现科技自立自强具有重要的作用。在美国等西方国家对我国实行技术封锁的范围有可能不断扩大，且这一状态有可能长期化的情况下，我国要在尽量短的时间内打破这一封锁，实现自主技术创新能力质的突破，就需要充分发挥国家重大科技基础设施作为关键科技力量的职能。这是因为，随着科学研究的深化，科学仪器设备特别是重大的科学仪器设备在科技研发中的重要性越来越大，国家重大科研基础设施已经成为支撑未来重大科学发现的关键科技力量。从欧美等国家情况看，建设多学科交叉的国家实验室体系，已经成为这些国家在诸多领域取得科学突破的重要依托。[②] 同时，国家重大科技基础设施还能够集聚和培养起一批顶尖的创新型人才和团队，从而为科学技术的突破性发展奠定基础。例如，位于美国加州大学伯克利分校的劳伦斯国家实验室建设了大型回旋加速器，以此为依托，医学物理、核辐射检测等新兴学科得以建立和发展，一批新兴科技成果涌现出来，多位研究者获得诺贝尔奖。[③]

随着新发展格局的构建，国家重大基础设施建设还需要继续加强。在这方面，应该着重强调如下几个方面。一是强调"贵精不贵多"，严把建设质量关。国家重大科技基础设施，是具有国际先进水平、能够催生重大科技成果的基础设施建设项目，在相关项目审查中要本着"贵精不贵多"的原则，严格把控质量标准，保证每建设一个项目，便能为一个学科科技水平的提高创造基础。根据以往基础设施建设的经验，在国家确定一个投资重点方向后，各地往往会掀起一阵建设高潮。这种

---

① 王贻芳、白云翔：《发展国家重大科技基础设施引领国际科技创新》，《管理世界》2020年第5期。

② 王贻芳、白云翔：《发展国家重大科技基础设施引领国际科技创新》，《管理世界》2020年第5期。

③ 葛焱、周国栋、倪丹梅：《"新基建"背景下加强重大科技基础设施建设的思考》，《科学管理研究》2020年第1期。

做法的优点在于可以在短期内迅速改变某一类投资项目短缺的局面,缺点在于造成重复建设,并可能影响项目建设的质量。对于国家重大科技项目基础设施建设而言,要坚决摒弃这一模式,防止各地一哄而上。国家重大科技基础设施在建设上体现的是"集中力量办大事"的原则①,要将有限资源集中在少数项目上,而不能"到处开花",否则这些项目无法达到预期效果。二是根据科技发展的需要以及高校和科研机构的学科布局,制定科学的国家重大科技基础设施建设规划,逐步建立起完备的国家重大科技基础设施体系。国家重大科技基础设施的布局、进度、各个项目之间的协调应该有一个整体规划,以便整个建设可以有计划、有条理地推进,保证各个项目能够协调,最终组建一个分布合理、协作紧密的高效国家重大科技基础设施体系。在具体的项目选择上,要重点考虑经济发展的需要,保证科技创新与经济发展紧密结合;在具体的布局上,则要充分考虑高校、科研机构在学科实力、创新人才等方面的地理分布,确定国家重大科技基础设施项目的合理地点。三是将创新型人才的集中、培养与国家重大科技基础设施的利用有机结合起来,形成"高端基础设施—顶尖创新人才—全球先进科技成果"的发展链条,从而充分发挥出国家重点科技基础设施的潜力。

---

① 葛焱:《加强行业高校重大科技基础设施建设的思考》,《科学管理研究》2020年第4期。

第六章　新发展格局下的政府与市场关系研究

社会主义市场经济体制改革的核心便是要处理好政府与市场关系，使之适应经济社会发展的需要。构建以国内大循环为主体、国内国际双循环相互促进的新发展格局，需要按照更好地发挥政府作用和发挥市场经济体制在资源配置中的决定性作用的原则，不断优化政府与市场的关系。本章就对此问题进行研究。

第一节　新发展格局下的政府与市场关系

改革开放以来，我国政府与市场关系的主线便是政府干预经济的规模、范围与程度逐步缩小，而市场经济在资源配置中的作用不断提升，直至起决定性作用。在我国构建新发展格局的背景下，政府和市场关系的主导定位并没有发生根本性改变，但是一些具体职能却与之前有所不同。本节将重点讨论新发展格局下政府与市场关系处理的相关问题。

一　构建新发展格局对政府与市场关系提出的要求

构建新发展格局，对政府与市场关系的处理提了一系列新的要求，我们必须有针对性地对政府与市场关系进行调整。具体来说，主要表现在如下几个方面。

一是强化国内大循环主体地位，客观上要求政府加大经济发展调控能力。应该说，我国过去的国际大循环地位过高的发展格局，很大程度上是我国积极参与国际产业分工、在市场经济规律调节下形成的。因此，强化国内大循环的主体地位，虽然在主要方面是顺应经济发展潮流，把握发展主动权的先手棋，但是部分任务无法在市场经济体制下完成而必须依靠政府推动。因此，强化国内大循环主体地位，客观上对政府调控经济发展的能力提出了更高要求。这体现在两个层面。

第一，对政府干预经济运行的范围和着力点提出了更高要求。新发展格局下经济调整的部分任务属于新任务，这些任务要求政府要在更广范围、更新的角度去对经济运行予以干预。例如，作为强化国内大循环主体地位的主要任务，实现关键核心技术突破要求政府不仅要通过产业技术政策促进自主技术创新能力的提高，还要求政府将改革视角深入基础研究及应用研究领域，并要求政府有关部门作为项目主导者和组织者参与到新型举国体制项目的组建和运行中。

第二，对政府干预经济的效果和精准性提出了更高要求。由于构建新发展格局面临急迫的内外部环境，部分任务具有较强的时间紧迫性，对政府干预经济的效果和精准性的要求明显高于以前。例如，在美国对我国发动技术禁运且其范围有可能不断扩大的情况下，我们必须尽快实现相关技术的国产化。这在客观上要求政府必须在全面精确把握经济形势的基础上，采取精准性措施，在尽量减少对经济本身运行规律干扰的基础上提高政策干预的效率。

二是优化国际大循环，在客观上要求政府在全球经济治理体系中发挥更大作用，同时要求市场机制在全球经济交往中发挥更大作用。强调国内大循环的主体地位，并不意味着要缩小国际大循环的规模和降低对外开放程度，而是要不断优化国际大循环，降低国际大循环带来的风险，提升其对国内大循环的推动作用。国际大循环的优化，一方面要求政府在与主要贸易及经济合作国家展开经济合作谈判，努力维护进出口贸易及其他经济合作稳定性基础上，积极参与国际经济治理，提升我国在国际经济合作规则制定的话语权，提高国际经济环境对我国经济发展的友好性；另一方面，国际大环境的优化有赖于国内对外开放的各项制度建设，而这在客观上要求扩大市场经济规则在对外经济合作中的作用广度和深度。换句话说，国际大循环的优化对政府和市场的关系及各自的职能提出了新的、更为复杂的要求。

三是从长远上说，新发展格局的优化需要社会主义市场经济体制不断完善。这是因为，从动态上看，新发展格局建立在经济高质量发展的基础之上，只有国内经济发展质量不断提升，新发展格局才能在动态中不断优化，而只有不断完善社会主义市场经济体制，充分发挥其在资源配置中的决定性作用，才能持续推进经济高质量发展。例如，从长期看，强化国内大循环的主体地位，必须依托源源不断的技术创新作为驱动力，而要保证企业具有充足的、持续的创新动力，就必须不断完善市场经济体制，建立公平竞争的环境。

二　新发展格局下政府与市场关系的处理原则

新发展格局下，政府与市场的关系处理需要遵循如下几个原则。

一是政府与市场机制在资源配置中基本定位不变的原则。更好发挥政府作用与发挥市场机制在资源配置中起决定性作用，是党的十八届三中全会对政府与市场关系的一个重要定位。在构建新发展格局过程中，受到各种内外部环境的影响，政府干预经济的范围和方式与之前相比有了一定程度的变化。但是，这种变化没有对政府与市场关系的定位产生根本性影响，除了在少数领域政府在资源配置中的作用有所扩大外，其余领域对政府作用的新要求大多属于更好发挥政府作用。从政府干预的新增内容看，大多数的任务要求政府发挥的是引导经济主体按照预期的方向调整其行为的职能，这样的引导与协调，并没有否定或者完全替代市场经济体制。换个角度看，政府与市场关系的基本定位，是我们党在经济发展实践中，根据高质量发展阶段特点，综合考虑各种因素而作出的科学判断，也是当前和今后一段时期我们处理政府与市场关系的指导方针。构建新发展格局属于顺势而为，"国内经济循环同国际经济循环的关系客观上早有调整的要求"[①]。在这种情况下，许多构建新发展格局的措施早已经开始布局，政府和市场关系的定位也充分考虑到了这些因素。综合以上因素，构建新发展格局对政府和市场关系的具体内容提

---

① 习近平：《论把握新发展阶段、贯彻新发展理念、构建新发展格局》，中央文献出版社2021年版，第12页。

出了新要求，但是对十八届三中全会对二者关系的基本定位没有改变，处理二者关系大的原则依然是更好发挥政府作用及发挥市场机制在资源配置中的决定性作用。

二是政府干预与市场经济体制紧密配合原则。构建新发展格局，对政府与市场机制的配合提出了更高要求，只有二者的紧密配合，相关举措才能取得理想效果。政府制定干预措施时，不仅要紧紧盯着任务目标，也要充分考虑到市场机制的状况，主动寻找能够使二者达成均衡、形成协作的举措，切实保证任务目标高质量地达成。需要特别强调的是，要防止各部门在落实中央的相关要求时仅仅追求在短期内达成任务目标，而不注重具体政策措施可能对经济发展造成的不利影响，或者不注重预防短期任务目标在中长期中出现"反弹"的问题。要达到这一状态，就需要政府与市场机制要比之前阶段更加紧密地配合，形成协同作用。

三是政府干预与市场经济体制关系动态演变原则。在构建新发展格局过程中，随着各项任务的推进以及外部环境的变化，政府与市场机制之间的关系也应随之改变，以便更好地适应经济发展的需要。构建新发展格局的各项任务涉及的因素众多，同时外部环境的不确定性较大，从动态角度看，构建新发展格局的任务、环境都可能会发生变化，这就要求政府干预涉及的领域、内容和具体措施都应适应这一状况，以便审时度势，追求最佳效果。在这里，要特别注意，在构建新发展格局过程中政府干预经济的许多措施以及干预的范围，不都是永久性的，需要防止将一些没必要长期执行的政府干预措施永久化，以免对经济长期效率的提升产生不利影响。

三 新发展格局下政府与市场关系处理要防止的两个错误认识

在对新发展格局下政府与市场关系的认识方面，存在着许多错误观点，我们必须廓清对这些错误的认识，避免其对构建新发展格局的形成不利影响。具体来说，对如下两种观点必须保持警惕。

一是认为政府机制必然低效率，新发展格局下政府干预经济的新变化必然导致低效率的错误观点。现在有一种观点，认为在构建新发展格局的过程中，政府将介入之前未进入的领域并采取新的干预措施，对经济正常发展进程构成不当干预，造成资源配置扭曲，影响经济发展效率的提高和产业结构正常的优化进程。显然，这是一种错误观点。第一，它没有注意到，我国政府所采取的各项措施在很大程度上属于顺势而为，是符合经济未来发展规律的行为。正如习近平总书记指出，"只要顺势而为、精准施策，我们完全有条件构建新发展格局、重塑新竞争优势"[1]，我们构建新发展格局其实是针对国内经济发展的内在趋势以及国际环境变动而采取战略举措。在这种情况下，政府干预经济可以有效弥补市场机制的不足，不仅不会因扭曲资源配置而造成低效率问题，反而增进了经济发展的综合效率。第二，这一点观点暗含着一个错误判断，即它将更好地发挥政府作用等同于乱干预行为。我们以后要更好地发挥政府作用，重要的便是要将以前政府该管却没有管、该管好却没有管好的领域管起来并且要管好，而构建新发展格局中政府对经济干预的部分内容便体现了这一点。这种错误的观点忽视了这一点，没有分清政府必要职能和对经济干预不当的区别。

二是认为政府机制要大规模替代市场机制的错误观点。目前有一种观点，认为在构建新发展格局的背景下，政府干预经济的规模、水平要大幅提高，而市场经济体制则相应地大幅消退。这种观点背后的逻辑是，构建新发展格局的各项任务目标在市场经济体制下难以实现，或者各种目标即便在短期实现了也难以维持下去，因此需要政府机制予以替代。按照这一观点，政府对经济干预将永久性大幅扩大。这种观点的错误在于将政府对经济干预范围、内容的改变简单等同于政府干预经济能力和意愿的扩大，并将一些非永久性行为等同于永久性措施。同时，这一观点暗含着对政府机制的不信任或者对其作用的贬低。事实上，正如前文所述，我国目前仍然处于社会主义初级阶段，社会主义市场经济体制也仍然处于不断完善的进程中，构建新发展格局过程中政府干预经济所发生的变化，不会对市场经济的基本定位产生根本性影响，依然注重发挥市场机制在资源配置中的决定性作用。

---

[1] 习近平：《论把握新发展阶段、贯彻新发展理念、构建新发展格局》，中央文献出版社2021年版，第11—12页。

第二节 构建与新发展格局相适应的产业政策体系

改革开放之后，为了更好地促进弱势产业发展，在充分借鉴日本和韩国等东亚国家相关经验的基础上，我国逐渐建立起适合本国经济发展的产业政策体系。它在推动部分产业快速发展、完善国民经济体系方面起到重要作用。然而，随着我国经济步入高质量发展阶段，传统产业政策的缺点日益凸显，产业政策转型迫在眉睫。构建新发展格局则又对产业政策提出了新的要求。构建适宜的产业政策体系，对构建新发展格局、强化国内大循环主体地位和促进国内国际双循环具有积极作用。本节将对此问题进行研究。

一 新形势下我国传统产业政策的不足

我国传统产业政策在部分产业特别是幼稚产业发展过程中发挥重要作用。这突出体现在通过鼓励投资、扶持企业做大做强等相关政策措施，促进产业由弱到强发展。其中，最典型的行业便是汽车产业。纵观汽车产业的发展历程，虽然改革开放之前我国便具备一定的产业基础，但是轿车等细分行业发展严重滞后。20世纪90年代我国制定了扶持汽车产业发展的产业政策，在其推动下，我国在短短不足20年里便成为全球汽车产销第一大国。然而，随着我国经济的持续发展，传统产业政策的弱点逐渐暴露出来。主要包括两个方面。

一方面，强度过大的产业政策刺激，使得大量资源在同一时间流向特定行业，进而产生了一系列问题。经过多年的摸索，我国产业政策特别是在弱势产业和新兴产业的扶持政策方面形成了补贴强度大、政策体系全的特点，能够引导资源在短期内大量投向政策引导的产业之中，并很快形成产能扩张，正因为如此，这些产业才得以快速发展起来。但是，随着时间的推移，过强的产业政策刺激的缺点越来越凸显，在新兴产业表现得尤为显著。例如，在政策刺激下，大量的投资涌入新兴产业，造成部分产业在产业尚未进入成熟期、产业技术尚未完全定型的情况下，出现产能过剩的问题。同时，有的产业由于不掌握核心技术，国内又缺乏足够的需求，便形成了核心零部件依赖进口、市场需求依赖出口的局面。这实质上便是"粗放型发展＋高度依赖国际大循环"的混合模式。虽然随着新兴产业的发展和产业政策的调整，这一现象已经大大缓解，但是高度强调政策刺激强度的传统产业政策所暴露出的缺点却必须正视。

另一方面，传统产业政策对自主技术创新长期能力提升形成一定阻碍。传统产业政策比较重视技术创新和产业竞争力提升，并力图通过扶持大企业发展达到这两个目的。在短期内，对大企业扶持确实可以通过加速培养龙头企业从而使其具备不断加大研发投入的资金实力，进而在一定程度上促进自主技术创新能力的提升。但是，从长期来看，选择性产业政策反而不利于技术创新。正如前文所述，它不仅对产业内中小企业的创新积极性产生不利后果，还恶化了创新生态体系，对产业技术创新能力的持续提升产生负面影响。因此，从长期来看，扶持大企业发展的传统产业政策不利于整个产业技术创新。

二 产业政策转型需要遵循的基本原则

由选择性产业政策向功能性产业政策转变，是产业政策转型的主要趋势。根据未来我国高质量发展和构建新发展格局的需要，产业政策转型需要遵循如下几个原则。

第一，竞争性原则。即产业政策要高度重视公平竞争，以竞争性政策为基础。从国际经验看，竞争性政策替代选择性产业政策是日本等国家的经验。日本选择性产业政策和竞争政策的关系变动是：1956年到1973年的经济高速增长期，选择性产业政策占据优势地位，而这一时期竞争政策则处于低谷；1974年到1990年的经济平稳发展期，选择性产业政策开始调整，竞争性政策则逐步恢复，这一时期也是日本经济和技术实现对发达国家反超的时期；1991年至今属于经济增长体制期，这一时期竞争性政策占据了优势地位，而传统的选择性产业政策则逐步萎缩。[①] 这

---

① 薛强：《日本：竞争政策为本，产业政策为辅》，《中国经济导报》2014年12月4日第B6版。

一现象具有其内在合理性。尽管现在部分学者（如日本学者八田达夫）完全否定产业政策在日本产业发展过程中的作用，认为竞争性政策才是真正有用的政策，但是正如林毅夫所说，日本经济的发展是产业政策与竞争性政策共同作用结果，我们不能过分强调其中的某一方面。[①] 整体而言，一个国家在经济发展初期，为了集聚国内有限资源以促进幼稚产业发展，选择性的产业政策是比较有效的，而随着经济持续发展，选择性产业政策对技术创新、市场竞争等方面的负面作用日益突出，这时候以竞争性政策逐步替代选择性产业政策更有利于经济发展。

第二，能力提升原则。能力提升原则即以提升产业技术创新能力为原则。在这方面，除了要强化竞争性政策以促进长期技术创新能力提升外，还要特别提到选择性产业政策。尽管选择性产业政策存在诸多问题，但是这并不意味着我们要完全将其抛弃，因为选择性产业政策对于新兴产业以及少数特殊产业的快速发展具有不可忽略的作用。新兴产业作为技术和产业形态都未发展成熟的产业，对其进行投资的风险远大于一般产业。在这种情况下，如果不对其进行倾斜性政策扶持，则其发展的进程要缓慢很多。从全球各国情况看，世界主要国家无不将新兴产业作为政策扶持的重点，即便是传统上遵循经济自由、排斥产业政策的国家，也在一定程度上利用选择性产业政策扶持新兴产业发展。因此，为了应对全球各国在新兴产业方面激烈的竞争，我国必须保留这些领域的选择性产业政策，以防止在竞争中处于落后境地。当然，在具体产业政策范围、力度等方面必须进行科学的评估，以发挥其对新兴产业发展的积极作用而防止因过度的政策刺激再度引发负面效果。

第三，产业自主可控原则。产业自主可控，主要是对目前"卡脖子"环节实行政策倾斜。在产业政策领域，这体现为既要强调基于长期视角的产业竞争度提升和技术创新能力提高而推动产业政策向功能性产业政策转型，也要考虑到现实的需要适度保留选择性产业政策，对产业中的薄弱环节、经济发展中的短期制约性因素进行"补短板"操作，

---

① 林毅夫：《日本经济起飞靠的是竞争政策还是产业政策》，《中华工商时报》2018年5月15日第3版。

保证经济可持续发展。鉴于传统的产业政策手段，对于实现关键核心技术突破效果不佳的问题，我们必须积极探索新的产业政策手段，真正使产业政策在应对"卡脖子"领域发挥积极作用。

当然，无论是从理论分析还是现实政策实施角度看，三个原则之间存在着较突出的不可兼容性。这主要体现在竞争性原则要求产业政策向功能性产业政策转变，并要求废除倾斜性政策，而能力提升原则和产业自主可控原则却在一定程度上要求保留倾斜性政策。对此，我们必须强调，经济发展的现实状况是纷繁复杂的，特别是在当前国际经济环境发生重大变化、国内经济建设强化国内大循环主体地位的情况下，经济建设需要处理的问题众多、经济发展的各项目标需要统筹兼顾。这就要求产业政策体系必须适应环境的动态变化，在其原则方面体现为以竞争性原则作为主线，兼顾能力提升原则和产业自主可控原则。具体来说，产业政策由选择性向功能性转变，是高质量发展对产业政策的根本性要求，因此产业政策转型是主导性因素；能力提升原则和产业自主可控原则是针对经济发展的局部区域，基于现实的需要而保留部分倾斜性政策，它的范围应该是严格限定的，不能无限扩大。从动态发展的角度看，三个原则之间的关系也会随着经济发展具体状况的变化而发生一定程度的改变；但是整体来看，三者之间关系的大框架是较为稳定的。在产业政策的制定和实施过程中，必须高度注重这一点。

三　构建与新发展格局相适应的产业政策体系举措分析

依据以上分析，结合构建新发展格局的战略性任务，本书认为，应该加快产业政策转型，努力构建如下的产业政策体系，重点要做好两个方面的工作。

一方面，全面清点现有产业政策体系，在对其予以分类的基础上，作出适当处理。较长时期以来，我国实行的产业政策高度强调选择性产业政策，随着时间的积累，特别是考虑到地方会根据中央的相关政策出台本地政策以及部分产业政策夹杂在政府宏观调控政策等其他政策体系内，产业政策已经逐渐形成一个内容繁杂的体系。对这些存量产业政策，要进行系统清点整理，按照是否属于倾斜性政策、政策内容是否已经过时、对目前产业发展是否还有积极作用等标准，对其进行分类。一般来说，对倾斜性产业政策，一般要以废除作为处理方式。当然，考虑到政策的连续性以及企业以及其他组织对产业政策变动的适应性，政策废除要保留适度的缓冲期，而不宜采取"一刀切"的方式在不给予企业等经济主体适应期的情况下立即废除，这会造成一系列问题。对于那些属于功能性产业政策的政策内容，应该着重看其对当前经济发展是否有价值以及其价值的大小，如果认为现有的政策已经无法满足现实的需要，则可以采取废除的方式并出台新的、适应现在经济发展需要的功能性产业政策予以替代。

当然，这里涉及的一个重要问题便是，并非所有的倾斜性产业政策都要废除，特别是涉及新兴产业的政策。针对这部分产业政策，要仔细予以审查，看相关政策内容是否还符合实际需要，如果其内容尚未过时，则可以保存。如果相关内容已经过时且现在已经不需要这些政策，或者其力度不够，无法充分满足现在经济发展的需求，则这些政策可以废除。对于后者，可以在新增的产业政策中出台与实际发展需求相适应的新政策。另外，还有一部分政策内容尽管不涉及新兴产业，但是可能会涉及构建新发展格局的相关任务。对这部分政策内容，要对涉及构建新发展格局中相关内容的范围进行仔细界定，在限定范围内可以继续保留选择性产业政策，而对限定范围之外的内容，则予以废除。这样便可以在兼顾构建新发展需要与强化功能性产业政策之间保持均衡。

另一方面，在新增产业政策方面，要以功能性产业政策为主体，并根据构建新发展格局需要，适度出台具有倾斜性的选择性产业政策。整体而言，新增产业政策要以功能性产业政策为主，即主要弥补市场经济体制的不足之处，将政府该管的领域管好，促进市场经济体制作用的发挥，从而形成发挥市场在资源配置中的决定性作用与更好发挥政府作用之间相互促进、协同调控资源的局面。当然，在新兴产业发展、构建新发展格局需要的一些任务或者特殊领域需要倾斜性政策时，要按照严格限制范围、精确控制实施期限的要求，制定出相应的选择性产业政策。

第三节　强化竞争政策基础性地位

强化竞争政策的基础性地位，是完善我国社会主义市场经济体制、发挥市场在资源配置中决定性作用的重要改革举措。2016年4月举行的中央全面深化改革领导小组第二十三次会议提出要"建立公平竞争审查制度"①，开始高度强调竞争政策的重要性；2018年12月的中央经济工作会议明确提出要"强化竞争政策的基础性地位，创造公平竞争的制度环境"②；2019年10月党的十九届四中全会通过的《中共中央关于坚持和完善中国特色社会主义制度推进国家治理体系和治理能力现代化若干重大问题的决定》再次强调了"强化竞争政策基础地位"和"完善公平竞争制度"。强化竞争政策基础性地位，本身属于政府政策的范畴，是更好发挥政府作用的表现，它为市场在资源配置中发挥决定性作用创造了良好的基础。在构建新发展格局过程中，我们必须注重强化竞争政策的基础性地位，为巩固国内大循环的主体地位以及不断优化国际大循环打好基础。

一　竞争政策基础性地位确立的意义

竞争政策基础性地位的确立，对促进我国未来经济发展、构建新发展格局具有重要的意义。这主要体现如下两个方面：

一方面，竞争政策基础性地位的确立，与我国经济发展的实际需要相符合，能够有效促进经济高质量发展。受到选择性产业政策对部分产业及大企业的倾斜性扶持以及市场结构缺乏反竞争规制的影响，我国经济体系内出现了各种形式的垄断问题，其中最突出的便是部分竞争性领域的垄断问题存在加重趋势以及部分服务行业政策鼓励进入却难以进入的问题。这些垄断问题的存在，对我国实现高质量发展构成了阻碍，原因如下：

---

① 《习近平主持召开中央全面深化改革领导小组第二十三次会议》，中国共产党新闻网（http://www.gov.cn/xinwen/2016-04/18/content_5065495.htm），2016年4月18日。

② 《中央经济工作会议在北京举行》，《人民日报》2018年12月22日第1版。

首先，垄断问题的存在，制约了企业技术创新的积极性，影响了高质量发展最主要的驱动力即技术创新的发展。按照熊彼特的说法，基于创新而产生的垄断是对创新者创新行为的报酬，如果缺乏这个报酬，创新者便缺乏创新动力，反而对整个经济体系的创新活动产生负面影响。但是，在实践中，这一观点存在着严格的适用范围，知识产权保护制度的存在已经在很大程度上解决了创新行为的报酬问题，它足以使创新者产生足够的创新动力。更多的垄断行为是对创新者创新行为的阻碍，特别是通过政策扶持等方式获得垄断地位的企业，其创新积极性受到更严重的影响。正如前文所论述的，对在位垄断企业而言，只需要努力维持垄断地位便可以维持自身竞争优势而不需要再从事风险大、投入大的创新行为；对非垄断企业而言，垄断现象的存在加大了它们通过技术创新后来居上的难度，这也会影响其创新积极性。

其次，垄断企业往往倾向于利用自身垄断采取排除竞争的行为，这些行为会严重干扰正常市场竞争秩序，造成经济效率损失。对于竞争性领域产业而言，足够程度的市场竞争可以促使企业努力提升自身生产效率，降低生产成本而提高产品或者服务的质量，在动态中促进供给效率持续提升。垄断企业排除竞争，会使整个产业效率陷入低速增长或者裹足不前的状态，不仅直接对竞争对手产生不利影响，对消费者福利、宏观经济发展也都会产生负面作用。

另一方面，竞争政策基础性地位的树立，能够有效规避资本无序扩张问题，维持正常的经济秩序。资本的无序扩张主要体现为资本受利润驱使，广泛地进入各种潜在的利润丰厚的领域，而不顾可能对这些领域产生的负面作用以及投资可能产生的风险，特别在投资行为是基于热捧概念而非成本—收益分析的情况下，这一问题更加严重。随着"互联网+"等新型业态和新兴产业的兴起，资本大量涌入这些产业，虽然这确实为新型业态和新兴产业发展作出了巨大贡献，但是其负面作用也越来越突出。例如，在真正有发展前途的领域出现投资饱和之后，资本开始进入一些投资风险较大、关系到国计民生的领域，给正常经济发展带来巨大风险，主要包括投资失败风险、扰乱行业正常秩序的风险、给金融体系安全带来的风险等。在这种情况下，2020年12月中央经济工作会议提出的"防止资本无序扩张"①，正切中这个问题本质。而竞争政策可以在多方面规避这种无序发展扩张的行为。例如，"互联网+"在发展初期，往往采用"砸钱"的方式对消费者消费行为进行超过正常范围的补贴，以便促进产业规模在短期内迅速扩张，在形成垄断地位后，通过提高产品和服务价格的方式弥补前期投资。这一低价倾销行为属于排除竞争行为，竞争政策完全可以对其进行规制。又如，"互联网+"产业的快速发展，与一些相关政策扶持有一定关系，在竞争政策确立基础地位的情况下，这一问题也可以避免。

整体而言，确立竞争政策基础性地位，实际上便是促进市场在资源配置中决定性作用的发挥。从定位上说，竞争政策并不是"无形之手"，而是政府行为的"有形之手"，它的本质是政府通过采取相应的措施促进市场作用的发挥。② 因此，它构成高质量发展阶段政府与市场关系调整的重要内容。同时，这一点与构建新发展格局的内在需要也相符。这是因为，尽管在短期内，构建新发展格局如强化国内大循环主体地位需要政府在干预经济的范围与力度方面进行调整，局部领域体现为政府干预经济能力的增强，但是整体而言，在长期内强化国内大循环的主体地位，依然有赖于企业等微观市场主体不断提升自身效率，而这便需要适度的竞争强度和良好的竞争秩序。在当前的经济状况下，确立竞争政策的基础地位，有利于实现这一点。

二 当前时期确立竞争政策基础性地位面临的挑战

其实，我国很早便开始重视竞争政策，如在 2007 年我国便出台了《反垄断法》。而随着 2015 年之后竞争政策基础地位逐渐清晰，竞争政策的受重视程度逐步提升，与之相关的举措纷纷出台。例如，2017 年 1 月国务院办公厅发布的《国务院办公厅关于同意建立公平竞争审查工作部际联席会议制度的函》要求建立由 28 个部门参与的公平竞争审查工作部际联席会议制度；2018 年 3 月，分散在不同部门的反垄断部门

---

① 《中央经济工作会议在北京举行》，《人民日报》2020 年 12 月 19 日第 1 版。
② 李青：《"十四五"时期强化竞争政策基础地位的几点思考》，《中国市场监管研究》2021 年第 7 期。

合并为国家市场监督管理总局，下设反垄断局，专门负责反垄断工作；2019年开始，市场监管总局陆续出台了相关的政策，审查清理违反公平竞争的相关政策，并出台了重大政策措施审查会审制度、第三方评估、政策抽查措施机制等相关举措。① 整体而言，我国竞争政策基础性地位的确立最近几年来在不断推进。综合判断当前市场结构与经济形势，我国在未来继续强化竞争政策基础性地位方面面临如下几个方面的挑战。

第一，政府部门利益冲突与政策执行惯性的挑战。政府部门在确定竞争政策基础性地位时，首先面临来自自身的挑战，这主要体现在短期利益与长远利益冲突以及执行惯性的挑战。② 长期利益与短期利益的冲突，主要体现在市场体制和公平竞争机制对产业效率的提高和宏观经济提升效果较为缓慢，无法在短期内见到成效，而选择性产业政策等政策措施往往可以在短期内见到明显成效，但是长期成本突出。政府部门在实施政策、调控经济发展过程中，往往会面临长期利益和短期利益的冲突。在短期问题突出特别是出于政绩需要的情况下，政府部门有动力选择短期目标，从而影响竞争政策基础地位。

执行惯性的挑战则是政府部门习惯于采取选择性产业政策。强化竞争政策的基础性地位，其实质便是要让市场机制发挥作用，而这对政府部门而言，便是失去了对经济政策的主动权，被动地等待着市场机制调控的结果。与之相比，选择性产业政策等政策手段实施全程，政府部门都能对其掌控，长期的政策实践也使这些部门习惯了这一主动性政策实施体系。可以说，竞争性政策主体地位，对政府部门政策执行习惯构成了挑战。

第二，数字经济和平台经济给反垄断政策带来新挑战。③ 数字经济和平台经济存在着显著的规模经济效应，只有做到一定的规模，企业才

---

① 江飞涛：《中国竞争政策"十三五"回顾与"十四五"展望——兼论产业政策与竞争政策的协同》，《财经问题研究》2021年第5期。
② 李伟、贺俊：《确立竞争政策基础地位的激励约束和能力障碍》，《学习与探索》2021年第5期。
③ 江飞涛：《中国竞争政策"十三五"回顾与"十四五"展望——兼论产业政策与竞争政策的协同》，《财经问题研究》2021年第5期。

能够获得足够回报，同时这些产业又存在着"赢家通吃"现象，大企业的竞争优势会随着市场占有率的扩大而不断强化。在这种情况下，数字企业及平台企业很容易发展成超大企业，成为所在产业中的"巨无霸"，而一个产业往往几家大型企业便几乎占据了该产业的全部市场。在这种情况下，很难判断这些企业的行为是不是排除竞争的行为，以致造成了反垄断难题。在实践中，数字经济与平台经济反垄断面临着经济理论分析失范和现行法律实践失准两方面的挑战，前者主要体现为现有的经济理论体系较难对数字经济进行精确分析，后者体现为跨界竞争等特征致使市场界定含糊不清、产业"一家独大"特征导致支配地位难以判断、非统一定价等行为致使滥用市场支配地位行为难以识别等。①

第三，强化竞争政策基础性地位的相关组织与制度尚未完善。强化竞争政策的基础地位是一项系统性工程，需要制定一个包括战略框架、具体细则在内的执行体系，并需要多部门有机协作执行。② 整体来看，目前竞争政策基础性地位还缺乏详细细则予以支持，《反不正当竞争法》等相关法律还尚不完善，具体执行组织机构在职能、权力、责任等方面的规定尚有待细化。这些问题的存在，也在很大程度上影响了竞争政策基础性地位的树立。

三 强化竞争政策基础性地位的战略举措

根据我国当前市场结构、构建新发展格局需要等相关因素，强化竞争政策基础性地位应着重从如下几个方面着手。

一是通过完善公平竞争审查制度与反不正当竞争法规协同推进，强化竞争政策基础性地位。根据十九届四中全会的公告，竞争政策的基础性地位主要通过"推进公平竞争审查制度"和"加强和改进反垄断和反不正当竞争执法"两个途径去实现。这两者的核心内容是趋同的，即都是对不公平不正当竞争的排除，只是二者的具体实行方式存在差

---

① 陈富良、郭建斌：《数字经济反垄断规制变革：理论、实践与反思_经济与法律向度的分析》，《理论探讨》2020年第6期。
② 贺俊：《竞争政策基础性地位与中国经济活力》，《人民论坛》2021年第24期。

异。① 在具体的措施方面，要对存量和增量的经济政策特别是产业政策进行审查，除了少数领域外，对妨碍竞争政策基础性地位的相关政策进行清理，同时加强对新出台政策事前审查机制建设。同时，强化对目前各产业中存在的不正当竞争行为的监管和处置，将反不正当竞争的法律规定落实到位。

二是针对数字经济和平台经济中出现的新问题，制定出对策措施，对其行为进行有效规制。数字经济有着与传统产业不同的特征，要深入内部对其产业运行的特征、市场结构、主体行为及其影响等问题进行研究，在此基础上，制定出数字经济所涉及的反不正当竞争难题的认定标准及相应的处置规则，如动态效率认定、垄断行为认定等。当然，在处理数字经济反垄断问题中，要注意处理好反垄断与鼓励创新的关系，不能将垄断范围认定过宽，以免影响整个行业的效率。其中，要特别注意的是，由于平台经济具有规模经济特点，对其垄断行为的认定，不能基于其规模，而更注重其行为，即反垄断反对的是滥用支配地位的反竞争行为。②

三是促进竞争政策与产业政策的融合。应该说，竞争政策与选择性产业政策具有较强的相互排斥性，但是与功能性产业政策在内涵上保持一致。正如前文所述，产业政策的转型，将向着鼓励公平竞争、弥补市场机制不足、促进市场机制发挥作用的方向转变，而这实际上促进了竞争政策的发展。在今后产业政策及竞争政策的推进过程中，不仅要在政策内容方面强调二者的融合，更要在实际政策执行过程中，将二者紧密结合起来，这样便能更好促进二者的发展。

四是处理好国有企业与反垄断关系。在强化竞争政策基础性地位领域，如何解决好国有企业与反垄断问题的关系是其中一个难点。对于竞争性领域的企业，随着国有企业混合所有制改革的推进，国有企业运营公司和投资公司的建立将使得部分国有企业竞争力持续提升，在竞争性领域这些企业已经具备与其他性质企业竞争的实力，因此处于竞争性领

---

① 陈兵：《新时代强化竞争政策基础地位的落实与推进》，《长白学刊》2020年第5期。
② 熊鸿儒：《数字经济时代反垄断规制的主要挑战与国际经验》，《经济纵横》2019年第7期。

域的国有企业将具备按照竞争政策参与市场竞争的实力。在这些领域,可以在不损害国有资本地位前提下,逐步引入竞争政策。对于部分非竞争性领域的国有企业,由于行业本身结构与竞争性行业不同,因此还不具备实施竞争政策的基础。但是,依然可以通过强化预算硬约束等行为,提高企业的运行效率。①

---

① 洪银兴:《论强化竞争政策的基础地位》,《中国价格监管与反垄断》2020 年第 8 期。

第七章　优化提升国际大循环

构建以国内大循环为主体，国内国际双循环相互促进的新发展格局，一方面要不断强化国内大循环主体地位，另一方面则要不断提升国际大循环。要做到后一点，就应该遵循习近平总书记在2017年10月党的十九大报告中提出的"形成全面开放新格局"的要求来提升国际大循环。优化提升国际大循环需要积极扩大对外开放的范围和层次，特别是发挥"一带一路"在未来全面开放新格局重要依托的作用，拓宽对外开放的范围和深度；同时也应该积极推进国内自由贸易试验区和自由贸易港建设，为提升国际大循环创造条件。本章将对此问题进行研究。

第一节　积极扩大对外开放的范围和层次

积极扩大对外开放的范围和层次，是构建全面开放新格局的最基本要求，也是提升国际大循环、更好对外开放的核心举措。在这方面，我们应该着重做好如下工作。

一　不断优化调整双边贸易

双边贸易是对外贸易的基础，只有妥善处理好双边贸易，才能为未来我国形成全面开放格局打好基础。具体来说，需要根据不同国家的具体情况，采取不同战略处理好双边贸易关系。

（一）处理好与美国的经贸合作关系

在单一国家层面，美国依然是中国最大的贸易伙伴，同时作为全球经济规模最大、技术创新能力最强、对全球经济合作具有很强主导能力的发达国家,美国对我国扩大对外开放有着重要的影响。因此,如何处理与美国的经贸合作关系,是我国未来扩大对外开放必须明确的问题。

1. 中美经贸合作的走势分析

综合目前的各种信息以及基于对双方利益的判断,未来中美之间的经贸关系很可能保持既合作又有摩擦的状态,其中摩擦的成分有不断加重的趋势,但是二者经济全面脱钩的可能性并不大。

一方面,中美经贸合作摩擦长期持续且摩擦的范围和深度有可能扩大。中美之间产生经济摩擦(不仅限于贸易领域)的根源在于中国经济的持续发展,对美国的全球第一经济强国的地位形成威胁,在美方看来,这将严重威胁到它在全球经济、贸易及其他领域的主导权,进而对其既得利益产生严重冲击。同时,在美国内部的许多人看来,中国的经济崛起是因为参与了由其主导的全球化进程,美国只要切断中国与全球化进程的联系并对中国贸易及技术进口实现制裁,就有能力延缓甚至彻底遏制中国的崛起。换句话说,美国之所以对中国发起各种贸易摩擦,是因为决策者相信他们需要并且有能力遏制中国的崛起。在这一因素影响下,美国日后必然还会发起针对中国的、各种形式的经贸摩擦。由于我国经济发展的整体状况较好,明显优于欧美等发达国家,因此美国很可能会加大经贸摩擦的力度、扩大贸易摩擦的广度,以达到遏制中国崛起的目的。具体来说,技术禁运、关键零部件出口限制等措施的范围有可能继续扩大,通过强化对"卡脖子"领域的控制来阻碍中国高新技术产业发展和一般产业转型升级。

另一方面,中美之间很可能继续保持经贸合作的基础框架,两国之间经济完全脱钩的可能性相对较小。尽管采取措施遏制中国崛起是美国各方已经形成的战略共识,美方频繁发起针对中国的经济摩擦很可能常态化,但是受到各种因素的制约,美方很难完全与中国经济脱钩。中国和美国作为全球最大的发展中国家和发达国家,二者之间经贸合作是互利共赢的,美国基于本国的某些战略考虑而强行破坏经贸合作,也损害了自身利益。例如,正是中国大量质优价廉工业品的输入,才大幅降低了美国低收入阶层的生活成本,从而减少了美国因巨大贫富差距而引发的社会矛盾。在这种情况下,美方频繁发动各种经济摩擦,无形中增大了中国产品出口成本并提升了产品销售价格,进而对美国低收入阶层的利益形成直接冲击。又如,美国对中方发起的各种贸易摩擦,必然引发中国的反制,这对美方大量向中国出口的行业造成明显不利的影响,进而不利于美国经济的发展。因此,由于经济摩擦具有两面性,美国对中国发起贸易摩擦的范围是有限的,至少在短期内不会无限扩大。这一点可以从近几年中美之间贸易额的变化情况看出端倪。2015年中美之间货物进出口总额为5570亿美元,其中出口4092亿美元,进口1478亿美元。到2022年,中美之间货物进出口总额为7514亿美元,比2015年提高了34.9%,其中出口5755亿美元,较2015年提高了40.6%;进口1759亿美元,较2015年提高了19.0%。整体来看,中美之间的贸易摩擦对双方的贸易合作的影响不大。

综上所述,中美之间经贸合作很可能会在未来较长时期内保持既合作又有摩擦的状态,具体的态势可能因各种事件的影响而发生波动。当然,我们也不能完全排除在未来因价值观、国家战略利益等方面的差异引发二者经济脱钩的可能性。在合作与摩擦并存的常态化态势下,中美之间经济合作虽然很难实现深层次合作上"质"的提升,但是在一些局部领域的合作上依然具有一定的拓展空间。

2. 未来中美经贸合作关系的处理

未来应该在构建新发展格局的框架下,根据国内经济发展形势与中国国际经贸合作的整体状况,妥善处理好中美经贸合作关系。

第一,应该在可能的范围内,积极拓展双方的经贸合作。正如习近平总书记指出的,"各国经济融合是大势所趋……只要平等对待、互谅互让,就没有破解不了的难题"[1],要"坚持'拉手'而不是'松手',坚持'拆墙'而不是'筑墙'"[2]。中美之间的贸易应该在可能的范围内,继续拓展双方经贸合作的范围。这是因为,中美之间的经贸合作对彼此都有利,特别是中美之间在产业层次上依然存在着明显的垂直分工,这种状况更使二者之间的合作具有很强的互利互惠性。在这种情况

---

[1] 《习近平谈治国理政》第3卷,外文出版社2020年版,第210页。
[2] 《习近平谈治国理政》第3卷,外文出版社2020年版,第210页。

下，应该站在中国经济发展的角度，积极采取措施，尽可能拓展双方合作的空间。

第二，针对美方发起的各种摩擦，及时予以反击，形成动态博弈态势，降低美方发动摩擦的收益，从而对美方发动摩擦的行为形成掣肘。在美国发起经济摩擦常态化的趋势下，要针对美国的行为及时采取对应的措施，加大美国发起摩擦行为的成本而降低其收益，从而减少美国发动经济摩擦行为的可能。毕竟，只有在正常的经贸合作状态下，我国经济发展利益才能得到最好保证。

(二) 积极扩大与美国以外的发达国家的经贸合作

除了美国，我国应该积极扩大与其他发达国家和地区的经贸合作。欧盟、日本、英国、韩国等发达经济体，经济发展程度与美国类似，因而它们能够在很大程度上实现对美国的替代，这将对稳定我国国际经贸合作、减小因中美经贸合作不稳定而引发的一系列问题起到重要作用。这是发展中国家和地区不具备的优势。

这里以欧盟为例，讨论一下我国未来与其经贸合作的问题。欧盟是我国扩大经贸合作的重点对象。欧盟目前有成员国 27 个，除英国以外的主要欧洲发达国家均加入，是世界最主要的经济体之一。据统计，2004 年欧盟东扩后，成为全球最大经济体，但是由于经济发展速度较慢，随后被美国超越。到 2020 年欧盟占全球经济比重为 15.17%，美国为 20.93%，而中国则为 14.72%。[1] 尽管欧盟整体经济实力处于相对衰落进程，但是作为发达国家的集合体，它在全球经济体系依然占据重要地位，并一直作为我国重要的经贸合作伙伴而存在。在我国加入世界贸易组织后，双方之间的经贸合作呈现快速发展趋势。但是，在国际金融危机之后，我国与欧盟之间的经贸合作呈现下降趋势。这是多方面因素影响的结果：国际金融危机对欧洲的影响明显比其他地区更大，持续的时间更长，这就在较大程度上压制了其需求，从而降低了进口数量，影响外贸发展；我国对欧盟显著的贸易逆差，造成各成员国开始提

---

[1] 姚铃、秦磊：《欧盟新贸易政策及其对中欧经贸关系的影响》，《国际贸易》2021 年第 1 期。

高进口门槛并通过反倾销调查等手段制造贸易摩擦①；最近几年来，欧盟受到美国影响，经贸合作开始与价值观挂钩，2021年5月欧盟宣布暂停经过7年协商而在2020年底达成协议的中欧投资协定便是这一现象的突出反映。

然而，尽管我国与欧盟的合作面临许多问题，未来二者的合作前景依然比较广阔。第一，虽然欧洲整个经济发展相对美国等国家缺乏活力，但是作为成熟经济体，在不考虑新冠疫情影响的情况下，有望在未来彻底摆脱国际经济危机的"后遗症"，从而逐步恢复经济发展态势，中欧之间的经贸合作还有望继续扩展。第二，尽管随着我国产业技术持续进步，产业结构持续升级，在国际产业分工链中向两边的高端环节（研发和营销环节）跃升，与欧盟之间基于产业垂直分工体系差异而形成的传统经贸互补格局会受到一定程度冲击，但是相互合作的空间依然很大。只要在有合作潜力的领域充分挖掘，中欧之间经贸合作空间就有望持续扩大。第三，欧盟和我国之间存在着一个共同特点，即高度重视绿色发展，这一共同特性为二者创造了巨大的合作空间。随着各国对全球气候变暖影响的认识越来越深刻，加强绿色发展合作，实现碳排放的全球治理和合作，已经成为国际经济合作的重要内容。一直以来，欧盟倾向于将环保问题作为贸易非关税壁垒的重要内容，在一定程度上影响到了中欧经贸合作。而我国绿色发展的加速以及欧盟对碳排放等环保问题日趋苛刻的趋势，为二者的经贸合作范围和深度的扩大创造了条件。

（三）大力拓展与发展中国家的经贸合作

大力拓展与发展中国家的经贸合作，逐步提高发展中国家在我国进出口中的比重，是我国构建新发展格局过程中降低国际大循环风险的重要措施。应该说，相对于发达国家，发展中国家与我国经济的发展落差较小，在较大程度上限制了合作空间，加之人均收入相对较低、经贸环境相对较差，对我国加强与这些国家的经贸合作形成挑战。然而，发展中国家作为一个整体，其经济发展速度明显高于发达国家，经济总规模占全球比重不断提升，市场总规模也不断扩大。同时，发展中国家的发

---

① 李一鸣：《中国与欧盟经贸合作新特征与促进对策》，《经济纵横》2018年第2期。

展状况也存在巨大的结构性差异,部分发展中国家发展较快,另外一部分发展中国家正从传统社会进入经济起步阶段,这都给我国加强与这些国家的经贸合作创造了条件。

首先,我国需要不断开拓出口市场,通过出口市场的多元化和分散化降低部分发达国家发动贸易摩擦而引发国际市场需求不稳定的风险。从目前的发展趋势看,包括美国在内的发达国家对我国发动贸易摩擦的风险依然较大。除了美国之外,西方其他发达国家也存在对我国发起贸易摩擦的风险。例如,2021年11月,西方32国宣布从2021年12月1日起取消我国享受的关税普惠,不再承认中国是市场经济国家。这样的贸易摩擦,对我国部分产业特别是劳动密集型产业的出口影响极为显著。在这种情况下,必须加快出口市场多元化进程,降低对欧美等发达国家的依赖度。

发展中国家整体性快速发展与结构性差异为我国出口市场多元化提供了机遇。一方面,部分发展中国家经济发展速度较快,市场规模处于不断扩张过程中。尽管这部分发展中国家可能在产业分工上与我国处于同一层次,在部分产业环节构成竞争关系,但是大多数发展中国家的产业体系都较不完整,许多产品特别是工业品依然依赖进口,这给我国相关产业提供了发展机遇。另一方面,非洲等部分国家刚刚从传统社会进入经济发展起步阶段,人民的收入开始增加,对包括劳动密集型产品在内的诸多产品需求迅速提高,这也为我国出口扩大提供了机会。

其次,在进口特别是各种能源资源及原材料进口方面,要大力拓展与发展中国家的合作。我国部分能源资源及原材料资源无法实现自给,其中石油、铁矿石等部分战略性资源高度依赖进口。与技术资源可以通过自主研发实现对国外进口替代不同,能源资源及原材料在短期内无法实现进口替代。这就需要优化战略性资源进口来源国结构,减少对少数国家的依赖,从而分散风险,最大限度保证进口渠道的安全,大力拓展与发展中国家的合作就有利于实现这一目的。这方面的内容前面已经详细介绍过,不再赘述。

二 推进世界贸易组织合作机制的深化

第二次世界大战后,世界贸易组织在很长时间内作为全球化主要平台而存在,正是依托这一平台,全球主要国家逐步融入经济全球化的体系中。目前,世界贸易组织成员方达到164个,观察员成员24个,世界绝大多数国家被囊括其中。应该说,在较长的历史时期内,世界贸易组织对全球经济一体化起着主导作用,但是受到诸多因素影响,世界贸易组织的地位开始下降,部分发达国家有抛弃世界贸易组织另立炉灶之势。

一方面,由于成员国之间存在着尖锐的利益分歧,世界贸易组织在全球经济贸易合作上停滞不前,在一定程度上影响了全球经济一体化在广度和深度上的拓展。首先,这体现在发达国家和发展中国家之间存在较为尖锐的利益冲突。发达国家和发展中国家由于在经济发展基础、国际产业链分工位置、经济发展环境等方面存在根本性差异,因此在一些基本的合作规则的主张上存在原则性差异。例如,发达国家企业技术水平高,在对外直接投资中倾向于通过知识产权保护来获取竞争优势,而发展中国家的知识产权保护水平整体较低,影响了发达国家的利益,因此发达国家竭力主张各国加强知识产权保护。然而,发展中国家经济发展相对滞后,过严的知识产权保护将限制本国企业通过模仿获得快速发展进而对宏观经济发展不利,加上知识产权保护对司法执行的要求很高,很多发展中国家往往不具备相应的治理能力,因此发展中国家往往无法达到或者不愿意达到发达国家所要求的知识产权保护水平。事实上,知识产权保护在很长时间里一直是发展中国家和发达国家争论的焦点。又如,在发展中国家幼稚产业保护问题上,发展中国家和发达国家也存在尖锐利益冲突。发展中国家经济发展基础落后,特别是一些重要产业竞争力落后,如果在全球自由竞争的环境下,这些产业内企业很容易被发达国家企业挤垮。因此,在世界贸易组织框架内,发达国家和发展中国家达成了妥协,即幼稚产业保护条款。但是,实际上发达国家对于发展中国家引用这一条款是抵制的,在现实中对如何利用这一条款也存在利益冲突。其次,即便是发达国家之间、发展中国家之间也存在利益冲突。总之，这些利益冲突交织在一起，导致世界贸易组织合作的深度和广度迟迟难以拓展，整个合作框架陷入了停滞不前的境地。另一方面，随着发展中国家数量的增加，发达国家在世界贸易组织中的话语权在下降，影响到了其根本利益。全球经济一体化主要是美国等发达国家推动的，目的在于实现自身利益最大化，世界贸易组织的基本规则都是由发达国家主导推动的。但是，随着世界贸易组织的不断扩大，发展中国家的数量不断增加，为了共同利益形成利益共同体与发达国家抗争，话语权呈现不断扩大的趋势，发达国家的话语权受到侵蚀，影响了他们的利益。在这种情况下，发达国家就有动力抛开这一合作平台，建立新的符合自身利益的区域合作平台。

在这两方面因素推动下，世界贸易组织在全球经济贸易合作中的地位呈现不断下降趋势。但是，推动世界贸易组织合作广度和深度的深化，促进其在全球经济合作地位的提升，符合我国的利益。首先，世界贸易组织是一个成熟的合作框架平台，在此框架下推动合作深化，要比另起炉灶对我国更有利。应该说，在世界贸易组织框架下，我国经济发展是从中受益的，如果在未来继续推动它合作机制的深化，将对我国经济发展大有裨益。这是因为，世界贸易组织作为诸多国家参与的经济组织，尽管目前在合作扩大问题上陷入僵局，但是经过多年的发展和不同国家的利益博弈与妥协，其内部的合作机制、利益协调机制、纠纷解决机制等已经成形，这有利于我国依托这一框架加深与世界各国的经贸合作。同时，目前针对我国主动发起贸易摩擦的国家主要是美国等少数发达国家，而世界贸易组织成员方众多，在此框架内我国更容易找到有共同利益、立场接近的国家共同抵制发达国家的种种违反世界贸易组织规定的行为，从而有利于维护我国的利益。其次，欧美等发达国家另起炉灶构建的区域性合作组织在事实上是对我国进行排斥，使我国很难融入这些合作机制更为深化的国际经济合作平台。这一趋势早在跨太平洋伙伴关系协定（TPP）协定时便已初现端倪。为了掌握战略主动性，我们除了积极建立区域合作机制外，积极利用现有的世界贸易组织框架，不断推动成员国经贸合作向广度和深度延伸，不仅有利于我国对外合作的深化，还将在一定程度上减弱发达国家建立的区域协作机制的影响力，从而有利于维护我国经济利益。

因此,我国应该积极推动世界贸易组织的合作机制的深化及相关改革,努力促成各方在一些关键问题、利益焦点问题上达成妥协,从而解决阻碍世界贸易组织框架优化提升的核心问题。首先,根据2018年11月颁布的《中国关于WTO改革的立场文件》和2019年5月发布的《中国关于WTO改革的建议文件》等表明我国对世界贸易组织改革立场的文件,推进世界贸易组织改革。具体来说,我国主张强调维护多边贸易体制非歧视和开放的核心价值,保障发展中国家利益,遵循协商一致的决策机制,建议必须尽快推动世界贸易组织相关改革,提高其在全球治理体系中的地位,提高其运行效率以及增强多边体制的包容性。[1]其次,应该联合在基本立场与我国较为一致的发展中国家,与发达国家展开磋商,凝聚共识,积极推进相关改革。在世界各国中,对现行世界贸易规则最排斥的便是美国,应该积极联合各国,共同抵制美国单边主义行径,防止世界贸易组织边缘化,在共同利益框架内推进世界贸易组织改革。[2]最后,促进世界贸易组织内部各项机制改革,加速各项议题的改革。综合起来看,导致目前世界贸易组织停滞不前的原因是复杂的,既有各国利益的原因,也有WTO自身组织机制存在缺陷的原因。在这种情况下,我们应该积极参与争端解决机制、贸易规则、透明度等议题基础上,借鉴区域贸易协定在贸易投资新规则上的经验,推进世界贸易组织改革。[3]当然,世界贸易组织改革面临着纷繁复杂的问题和挑战,要真正在关键议题上取得大幅突破难度很大,改革的进程较为漫长,我们必须厘清头绪,逐步推进。

三 大力推动多边及区域经济合作

在世界贸易组织短期内较难就深层次合作取得共识、建立在此平台

---

[1] 全毅:《各国WTO改革方案比较与中国因应策略》,《亚太经济》2019年第6期。
[2] 刘孝玉:《当前世界贸易组织改革的各方诉求与中国对策》,《经济研究导刊》2021年第2期。
[3] 姜跃春、张玉环:《世界贸易组织改革与多边贸易体系前景》,《太平洋学报》2020年第4期。

基础上的经贸合作发展受限的情况下,多边合作及区域经济合作的作用便日渐凸显。这是因为多边及区域经济合作的参与者数量相对较少,成员利益相对较为一致,各方更容易在利益协调难度大但是合作广度和深度明显提升的领域达成协议。因此,国际金融危机之后,多边及区域经济合作组织(协定)不断涌现,其对全球经贸合作的作用不断提升。在这一背景下,我国必须大力推动多边及区域经济合作。其中,最为重要的巨型的区域经济合作平台是"一带一路"倡议,这一点将在下一节中系统介绍,在此处不再赘述。① 推动多边和区域经济合作,可以从如下三个方面入手。

第一,依托已经加入的多边及区域经济合作组织,不断强化与这些国家及地区的经济合作。我国已经加入一些多边及区域经济合作组织,如区域全面经济伙伴关系协定(RCEP)等。应该说,这些组织的合作潜力还未充分发挥出来,特别是部分组织还处于起步阶段,我们要紧紧依托这些合作平台,不断深化和扩展与相关国家的经贸合作。以区域全面经济伙伴关系协定(RCEP)为例,它是2020年11月15日我国与东盟十国、日本、韩国、澳大利亚、新西兰等国家共同签署的,全球规模最大的自由贸易协定区。② RCEP对我国经济发展具有多方面的积极作用,如各成员国之间"立即降至零关税及十年内降至零关税"内的承诺和广大市场空间,为我国与成员国之间的经贸合作大大拓展了空间;由于我国与其他成员国之间在产业链供应链合作紧密,因而加入RCEP对未来提升产业链供应链安全性具有积极意义。③ 目前,RECP的合作刚处于展开阶段,合作收益将在未来逐步展现,同时未来它还有很大的发展潜力,如合作国家的增多、合作条款和内容的拓展与深化等。

---

① 尽管"一带一路"是一个众多国家参与的超大型国际合作平台,但是从本质上说,它依然是区域合作平台。参见张建平《"一带一路"是中国首次成功倡议的新兴国际区域经济合作平台》,国务院新闻网(http://www.scio.gov.cn/ztk/wh/slxy/31215/Document/1433907/1433907.htm),2015年5月13日。

② 《推动RCEP国家深度参与"一带一路"建设》,《经济日报》2020年11月29日第3版。

③ 《张建平深度解读RCEP:中国几乎所有行业都将受益对TPP有对冲效应》,经济观察网(http://www.eeo.com.cn/2020/1119/435502.shtml),2020年11月19日。

第二，我国要积极牵头组织成立新的多边及区域经济合作组织。在多边及区域经济合作重要性逐步提高的形势下，任何一个国家要在国际经贸合作中掌握主动权，就应该尽量多地加入合作组织。同时，随着我国经济实力和国际影响力的逐步提升以及美国等发达国家实施针对我国的遏制政策，我国需要不断在国际经贸合作的规则制定上增加话语权，并要积极通过采取针对性措施化解西方发达国家的遏制政策。在这种情况下，我国应该根据国内经济发展的需要、各国经济发展的趋势以及各个国家利益的异同等情况，积极与存在共同利益、具有相同发展愿望、能够求同存异的国家进行经贸合作，成立新的多边及区域经济合作组织。通过合作平台数量的增加，扩展国际经贸合作关系网络，深化与其他国家的经贸合作关系。

第三，积极申请加入已经成立的多边及区域经济合作组织。西方发达国家在部分区域经济合作组织方面对我国采取了排斥政策，例如跨太平洋伙伴关系协定（TPP）在成立初期，就对我国具有较强的针对性。但是，整体来看，西方发达国家主导新成立的一些区域经济合作组织在相关合作机制与内容较其他组织明显进步，如跨太平洋伙伴关系协定（TPP）及后来由其演化而来的全面与进步跨太平洋伙伴关系协定（CPTPP）合作条款的优惠性、区域成员合作的深度都远超世界贸易组织。在这种情况下，积极加入这些组织对我国对外经贸合作具有积极作用。例如，我国于2021年9月提出申请加入CPTPP。应该说，如果能够加入，一方面我国可以享受相关合作条款所带来的政策，扩大与成员国的合作广度与深度；另一方面，我国有机会参与到这些组织的规则制定中，从而有效化解部分国家试图"边缘化"我国的企图。

四 促进"引进来"和"走出去"双向优化提升

在投资方面，促进"引进来"和"走出去"双向优化提升，是优化国际大循环的重要内容。在构建新发展格局的背景下，应将二者有效结合起来，促进国内大循环和国际大循环之间的协作关系不断深化。具体来说，二者的优化提升需要做好如下两个方面的工作。

（一）继续强化"引进来"，不断提高外来投资的质量，提升其对国内经济发展的作用

资金短缺已经不是制约我国经济发展的因素，因此引进外资的主要目的不是弥补资金不足，而是要发挥外资活跃经济的职能。其主要起到三个作用。第一，在相对弱势的产业，引进技术、管理等方面都具备突出优势的外资企业，在补充国内相关产业高端生产能力不足的同时，通过其溢出效应，刺激国内企业快速发展，从而促进国内产业技术和民族企业核心竞争力提升，最终达到甚至超越发达国家企业的竞争力。第二，在国内具备竞争优势的产业内适度引进资金、管理能力特别突出的企业，能够产生打破国内竞争均衡的"鲶鱼效应"，促进相关产业的持续发展。在强化国内大循环主体地位时，最需要警惕的情况便是"关起门来搞内部竞争"，在缺乏外界有效的刺激下，一个国家的产业竞争力往往会出现下降的状况。在这种情况下，在不影响国内大循环主体地位的前提下，在优势产业内适度引进若干外资，可以起到刺激国内产业竞争力持续提升的作用。第三，在跨国企业全球化经营布局的情况下，吸引外资进入不仅能够增加国内税收收入，还能提供一定数量的就业岗位，有助于国内经济发展。这是因为，在跨国企业全球布局的情况下，在任何一个地方投资设厂，对东道国同行业内企业影响都比较微弱（不管在何地设厂都对东道国供给体系产生影响较小，即便不在当地设厂，也可以通过出口等方式占据东道国同等规模的市场），因此会在不对其他企业就业产生明显"挤出效应"的前提下，增加就业岗位。

当然，在未来引进外资的过程中，要注意两个问题。首先，引进的外资必须具备相当的水平，能够在引进后产生溢出效应或者对国内产业的发展产生正向刺激，从而促进国内相关产业的发展。其次，在引进外资过程中，应强化国民待遇。在改革开放之后的很长时间里，为了应对国内经济发展资金、技术不足的状况，我国制定了大力引进外资的发展战略，各级政府纷纷制定了特别优惠的外资引进政策，其政策优惠程度明显优于内资，即对外资实行了"超国民待遇"。对外资的特殊待遇确实有利于短期内吸引大批资金的进入，但是随着时间的推移，这一策略的副作用逐渐展现出来，即导致本来在各方面处于弱势的内资企业在竞争中

更加不利，致使一些产业中民族企业的发展大为受限，如汽车产业。在未来引进外资的过程中，除非有特殊情况，一般情况下应该彻底废除"超国民待遇"，使内资外资企业在同一起跑线上竞争，促进产业健康发展。

（二）不断提升"走出去"的规模和质量

在构建新发展格局过程中，应根据我国经济发展的需要、国际经济环境的变化等因素，继续鼓励企业"走出去"，不断提升对外直接投资的规模和质量。第一，"走出去"有利于我国企业充分利用国际的各种生产资源，促进本国企业发展。例如，对高度依赖国际资源的企业而言，通过"走出去"积极寻找到成本低、来源可靠的资源途径，对于相关产业的发展十分有利。特别是考虑到许多矿产品富集的国家本身开采和加工能力较弱，国内企业依托强大的开采和加工能力，在当地开采和加工矿产品，比直接进口矿产品具有更多优势。第二，"走出去"有利于我国绕开一些贸易壁垒，扩大对外经济交流。作为国际贸易中的最大出口国，我国面临着贸易对象国随时发动各种贸易摩擦的可能，特别是诸如反倾销调查等活动，这对出口企业十分不利。而在国外投资，特别是在国外设立生产企业，则其生产地不在中国，则相应地不容易受到贸易摩擦的影响。

从对外直接投资的实践情况看，正如前文所述，进入21世纪以来，我国企业"走出去"的规模和范围不断扩张。但是，我国对外直接投资依然存在诸多问题，主要体现在：投资区域不平衡，高度集中于西亚北亚、南亚和东南亚等少数区域；投资对象国普遍经济较落后、政治不稳定，投资整体环境风险性突出[1]；企业融资渠道较为匮乏，特别是民营企业缺乏融资渠道的问题突出[2]。对此，我国企业"走出去"必须注重几点。一是强化企业风险控制意识，促进其平衡好投资收益、风险防控的关系，在保证投资安全的前提下，谋求经济收益的提高。其中，从投资区域的角度看，要向"一带一路"沿线国家倾斜，特别是与我国

---

[1] 陆家静、陈相芬、刘海霞：《中国对外直接投资的现状分析与对策研究——基于"一带一路"背景下》，《北方经贸》2021年第7期。
[2] 程大为、樊倩：《民营企业投资建设"一带一路"境外经贸合作区的挑战与对策》，《经济纵横》2021年第7期。

政府关系好、经济环境稳定、贸易便利化趋势看好的国家，要作为重点。二是要根据国际经济新形势的变化以及我国构建新发展格局的需要，提前布局，积极开拓新的投资渠道，为我国未来经济发展提供有力支持。国际形势的变化以及我国构建新发展格局的推进，给企业"走出去"提出了新的要求并提供了新的发展机遇，在这种情况下，企业可以灵活安排"走出去"的规模和投资渠道。例如，在美国及其他西方发达国家有可能发起贸易摩擦的情况下，受到影响的重点产业领域如劳动密集型产业可以适度向这些出口国或者第三国加强投资，以避开其贸易壁垒而保证不丢失其市场。三是要不断优化"走出去"企业的融资渠道，保证其资金来源。针对"走出去"企业融资渠道不足的问题，要在继续加大国家开发银行、丝路基金等已有的融资渠道对企业支持力度的基础上，积极制定新的金融政策，鼓励金融机构向"走出去"企业加大金融支持力度，并适度简化相应的融资手续及降低融资成本。四是政府要积极与投资对象国加强经贸合作，积极推进投资自由化便利化措施，并促进投资对象国积极改善投资环境，保证我国"走出去"企业的投资利益。

五 加快人民币国际化进程

随着我国经济的发展，人民币的国际地位稳步提升，人民币国际化也逐步提上我国对外开放的议事日程。在当期阶段，人民币的国际化对于我国对外开放和经济发展具有积极意义。一方面，人民币国际化程度的提高，将降低人民币汇率波动的风险，使汇率在开放环境里保持稳定，这对我国对外经济和贸易合作具有十分重要的作用；另一方面，人民币国际化将在很大程度上增加我国在国际经济组织中的话语权，增强我国在国际经济体系中的地位。从人民币国际化的实践进程看，2003年人民币开始跨境使用，2010年开始人民币国际化进程加快，而到2015年国际货币基金组织宣布将人民币纳入特别提款权篮子作为中期目标，人民币国际化进入一个新的拐点。① 根据中国人民大学国际货币

---

① 陆岷峰：《"逆全球化"影响下人民币国际化不确定因素与成长之路》，《云南师范大学学报》（哲学社会科学版）2019 年第 1 期。

研究所于 2022 年 7 月公布的《人民币国际化报告 2022》中的相关数据，人民币国际化程度不断提升，国际化指数达到 5.05，比 2011 年的 0.02 大幅提升，在 2021 年上半年货币国际化排名中名列第三，仅次于美元和欧元。从具体情况看，2021 年人民币国际贸易计价职能不断强化，跨境贸易结算金额达到 7.9 万亿元，全球贸易人民币结算金额占比达到 2.85%；金融交易职能明显增强，2021 年人民币直接投资规模达到 5.8 万亿元，增速达到 52.23%；人民币国际储备进一步增加，超过 75 个国家和地区将人民币纳入外汇储备货币。① 但是，整体来看，人民币国际化程度与美元和欧元还存在显著差距，与我国经济实力不符。

人民币国际化进程的推进面临着一系列挑战，当前时期加速这一进程的重要突破口便是"一带一路"倡议。首先，发挥贸易结算作为人民币国际化的"基石"地位，通过促进外贸的持续发展，特别是与"一带一路"沿线国家外贸的发展，稳定国际社会对人民币的需求。据统计，在新冠疫情对全球贸易形成严重冲击的情况下，2022 年我国与"一带一路"沿线国家的进出口总额依然达到 138339 亿元，增长 19.4%；其中出口达到 78877 亿元，增长 20.0%。我国与沿线国家贸易合作发展的巨大潜力，为未来人民币国际化提供了有力支撑。② 在具体进出口产品结构方面，有研究表明，积极推进中国对沿线国家的资本品和零部件出口以及最终消费品的进口，将对人民币国际化产生积极影响。③ 其次，扩大人民币在"一带一路"沿线国家直接投资以及债券融资中的支付结算广度。我国对沿线国家直接投资的持续增加，为人民币支付结算规模的扩大创造了有利条件。同时，我们应该积极发展人民币债券市场，协调国内企业与亚投行、金砖国家新开发银行等区域性金融机构的合作，扩大人民币支付结算规模。④ 最后，充分挖掘我国与"一带一路"沿线国家大宗商品巨额交易量的潜力，积极推进人民币作为

---

① 《人民币国际使用规模总体延续增长态势》，《泉州晚报》2022 年 7 月 25 日第 8 版。
② 刘震：《新形势下如何推进人民币国际化》，《人民论坛》2021 年第 8 期。
③ 丁一兵、申倩文：《中国对"一带一路"沿线国家贸易影响人民币国际化的机制研究》，《社会科学战线》2020 年第 6 期。
④ 刘震：《新形势下如何推进人民币国际化》，《人民论坛》2021 年第 8 期。

国际大宗商品定价货币。具体而言,可以采用发展大宗商品人民币期货市场、推进以人民币计价的国家大宗商品定价中心建设等措施,达到建立并强化大宗商品"中国价格"的目标,强化人民币的国际地位。①

第二节 "一带一路"倡议:扩大对外开放的重要依托

2013年9月和10月,习近平总书记先后提出了"新丝绸之路经济带"和"21世纪海上丝绸之路"两个倡议,这便是"一带一路"。自"一带一路"倡议提出以来,它逐步从理念落实到具体合作行动,取得了丰硕的成果。整体而言,"一带一路"的合作潜力还远未发挥出来,它在未来将成为我国扩大对外开放的重要依托。

一 "一带一路"发展现状及成果

"一带一路"被提出来后取得了一系列成果,已经发展成为我国对外开放的重要依托。具体来说,包括如下几个方面。

一是"一带一路"合作体系已经初步形成并处于不断完善进程中。"一带一路"概念提出以来,它已经被国际社会广泛接受,越来越多国家已经加入或者愿意加入这个国际合作框架,"一带一路"国际合作体系已经初步形成,合作具体的框架、内容正在逐步完善。商务部国际贸易经济合作研究院2021年8月公布的《中国"一带一路"贸易投资发展报告2021》显示,截至2021年6月,我国已经与全球140个国家和32个国际组织总计签署了206份"一带一路"合作文件,文件内容涵盖了互联互通、投资、贸易、金融、科技、社会等诸多领域。② 从"一带一路"合作的国际地位看,它已经被联合国大会

---

① 巴曙松、王珂:《中美贸易战引致全球经贸不确定性预期下的人民币国际化——基于大宗商品推动路径的分析》,《武汉大学学报》(哲学社会科学版)2019年第6期。
② 《〈中国"一带一路"贸易投资发展报告2021〉发布:合作抗疫、逆势增长成为关键词》,人民网(http://world.people.com.cn/n1/2021/0811/c1002-32189921.html),2021年8月11日。

和安理会的决议写入,实现了从次区域、区域合作发展到全球合作倡议的"升级",获得国际社会广泛认可;从合作的内容看,它已经从以基础设施为主要内容的合作向着投资和贸易便利化等更深层次的合作发展;从合作的方式看,它已经由初始的产能合作、贸易投资及金融合作等向着价值链合作、第三方市场合作等多元化、多层次合作演变。① 从"一带一路"合作重点及区域布局看,"六廊六路多国多港"的合作布局已经初步成形,即包括新亚欧大陆桥经济走廊、中蒙俄经济走廊、中国—中亚—西亚经济走廊、中国—中南半岛经济走廊、中巴经济走廊和孟中印缅经济走廊等在内的 6 大国际经济合作走廊;包括铁路、公路、航运、航空、管道以及空间综合信息网络在内的"六路";先期合作的一批国家即"多国";保障海上运输大通道安全畅通的一批合作港口即"多港"。② 整体而言,我国"一带一路"合作框架已经初步架构起来,我国与沿线国家的国际经贸合作已经进入加速推进阶段。

二是我国与"一带一路"沿线国家的经济合作不断加强。自从"一带一路"提出以来,我国与沿线国家的经贸联系迅速扩大。根据商务部发言人透露的数据,2013 年到 2020 年中国与"一带一路"沿线国家的贸易额超过 9.2 万亿美元,年贸易额从 1 万亿美元提高到 1.4 万亿美元,沿线国家在我国对外贸易中的比重提高了 4.1 个百分点。③ 同期我国货物进出口总额从 2013 年的 41590 亿美元增长到 2020 年的 46620 亿美元④,提高了 12.1%,明显低于我国与"一带一路"沿线国家对外贸易额的增长幅度。同时,在投资方面,2013 年到 2020 年,中国对"一带一路"沿线国家直接投资累计达到 1360 亿美元,沿线国家在我

---

① 张茉楠:《"一带一路"凸显新型国际合作框架五个重要特征》,中国一带一路网(https://www.yidaiyilu.gov.cn/ghsl/gnzjgd/87369.htm),2019 年 4 月 24 日。
② 胡宗山、聂锐:《"一带一路"倡议:成就、挑战与未来创新》,《社会主义研究》2019 年第 6 期。
③ 《商务部召开例行新闻发布会(2021 年 9 月 2 日)》,商务部网站(http://www.mofcom.gov.cn/xwfbh//20210902.shtml),2021 年 9 月 2 日。
④ 2013 年的数据来源于《中国统计年鉴(2018 年)》,2020 年的数据根据《中华人民共和国 2020 年国民经济和社会发展统计公报》的相关数据计算而得。

国新设立的企业累计达到2.7万家,实际投资额达到600亿美元。①

三是依托"一带一路"倡议,一系列区域及次区域经济合作陆续展开。"一带一路"沿线国家众多,我国依照不同国家区域、经济发展状况的不同,与其中部分国家开展了区域及次区域经济合作,以此加深我国与沿线国家的经济合作交往。② 区域及次区域经济合作是深化我国与"一带一路"沿线国家国际经贸合作的重要手段,它使我国在短期内无法与沿线各国达到经济一体化的情况下,率先与部分国家强化国际经贸合作,向着区域经济一体化方向发展,推动我国与"一带一路"沿线国家经贸合作的深化。例如,我国与巴基斯坦的中巴经济建设目前已经进入高质量发展阶段,包括瓜达尔港、默蒂亚里—拉合尔高压直流输电项目在内的一批基础设施项目建设已经建成,有效改善当地基础设施水平;拉沙卡伊特别经济区已经开园,标志着两国产业合作已经进入实质性阶段。③ 同时,区域及次区域经济合作的持续推进,能够吸引更多国家加入合作框架中,增进我国与这些国家的国际经贸合作。

四是在金融支撑体系方面,已经建成了亚洲基础设施投资银行和丝路基金。亚洲基础设施投资银行始建于2014年10月,成立初期的成员国为21个,截至2020年7月,成员国数量已经发展到103个,除我国以外的主要大型经济体,还包括印度、德国、法国、英国、加拿大、巴西、俄罗斯等。亚洲基础设施投资银行是我国与"一带一路"沿线国家强化国际经贸合作的有力支撑。亚洲开发银行2015年发布的报告表明,亚洲各国每年大约需要8万亿美元的基础设施投入,然而各国仅能解决4万亿美元左右,每年大约有4万亿美元的缺口。④ 如此大的缺口,使亚洲基础设施投资银行具备很大的发展潜力。我国在基础设施建设相关产业方面具有突出的优势,通过亚洲基础设施投资银行不仅能够加大对"一带一路"沿线国家的投资,还可以促进我国企业与这些国家展

---

① 《商务部召开例行新闻发布会(2021年9月2日)》,商务部网站(http://www.mofcom.gov.cn/xwfbh//20210902.shtml),2021年9月2日。
② 宋伟:《"一带一路"建设的成就与挑战》,《领导科学论坛》2019年第4期。
③ 《官方披露"一带一路"建设情况:中巴经济走廊建设取得新进展》,中国新闻网(http://www.chinanews.com/cj/2021/10-20/9590733.shtml),2021年10月20日。
④ 《亚投行助力"一带一路"万亿美元蛋糕待分享》,《证券日报》2015年4月1日。

开基础设施建设方面的产业合作。同时，随着这些国家基础设施水平的提升，将促进其经济发展及对外经贸合作，这显然有利于我国扩大与这些国家的经贸合作规模。

丝路基金成立于2014年11月，初始规模为400亿美元，而在2017年5月，习近平总书记在"一带一路"国际合作高峰论坛上宣布对其增资1000亿元人民币。① 丝路基金是基于市场化运作、以中长期股权投资为主、注重支持基础设施建设和国际产能合作的多元化投资基金。② 它为我国与"一带一路"沿线国家加强经济贸易合作提供多方位的投融资服务，从而有利于合作空间的拓展，为深化经贸合作水平提供有力支撑。

二 "一带一路"倡议发展潜力分析

目前，"一带一路"倡议正处于蓬勃发展的阶段，前期阶段的许多国际合作共识正逐步落实到具体的合作项目中；同时"一带一路"仍然有较大可供挖掘的空间，这决定了"一带一路"倡议未来的发展空间极其巨大。具体体现在如下几个方面。

（一）双边贸易依然具备较大的发展潜力

尽管我国与"一带一路"沿线国家的贸易总额已明显高于与其他地区贸易额的增长速度，但是从整体发展情况看，我国与沿线国家贸易的潜力还远未发挥出来，未来尚有很大的发展潜力。

首先，沿线国家的贸易便利化尚有很大的发展空间。贸易便利化水平是决定一个国家与其他国家贸易发展的重要因素，它的水平越高，则越有利于这个国家与贸易伙伴展开对外贸易，扩大贸易总规模。但是，沿线国家整体的贸易便利化水平依然较低。有的学者以政府规制、交通运输、边境管理以及金融与信息服务4个一级指标为基础架构起衡量贸易便利化水平指标体系，在此基础上对"一带一路"沿线各国的贸易

---

① 《习近平：中国将向丝路基金新增资金1000亿元人民币》，新华网（http://www.xinhuanet.com//2017-05/14/c_1120969054.htm），2017年5月14日。
② 杨捷汉：《丝路基金对推进"一带一路"建设的作用》，《区域金融研究》2017年第7期。

便利化水平进行了分析。结果发现，沿线国家整体的贸易便利化水平比较低，而我国在贸易便利化方面虽然依然处于较低水平，但是在"一带一路"沿线国家中处于领先位置。从贸易便利化内部4个指标看，以创意产品作为分析基础，该研究发现对各国贸易影响最大的因素是金融和信息服务，之后则是边境管理和交通运输。① 较低的贸易便利化水平，严重阻碍了沿线国家贸易增长。从未来发展趋势看，尽管贸易便利化水平的提升是一个相对缓慢的过程，但是随着我国及沿线各国政府在金融信息与服务、边境管理水平的逐步提升以及交通运输硬件和软件水平的提升，这一区域贸易便利化水平有望逐步提高，从而为今后贸易额的持续增长奠定基础。

其次，从贸易发展潜力看，我国与"一带一路"沿线各国贸易的发展空间很大。"一带一路"沿线各国经济发展程度不一、经济结构各不相同、进口产品和服务的结构各异、资源和优势产业存在较大差异，加之沿线国家众多，总市场规模较大，而我国有着规模庞大的实体经济体系并有着较大的市场需求，这些因素决定了我国与沿线国家在产品与服务的"互通有无"方面具有巨大的发展潜力。同时，随着我国与沿线国家经济的持续发展，彼此贸易合作的潜力将有扩大趋势。由于我国与其中部分国家在传统上经贸往来规模较小，因此这一发展潜力并没有得到充分展现，而随着未来我国与沿线国家贸易合作的深化，这一潜力有望逐步得到发挥。

（二）未来投资领域发展的空间较大

目前，我国对"一带一路"沿线国家的投资存在着投资领域高度集中和投资区域分布单一的问题，投资领域主要集中在能源和交通基础设施建设领域，而投资区域主要集中在东南亚、西亚中东和俄蒙地区，其中东南亚投资明显超过其他地区，在前几年超过50%②。一方面，这样的状况意味着我国投资结构不合理。投资高度集中于能源和交通基础

---

① 江瑶、高长春：《"一带一路"贸易便利化对创意产品贸易出口的影响研究》，《国际商务——对外经济贸易大学学报》2018年第3期。
② 曹桂生、李天：《"一带一路"倡议七周年回顾：重点问题与保障政策》，《河南社会科学》2020年第8期。

设施建设固然与国家发展的战略需要（主要是保障能源安全）和我国比较优势（我国在基础设施建设方面积累大量经验，具有明显的建设优势）有关，但是这种过度集中的投资大大增加了投资风险。例如，国际石油价格的变动可能会导致能源相关的投资收益状况恶化；交通基础设施投资风险大多数由国内企业承担，而这些项目回收周期往往较长，这也导致投资容易受到各种因素的影响而出现亏损。投资区域结构过度集中，与经济交往历史、不同地区经济合作环境的变化、经济互补状况等因素有关，因此具有一定的内在合理性。但是，过度集中的区域结构，显然不利于我国与"一带一路"沿线国家合作区域的扩展。

另一方面，换个角度说，投资的这些不足也意味着未来投资领域的发展空间较大。"一带一路"沿线国家中以发展中国家居多，其基础设施、经济制度、投资环境、行政效率等诸多方面都较为薄弱，成为制约我国企业对这些国家投资的重要因素。而随着这些国家投资便利化措施的逐步加强，相应的投资环境有望持续改善，这对我国对沿线国家投资的扩大具有至关重要的作用。同时，随着"一带一路"合作进程的推进，我国将与更多国家推进政治、经济合作的深化，这也将有利于我国企业对这些国家对外直接投资。

（三）基于各类资源的合作空间巨大

"一带一路"沿线国家各类资源丰富，与我国形成了有效的资源互补。这些资源主要分为三类：自然资源即能源和矿产资源、人力资源和技术创新资源。当前阶段，我国与沿线国家的资源合作主要集中在自然资源，特别是石油等我国对外依赖程度高、需要保证供给安全的能源或者矿产资源。从自然资源合作的发展趋势看，受到我国经济持续发展的影响，部分产品从沿线国家的进口规模可能会继续提高，如石油等。当然，受到绿色发展理念的影响，我国未来节能减排的工作将持续推进，能源消耗总量的增加速度将会不断减缓，加上能源结构的优化提升将减少部分传统能源的使用比重，这些因素都导致我国与沿线国家能源发展合作的潜力受到影响。但是，整体而言，我国与这些国家的自然资源合作依然十分重要，一方面，在短期内，能源使用效率的提升速度将会比较有限，同时新能源比重提升的速度也不会很快，石油等能源的重要性不会迅速降低，因而与沿线国家强化能源合作对我国能源安全战略至关重要；另一方面，除了石油资源外，沿线国家还储藏着各种自然资源，因此，我国与这些国家在除了石油等能源资源之外的自然资源合作空间依然较大。

在人力资源方面，基于低成本劳动力的合作优势尚未完全发挥。"一带一路"沿线国家中发展中国家数量众多，部分国家低成本劳动力优势突出。作为工业体系最完整、全球工业增加值最大的制造业大国，劳动力密集型产业在我国工业体系占据重要的位置。随着我国工业转型升级的推进和劳动力生产成本持续扩张，部分劳动力密集型企业除了采用机器人、转移到中西部地区等手段应对外部环境变化外，在保证经济安全的情况下，到劳动力成本更低的国家进行投资将是另一个重要的选择。"一带一路"沿线国家将成为劳动力密集型产业转移的重点选择。当前阶段，受到投资环境、文化差异、投资者对东道国了解程度不足、产业配套设施等问题影响，产业转移的规模依然尚显不足。在未来，随着"一带一路"经贸合作的加深，我国与沿线国家之间在投资方面面临的各方面问题都将陆续解决或者减轻。我国企业与具备低成本劳动力优势的沿线国家的合作有望不断扩大。

在技术创新资源方面，我国与"一带一路"沿线国家合作潜力巨大。科技自立自强战略要求我们要更广泛地利用外部创新资源，深化与世界各国的技术创新合作。在美国实施限制与我国技术创新合作的政策后，我们应该在美国之外寻找更多的创新资源和创新合作机会，而"一带一路"沿线国家中有大量的发达或者接近发达国家水平的国家，它们在技术创新方面各有专长，沿线国家累积的技术创新资源极其丰厚。目前，我国与"一带一路"沿线大部分国家的技术创新合作尚处于起步阶段，因而未来创新合作的空间十分广阔。

三 未来"一带一路"发展的重点措施

结合我国与"一带一路"沿线国家经贸合作的现状以及未来发展的潜力，"一带一路"作为我国未来扩大对外开放的重要依托，应该着重做好如下几个方面的工作。

（一）提高我国与"一带一路"沿线国家贸易与投资便利化水平

提高贸易与投资便利化水平是促进我国与沿线国家强化贸易往来的重要措施。整体来看，沿线国家便利化水平的分布呈现出由东向西逐步提高的态势，而其发展潜力则正好相反，即由东向西逐步减弱。在这种情况下，我国应该首先强化与中亚地区的贸易便利化建设，然后在此基础上带动俄罗斯、东欧、东南亚等地区的贸易便利化建设，而对本来便利化水平较高的西北欧，则要努力通过中欧贸易投资协定的手段稳定贸易水平。①

其中，营造以规则为基础的国际法制化营商环境是推动"一带一路"经济合作的重要基础，也是提升沿线国家贸易和投资便利化水平的根本措施。其中，最重要的内容便是贸易与投资的争端解决机制。随着我国与"一带一路"国家贸易与投资合作水平的提高，相关争端数量不断增加，以国际投资争端解决中心为核心的传统争端解决机制已经无法满足需要。在这种情况下，筹建专业的"一带一路"投资争端解决机制是效率最高的方式。综合目前的情况看，以亚洲基础设施投资银行为依托构建一个统一的、处理沿线国家与投资企业之间的投资争端解决机制，并在此基础上建立起"一带一路"国际投资争端仲裁规则体系是比较合理的选择。②

（二）优化对"一带一路"沿线国家对外直接投资结构，不断提升投资的质量

根据当前我国对外直接投资特别是对沿线国家直接投资中存在的问题，未来我国应该不断优化对外直接投资，提高直接投资的质量。主要包括如下几个方面。

首先，在投资区域结构上，应该根据经济发展的需要和沿线国家投资环境的变化，适时地向投资较为薄弱、发展潜力较强的区域增加投资。目前我国对沿线国家的投资过分集中于部分区域，这对强化我国与

---

① 许唯聪、李勤昌：《"一带一路"贸易便利化空间差异对中国贸易流量的影响》，《宏观经济研究》2021 年第 4 期。
② 冯辉、靳岩岩：《完善以规则为基础的国际化法治化便利化营商环境——以"一带一路"国际投资仲裁机制为例》，《中国特色社会主义研究》2021 年第 4 期。

沿线国家的合作不利。在条件适合的情况下，适度分散对外直接投资的区域分布，对我国扩大与沿线国家的经济合作具有重要意义。2020年6月中国社会科学院世界经济与政治研究所《2020年中国海外投资国家风险评级报告》显示，尽管新兴经济体投资风险大于发达国家，但是"一带一路"沿线国家的投资风险低于整体水平。① 这意味着，"一带一路"沿线国家中的许多国家是适合投资的。其中，我国对沿线国家中投资最少的区域是中东欧，其中的部分国家投资风险较小。当然，对高风险区域还是要实行严格的风险控制。

其次，在投资的种类结构上，在继续优化现有自然资源和交通设施相关投资基础上，不断增加产业投资比重。我国对"一带一路"沿线国家的能源和交通基础设施投资依然没有饱和，尚存在较大发展空间，因此有望在未来继续保持稳定增长。与之相比，目前发展依然较为薄弱的产业投资在未来有望保持高速增长，其比重也有望不断提升。相比于能源和交通基础设施投资，产业投资能够与东道国经济发生更深层次、更密切的联系，但是它对投资环境的要求更高也更敏感。因此，应该在加强与沿线国家经贸合作的基础上，促进对方改善投资环境，完善各项基础设施，为产业投资的扩大创造条件。

再次，从企业所有制结构看，应该加强民营企业对"一带一路"沿线国家的投资。我国与"一带一路"沿线国家的经济合作，不仅给国有经济创造了发展机遇，也给民营企业发展的带来了一系列发展机会。然而，到目前为止我国对沿线国家的投资以国有企业为主，民营企业比重相对较低。这可能与民营企业在对外投资中，与政府的关系比国有企业弱以及民营企业对对外直接投资较敏感有关。② 对此，我们一方面要积极帮助"一带一路"沿线国家改善投资环境，以及深化与这些国家政治经济合作，创造有利于民营企业投资的环境；另一方面，要依托国有企业现已展开的相关项目，为民营企业进入创造便利条件。这些

---

① 《社科院报告："一带一路"地区已成为中国对外直接投资新增长点》，中国经济网（http://www.ce.cn/xwzx/gnsz/gdxw/202007/01/t20200701_35228925.shtml），2020年7月1日。

② 聂爱云：《中国"一带一路"投资：进展、挑战与对策》，《国际贸易》2018年第12期。

相关措施能够有效增加民营企业的获利预期，促进民营企业对外直接投资的扩大。

最后，应该提高投资项目的管理水平。在项目投资前期，应该充分做好项目风险评估，按照科学、客观的原则对项目可行性和盈利预期进行评估，避免盲目乐观，将潜在的高风险项目排除在项目投资计划之外。在项目的实施上，应该强化项目与东道国政府发展战略的衔接，积极与东道国政府相关部门做好对接，协调项目的运行。在项目的具体管理上，应该通过聘用第三方专家、寻求政府主权担保等形式，降低项目运行风险。[①]

（三）强化金融合作，为我国与"一带一路"沿线国家的经贸合作创造良好基础

依托亚洲基础设施投资银行、丝路基金等金融机构，不断强化与"一带一路"沿线国家的金融合作，是提高我国与沿线国家经济合作水平的重要措施。国际金融合作包括的内容较多，重点内容有如下几个。

第一，强化宏观层面的金融合作。"一带一路"沿线国家普遍经济发展水平不高、国际经贸合作规模较小、本国货币影响力不足、金融发展程度及监管水平较低。在这种情况下，强化宏观层面的金融合作，重点要做好几个方面的工作。首先，在金融合作中，要加强"一带一路"沿线国家信用体系建设，强化区域支付环境，特别是针对当前以美元为主体支付环境产生的币值变动风险较大的问题，逐渐加大人民币使用规模，从而为国际经济合作创造良好的支付环境。[②] 其次，促进国际金融监管合作。"一带一路"沿线国家普遍对金融规则与法律的认知度较低，衍生出了较高的履约风险。为了充分防范跨市场金融风险并为金融创新创造良好的基础，便需要加强"一带一路"沿线国家的国际金融合作，建立多边金融协调合作机制，并依托

[①] 张文合：《我国对外投资和"一带一路"建设高质量发展的建议与对策》，《国际工程与劳务》2021年第4期。

[②] 黄志刚：《加快构建一带一路金融国际合作新体系》，《中国社会科学报》2021年4月20日第1版。

亚洲基础设施投资银行、丝路基金等多边合作金融结构不断延伸合作覆盖面。① 最后，要强化沿线国家债务风险防控工作，建立有效的债务危机救济制度，并为各国主权债务建立金融合作解决方案，防止沿线国家出现债务风险从而影响国际经济合作。②

第二，强化金融创新，丰富融资工具，为我国与"一带一路"沿线国家经贸合作提供充足的资金保障。目前，"一带一路"国际经贸合作中的融资方式较为单一，主要以主权基金、政策性银行贷款以及商业银行贷款为主体，其他的融资方式较少，融资的规模和效率都不能满足需要。③ 在这种情况下，应该根据"一带一路"经贸合作中各项经济活动的实际需要，在控制风险的基础上，加快金融创新力度，不断丰富融资工具，通过贷款、担保、股权融资以及联合融资等多种方式，有效利用各国资金，在"一带一路"经贸合作中促进政府与市场高效对接，从而充分满足各方对资金的需求。④

第三，加快"一带一路"资本市场建设。要全方位促进"一带一路"沿线国家金融合作水平，不仅要加快金融产品、工具的创新，还应该强化资本市场建设，满足经贸合作中的投融资需求。我国作为"一带一路"的倡议国，经济实力强、产业发展完备、资金充裕，因此可以考虑在完善国内金融体系的基础上，建立"一带一路"金融中心。一方面，在充分借鉴纽约等国际金融中心相关发展经验、运行规则与制度的基础上，不断提升国内金融体系的规模、运行效率、市场监管能力等，从而逐步提升我国金融体系在"一带一路"沿线国家及全球的影响力。另一方面，积极加强与沿线国家资本市场的合作，既鼓励沿线国家企业参与我国二级市场交易，也积极参与沿线国家资本市场

---

① 刘艳平、赵达：《"一带一路"倡议下金融监管国际合作制度探析》，《知与行》2020年第4期。
② 黄志刚：《加快构建一带一路金融国际合作新体系》，《中国社会科学报》2021年4月20日第1版。
③ 亚洲金融合作协会"一带一路"合作委员会：《"一带一路"金融合作的宏观政策环境（中）》，《中国银行保险报》2021年9月6日第8版。
④ 李延喜、何超、周依涵：《金融合作提升"一带一路"区域创新能力研究》，《科研管理》2019年第9期。

的建设。①

第四，优化金融合作的区域布局。首先，要不断优化金融业在"一带一路"沿线国家设点、连线、布局，根据我国与"一带一路"沿线国家经贸合作的发展趋势，建立起符合需要的、辐射沿线国家的金融服务网络。② 其次，考虑到"一带一路"沿线国家众多，我国与不同国家的金融合作方式、合作广度与深度都会有所不同，在这种情况下，我国要根据国际经贸合作的发展需要，不断优化金融合作的区域布局，按照需要处理好与不同国家的国际金融合作关系。

（四）积极促进我国经济高质量发展，从根本上提升"一带一路"合作水平

大多数"一带一路"沿线国家的制造业发展水平不高、工业体系不完整，因此我国与其中的大多数国家具备很强的经济互补性，这成为我国与这些沿线国家展开经贸合作的产业基础。作为世界最大的制造业大国，我国各种工业化产品在全球具有较强竞争力，这也成为我国近几年来与"一带一路"沿线国家贸易扩大的重要原因。但是，整体而言，由于我国与沿线国家的垂直分工差距尚未拉开，在较大程度上限制了我国与其中许多国家的贸易、投资等方面的合作深化。这具体体现在贸易中，我国产品的技术含量依然不够，产品的档次、品牌影响力等方面与发达国家还存在一定差距；在投资领域，许多产业我国尚不掌握核心技术或者技术相对于发达国家水平偏低，这便影响到实体经济投资。因此，加快国内经济高质量发展，促进产业结构升级，不断提升我国产业结构，形成与沿线国家的产业发展差序格局，从而扩大贸易和投资的范围，是未来扩大我国与"一带一路"沿线国家经济合作的基础。

（五）以文化交流为基础，不断增加我国对"一带一路"沿线国家的软实力

"一带一路"沿线国家众多，各个国家历史、宗教、民族、传统习

---

① 吴舒钰、胡必亮：《"一带一路"金融合作：现状、评估与改进》，《中国外汇》2019年第10期。
② 田国立：《深化金融合作推动共建"一带一路"高质量发展》，《中国银行业》2019年第6期。

惯、社会制度都有较大的差异，造成了多元化的文化形态。一般而言，文化差异会对两个国家的经济合作产生一定程度的影响，其中在部分领域会比较突出。例如，在跨国并购方面，文化差异是影响我国企业"一带一路"跨国并购的突出因素。① 然而，文化差异是客观存在的，从全球经济一体化角度看，它并不是阻碍世界各国经济合作的主导因素，同时也是可以通过文化交流化解的因素。我国应加强与"一带一路"沿线国家的文化交流，增进民众之间的了解和理解，促进不同文化的传播与交流，从而提高我国对"一带一路"沿线国家软实力。② 从经济合作的角度看，软实力的提升将有助于我国与沿线国家达成更深层次的合作，消除或减轻对贸易、投资等形成阻碍的相关制度、政策等方面的障碍，从而促进我国与这些国家的经济交流。

第三节　强化对外开放前沿高地建设：自由贸易试验区和自由贸易港

自由贸易试验区是我国在新时代对外开放的一个重要举措。正如习近平总书记指出的，"把自由贸易试验区建设成为新时代对外开放的新高地"③，自由贸易试验区在未来我国对外开放中居于前沿地位。随着海南自由贸易试验区升级为自由贸易港，自由贸易试验区和自由贸易港建设对我国未来对外开放新格局将产生更加深远的影响。本节将对此问题进行研究。

一　我国自由贸易试验区发展状况

从2013年9月国务院批准上海建设自由贸易试验区开始，我国自由贸易试验区便得以快速发展。主要体现在如下几个方面。

---

① 张艾莲、封军丽、刘柏：《文化和制度距离、跨国并购与"一带一路"投资》，《云南财经大学学报》2018年第6期。
② 李伟：《"一带一路"文化交流的差异性与包容性》，《人民论坛》2019年第17期。
③ 《习近平：把自由贸易试验区建设成为新时代改革开放新高地》，中国共产党新闻网（http://cpc.people.com.cn/n1/2018/1024/c64094-30360775.html），2018年10月24日。

(一) 自由贸易试验区数量迅速增加

正如有的研究所表明的，由经济特区向自由贸易试验区的演进，是中国新一轮对外开放扩大的标志，自由贸易试验区实质便是经济特区的"升级版"。[1] 作为我国新一轮对外开放的依托，从2013年设立第一个自由贸易试验区开始，我国试验区数量不断增加。截至2021年1月，我国自由贸易试验区已经达到21个，覆盖18个省和3个直辖市。从自由贸易试验区布局情况看，已经形成了包括东南沿海10个省份，内陆地区8个省份以及沿边3个省份，囊括东西南北四个方位的"雁阵格局"。[2] 自由贸易试验区在我国主要省区市均已展开，其影响力正在不断扩大。

从发展定位看，每个自由贸易试验区都根据自身的经济发展基础、基于地理位置衍生的对外开放区位优势以及未来发展需要等因素而制定了差异化的战略定位。例如，作为我国经济发展以及对外开放龙头的上海自由贸易试验区，定位便是"融入经济全球化的重要载体、更具国际市场影响力和竞争力的特殊功能区"；作为我国经济发展规模最大的省份，广东自由贸易试验区的定位则是"开放型经济新体制先行区、高水平对外开放门户枢纽、粤港澳大湾区合作示范区"；而位于我国边境地区的黑龙江自由贸易试验区定位则是"对俄罗斯及东北亚区域合作的中心枢纽"。[3] 应该说，自由贸易试验区具备诸多职能，如作为对外开放的试验田探索对外开放的新制度，制定对接高标准的国际经贸规则；推动区域制度创新从而促进地方经济增长以及对外普及创新性制度等。[4] 在这种情况下，设立数量众多的自由贸易区，可以在很大程度上促进"百花齐放"，既增进制度创新的多样性，又有效地促进不同区域

---

[1] 罗清和、朱诗怡：《从经济特区到自由贸易区——中国改革开放路径与目标的演绎逻辑》，《深圳大学学报》（人文社会科学版）2018年第1期。

[2] 朱福林：《中国自由贸易试验区发展脉络：主要成效及高质量发展对策》，《北京工商大学学报》（社会科学版）2021年第3期。

[3] 以上资料参见李诚鑫、吴俣、苏彩玲《进一步推进我国自由贸易试验区发展的政策建议》，《黑龙江金融》2021年第5期。

[4] 郑展鹏、曹玉平、刘志彪：《我国自由贸易试验区制度创新的认识误区及现实困境》，《经济体制改革》2019年第6期。

经济发展。

（二）自由贸易试验区体制机制创新成果不断

自由贸易试验区作为我国对外开放的前沿，需要不断地开展体制机制创新，探索加大对外开放的相关举措。在这方面，自由贸易试验区取得一系列成就。以建立最早的上海自由贸易区为例，经过8年左右的发展，已经完成了基本制度框架的架构、相关制度创新、自由试验区扩大以及经验推广等相关的任务。在制度方面，累计摸索出外商准入前国民待遇与负面清单制度、国际贸易"单一窗口"制度、"证照分离"改革、自由贸易账户制度等一系列制度，为其他自由贸易试验区的制度建设提供了丰富的经验。在制度创新的推广方面，上海自由贸易试验区的为我国提供了大量的可供复制和推广的创新成果。据统计，截至2020年9月，我国自由贸易试验区累计形成的可复制可推广的经验达到260项，涉及贸易自由化便利化、投资自由化便利化、金融服务实体经济以及政府职能转变等内容。① 上海自由贸易区的经验在我国相关制度创新成果的比重很高，据统计，截至2020年8月，在商务部推广或者复制的260项制度创新成果中，上海自由贸易试验区提供了124项，比重接近50%。②

从自由贸易试验区整体发展情况看，通过积极探索创新，我国自由贸易试验区相关体制机制改革大幅推进，日趋完善。具体来说，表现为：形成以在全国范围内实施的"全国统一清单"等政策的权力清单制度、事中事后监管以及行业参与管理等为内容的政府服务管理机制；以"单一窗口"、监管程序简化和监管技术升级为特征的，以贸易便利化为核心的贸易监管机制；以"负面清单"为核心内容的外资监管机制；以开放、自由为核心的营商环境体制机制。③ 应该说，我国自由贸易试验区在创新机制成果方面，不仅数量众多，在内部也已经初步形成效

---

① 《中国商务部：自贸区为中国构建开放型经济新体制积累有益经验》，商务部官网（http：//www.mofcom.gov.cn/article/i/jyjl/j/202009/20200903003259.shtml），2020年9月22日。

② 《首个自贸试验区七周年"上海经验"端上来》，《证券日报》2020年8月21日第A2版。

③ 孙恒有、聂欢：《双循环新发展格局下中国自由贸易试验区体制机制创新的瓶颈与对策》，《对外经贸实务》2021年第5期。

率较高的制度体系,对推动我国全面对外开放新格局的形成具有重要作用。

(三) 自由贸易试验区政策效果初显

自由贸易区的政策效应十分显著。自由贸易试验区的政策效果直接体现为对外资的吸引效果显著。以上海自由贸易试验区为例,据统计,2020年上海自由贸易试验区新设立外资企业563家,累积新设外资企业则达到1.2万家,全面实际利用外资80.03亿美元,累计利用外资则达到409亿美元。① 同时,这种对外资的吸引,并不会以其他外资的减少为代价。有研究表明,自由贸易试验区的建立,在短期内便对城市利用外商直接投资产生了积极效果,并且这一效果是在未对其他大城市产生"挤出效应"的情况下实现的。②

同时,自由贸易试验区对一个地区经济发展产生全方位的影响,有利于区域经济增长。有研究表明,自由贸易试验区不仅促进了区域经济增长,而且是诸多相关因素中的关键因素,而投资贸易是自由贸易试验区推动区域经济增长的重要动力性因素。同时,研究还发现,不同自由贸易试验区的政策效果差别较大,建立较早的沿海自由贸易试验区对区域经济增长的效果明显优于后建立的、内陆地区的自由贸易试验区。这可能与自由贸易试验区所在地的经济发展基础、区位优势等有关。③ 另一份研究对上海自由贸易试验区对上海市经济发展的作用进行了分析,结果表明,自由贸易试验区的相关政策全面促进了上海地区生产总值、投资、进出口等指标的增长,表明相关的政策对经济发展具有全方位的促进作用。同时,自由贸易区的扩张推动相关制度改革的进一步深化,对上海经济发展的作用进一步增强。研究还发现,自由贸易试验区对上海经济发展的作用是长期性的,而非短期性的。④

---

① 《上海自贸试验区:扩大开放和深化改革的引跑者》,《光明日报》2021年4月19日第6版。

② 刘杨、曲如晓、曾燕萍:《中国自由贸易试验区的政策效应评估》,《国际贸易问题》2021年第4期。

③ 王爱俭、方云龙、于博:《中国自由贸易试验区建设与区域经济增长:传导路径与动力机制比较》,《财贸经济》2020年第8期。

④ 殷华、高维和:《自由贸易试验区产生了"制度红利"效应吗?——来自上海自贸区的证据》,《财经研究》2017年第2期。

（四）海南自由贸易港建设稳步推进

自由贸易港是指设立在一个国家或者地区境内关外、人员货物资金进出自由、关税减免特征突出的区域，在全球属于开放水准最高的经济功能区。① 应该说，自由贸易港本身属于经济特区的一种形式，在目前我国曾经实施过的所有类型的经济特区类型中，属于贸易和投资便利化程度最高的类型，它本身也代表了自由贸易试验区发展的趋势。我国目前探索实施自由贸易港的主体是海南自由贸易港。

2018年4月，习近平总书记但是在庆祝海南建省办经济特区30周年大会上的讲话中指出："党中央决定支持海南全岛建设自由贸易试验区，支持海南逐步探索、稳步推进中国特色自由贸易港建设，分步骤、分阶段建立自由贸易港政策和制度体系。"② 根据2018年4月11日公布的《中共中央国务院关于支持海南全面深化改革开放的指导意见》，海南自由贸易试验区被定位为全面深化改革开放试验区、国家生态文明试验区、国际旅游消费中心和国家重大战略服务保障区。按照该指导意见的规划目标，到2020年海南"自由贸易试验区建设取得重要进展，国际开放度显著提高"；到2025年"自由贸易港制度初步建立，营商环境达到国内一流水平"；到2035年"自由贸易港的制度体系和运作模式更加成熟，营商环境跻身全球前列"。③ 2020年6月，中共中央、国务院正式公布《海南自由贸易港建设总体方案》，进一步就促进海南建设自由贸易港建设出台细化方案，着重强调了贸易自由便利、投资自由便利、跨境资金流动自由便利、人员进出自由便利、数据安全有序流动等制度设计，以"构建海南自由贸易港政策制度体系"。④

与其他的自由贸易试验区相比，海南自由贸易港实现了"升级"。

---

① 胡剑波、任香：《自由贸易港：我国自由贸易试验区深化发展的方向》，《国际经济合作》2019年第3期。

② 《习近平在庆祝海南建省办经济特区30周年大会上发表重要讲话》，中国共产党新闻网（http：//cpc.people.com.cn/n1/2018/0413/c64094-29925601.html），2018年4月13日。

③ 《中共中央国务院关于支持海南全面深化改革开放的指导意见》，人民网（http：//politics.people.com.cn/n1/2018/0415/c1001-29926353.html），2018年4月15日。

④ 《中共中央国务院印发海南自由贸易港建设总体方案》，《人民日报》2020年6月2日第1版。

有的学者认为，海南自由贸易港相对于自由贸易试验区的优势体现在五个方面，即贸易投资自由化水平更高（贸易投资自由便利化水平更高）、金融开放创新的步子更大（成为中国深度融入国际金融体系的前沿）、人员流动限制大幅减少、交通运输自由便利化程度更高、数据流动开放安全可控。① 目前，海南自由贸易港建设正在稳步推进，部分措施已经开始实施或者调整，如对部分货物和原材料实施"零关税"政策，对离岛免税的额度以及相关商品的类别进行了调整。② 整体来看，海南自由贸易港的建设正处于稳步推进阶段，制度创新成果及其效用将在未来逐步展现，并有望对我国未来对外开放产生巨大的影响。

二 我国自由贸易试验区发展存在的问题

我国自由贸易试验区在发展过程中，也不同程度地存在各种问题，总结起来主要包括如下几个方面。

（一）对自由贸易试验区存在一些认知上的误区，影响了自由贸易试验区的发展

自由贸易试验区设置的本意，在于不断探索对外开放的相关制度创新，以便推动我国对外开放的进一步发展。随着各种创新化的政策集成为制度优势，自由贸易试验区在发展过程中，会陆续吸引一些企业入驻并推动园区经济规模的增长。但是，自由贸易试验区作为各类经济特区的最新版，它与其他园区的不同之处在于不强调经济规模的扩大，或者说，将园区规模做大、强化招商引资并非自由贸易区的核心使命。然而，在实践中，受到传统的"唯GDP"思想的影响，许多人依然将自由贸易试验区看作新一轮的经济特区，在无形中强化传统的经济特区的相关考核指标，这将影响到自由贸易区对制度创新的探索。③

另外，在实践中，对于自由贸易试验区与国际自贸区的关系存在认

---

① 裴长洪：《海南建设中国特色自由贸易港"特"在哪里？》，《财经问题研究》2021年第10期。
② 谢申祥、高媛：《中国特色自由贸易港的服务业开放机制探索——以海南自由贸易港为例》，《暨南学报》（哲学社会科学版）2021年第6期。
③ 陈林：《自由贸易区建设中的经验、误区与对策》，《经济学家》2016年第5期。

知误区。部分人将我国自由贸易试验区等同于国际自贸区。国家之间的自由贸易区是国家之间通过双方或者多方协定，建立相互减免关税、实现区域经济一体化的组织形式。但是，我国自由贸易试验区是国内建立的，为了与国际体制相对接而建立的组织创新模式，不针对任何特定国家和地区，是我国单方面自主开放的模式。①

（二）相关制度创新的实质创新程度不足，部分措施还需要进一步落实

我国自由贸易试验区存在的一个突出问题便是相关制度创新的开放程度尚有待提高，如负面清单中对外资的股权结构、禁止投资的相关规定等限制水平较高。同时，大量的制度创新属于程序创新而政策的实质性创新程度相对较低，且大量的创新有待落实，其效果还需要进一步观察。②从横向比较的角度看，与高标准的国际经贸规则相比，我国自由贸易区的相关规则并不具备优势。在具体的制度层面，我国自由贸易试验区在知识产权、投资、金融服务等方面的规则和制度建设依然较为滞后；在产业层面，我国自由贸易试验区在现代服务业开放领域及边境后管理的相关制度建设上较为薄弱。③

从创新的动力角度看，自由贸易试验区面临着突出的创新动力不足的问题，即对一些微调的、程序性的制度创新较为积极，而对一些根本性的、推进难度大、风险较大的制度创新则动力不足。这主要是因为自由贸易试验区的重大制度创新往往需要突破现有的制度和现实条件的约束，其推进往往面临着巨大的不确定性，而大部分自由贸易试验区缺乏相关的法律保护。④这就使自由贸易区管理部门面临依法行政和制度创新之间的矛盾，制度创新难以突破原有体系。同时，在具体管理制度层面，往往对制度创新主体及其职责缺乏明确规定，在制度创新面临巨大

---

① 郑展鹏、曹玉平、刘志彪：《我国自由贸易试验区制度创新的认识误区及现实困境》，《经济体制改革》2019年第6期。
② 盛斌：《中国自由贸易试验区的评估与展望》，《国际贸易》2017年第6期。
③ 朱福林：《中国自由贸易试验区发展脉络、主要成效及高质量发展对策》，《北京工商大学学报》（社会科学版）2021年第3期。
④ 郑展鹏、曹玉平、刘志彪：《我国自由贸易试验区制度创新的认识误区及现实困境》，《经济体制改革》2019年第6期。

风险和协调成本的情况下，自由贸易试验区趋向于选择那些事务性的、操作性层面的制度进行创新。① 在这种情况下，自由贸易试验区在推进重大创新方面表现得较为保守。

（三）自由贸易试验区的管理协调问题突出

当前我国自由贸易试验区存在的另一个突出问题便是园区、地方政策、相关部委之间的管理协调问题突出，成为制约自由贸易试验区发展的一个核心问题。这主要体现在两个方面。一方面，中央部委放权与地方需求之间存在结构错位，导致自由贸易试验区协调成本过大。要推进制度创新，自由贸易试验区就需要突破一些现有的制度约束，而这需要有关中央部委放权。然而，中央部委放权会产生监管风险加大的问题，因而这些部门对放权持高度谨慎态度。这便增加了自由贸易试验区制度创新的协调成本。另一方面，自由贸易试验区的管理机制不畅。当前，自由贸易试验区在管理机制上存在诸多问题。以自贸办（自由贸易试验区办公室）为例，目前对其定位普遍不合理，影响了自由贸易区日常经营管理和相关问题的协调，如有的自由贸易试验区将其定位为片区的管理和考核机构，这就导致其级别较低，难以协调中央部委、省直机关等。另外，在内部管理机构上，自由贸易试验区普遍面临人手不足的问题，相关机构配置不全，这也导致其难以推动相关的制度创新。②

（四）海南自由贸易港建设存在诸多问题

作为贸易和投资便利化设计程度最高的自由贸易试验区，海南自由贸易港目前的制度创新工作面临一系列难题。从发展模式的设计上看，海南自由贸易港的发展实际上绕开了转口贸易、加工贸易等发展阶段而直接过渡到以现代服务业主导的自由贸易港发展阶段，这一跨越式发展模式增加了海南自由贸易港建设的难度。③ 从发展的基础看，海南省经济发展并不具备突出优势，各项制度建设基础较为薄弱，整体营商环境

---

① 朱福林：《中国自由贸易试验区发展脉络、主要成效及高质量发展对策》，《北京工商大学学报》（社会科学版）2021 年第 3 期。

② 郑展鹏：《我国自由贸易试验区制度创新的认识误区及现实困境》，《经济体制改革》2019 年第 6 期。

③ 朱福林：《海南自由贸易港高质量发展：阶段性成果、瓶颈因素与突破路径》，《经济学家》2021 年第 6 期。

在全国范围内也不突出，经济对外开放的程度不足。这些问题在较大程度上影响海南自由贸易港各项建设推进。例如，从当前整体营商环境看，海南的整体营商环境还不令人满意，相应的报告显示本地企业对营商环境满意度较低，相应的制度创新没有与当地企业的需要相适应。另外，作为高起点规划设计的自由贸易港，海南自由贸易港建设尚缺一部专门的法律为其建设提供法律保证，这也成为阻碍未来自由贸易港建设的一个重要问题。①

三　我国自由贸易试验区的发展路径

综合我国自由贸易试验区以及自由贸易港的发展现状，考虑到构建新发展格局的需要，我国自由贸易试验区及自由贸易港的发展路径如下。

（一）强化顶层设计，畅通运行机制

当前时期，强化顶层设计，畅通运行机制，是加快自由贸易试验区制度创新探索步伐、提升其发展质量的关键措施。②

首先，加快自由贸易试验区和自由贸易港相关的法制建设，为其健康发展创造良好法制环境。缺乏关于自由贸易试验区及自由贸易港相关的统一法律，导致自由贸易试验区及自由贸易港在相关制度创新探索过程中，缺乏明确的行为依据与权限范围，这是我国目前自由贸易试验区及自由贸易港建设中存在的根本性问题。目前，各自由贸易试验区出台的"总体方案"的法律性质待定，具体体现为它在制定主体上具有部门或者地方性规章的性质，但是在制定程序（制定后需要国务院批准及公告，制定主体与发布主体不一致）上属于行政法规，法律适用性质不明确，同时部分自由贸易区出台"自由贸易试验区条例"的层级较低，致使目前相关法规与自由贸易区发展需要产生了较大程度上的脱节。③ 因此，制定关于自由贸易试验区及自由贸易港的专门法律，对试验区的职

---

① 蔡宏波、钟超：《中国特色自由贸易港的营商环境与法治建设》，《暨南学报》（哲学社会科学版）2021年第6期。
② 朱福林：《中国自由贸易试验区发展脉络、主要成效及高质量发展对策》，《北京工商大学学报》（社会科学版）2021年第3期。
③ 郑淑珺：《我国自由贸易区的定位特点与立法体系完善》，《长江师范学院学报》2021年第1期。

责范围、工作权限以及与其他部门的关系予以明确规定，是体现顶层设计、为自由贸易试验区持续发展保驾护航的重要措施。

自由贸易试验区及自由贸易港的相关法律应该由中央层面具体负责。尽管有的学者认为，以国家立法的形式对自由贸易试验区及自由贸易港的发展进行管理，会形成一定程度的干预，法律的强制性规定与自由贸易试验区的自由探索之间存在着不兼容的问题，因而以国家立法形式调控自由贸易试验区和自由贸易港的方式可能会对其制度创新探索行为产生不利影响。[1] 但是，整体来看，在目前立法层次低、相关法律规定杂乱、地方与部位缺乏有效协调、各项关系难以理顺的情况下，建立一部或几部全国统一的法律，对于自由贸易试验区及自由贸易港的发展依然是利大于弊。其中，最突出的问题是将自由贸易试验区中的宏观、中观和微观三级管理体系以及自由贸易试验区管理主体通过法律形式予以明确。[2]

其次，应该理顺现有管理机制。针对当前自由贸易试验区运行中管理机制不畅的问题，要加强部委之间、部委与自由贸易试验区之间的协调机制建设，为自由贸易试验区提高制度创新探索力度创造基础。同时，要完善自由贸易试验区内部管理机制。在相关法律法规明确其职权、职责基础上，自由贸易试验区要做好自身定位，与当地其他功能区发展协调起来，并增加内部管理人员数量，提高片区内的管理水平和制度创新能力。[3]

（二）加大放权的力度，促进制度创新向深度发展

在构建新发展格局、形成全面开放新格局的背景下，我国参与国际经济合作应该在广度和深度上推进，而自由贸易试验区及自由贸易港作为扩大对外开放的重要依托，必须积极建设高标准的自由贸易试验区，为全国扩大对外开放做好有关制度创新的探索。自由贸易试验区特别是

---

[1] 李敏：《上海自贸区法律体系的现状反思与完善路向》，《南都学坛》2016年第1期。

[2] 朱福林：《中国自由贸易试验区发展脉络、主要成效及高质量发展对策》，《北京工商大学学报》（社会科学版）2021年第3期。

[3] 郑展鹏、曹玉平、刘志彪：《我国自由贸易试验区制度创新的认识误区及现实困境》，《经济体制改革》2019年第6期。

自由贸易港的制度创新高度依赖于中央政府及各部委放权的力度。当前阶段，由于行政级别低、职权职责界限不清晰、部分制度创新涉及深层次问题等，各自由贸易试验区在制度创新探索方面面临众多掣肘，需要及时变更。在这方面，中央政府、中央部委及地方政府要根据自由贸易试验区发展的全局需要，在充分权衡放权利弊基础上，加大对自由贸易试验区放权力度，增进其制度创新探索的积极性、能动性。

其中，要特别注重鼓励自由贸易试验区及自由贸易港以自身基础、条件和发展需要为基础，开展制度创新探索。我国设立的自由贸易试验区及自由贸易港数量众多，其优势在于各区针对性的探索适宜本区域的自由贸易制度，从而为全国提供多种多样的经验，为增进我国对外开放作出贡献。以海南为例，由于本身制造业基础薄弱、经济发展基础不足，海南自由贸易港可以侧重于信息化、科技化的新兴产业发展之路，发展科技型产业，并在相关的自由贸易方面积累经验。[1]

（三）参照国际通行规则，推进相关制度改革

积极参照国际通行规则，特别是向国际经济贸易合作的新规则看齐，是我国自由贸易试验区和自由贸易港制度创新的重要来源。当前阶段，我国应该积极参考全面与进步跨太平洋伙伴关系协定（CPTPP）的各项条款与规定，找出目前在关税、海关便利化以及快速通关等方面的差距，在投资、知识产权、数字贸易等领域展开新的制度创新尝试，以此作为我国自由贸易试验区建设的新内容。相较于世界贸易组织的各项规定，全面与进步跨太平洋伙伴关系协定的相关国际经济合作制度无论是在内容广度还是深度方面都明显提升，部分条款是国际经济贸易合作的前沿内容。我国已经于2021年9月申请加入全面与进步跨太平洋伙伴关系协定，应该以此为契机，强化部分内容的对标建设，切实提高我国自由贸易试验区及自由贸易港的制度创新步伐。[2]

---

[1] 洪联英：《开放大国自由贸易区平台建设的优势与短板——以海南省为例》，《湖南师范大学社会科学学报》2021年第1期。

[2] 朱福林：《中国自由贸易试验区发展脉络、主要成效及高质量发展对策》，《北京工商大学学报》（社会科学版）2021年第3期。

第八章　构建新发展格局的相关政策建议

根据前文的分析，本书认为，必须建立系统化的政策措施，为加快构建新发展格局提供有力支撑。具体来说，包括如下几个方面。

第一节　制定新发展格局发展战略

作为一项涉及经济建设方方面面且对我国未来经济发展具有决定性影响的战略布局，新发展格局的构建必须在遵循经济发展规律的前提下，制定一个具有严格的体系框架、各部分内容之间密切联系相互促进，并且充分考虑到内外部环境的变化对其所产生影响的战略体系。

一是制定全面的、系统的新发展格局发展战略。新发展格局是我国在国内经济发展进入高质量发展阶段、国际政治经济形势发生重大变化背景下提出的主动性战略抉择，它关系到未来我国较长时期的经济发展。在这种情况下，我们应该在全面考虑当前阶段经济社会基础、未来发展需要的基础上，充分利用当前经济发展的各种机遇，制定出新发展格局发展战略。发展战略应该具有弹性，要根据国内外经济发展的具体变化，适时调整相应的战略内容，使其符合实际并能够真正落到实处。另外，要处理好构建新发展格局与其他发展战略的协同性，如供给侧结构性改革、扩大内需等，在动态中将各项战略统一起来，形成相互促进的局面。

特别需要强调的是，新发展格局发展战略一定要处理好政府与市场的关系。在战略制定时期就该对战略实施过程中政府与市场的关系予以原则性规定，即既要根据构建新发展格局的要求，按照更好发挥政府作用的要求，适度调整政府在引导经济发展方面的作用，同时积极弥补政府调控在部分领域的空白或者薄弱之处；在具体经济发展领域，又要按照发挥市场在资源配置中的决定性作用的要求，将应该由市场进行调节的相关领域交由市场。这样，将政府和市场机制有机结合起来，保证新发展格局发展战略能够高效地、全面地得到落实，促进经济可持续发展。

二是明确构建新发展格局的重点任务及支撑措施体系。虽然当前我国构建新发展格局的主要任务（着力点）已经逐步明确，但是具体需要解决哪些问题、解决这些问题需要哪些具体措施等内容尚未完全清晰，应该在系统地对构建新发展格局要解决的问题进行系统分析研究的基础上，依据当前经济发展形势及未来发展需要，制定出重点任务清单及相关措施体系。其中，战略任务的分解至关重要，只有将战略任务分解到清晰、明确、可执行的任务层次，其效果才能保证。在措施制定方面，要高度注重措施的有效性，切实针对任务目标，精准制定实现任务目标的措施体系，同时要严格控制措施的实施范围和实施期限，降低措施的负面效果。另外，要注重不同措施的协调，使其形成合力，防止不同措施之间相互掣肘而影响实施效果。

三是明确构建新发展格局的组织执行体系。正如习近平总书记指出的，构建新发展格局并非少数部门的事，它牵涉到我们社会主义建设的方方面面，是牵涉到所有部门的事情。[1] 因此，我们必须在对构建发展格局形成统一认识的前提下，架构好构建新发展格局的组织执行体系，形成统一协作、相互支持、共同推进的执行体系。其中，重点是要积极调动各部门、各地方政府的积极性，使他们能够在服从大局的前提下，积极推进构建新发展格局的各项任务安排，同时要防止地方部门在内部构建"大而全""小而全"的"内部大循环"框架。另外，也要防止地方政府或者部门对经济发展过度调控，鼓励各地方政府根据当地的现实

---

[1] 习近平：《论把握新发展阶段、贯彻新发展理念、构建新发展格局》，中央文献出版社2021年版，第484页。

情况，采取适宜的、适度的政策措施去完成相关任务，而不可盲目追求政策措施"立竿见影"。

第二节 采取广泛措施促进自主技术创新能力提升

应该采取广泛措施，积极提升我国自主技术创新水平特别是加快突破关键核心技术，为强化国内大循环主体地位创造基础。除去前文已经论述的内容，应该重点做好如下工作。

一是建立并完善国家创新体系。建立包括政府、企业、高校、科研机构及创新服务中介机构在内的国家创新体系，对于一个国家整体技术创新能力的提升具有重要作用。德国等国家的经验表明，正是因为按照"科学自由、科研自治、国家干预为辅、联邦与州分权管理"的原则，建立了创新主体完整、职能分工合理、运行体制通畅、不同环节紧密协作的国家创新体系，其科技创新体系才得以保持高效率。[①] 我国目前正在加快建设创新型国家，而作为创新型国家的重要支撑，国家创新体系应该在借鉴德国等国家有益经验的基础上，加快推进建设进程。

当前阶段，建设国家创新体系的重点和难点在于保证不同创新主体之间的联结畅通，而产学研深层合作是其中的关键。要解决这个问题，就应该继续深化高校和科研机构内部管理机制改革，将科研的成果转化、产学研合作联合研发的相关机制障碍彻底消除，特别是在科技评价机制、职称评审机制、科研机构研发成果所有权的归属问题等方面加强改革。另外，我国国家创新体系中另一个不足在于科研服务机构的服务能力低下，不能满足中小企业参与技术创新或者利用科技成果的需要，不利于我国整体技术创新能力提高。因此，应该积极鼓励科技服务机构发展，为中小企业参与技术创新提供服务。

二是加快新型举国体制探索进程。正如前文所述，新型举国体制在加快关键核心技术突破方面具有突出优势，但是作为一种尚未得到广泛

---

① 谷俊战：《德国科技管理体制及演变》，《科技与经济》2005年第6期。

试验的新型组织形式，需要在对其充分研究从而发挥长处规避负面作用的基础上进行推广。然而，构建新发展格局的形势以及美国等国家技术禁运对我国高新技术产业以至整个经济体系所形成的巨大威胁，都需要我国加快关键核心技术突破。在这种情况下，我们必须在适度谨慎的基础上，明确新型举国体制适宜的范围与适用条件，选取适用条件较好、对替代技术时间要求迫切的产业作为试点，尽快推动试点工作。在试点过程中，要及时根据现实条件的变化，调整各项组织制度和管理体制，逐步摸索出相关的经验。在此基础上，逐步扩大新型举国体制的推广范围。

三是继续采用财政、税收等手段对企业的研发活动进行适度补贴，但是补贴幅度应严格控制。在产业政策由选择性向功能性转型的前提下，大量的选择性产业政策应该退出。但是，目前实体经济发展面临诸多困难，中小企业赢利能力偏弱，在这种情况下，就应继续实行一定的扶持政策，鼓励企业加大研发投入。当然，我们要吸取以前产业政策补贴力度过大引发的一系列问题的教训，在补贴力度、对补贴经费使用的监管方面加强管理，并强化动态管理，及时根据形势的变化变更或者废除相应的补贴政策。

第三节 多方面着手提升供给质量与效率

提升供给质量与效率，是构建新发展格局、强化国内大循环主体地位的重要任务。要做到这一点，就需要从多方面着手，形成协同的措施体系，彼此强化以促进供给质量与效率提升。在这里，重点强调三点。

一是根据保证产业链供应链安全的要求，针对重点产业和薄弱产业，制定扶持政策。强化国内大循环主体地位，一个重要任务便是要保证产业链供应链安全。在产业政策转型的大前提下，应该妥善处理好政策转型与选择性产业政策保留的关系，对于一些技术基础薄弱、面临内外部发展集聚挑战的行业以及产业薄弱环节，进行细致梳理，精细确定产业安全的应对策略，在必要的情况下，适度采取一定限度的扶持政策，切实保证这些产业和产业环节的安全，并促进这些产业和环节供给效率的稳步提升。在具体的政策措施方面，要高度强调精准化，防止政策的泛化和扩大化。

二是强化金融支持。中小企业作为我国实体经济的主体，要强化产业链的韧性，提升供给质量和效率，就必须促进中小企业的发展。然而，当前阶段我国中小企业的发展受到许多因素制约，其中最突出的一个因素便是有效金融支持不足，企业无法获得发展所需要的资金投入。一直以来，中小企业获取资金的主要外部渠道是金融机构贷款，然而在现行的金融体系下，银行更倾向于将资金贷给规模大、实力强、具有较强还款能力并具备充足可抵押物品的大企业，而不愿意将资金贷给中小企业。造成这一现象的原因主要包括两个：其一，就银行而言，每一笔贷款的人工成本类似，因而它们更愿意将资金贷给贷款金额较高的大企业，而不愿意贷款给对资金额度需求较低的中小企业；其二，贷款给中小企业风险较大，特别是部分企业缺乏可抵押物品，而银行的相关贷款条件对中小企业而言较为严苛，因而大量的中小企业无法获得或者难以获得充足的贷款。在这种情况下，我们应该积极采取措施，一方面，加强传统金融体系改革，逐步加大对中小企业金融的支持力度；另一方面，要根据中小企业融资的特点和需求，积极探索建立新的金融机构，为其提供精准、高效的服务，从根本上解决中小企业融资不足的问题。另外，积极加快中小企业直接融资的进程，增加中小企业直接融资渠道，降低其对银行贷款等间接融资渠道的依赖度，也是解决中小企业融资困难的重要途径。

三是完善生产性服务业体系，促进实体经济效率提升。包括物流在内的生产性服务业，与供给效率提升息息相关。当前阶段，生产性服务业发展滞后于实体经济发展需要，是制约我国供给效率提升的重要因素。以物流业为例，当前，我国物流方面存在的突出问题便是物流成本过高。尽管降低物流产业一直是"三去一降一补"中"降成本"的重要组成内容，且也取得了一定成效，但是整体而言，物流成本过高的问题依然没有得到根本解决。根据2021年4月商务部发言人提供的数据，目前我国企业平均物流费用率达到7.9%，其中商贸企业物流费用率为7.5%，工业企业为8.1%，与发达国家相比，这一水平依然明显偏高。① 从全社会物流总费用情况看，2020年我国物流总费用占国内生产总值的比重达到14.7%，比2012年降低了3.3个百分点。② 但是，这一比重与2019年持平③，同时与发达国家相比，这一比重明显偏高。过高的物流费用，不仅增添了企业的负担，还导致部分物资无法在全国范围实现高效配送，从而影响国内大循环畅通，降低国内大循环效率。事实上，物流成本高是一系列复杂因素造成的，要降低物流成本，根本的解决办法在于建立高质量的商贸物流体系。对此，我们应该积极落实2021年8月商务部等9个部门联合印发的《商贸物流高质量发展专项行动计划（2021—2025年）》，促进商贸物流向着高质量发展，为提升我国以制造业为主体的实体经济效率而服务。

第四节　采取立体化措施促进需求侧改革

前文对推进需求侧改革、扩大内需战略举措进行了系统研究，在此处，本书针对相关内容的落实以及未论述到内容，补充如下几点。

一是建立需求侧改革的战略调控体系。在构建新发展格局背景下，需求侧改革特别是扩大内需将是我国经济发展的一个长期任务。在这种情况下，建立需求侧改革的战略调控体系，保证政策之间的横向协调性与纵向延续性，从而最大限度地提升需求侧改革的效果，是十分重要的。整体来说，需要注重几个方面。首先，将持续扩大人民收入与消除贫富差距作为需求侧改革的长期战略性任务，在发挥市场机制决定性作用基础上，积极发挥政府的相关职能，将促进经济增长、优化分配结构等相关措施落实好。在战略任务的完成过程中，既要避免急于求成、追求短期效果的行为，又要转变对其中部分问题漠不关心的态度，切实保证这方面的任务能够逐步地、高质量地完成。其次，对投资的数量与结

---

① 《商务部通报一季度我国利用外资等情况并就降低企业物流成本等答问》，中国政府网（http：//www.gov.cn/xinwen/2021-04/15/content_5599851.htm），2021年4月15日。
② 《商务部部长：全社会物流总费用GDP占比降至14.7%》，中国经济网（http：//www.ce.cn/xwzx/gnsz/gdxw/202108/23/t20210823_36834902.shtml），2021年8月23日。
③ 《2019年全国物流运行情况通报》，中国物流与采购联合会网（http：//www.chinawuliu.com.cn/lhhzq/202004/20/499790.shtml），2020年4月20日。

构实行动态管理。构建新发展格局中，对投资的数量与结构实行动态管理，从而保证整体投资的质量，将是未来需求侧改革需要高度重视的问题。构建新发展格局下的扩大内需政策不是简单地强调需求对经济的拉动作用，而是更加重视需求管理的质量，投资的数量与结构则是其中的核心内容之一。通过对投资数量和结构的动态管理，可以保证投资质量，有效发挥其积极作用，而避免盲目投资引发的负面效果。

二是降低部分产业对消费提高形成的"挤出效应"。人们的消费支出结构受到整体经济环境的影响。在经济体系中，少数属于必需品、价格极高且发展偏离正常形态的产品或者服务，会对其他产品与服务的消费产生"挤出效应"，对消费结构产生负面作用，影响经济健康发展。当前，在这方面最突出的便是房地产。房地产对其他产品和服务的消费产生的挤出效应体现在三个方面。第一，大多数的购房者将收入的一部分用于偿还贷款（能够不用贷款就买房的群体在房价明显偏高的特大城市和大城市比重较低），而收入的其余部分才可能用于消费。在房价较高的情况下，贷款的数额会比较高，因而偿还贷款的额度比较高，而用于消费的收入比重则显著下降。第二，准备购房的人会将收入中的很大一部分储存起来，以备未来买房之用。这将降低当期收入中用于消费的比重。第三，由于特大城市和部分大城市中房价太高，部分年轻的购房者集聚了父母甚至祖父母一辈的积蓄用于买房，这将在不同程度上影响这些群体的消费。这些挤出效应叠加起来数量巨大，成为制约房地产之外其他产业发展的阻碍性因素。对此，应该严格落实"房子是用来住的，不是用来炒的"的定位，加大保障性住房供应力度，切实降低房地产价格持续上涨的压力并逐渐解决人们安居乐业的问题，并逐步将购房者和未购房者用在房地产方面的支出降低到合理水平。

三是采取有效措施，逐步引导消费，促进消费结构优化。供给和需求之间存在着双向关系，需求能够拉动供给，供给也能创造需求。然而，供给创造需求往往不是即时的，而是需要时间慢慢演化。随着新兴产业和新业态的兴起，一系列新的消费内容和消费方式不断涌现，其中部分新产品、新服务受到技术和市场成熟度、产业配套设施完善度等问题的影响，其消费受到了严重制约。在这种情况下，就需要政府根据产业发展的趋势，及时采取措施，减轻或者消除这些制约消费的短板问题，促进这些新兴消费内容和消费方式的发展，推动消费升级。

第五节　采取措施不断优化提升国际大循环

依据优化提升国际大循环的相关任务及战略举措，充分考虑我国经济建设对国际大循环的需要和全球政治经济形势走向，本书补充如下两方面的建议。

一方面，紧跟国际政治经济形势变化，提升短期应对能力。当前时期，全球正经历百年未有之大变局，国际政治经济形势处于不断变动的进程中，未来我国经济发展的外部环境面临巨大的不确定性。在这种情况下，我们应该紧跟国际政治经济形势的变化，在把握好大局与局部利益的基础上，积极制定应对措施。例如，针对美国等西方发达国家与我国发生经济贸易摩擦可能性加大的问题，我们要提前做好各种预案，并积极提升自身的博弈能力，努力在对外谈判中实现自身利益最大化。

另一方面，统一协调优化提升国际大循环的各项战略举措，提升我国全球资源配置能力。正如前文所述，优化提升我国国际大循环涉及的一系列任务和战略举措。在这种情况下，我们应该以提升全球资源配置能力为目标，统一协调相关的发展举措，使其相互推进，协调发展。例如，我们可以将未来积极深化与部分国家的经贸合作与国内自由贸易试验区及自由贸易港建设联系起来，使二者协同发展，依托国内自由贸易试验区和自由贸易港的建设，深化与部分国家的国际经贸合作。

参考文献

一 经典文献

《马克思恩格斯文集》第1—4卷,人民出版社2009年版。
《列宁选集》第1—4卷,人民出版社2012年版。
《列宁全集》第40卷,人民出版社2017年版。
《毛泽东文集》第1—7卷,人民出版社1996年版。
《毛泽东选集》第1—4卷,人民出版社1991年版。
《邓小平文选》第1—3卷,人民出版社1993—1994年版。
《江泽民文选》第1—3卷,人民出版社2006年版。
《胡锦涛文选》第1—3卷,人民出版社2016年版。
《习近平关于科技创新论述摘编》,中央文献出版社2016年版。
《习近平谈治国理政》,外文出版社2014年版
《习近平谈治国理政》第2卷,外文出版社2017年版。
《习近平谈治国理政》第3卷,外文出版社2020年版。
习近平:《论把握新发展阶段、贯彻新发展理念、构建新发展格局》,中央文献出版社2021年版。
《习近平经济思想学习纲要》,人民出版社2022年版。

二 专著

[德] 弗里德里希·李斯特:《政治经济学的国民体系》,商务印书馆2017年版。
[法] 菲利普·阿吉翁、塞丽娜·安托南等:《创造性破坏的力量》,余江、赵建航译,中信出版社2021年版。

［美］马克·莱文森：《集装箱改变世界》，姜文波译，机械工业出版社2014年版。

［美］阿比吉特·班纳吉、［法］埃斯特·迪弗洛：《好的经济学》，张缘、蒋宗强译，中信出版社2020年版。

［英］亚当·斯密：《国富论》，杨敬年译，陕西人民出版社2001年版。

赵昌文、许召元等：《新工业革命背景下的中国产业升级》，北京大学出版社2020年版。

三 期刊文章

曹桂生、李天：《"一带一路"倡议七周年回顾：重点问题与保障政策》，《河南社会科学》2020年第8期。

陈富良、郭建斌：《数字经济反垄断规制变革：理论、实践与反思_经济与法律向度的分析》，《理论探讨》2020年第6期。

陈伟光、明元鹏、钟列炀：《构建"双循环"新发展格局—基于中国与世界经济关系的分析》，《改革》2021年第7期。

程恩富：《"双循环"新发展格局的政治经济学分析》，《求索》2021年第1期。

邓大松、李芸慧：《新中国70年社会保障事业发展基本历程与取向》，《改革》2019年第9期。

邓力平：《凯恩斯：国际贸易理论评析》，《厦门大学学报》（哲学社会科学版）1985年第3期。

丁涛：《李斯特生产力理论的回顾与现实意义》，《学习与探索》2015年第1期。

董克用、沈国权：《党指引下的我国社会保障制度百年变迁》，《行政管理改革》2021年第5期。

杜天宝、于纯浩、温卓：《大学生创新创业政策扶持体系优化研究》，《经济纵横》2019年第9期。

冯辉、靳岩岩：《完善以规则为基础的国际化法治化便利化营商环境—以"一带一路"国际投资仲裁机制为例》，《中国特色社会主义研究》2021年第4期。

高培勇：《构建新发展格局：在统筹发展和安全中前行》，《经济研究》2021年第3期。

龚云鸽：《李嘉图的比较优势理论及其评析》，《改革与开放》2018年第14期。

关筱瑾、任碧云、李坤青：《短期跨境资本流动对系统性金融风险的影响研究》，《经济体制改革》2021年第3期。

郭朝先、方澳：《人工智能促进经济高质量发展：机理、问题与对策》，《广西社会科学》2021年第8期。

胡争光、向荟：《产业技术创新战略联盟利益分配方式选择研究》，《科技管理研究》2013年第4期。

黄群慧：《"双循环"新发展格局：深刻内涵、时代背景与形成建议》，《北京工业大学学报》（社会科学版）2021年第1期。

黄群慧：《论构建新发展格局的有效投资》，《中共中央党校（国家行政学院）学报》2021年第3期。

黄阳华：《重商主义及其当代意义》，《学习与探索》2020年第4期。

贾根良、陈国涛：《对李斯特经济学的一些澄清与发展》，《人文杂志》2015年第5期。

江飞涛：《中国竞争政策"十三五"回顾与"十四五"展望——兼论产业政策与竞争政策的协同》，《财经问题研究》2021年第5期。

金碚：《关于"高质量发展"的经济学研究》，《中国工业经济》2018年第4期。

李计广：《改革开放四十年对外贸易在我国经济中的角色变迁和展望》，《国际贸易》2018年第7期。

李久林：《邓小平对外开放的战略思想》，《马克思主义学刊》2020年第1期。

李兰、仲为国等：《当代企业家精神：特征、影响因素与对策建议——2019中国企业家成长与发展专题调查报告》，《南开管理评论》2019年第5期。

李笑川：《亚当·斯密的自由贸易理论及其对当今的启示》，《北方经贸》2021年第6期。

梁东黎：《斯托尔帕—萨缪尔森定理再研究》，《东南大学学报》（哲学社会科学版）2014年第5期。

梁军：《论亚当·斯密对国际贸易理论发展的贡献与影响》，《齐鲁学刊》2009年第6期。

刘畅、王蒲生：《"十四五"时期新兴产业发展：问题、趋势及政策建议》，《经济纵横》2020年第8期。

刘啟仁、陈恬：《出口行为如何影响企业环境绩效》，《中国工业经济》2020年第1期。

刘伟、刘瑞明：《新发展格局的本质特征与内在逻辑》，《宏观经济管理》2021年第4期。

刘艳红、黄雪涛、石博涵：《中国"新基建"：概念、现状与问题》，《北京工业大学学报》（社会科学版）2020年第6期。

龙跃：《基于刺激—反应模型的产业技术创新联盟知识创新研究》，《当代经济管理》2018年第3期。

楼栋、孔祥智：《新型农业经营主体的多维发展形式和现实观照》，《改革》2013年第2期。

罗丹、陈洁：《域外经验、当下状况与中国特色农业组织体系构建》，《改革》2013年第3期。

马建堂：《建设高标准市场体系与构建新发展格局》，《管理世界》2021年第5期。

孟琦：《产业技术创新联盟制度分析：视角、范畴与逻辑架构》，《中国科技论坛》2017年第9期。

倪沙：《改革开放40年来中国对外贸易发展研究》，《现代财经》2018年第12期。

聂辉华、谭松涛、王宇峰：《创新、企业规模和市场竞争：基于中国企业层面的面板数据分析》，《世界经济》2008年第7期。

裴长洪、刘洪愧：《构建新发展格局科学内涵研究》，《中国工业经济》2021年第6期。

全毅：《各国WTO改革方案比较与中国因应策略》，《亚太经济》2019年第6期。

盛斌、魏方：《新中国对外贸易发展70年：回顾与展望》，《财贸经济》2019年第10期。

宋玉臣、吕静茹：《国际金融风险传染演化趋势与应对策略——来自股票市场的证据》，《学习与探索》2021年第9期。

夏友富：《进口替代战略与出口替代战略的系统理论研究》，《对外经济贸易大学学报》1990年第5期。

王林生：《企业家精神与中国经济》，《管理世界》1989年第4期。

王维平、陈雅：《"双循环"新发展格局释读——基于马克思主义政治经济学总体性视域》，《中国特色社会主义研究》2021年第1期。

王一鸣：《百年大变局、高质量发展与构建新发展格局》，《管理世界》2020年第12期。

王贻芳、白云翔：《发展国家重大科技基础设施引领国际科技创新》，《管理世界》2020年第5期。

王则柯、高堂安：《论赫克歇尔—奥林理论的准确表述》，《数量经济技术经济研究》1990年第6期。

魏后凯、王颂吉：《中国"过度去工业化"现象剖析与理论反思》，《中国工业经济》2019年第1期。

习近平：《国家中长期经济社会发展战略若干重大问题》，《求是》2020年第21期，

习近平：《把握新发展阶段，贯彻新发展理念，构建新发展格局》，《求是》2021年第9期。

谢呈阳、王明辉：《交通基础设施对工业活动空间分布的影响研究》，《管理世界》2020年第12期。

严勇：《国外核心竞争力理论综述与启示》，《经济学动态》1999年第10期。

晏智杰：《魁奈和法国重农主义三题》，《经济思想史评论》2006年第1期。

杨艳红、卢现祥：《中国对外开放与对外贸易制度的变迁》，《中南财经政法大学学报》2018年第5期。

曾宪奎：《我国高铁产业技术创新模式探析》，《学术探索》2018年第

10期。

曾宪奎：《工匠精神与我国制造业竞争力提高》，《学术探索》2017年第8期。

张国昀：《论重商主义》，《西北师大学报》（社会科学版）2004年第5期。

张亨明、章皓月、朱庆生：《"双循环"新发展格局下我国粮食安全隐忧及其消解方略》，《改革》2021年第9期。

郑展鹏、曹玉平、刘志彪：《我国自由贸易试验区制度创新的认识误区及现实困境》，《经济体制改革》2019年第6期。

赵硕刚：《"十四五"时期全球油气格局变化对我国能源安全的影响及对策建议》，《发展研究》2020年第4期。

朱福林：《中国自由贸易试验区发展脉络：主要成效及高质量发展对策》，《北京工商大学学报》（社会科学版）2021年第3期。

Chang, Ha-Joon et al., "Conditions for Successful Technology Policy in Developing Countries—Learning Rents, StateStructures, And Institutions", *Economicsof Innovation and New Technology*, 2002（11）.

Krugman, P. R., "Scale Economies, Product Differentiation, and the Pattern of Trade", *The American Economic Review*, 1980, 70（5）.

Barattieri, A., Cacciatore, M., "Protectionism and the Business Cycle", *Journal of International Economics*, 2021, 129（3）.

Furceri, D. et al., "Are Tariffs Bad for Growth? Yes, Say Five Decades of Data from 150 Countries", *Journal of Policy Modeling*, 2000, 42（7-8）.

四 报纸

《两院院士大会中国科协第十次全国代表大会在京召开》，《人民日报》2021年5月29日第1版。

《习近平在看望参加政协会议的经济界委员时强调 坚持用全面辩证长远眼光分析经济形势努力在危机中育新机于变局中开新局》，《人民日报》2020年5月24日第1版。

习近平：《在企业家座谈会上的讲话》（2020年7月21日），《人民日报》

2020年7月22日第2版。

习近平：《在经济社会领域专家座谈会上的讲话》（2020年8月24日），《人民日报》2020年8月25日第2版。

《习近平主持召开中央全面深化改革委员会第十八次会议强调　完整准确全面贯彻新发展理念发挥改革在构建新发展格局中关键作用》，《人民日报》2021年2月20日第1版。

《咬定目标脚踏实地埋头苦干久久为功为黄河永远造福中华民族而不懈奋斗》，《人民日报》2021年10月23日第1版。

《中共十九届五中全会在京举行》，《人民日报》2020年10月30日第1版。

《中央经济工作会议在北京举行》，《人民日报》2020年12月19日第1版。

后　　记

新发展格局是当前我国经济研究领域的重点选题。自 2020 年该概念被提出以来，相关研究文章与专著正与日俱增。但是，当本书写作的时候，系统、全面研究新发展格局的专著数量尚少，以新时代中国特色社会主义经济理论为基础，结合我国经济发展现状与趋势，对我国构建新发展格局问题进行系统深入研究便是本书要达成的目的。就目前成书的情况看，尽管内容很难说得上惊艳，但是基本的目的已经达到，这还算让人欣慰。

这是一本写得很辛苦的书，它是在时间紧张、精力受限的情况下，努力写成的书。在本书写作前夕，我做了一个手术，在身体尚未完全恢复的情况下，便开启了本书的写作过程。尽管对于新发展格局，我有着较多的前期积累材料，但是本书整体的写作过程依然十分艰难。初期的要求还是很高，希望既能保持整本书逻辑框架清晰明确，又要保证每一部分的内容分析深入，最好有一两处创新点。要求更高的地方是，还要保证很快的写作速度。我不算是写东西很慢的人，但是这几个要求显然还是有点超出了我的能力，所以写作过程异常艰辛。好在最终还是大致在计划之内完成了初稿。后面经过几番修改，又进行了一次系统性数据更新，才形成了现在的样子。

在此书之前，我出版过 4 本独立完成的专著，但是这些专著都是丛书性质，这是我第一本不归属于任何丛书的专著，也是写作约束最少、字数最多的专著。整体来看，这本书集中了本人这些年对新时代中国特色社会主义经济理论与实践的研究心得。但是，其中尚有许多不完善的地方，也希望以此书为基础，开启自己新的研究进程，不断提升自己的学术水平，发表一些质量更高的文章，再出版若干本让人满意的专著。

这本书是中国社会科学院马工程重大招标项目"加快构建新发展格局研究"的最终研究成果。本书的写作过程得到了许多领导、同事的帮助。首先要感谢中国社会科学院马克思主义研究院的各位领导，如辛向阳书记不仅十分关心我的身体和科研工作，还对本书写作给出了许多有益的建议；马研院习思想部主任陈志刚同志在日常工作中，给予我许多照顾。本人在此要特别感谢中国社会科学院负责马工程课题的许延广老师，她热情、耐心地对待工作，使得我在课题相关事务性工作上省心不少。同时，也要感谢马研院科研处处长池重阳、财务处王树军等同志，他们对课题相关的行政事务给予了大力帮助。另外，中国社会科学出版社的田文老师在本书出版过程中，也提供了许多帮助，在此一并表示感谢。

在这里我也要感谢我的家人。作为一个已到中年、面临各种家庭事务的人，正是家人无私的帮助，才让我有足够的时间去安静写作。我的爱人陈曦女士不仅要上班工作，还要负担照顾孩子以及许多日常家务，我的岳父和岳母更是几乎将所有时间用在照顾两个孩子上，在这里我要对他们的付出表示感谢。同时，因为在北京生活，我的父亲在老家生活，而我不能很好地照顾他，在这里希望他健康长寿。

当然，对本书的不足之处，希望各位方家能够不吝指导赐教，让我在以后的学术研究中能够不断进步。

曾宪奎
2023 年 3 月 9 日